मुहब्बत एक दास्तान है

संसार की चर्चित प्रेम कहानियाँ

मुहब्बत एक दास्तान है

संसार की चर्चित प्रेम कहानियाँ

सम्पादक

फणीश सिंह

वाणी प्रकाशन

प्रकाशन के उत्कृष्टतम 63 वर्ष

सजिल्द पहला संस्करण : 2019
सजिल्द दूसरा संस्करण : 2026

vaniprakashan.com

वाणी प्रकाशन

4695, 21-ए, दरियागंज, नयी दिल्ली-110 002

फ़ोन : + 91 11 23273167, 23275710

शाखाएँ

अशोक राजपथ, पटना-800 004, बिहार

कॉफ़ी हाउस कैम्पस, महात्मा गांधी मार्ग, प्रयागराज-211 001, उत्तर प्रदेश

महात्मा गांधी अन्तरराष्ट्रीय हिन्दी विश्वविद्यालय, वर्धा-442 001, महाराष्ट्र

sales@vaniprakashan.in

vaniprakashan@gmail.com

Muhabbat Ek Daastaan Hai

Sansar Ki Charchit Prem Kahaniyan

Edited by Fanish Singh

ISBN : 978-93-89012-53-8

Collection of Stories

मूल्य : ₹ 600

सिटी प्रेस, दिल्ली-110 095 में मुद्रित

वाणी प्रकाशन का लोगो मक़बूल फ़िदा हुसैन की कूची से

दो शब्द

डॉ. फणीश सिंह की पुस्तक 'मुहब्बत एक दास्तान है ' उनके साहित्य-प्रेम, विशद अध्ययन एवं सृजनात्मक सम्पादन कला का परिचायक है। उनकी इस पुस्तक की भूमिका में उनका आलोचक रूप सराहनीय है। सम्पादन करने में कहानियों का चयन तथा उन्हें शृंखलाबद्ध करने में उनकी समीक्षात्मकता स्पष्ट दिखती है। उन्होंने सही लिखा है कि "उदात्त प्रेम कहानियाँ भारतीय भाषाओं में ही नहीं विश्व की अन्य प्रमुख भाषाओं में उँगली पर गिनने लायक ही हैं।" सत्य में प्रेम की अभिव्यक्ति जटिल है और किसी भी विधा में यह लेखक या सम्पादक की आत्माभिव्यक्ति, जीवन-दर्शन और संस्कृति पर आधारित होता है। वस्तुतः प्रेम की परिभाषा कालक्रम में बदलती रही है और विधाएँ भी कालक्रम में परिवर्तित होती रही हैं। इसके साथ-साथ मूल्यों का इतिहास भी बदलता रहा है। रोमांटिक स्वच्छन्दतावाद, बौद्धिकवाद, यथार्थवाद और जादुई यथार्थवाद ने अपनी रुचि और दर्शन के आधार पर कहानीकार को प्रभावित किया है। कहानी की कला में सीमित समय, पात्र और घटनाओं का बहुत महत्त्व रहता है। साथ ही भाषागत कुशलता, बिम्ब एवं प्रतीकों का निर्माण एवं विशिष्ट प्रभाव पर भी ध्यान देना आवश्यक रहता है। इस बात का डॉ. फणीश सिंह ने कहानियों का चुनाव करते समय बखूबी ध्यान रखा है।

आधुनिक परिवेश में हिन्दी और भारतीय भाषाओं के लेखक भी पाश्चात्य संस्कृति के प्रेम-सम्बन्धी मूल्यों और अवधारणाओं से प्रभावित हो रहे हैं जिसमें व्यक्तिगत कामेच्छा, अवसाद, मनोविकृतियाँ, वियोग के साथ ही व्यक्तिगत वेदना से सामाजिक वेदना को समझना तथा उसके कल्याणकारी परिवर्तन की बात को स्वीकारा गया है। इस पुस्तक में संकलित कहानियों में प्रेम के उदात्त स्वरूप को केन्द्र में रखकर डॉ. सिंह

ने पाठक की रुचि का परिष्कार किया है और आनन्द के साथ-साथ नयी जीवन-दृष्टि भी दी है। सामाजिक विवेक को परिपुष्ट किया है और मानवीय सम्बन्धों की श्रेष्ठता को रेखांकित किया है और उन्हें उस ओर उन्मुख भी किया है। वे समलिंगी प्रेम और पितृसत्तात्मक या मातृसत्तात्मक अवधारणाओं से मुक्त रहे हैं और उन्होंने प्रेम-कहानियों की परम्परा को भारतीय और पाश्चात्य संस्कृतियों में एक समान मानवीय पाया है। मोपासां ने अपनी कहानी 'स्वप्न' में यह बात उठाई है कि "प्रेम की बस एक ही होती है कहानी, जो हमेशा एक ही जैसी होती है। मैं उससे मिला, मैंने उसे चाहा, बस।" किन्तु बात बहुत दूर तक जाती है। मानवीय प्रेम के विभिन्न पक्ष आर्थिक, मनोवैज्ञानिक, सामाजिक और राजनीतिक भी होते हैं। प्रेम की नैतिकता मानवीयता की पोषक होती है, वेदना से मुक्ति दिलाने में सहायक होती है। "जाके पैर न फटे विवाई, वह क्या जाने पीड़ पराई।" प्रेमविहीन व्यक्ति स्वयं की सोचता है, प्रेमीजन तो दूसरों के सुख के लिए हड्डी तक दान कर देते हैं।

प्रस्तुत पुस्तक में हिन्दी के बारह कहानीकार हैं, एक कहानी बंगला से अनूदित है और आठ कहानियाँ पाश्चात्य भाषाओं से ली गयी हैं। जर्मन, फ्रेंच, रूसी, अंग्रेज़ी और स्पेनिश भाषा में लिखी कहानियों के अनुवाद प्रेम और मानव के विभिन्न पक्षों को दिखलाते हैं। तड़प, वेदना, वियोग, समर्पण, लव एट फर्स्ट साइट सभी प्रभावित करते हैं। इस प्रकार शरत्चन्द्र की कहानी 'अनुपमा का प्रेम' एक ओर तो रोमांटिक विचारधारा पर व्यंग्य है तो दूसरी ओर हृदय की भाषा की श्रेष्ठता को भी इंगित करती है जहाँ प्रेम वास करता है। अनुवाद सुन्दर और सहज है और उनकी भाषा आधुनिक हिन्दी ही है।

हिन्दी की कहानियों में बिम्बों, प्रतीकों, वर्गगत पात्रों की चिन्तन प्रक्रिया, प्रेम की मानवीयता, व्यक्तिगत वेदना से उत्पन्न दूसरों के कष्टों के निवारण की चेष्टा का वर्णन है। फणीश सिंह ने एक विशिष्ट सम्पादकीय कुशलता दिखलाई है। उनकी दृष्टि विलक्षण है और लोक कल्याण से परिपूर्ण है जो कहानियों के संकलन से स्पष्ट है।

–डॉ. प्रो. शैलेश्वर सती प्रसाद

भूमिका

विश्व साहित्य में विभिन्न प्रकार की कहानियाँ लिखी गयी हैं, जैसे नारी सम्बन्धी कहानियाँ, ग्राम सम्बन्धी कहानियाँ, लोकरंगी प्रेम कथाएँ, युवा पीढ़ी की प्रेम कहानियाँ, समसामयिक हिन्दी कहानियाँ, देश विभाजन की कहानियाँ, महान नगरीय कहानियाँ। विश्व कथा का सन्दर्भ लें तो प्रेम कहानियों का काफ़ी वैविध्य है। पुरातन प्रेम कथाओं और आधुनिक सन्दर्भों में काफ़ी फ़र्क़ भी है। बीसवीं सदी आते-आते रूमानी प्रेम का ढाँचा ढहने लगा तो यथार्थवाद का डंका बजने लगा। हिन्दी में पश्चिम की तुलना में बीस-तीस साल बाद कहानियाँ लिखने की शुरुआत हुई, लेकिन फिर पहली ही कहानी से लेकर अब तक प्रेम कहानियों का समृद्ध संसार रचा जा चुका है। प्रेम तो पुरातन है और कहानी की विधा, अपेक्षाकृत नयी। जब तक कहानी का जन्म हुआ था तब तक जो लिखना था वो लिखा जा चुका था। पुरानी तरह के रूमानी प्रेम का ढाँचा ही बीसवीं शताब्दी तक आते-आते चरमराने लगा था, यह कहना न होगा कि जीवन में ही नहीं, साहित्य में भी यथार्थवाद का डंका बजना शुरू हो गया था। यह हाल केवल भारत का ही नहीं विश्व के और देशों का भी यही हाल रहा है! प्राचीन काल के नल-दमयन्ती, लैला-मजनूँ, शीरीं-फरहाद, रोमियो-जूलियट, बाजबहादुर-रूपमती आदि के क़िस्से अब दन्त-कथाओं जैसे लगते हैं।

हिन्दी में कहानी विधा का प्रारम्भ बीसवीं शताब्दी में हुआ, पश्चिम के लगभग बीस-तीस वर्ष बाद। फ्रांस में मोपासां और अमेरिका में ओ. हेनरी ने कहानी का कलेवर छोटा होने के कारण एक नयी युक्ति का प्रयोग किया, जिसमें कहानी का अन्त सर्वथा अप्रत्याशित, बल्कि विडम्बनात्मक-सा होता है, ताकि पाठक चमत्कृत हो और कुछ हिल जाये। इसके विपरीत रूस के चेखव ने, जो अब भी विश्व के शायद

सबसे विख्यात कहानीकार हैं, इसका उलटा किया और अपनी अनेक कहानियों के अन्त में दोनों प्रेमियों को अधर में ही छोड़ दिया कि भविष्य में इनका जो होगा सो होगा। यह उनकी आधुनिकता का चिह्न माना गया, जो यथार्थवाद की जकड़ से निकलने और जीवन की अनिश्चितता का सही प्रतिबिम्ब उपस्थित करने का प्रयास था।

हिन्दी में प्रेम-कहानी का प्रारम्भ अद्भुत रूप में हुआ। एक ऐसी कहानी से, जो कथ्य में बिल्कुल समसामयिक थी और शिल्प में पश्चिम से भी आगे। यह थी पण्डित चन्द्रधर शर्मा गुलेरी की 'उसने कहा था' (1917)। वयःसन्धि के पहले ही एक लड़का और लड़की एक दुकान में दो-चार बार मिलते हैं और लड़का पूछता है—तेरी कुड़माई हो गयी? (मतलब सगाई) तो एक बार लड़की शरमा के कह देती है—"हाँ", और फिर वे नहीं मिलते। बस इतने से नाज़ुक परिचय के आधार पर वर्षों बाद वह स्त्री इस पुरुष से वचन लेती है कि पहले विश्वयुद्ध में फ्रांस में लड़ने जाते उसके पति की वह रक्षा करेगा जो वह स्वयं अपने प्राण न्योछावर करके करता है। कहानी कालक्रम में स्मृति के आधार पर लगातार आगे-पीछे जाती रहती है, लगभग 'स्ट्रीम ऑफ़ कॉन्शसनेस' यानी सहज-अवचेतना-प्रवाह के माध्यम से, जिस कथा-शैली का आविष्कार पश्चिम में भी तब तक नहीं हुआ था, बस होने वाला था। शिल्प की दृष्टि से यह कहानी अब भी और सभी हिन्दी कहानियों से शायद आगे है और इसकी सरसता और मार्मिकता भी अनूठी है। प्रेम का अर्थ आनन्द नहीं पर निःस्वार्थ त्याग है, प्राणोत्सर्ग की हद तक, यही इस कहानी का मन्तव्य है।

प्रेमचन्द एवं गोर्की की प्रेम कहानियों की संख्या काफ़ी कम है जब कि चीन के महान कथाकार लु शुन ने भी प्रेम कहानियाँ कम लिखीं। उनकी कहानी 'विगत का अवसाद' में प्रेमी-प्रेमिका आदर्शवादी हैं। एक प्रेम के पारम्परिक और आधुनिक, रूमानी और यथार्थमय, आदर्शवादी, क्रूर एवं कोमल अनेक रंग हैं। देश-विदेश की कहानियों में उनके इन्द्रधनुषी रंग दिखाई पड़ते हैं। वैसे प्रेम तो स्वाभाविक रूप से सर्वत्र उपजता है पर उसका कलात्मक चित्रण करने वाले लेखक कम हैं। इसलिए कबीर ने कहा है कि 'अकथ कहानी प्रेम की।'

"नगरी-नगरी द्वारे-द्वारे ढूँढ़ने रे साँवरिया' भाव से पिछले सौ वर्षों की प्रेम-कहानियाँ ढूँढ़ने चला, तब जाकर यह तथ्य उजागर हुआ कि मेरे मन

में जो प्रेम की सही पहचान है, वह उभारने वाली उदात्त प्रेम-कहानियाँ भारतीय भाषाओं में ही नहीं, विश्व की अन्य प्रमुख भाषाओं में उँगली पर गिनने लायक ही हैं। तो क्या है मेरे मन में प्रेम की मूल पहचान? यही कि एक के बहाने जब सारी दुनिया अपनी-अपनी-सी लगे तो समझो प्रेम हुआ। प्रेम वह है जो हमारी अन्तर्निहित सम्भावनाओं के सहज प्रस्फुटन में सहायक हो। प्रेम माने सारे दरवाज़े-खिड़कियाँ झपाक खोल देने वाला एक विराट् एहसास जहाँ सब तू-तू, मैं-मैं मिट जाती है। कम-से-कम कुछ आविष्ट पलों में जब प्रेम का एहसास सघनतम होता है। युद्ध भूमि में 'उसके' पति पर चली गोली अपने सीने पर खाकर गिरते लहना सिंह के मन में गहरे सन्तोष का एहसास ('उसने कहा था,' चन्द्रधर शर्मा गुलेरी) या डेला और उसके पति के मन में उस अनूठे व्यर्थता-बोध का एहसास, जो त्रासद न होकर 'कामद' है। 'द गिफ्ट्स ऑफ़ द मेजाई' ओ. हेनरी, की ग़रीब दम्पति की प्रेम—कहानी है। क्रिसमस के उपहार के पैसे जुटाने की धुन दोनों को है। कोई और जुगाड़ नहीं भिड़ता तो डेला अपने वही सुनहरे बाल विग बनाने वाले हेयर-ड्रेसर को बेच आती है, जिसके लिए जड़ाऊ क्लिप ख़रीदने की लगन में उसका पति अपनी पुश्तैनी घड़ी बेच देता है। वही घड़ी जिसके लिए सुनहरी बेल्ट ख़रीदने के लिए डेला ने बाल बेचे थे। बाल बेचकर जुटाये गये पैसों से घड़ी की सुनहरी बेल्ट लेकर जब डेला घर लौटती है तो पता चलता है कि वह घड़ी रही ही नहीं, उसके बदले आ गये थे सुनहरे क्लिप, पर जहाँ वे सजते—वे बाल तो अब हैं ही नहीं।

त्रासदी की पूरी अवधारणा सम्भावनाओं के व्यर्थता-बोध की अवधारणा है। यह व्यर्थता-बोध की एक नयी ही प्रजाति है, जो त्रासद से ज़्यादा कामद है। भौतिक धरातल पर यह झटका है, पर इस झटके से संलग्न प्रिय के नाम पर सर्वस्व न्योछावर करने का जो व्यापक सन्तोष है, उसकी प्रकृति लहना सिंह के इस सन्तोष की सगोतिया ही है कि मैंने 'उसकी' बात का मान रखा है—'उसने कहा था' कि 'उनको देखना, उनकी रक्षा करना।' उम्र-भर एक मुलाक़ात चली जाती है'—इस एहसास का प्रखरतम प्रहरी है 'उसने कहा था' कहानी। यह सब देखते हुए तो प्रेम का एक आवश्यक घटक त्याग दिखाई देता है।

मोपासां की कहानी 'द नेकलेस' भी एक प्रेम कहानी की तरह पढ़ी जा सकती है। एक पतनोन्मुखी समाज की अत्यन्त रूपसी लड़की एक

साधारण क्लर्क से ब्याह दी जाती है और उसका मन लगातार कलपता रहता है कि उसके रूप की विरुदावली गाने वाला सम्भ्रान्त समाज तो उसे मिला ही नहीं। कहानी उसके परितप्त पति की ओर से पढ़ी जाये तो ही यह बड़ी प्रेम-कहानी नज़र आयेगी। बेचारा ग़रीब मुलाज़िम उसके पास विरुदावली गाने वाली भाषा नहीं, न ही वैसा परिवेश है जहाँ उसकी रूपसी पत्नी की वैनिटी तुष्ट रह सके। बहुत उपक्रम करके वह एक बड़ी पार्टी का निमन्त्रण और उसमें पहनकर जाने लायक गाउन पत्नी के लिए जुटाता है—उस गाउन पर फबने वाला 'नेकलेस' कहाँ से आये। एक पुरानी सहेली उदारतापूर्वक हीरे का नेकलेस उधार देती है, जो पार्टी से लौटते समय खो जाता है। जिस बेताबी और परिताप के साथ दोनों पति-पत्नी बीस साल दिन-रात काम करके उस नेकलेस की प्रतिकृति ख़रीदने लायक पैसे जुटाते हैं, उसमें रूप और यौवन दोनों होम हो जाते हैं।... और एंटी-क्लाइमेक्स इस कहानी का यह है कि ग़रीब सहेली को उदारतापूर्वक पहनने को जो दिया गया था, वह हार हीरे का नहीं, साधारण काँच का था। इस 'काँच के टुकड़े' पर दो पूरे जीवन कुर्बान। यहाँ दिन-रात खटकर पत्नी का मान रखने का जो भाव है और दोनों के बीच की बेचैन सहकारिता—प्रेम का नियोजक वही है।

जैनेन्द्र की 'जाह्नवी', और निर्मल वर्मा की 'एक रात का मेहमान' भी अपने ढंग की प्रेम कहानियाँ हैं, जिनमें एक अजब ढंग की टीस है। नयी कहानी और उसके बाद के कथाकारों ने स्त्री-पुरुष सम्बन्धों के अनेक आयाम टटोले, पर उसका उन्नयन और टीस वाला पक्ष अनादृत ही छोड़ दिया, जिसके कारण प्रेम कहानी प्रेम कहानी बनती है। उपर्युक्त उदात्त प्रेम-कहानियों के साथ एक ख़ूबसूरत बात यह भी है कि प्रायः सब-की-सब अपने समय की सामाजिक, आर्थिक और राजनीतिक विडम्बनाओं का भी जायज़ा देती हैं—उनका अन्तर्जगत् बहिर्जगत् की हलचलों से विच्छिन्न नहीं है।

समकालीन हिन्दी कथाकारों में रेणु की 'तीसरी कसम' और कमलेश्वर की 'नीली झील' भी दो उत्कृष्ट प्रेम कहानियाँ हैं। शेखर जोशी की 'कोसी का घटवार' और स्वयं प्रकाश की 'नन्हा कासिद'! उत्तर-आधुनिकता को 'रोमांस ऑफ़ द मार्जिनलाइज्ड' कहते हैं, पर ग़ैर-रूमानी पच्चीकारियाँ और रसों का मॉकटेल तैयार करने की इसकी महत्वाकांक्षा इसकी प्रेम कहानियों में वह टीस नहीं जगने देती।

रूमानियत झाड़ने के चक्कर में कभी-कभी मार्मिकता भी झड़ जाती है। नायक प्रतिनायक की साधारणता में भी जब प्रेम करने जाये तो उसके चरित्र का कोई तो ऐसा मार्मिक पक्ष उजागर होना चाहिए जो आगे आने वाली पीढ़ियों के मन में ताउम्र टिमटिमाये, खासकर तब जब वे प्रेम करने चलें।

अच्छी प्रेम कहानियों का एक महत्त्व यह है कि वे शरीर को भी आत्मन् के मृणाल पर खिला कमल मानती हैं, जिसकी पंखुड़ियाँ नोच फेंकने की कोई कल्पना भी नहीं कर सकता। अगर सचमुच किसी ने अच्छी प्रेम कहानियाँ आत्मसात् की हों तो उसके अराजक होने के ख़तरे कम हो जाते हैं। चेखव की 'अ जोक' कहानी में किशोर नायक साथ स्कीइंग कर रही किशोरी के कान में धीरे-से बार-बार कहता है कि वह उससे प्रेम करता है, पर इतने अस्फुट ढंग से कि वह ठीक से समझ नहीं पाती कि क्या कहा गया। बाद में जब निश्चित करना चाहती है कि क्या कहा गया तो वह घबराकर कह देता है कि हवा के तेज़ झोंके में कान बज रहे होंगे...और फिर वह ताउम्र इन्तज़ार ही करती रहती है कि वह कुछ कहे।

हमने कुछ प्रेम कहानियों को यहाँ प्रस्तुत करने की कोशिश की है जिनमें संसार के प्रसिद्ध कहानीकारों मोपासां, ऑस्कर वाइल्ड, टॉमस मान, मार्खेज़, जयशंकर प्रसाद, अन्तोन चेखव, ओ. हेनरी, निर्मल वर्मा, कमलेश्वर, गुलेरी आदि की कहानियाँ प्रस्तुत की गयी हैं। आशा है ये कहानियाँ युवा पाठकों को अवश्य लुभायेंगी।

—फणीश सिंह

1, नीतिबाग, पटना-800014

अनुक्रम

एक दिन का मेहमान

•

निर्मल वर्मा

उसने अपना सूटकेस दरवाज़े के आगे रख दिया। घण्टी का बटन दबाया और प्रतीक्षा करने लगा। मकान चुप था। कोई हलचल नहीं—एक क्षण के लिए भ्रम हुआ कि घर में कोई नहीं है और वह खाली मकान के आगे खड़ा है। उसने रूमाल निकालकर पसीना पोंछा, अपना एयरबैग सूटकेस पर रख दिया। दुबारा बटन दबाया और दरवाज़े से कान सटाकर सुनने लगा, बरामदे के पीछे कोई खुली खिड़की हवा में हिचकोले खा रही थी।

वह पीछे हटकर ऊपर देखने लगा। वह दुमंज़िला मकान था—लेन के अन्य मकानों की तरह—काली छत, अंग्रेज़ी के 'बी' की शक्ल में दोनों तरफ़ से ढलुवाँ, और बीच में सफ़ेद पत्थर की दीवार, जिसके माथे पर मकान का नम्बर एक काली बिन्दी-सा टिमक रहा था। ऊपर की खिड़कियाँ बन्द थीं और परदे गिरे थे। कहाँ जा सकते हैं इस वक़्त?

वह मकान के पिछवाड़े गया—वही लॉन, फेंस और झाड़ियाँ थीं, जो उसने दो साल पहले देखी थीं, बीच में विलो अपनी टहनियाँ झुकाये एक काले, बूढ़े रीछ की तरह ऊँघ रहा था, लेकिन गैराज खुला और खाली पड़ा था; वे कहीं कार लेकर गये थे, सम्भव है, उन्होंने सारी सुबह उसकी प्रतीक्षा की हो और अब किसी काम से बाहर चले गये हों, लेकिन दरवाज़े पर उसके लिए एक चिट तो छोड़ ही सकते थे।

वह दुबारा सामने के दरवाज़े पर लौट आया। अगस्त की चुनचुनाती धूप उसकी आँखों पर पड़ रही थी। सारा शरीर चू रहा था। वह बरामदे में ही अपने सूटकेस पर बैठ गया। अचानक उसे लगा, सड़क के पार मकानों की खिड़कियों से कुछ चेहरे बाहर झाँक रहे हैं, उसे देख रहे हैं। उसने सुना था, अंग्रेज़ लोग दूसरों की निजी चिन्ताओं में दखल नहीं देते, लेकिन वह मकान के बाहर बरामदे

में बैठा था, जहाँ प्राइवेसी का कोई मतलब नहीं था; इसीलिए वे निस्संकोच, नंगी उन्मुक्तता से उसे घूर रहे थे। लेकिन शायद उनके कौतूहल का दूसरा कारण था; उस छोटे, अंग्रेज़ी कस्बाती शहर में लगभग सब एक-दूसरे को पहचानते थे और वह न केवल अपनी शक्ल-सूरत में, बल्कि झूलते-झालते हिन्दुस्तानी सूट में काफ़ी अद्भुत प्राणी दिखाई दे रहा होगा। उसकी तुड़ी-मुड़ी वेशभूषा और गर्द और पसीने में लथपथ चेहरे से कोई यह अनुमान भी नहीं लगा सकता था कि अभी तीन दिन पहले फ्रेंकफर्ट की कॉन्फ्रेंस में उसने पेपर पढ़ा था। 'मैं एक लुटा-पिटा एशियन इमीग्रेंट दिखाई दे रहा हूँगा'...उसने सोचा और अचानक खड़ा हो गया, मानो खड़ा होकर प्रतीक्षा करना .ज्यादा आसान हो। इस बार बिना सोचे-समझे उसने दरवाज़ा ज़ोर से खटखटाया और तत्काल हकबकाकर पीछे हट गया, हाथ लगते ही दरवाज़ा खट-से खुल गया। ज़ीने पर पैरों की आवाज़ सुनाई दी, और दूसरे ही क्षण वह चौखट पर उसके सामने खड़ी थी।

वह भागते हुए सीढ़ियाँ उतरकर नीचे आयी थी और उससे चिपट गयी थी। इससे पहले वह पूछता, क्या तुम भीतर थीं? और वह पूछती, तुम बाहर खड़े थे?—उसने अपने धूल-भरे लस्तम-पस्तम हाथों से उसके दुबले कन्धों को पकड़ लिया और लड़की का सिर नीचे झुक आया और उसने अपना मुँह उसके बालों पर रख दिया।

पड़ोसियों ने एक-एक करके अपनी खिड़कियाँ बन्द कर दीं।

लड़की ने धीरे-से उसे अपने से अलग कर दिया, "बाहर कब से खड़े थे?"

"पिछले दो साल से।"

"वाह!" लड़की हँसने लगी। उसे अपने बाप की ऐसी ही बातें बौड़म जान पड़ती थीं।

"मैंने दो बार घण्टी बजायी—तुम लोग कहाँ थे?"

"घण्टी ख़राब है, इसीलिए मैंने दरवाज़ा खुला छोड़ दिया था।"

"तुम्हें फ़ोन पर बताना चाहिए था—मैं पिछले एक घण्टे से आगे-पीछे दौड़ रहा था।"

"मैं तुम्हें बताने वाली थी, लेकिन बीच में लाइन कट गयी... तुमने और पैसे क्यों नहीं डाले?"

"मेरे पास सिर्फ़ दस पैसे थे... वह औरत काफ़ी चुड़ैल थी!"

"कौन औरत?" लड़की ने उसका बैग उठाया।

"वही, जिसने हमें बीच में काट दिया।"

आदमी अपना सूटकेस बीच ड्राइंगरूम में घसीट लाया। लड़की उत्सुकता से बैग के भीतर झाँक रही थी—सिगरेट के पैकेट, स्कॉच की लम्बी बोतल, चॉकलेट के बण्डल—वे सारी चीज़ें, जो उसने इतनी हड़बड़ी में फ्रेंकफर्ट के एयरपोर्ट पर ड्यूटी-फ्री दुकान से ख़रीदी थीं, अब बैग से ऊपर झाँक रही थीं।

"तुमने अपने बाल कटवा लिये?" आदमी ने पहली बार चैन से लड़की का चेहरा देखा।

"हाँ... सिर्फ़ छुट्टियों के लिए। कैसे लगते हैं?"

"अगर तुम मेरी बेटी नहीं होतीं, तो मैं समझता कि कोई लफंगा घर में घुस आया है।"

"ओह पापा!" लड़की ने हँसते हुए बैग से चॉकलेट निकाली, रैपर खोला, फिर उसके आगे बढ़ा दी।

"स्विस चॉकलेट," उसने उसे हवा में डुलाते हुए कहा।

"मेरे लिए एक गिलास पानी ला सकती हो?"

"ठहरो, मैं चाय बनाती हूँ।"

"चाय बाद में...", वह अपने कोट की अन्दरूनी जेब में कुछ टटोलने लगा—नोटबुक, वॉलेट, पासपोर्ट—सब चीज़ें बाहर निकल आयीं, अन्त में उसे टेबलेट्स की डिब्बी मिली, जिसे वह ढूँढ़ रहा था।

लड़की पानी का गिलास लेकर आयी तो उससे पूछा, "कैसी दवाई है?"

"जर्मन," उसने कहा, "बहुत असर करती है।" उसने टेबलेट पानी के साथ निगल ली, फिर सोफ़े पर बैठ गया। सब कुछ वैसा ही था, जैसा उसने सोचा था। वही कमरा, शीशे का दरवाज़ा, खुले हुए परदों के बीच वही चौकोर, हरे रूमाल-जैसा लॉन, टी. वी. के स्क्रीन पर उड़ती पक्षियों की छाया, जो बाहर उड़ते थे और भीतर होने का भ्रम देते थे।

वह किचन की देहरी पर आया। गैस के चूल्हे के पीछे लड़की की पीठ दिखाई दे रही थी। कार्डराय की काली जींस और सफ़ेद कमीज, जिसकी मुड़ी स्लीव्स बाँहों की कुहनियों पर झूल रही थीं। वह बहुत हल्की और छुई-मुई-सी दिखाई दे रही थी।

"मामा कहाँ हैं?" उसने पूछा। शायद उसकी आवाज़ इतनी धीमी थी कि लड़की ने उसे नहीं सुना, किन्तु उसे लगा, जैसे लड़की की गर्दन कुछ ऊपर उठी थी। "मामा क्या ऊपर हैं?" उसने दुबारा कहा और लड़की वैसे ही निश्चल खड़ी रही और तब उसे लगा, उसने पहली बार भी उसके प्रश्न को सुन लिया था। "क्या वह बाहर गयी हैं?" उसने पूछा। लड़की ने बहुत धीरे, धुँधले ढंग से सिर हिलाया, जिसका मतलब कुछ भी हो सकता था।

''तुम पापा, कुछ मेरी मदद करोगे?''

वह लपककर किचन में चला आया, ''बताओ, क्या काम है?''

''तुम चाय की केतली लेकर भीतर जाओ, मैं अभी आती हूँ।''

''बस!'' उसने निराश स्वर में कहा।

''अच्छा, प्याले और प्लेटें भी लेते जाओ।''

वह सब चीज़ें लेकर भीतर कमरे में चला आया। वह दुबारा किचन में जाना चाहता था, लेकिन लड़की के डर से वह वहीं सोफ़े पर बैठा रहा। किचन से कुछ तलने की खुशबू आ रही थी। लड़की उसके लिए कुछ बना रही थी और वह उसकी कोई भी मदद नहीं कर पा रहा था। एक बार इच्छा हुई, किचन में जाकर उसे मना कर आये कि वह कुछ भी नहीं खायेगा—किन्तु दूसरे ही क्षण भूख ने उसे पकड़ लिया। सुबह से उसने कुछ नहीं खाया था। यूस्टन स्टेशन के कैफेटेरिया में इतनी लम्बी 'क्यू' लगी थी कि वह टिकट लेकर सीधा ट्रेन में घुस गया था। सोचा था, वह डायनिंग-कार में कुछ पेट में डाल लेगा, किन्तु वह दोपहर से पहले नहीं खुलती थी। सच पूछा जाये, तो उसने अन्तिम खाना कल शाम फ्रेंकफर्ट की एयरपोर्ट में खाया था और जब रात को लन्दन पहुँचा था, तो अपने होटल के बार में पीता रहा था। तीसरे गिलास के बाद उसने जेब से नोटबुक निकाली, नम्बर देखा और बार के टेलीफ़ोन बूथ में जाकर फ़ोन मिलाया था... पहली बार में पता नहीं चला, उसकी पत्नी की आवाज़ है या बच्ची की। उसकी पत्नी ने फ़ोन उठाया होगा, क्योंकि कुछ देर तक फ़ोन का सन्नाटा उसके कान में झनझनाता रहा, फिर उसने सुना, वह ऊपर से बच्ची को बुला रही है। और तब उसने घड़ी देखी; उसे अचानक ध्यान आया, इस समय वह सो रही होगी, और वह फ़ोन नीचे रखना चाहता था, किन्तु उसी समय उसे बच्ची का स्वर सुनाई दिया; वह आधी नींद में थी। उसे कुछ देर तक पता ही नहीं चला कि वह इंडिया से बोल रहा है या फ्रेंकफर्ट से या लन्दन से... वह उसे अपनी स्थिति समझा ही रहा था कि तीन मिनट ख़त्म हो गये और उसके पास इतनी 'चेंज' भी नहीं थी कि वह लाइन को कटने से बचा सके, तसल्ली सिर्फ़ इतनी थी कि वह नींद, घबराहट और नशे के बीच यह बताने में सफल हो गया था कि वह कल उनके शहर पहुँच रहा है... कल यानी आज।

वे अच्छे क्षण थे। बाहर इंग्लैंड की पीली और मुलायम धूप फैली थी। वह घर के भीतर था। उसके भीतर गरमाई की लहरें उठने लगी थीं। हवाईअड्डों की भाग-दौड़, होटलों की हील-हुज्जत, ट्रेन-टैक्सियों की हड़बड़ाहट—वह सबसे परे हो गया था।

वह घर के भीतर था; उसका अपना घर न सही, फिर भी एक घर—कुर्सियाँ, परदे, सोफ़ा, टी. वी.। वह अर्से से इन चीज़ों के बीच रहा था और हर चीज़ के इतिहास को जानता था। हर दो-तीन साल बाद जब वह आता था, तो सोचता था—बच्ची कितनी बड़ी हो गयी होगी और पत्नी? वह कितनी बदल गयी होगी! लेकिन ये चीज़ें उस दिन से एक जगह ठहरी थीं, जिस दिन उसने घर छोड़ा था; वे उसके साथ जाती थीं, उसके साथ लौट आती थीं...

"पापा, तुमने चाय नहीं डाली?" वह किचन से दो प्लेटें लेकर आयी, एक में टोस्ट और मक्खन थे, दूसरी में तले हुए सॉसेज।

"मैं तुम्हारा ही इन्तज़ार कर रहा था।"

"चाय डालो, नहीं तो बिल्कुल ठण्डी हो जायेगी।"

वह उसके साथ सोफ़ा पर बैठ गयी। "टी. वी. खोल दूँ... देखोगे?"

"अभी नहीं... सुनो, तुम्हें मेरे स्टैम्प्स मिल गये थे?"

"हाँ, पापा, थैंक्स!" वह टोस्ट्स पर मक्खन लगा रही थी।

"लेकिन तुमने चिट्ठी एक भी नहीं लिखी!"

"मैंने एक चिट्ठी लिखी थी, लेकिन जब तुम्हारा टेलीग्राम आया, तो मैंने सोचा, अब तुम आ रहे हो तो चिट्ठी भेजने की क्या ज़रूरत?"

"तुम सचमुच गागा हो।"

लड़की ने उसकी ओर देखा और हँसने लगी। यह उसका चिढ़ाऊ नाम था, जो बाप ने बरसों पहले उसे दिया था, जब वह उसके साथ घर में रहता था। वह बहुत छोटी थी और उसने हिन्दुस्तान का नाम भी नहीं सुना था।

बच्ची की हँसी का फायदा उठाते हुए वह उसके पास झुक आया जैसे वह कोई चंचल चिड़िया हो, जिसे केवल सुरक्षा के भ्रामक क्षण में ही पकड़ा जा सकता है, "मम्मी कब लौटेंगी?"

प्रश्न इतना अचानक था कि लड़की झूठ नहीं बोल सकी, "वह ऊपर अपने कमरे में हैं।"

"ऊपर? लेकिन तुमने तो कहा था..."

किरच, किरच, किरच—वह चाकू से जले हुए टोस्ट को कुरेद रही थी मानो उसके साथ-साथ वह उसके प्रश्न को भी काट डालना चाहती हो। हँसी अब भी थी, लेकिन अब वह बर्फ़ में जमे कीड़े की तरह उसके होंठों पर चिपकी थी।

"क्या उन्हें मालूम है कि मैं यहाँ हूँ?"

लड़की ने टोस्ट पर मक्खन लगाया, फिर जैम—फिर उसके आगे प्लेट रख दी।

"हाँ मालूम है," उसने कहा।

"क्या वह नीचे आकर हमारे साथ चाय नहीं पियेंगी?"

लड़की दूसरी प्लेट पर सॉसेज सजाने लगी—फिर उसे कुछ याद आया। वह रसोई में गयी और अपने साथ मस्टर्ड और कैचप की बोतलें ले आयी।

"मैं ऊपर जाकर पूछ आता हूँ।" उसने लड़की की तरफ़ देखा, जैसे उससे अपनी कार्यवाही का समर्थन पाना चाहता हो। जब वह कुछ नहीं बोली, तो वह ज़ीने की तरफ़ जाने लगा।

"प्लीज़ पापा।"

उसके पाँव ठिठक गये।

"आप फिर उनसे लड़ना चाहते हैं?" लड़की ने कुछ ग़ुस्से में उसे देखा।

"लड़ना!" वह शर्म से भीगा हुआ हँसने लगा, "मैं यहाँ दो हज़ार मील उनसे लड़ने आया हूँ?"

"फिर आप मेरे पास बैठिए।" लड़की का स्वर भरा हुआ था। वह अपनी माँ के साथ थी, लेकिन बाप के प्रति क्रूर नहीं थी। वह उसे पुरचाती निगाहों से निहार रही थी—"मैं तुम्हारे पास हूँ, क्या यह काफ़ी नहीं है?"

वह खाने लगा, टोस्ट, सॉसेज, टिन के उबले हुए मटर। उसकी भूख उड़ गयी थी, लेकिन लड़की की आँखें उस पर थीं। वह उसे देख रही थी और कुछ सोच रही थी, कभी-कभी टोस्ट का टुकड़ा मुँह में डाल लेती और फिर चाय पीने लगती। फिर उसकी ओर देखती और चुपचाप मुस्कराने लगती, उसे दिलासा-सी देती, सब कुछ ठीक है, तुम्हारी ज़िम्मेदारी मुझ पर है और जब तक मैं हूँ, डरने की कोई बात नहीं।

डर नहीं था। टेबलेट का असर रहा होगा या यात्रा की थकान—वह कुछ देर के लिए लड़की की निगाहों से हटना चाहता था। वह अपने को हटाना चाहता था। "मैं अभी आता हूँ।" उसने कहा। लड़की ने सशंकित आँखों से उसे देखा, "क्या बाथरूम जायेंगे?" वह उसके साथ-साथ गुसलखाने तक चली आयी और जब उसने दरवाज़ा बन्द कर लिया, तो भी उसे लगता रहा, वह दरवाज़े के पीछे खड़ी है।...

उसने बेसिनी में अपना मुँह डाल दिया और नल खोल दिया। पानी झर-झर उसके चेहरे पर बहने लगा—और वह सिसकने-सा लगा। आधे बने हुए शब्द उसकी छाती के खोखल से बाहर निकलने लगे, जैसे भीतर जमी हुई काई उलट रहा हो, उलटी, जो सीधी दिल से बाहर आती है—वह टेबलेट जो कुछ देर पहले खायी थी, अब पीले चूरे-सी बेसिनी के संगमरमर पर तैर रही थी। फिर उसने नल बन्द कर दिया और रूमाल निकालकर मुँह पोंछा। बाथरूम की खूँटी पर स्त्री के

मैले कपड़े टँगे थे—प्लास्टिक की चौड़ी बाल्टी में अंडरवियर और ब्रेसियर साबुन में डूबे थे... खिड़की खुली थी और बाग का पिछवाडा धूप में चमक रहा था। कहीं किसी दूसरे बाग से घास काटने की उनींदी-सी घुर्र-घुर्र पास आ रही थी...

वह जल्दी से बाथरूम का दरवाज़ा बन्द करके कमरे में चला आया। सारे घर में सन्नाटा था। वह किचन में आया, तो लड़की दिखाई नहीं दी। वह ड्राइंगरूम में लौटा, तो वह भी खाली पड़ा था। उसे सन्देह हुआ कि वह ऊपर वाले कमरे में अपनी माँ के पास बैठी है। एक अजीब आतंक ने उसे पकड़ लिया। घर जितना शान्त था, उतना ही ख़तरे से अटा जान पड़ा। वह कोने में गया, जहाँ उसका सूटकेस रखा था, वह जल्दी-जल्दी उसे खोलने लगा। उसने अपने कान्फ्रेंस के नोट्स और काग़ज़ अलग किये, उनके नीचे से वह सारा सामान निकालने लगा, जो वह दिल्ली से अपने साथ लाया था—एम्पोरियम का राजस्थानी लहँगा (लड़की के लिए), ताँबे और पीतल के ट्रिंकेट्स, जो उसने जनपथ पर तिब्बती लामा हिप्पियों से ख़रीदे थे, पशमीने का कश्मीरी शाल (बच्ची की माँ के लिए), एक लाल, गुजराती जरीदार स्लीपर, जिसे बच्ची और माँ दोनों पहन सकते थे, हैंडलूम के बैडकवर, हिन्दुस्तानी टिकटों की एल्बम—और एक बहुत बड़ी सचित्र किताब, 'बनारस : द एटर्नल सिटी।' फ़र्श पर धीरे-धीरे एक छोटा-सा हिन्दुस्तान जमा हो गया था, जिसे वह हर बार यूरोप आते समय अपने साथ ढो लाता था।

सहसा उसके हाथ ठिठक गये। वह कुछ देर तक चीज़ों के ढेर को देखता रहा। कमरे के फ़र्श पर बिखरी हुई वे बिल्कुल अनाथ और दयनीय दिखाई दे रही थीं। एक पागल-सी इच्छा हुई कि वह उन्हें कमरे में जैसे-का-तैसा छोड़कर भाग खड़ा हो। किसी को पता भी न चलेगा, वह कहाँ चला गया? लड़की थोड़ा-बहुत ज़रूर हैरान होगी, किन्तु बरसों से वह उससे ऐसे ही अचानक मिलती रही थी और बिना कारण बिछड़ती रही थी, 'यू आर ए कमिंग मैन एंड ए गोइंग मैन', वह उससे कहा करती थी, पहले विषाद में और बाद में कुछ-कुछ हँसी में... उसे कमरे में न बैठा देखकर लड़की को ज़्यादा सदमा नहीं पहुँचेगा। वह ऊपर जायेगी और माँ से कहेगी, "अब तुम नीचे आ सकती हो; वह चले गये।" फिर वे दोनों एकसाथ नीचे आयेंगी और उन्हें राहत मिलेगी कि अब उन दोनों के अलावा घर में कोई नहीं है।

"पापा!"

वह चौंक गया, जैसे रँगे हाथ पकड़ा गया हो। खिसियानी-सी मुस्कराहट में लड़की को देखा—वह कमरे की चौखट पर खड़ी थी और खुले हुए सूटकेस को ऐसे देख रही थी, जैसे वह कोई जादू की पिटारी हो, जिसने अपने पेट से

अचानक रंग-बिरंगी चीज़ों को उगल दिया हो। लेकिन उसकी आँखों में कोई खुशी नहीं थी; एक शर्म-सी थी, जब बच्चे अपने बड़ों को कोई ऐसी ट्रिक करते हुए देखते हैं जिसका भेद उन्हें पहले से मालूम होता है; वे अपने संकोच को छिपाने के लिए कुछ ज़्यादा ही उत्सुक हो जाते हैं।

''इतनी चीज़ें?'' वह आदमी के सामने कुर्सी पर बैठ गयी, ''कैसे लाने दीं? सुना है आजकल कस्टम वाले बहुत तंग करते हैं।''

''नहीं, इस बार उन्होंने कुछ नहीं किया,'' आदमी ने उत्साह में आकर कहा। ''शायद इसलिए कि मैं सीधे फ्रेंकफर्ट से आ रहा था। उन्हें सिर्फ़ एक चीज़ पर शक़ हुआ था।'' उसने मुस्कराते हुए लड़की की ओर देखा।

''किस चीज़ पर?'' लड़की ने इस बार सच्ची उत्सुकता से पूछा।

उसने अपने बैग से दालबीजी का डिब्बा निकाला और उसे खोलकर मेज़ पर रख दिया! लड़की ने झिझकते हुए दो-चार दाने उठाये और उन्हें सूँघने लगी, ''क्या है यह?'' उसने जिज्ञासा से आदमी को देखा।

''वे भी इसी तरह सूँघ रहे थे'', वह हँसने लगा, ''उन्हें डर था कि कहीं इसमें चरस-गाँजा तो नहीं है।''

''हैश?'' लड़की की आँखें फैल गयीं, ''क्या इसमें सचमुच हैश मिली है?''

''खाकर देखो।''

लड़की ने कुछ दालमोठ मुँह में डाले और उन्हें चबाने लगी, फिर हलाट-सी होकर सी-सी करने लगी।

''मिर्चें होंगी—थूक दो!'' आदमी ने कुछ घबराकर कहा।

किन्तु लड़की ने उन्हें निगल लिया और छलछलाई आँखों से बाप को देखने लगी।

''तुम भी पागल हो...सब निगल बैठीं।'' आदमी ने जल्दी से उसे पानी का गिलास दिया, जो वह उसके लिए लायी थी।

''मुझे पसन्द है। लड़की ने जल्दी से पानी पिया और अपनी कमीज की मुड़ी हुई बाँहों से आँखें पोंछने लगी। फिर मुस्कराते हुए आदमी की ओर देखा, ''आई लव ईट!'' वह कई बातें सिर्फ़ आदमी का मन रखने के लिए करती थी। उनके बीच बहुत कम मुहलत रहती थी और वह उसके निकट पहुँचने के लिए ऐसे शॉर्टकट लेती थी, जिसे दूसरे बच्चे महीनों में पार करते हैं।

''क्या उन्होंने भी इसे चखकर देखा था?'' लड़की ने पूछा।

''नहीं, उनमें इतनी हिम्मत कहाँ थी। उन्होंने सिर्फ़ मेरा सूटकेस खोला, मेरे काग़ज़ों को उलटा-पलटा और जब उन्हें पता चला कि मैं कान्फ्रेंस से आ रहा हूँ तो उन्होंने कहा, 'मिस्टर, यू मे गो।' ''

"क्या कहा उन्होंने?" लड़की हँस रही थी।

"उन्होंने कहा, 'मिस्टर यू मे गो, लाइक एन इंडियन क्रो! आदमी ने भेदभरी निगाहों से उसे देखा। 'क्या है यह?' "

लड़की हँसती रही—जब वह बहुत छोटी थी और आदमी के साथ पार्क में घूमने जाती थी, तो वे यह सिरफिरा खेल खेलते थे। वह पेड़ की ओर देखकर पूछता था, ओ डियर, इज़ देयर एनीथिंग टू सी? और लड़की चारों तरफ़ देखकर कहती थी, येस डियर, देयर इज़ ए क्रो ओवर द ट्री। आदमी विस्मय से उसकी ओर देखता। क्या है यह? और वह विजयोल्लास में कहती—पोयम!

ए पोयम! बढ़ती हुई उम्र में छूटते हुए बचपन की छाया सरक आयी—पार्क की हवा, पेड़, हँसी। वह बाप की उँगली पकड़कर सहसा एक ऐसी जगह आ गयी, जिसे वह मुद्दत पहले छोड़ चुकी थी, जो कभी-कभार रात को सोते हुए सपनों में दिखाई दे जाती थी...

"मैं तुम्हारे लिए कुछ इंडियन सिक्के लाया था... तुमने पिछली बार कहा था न!"

"दिखाओ, कहाँ हैं?" लड़की ने ज़रूरत से कुछ ज़्यादा ही ललकते हुए पूछा।

आदमी ने सलमे-सितारों से जड़ी एक लाल थैली उठायी—जिसे हिप्पी लोग अपने पासपोर्ट के लिए ख़रीदते थे। लड़की ने उसे उसके हाथ से छीन लिया और हवा में झुलाने लगी। भीतर रखी चवन्नियाँ, अठन्नियाँ, चहचहाने लगीं, फिर उसने थैली का मुँह खोला और सारे पैसों को मेज़ पर बिखेर दिया।

"हिन्दुस्तान में क्या सब लोगों के पास ऐसे ही सिक्के होते हैं?"

वह हँसने लगा, "और क्या सबके लिए अलग-अलग बनेंगे?" उसने कहा।

"लेकिन ग़रीब लोग?" उसने आदमी को देखा, "मैंने एक रात टी. वी. में उन्हें देखा था...।" वह सिक्कों को भूल गयी और कुछ असमंजस में फ़र्श पर बिखरी चीज़ों को देखने लगी। तब पहली बार आदमी को लगा—वह लड़की जो उसके सामने बैठी है, कोई दूसरी है। पहचान का फ्रेम वही है जो उसने दो साल पहले देखा था लेकिन बीच की तस्वीर बदल गयी है। किन्तु वह बदली नहीं थी, वह सिर्फ़ कहीं और चली गयी थी। वे माँ-बाप जो अपने बच्चों के साथ हमेशा नहीं रहते, उन गोपनीय मंज़िलों के बारे में कुछ नहीं जानते जो उनके अभाव की नींव पर ऊपर-ही-ऊपर बनती रहती हैं, लड़की अपने बचपन की बेसमेंट में जाकर ही पिता से मिल पाती थी... लेकिन कभी-कभी उसे छोड़कर दूसरे कमरों में चली जाती थी, जिसके बारे में आदमी को कुछ भी मालूम नहीं था।

“पापा।” लड़की ने उसकी ओर देखा, “क्या मैं इन चीज़ों को समेटकर रख दूँ?”

“क्यों, इतनी जल्दी क्या है?”

“नहीं, जल्दी नहीं... लेकिन मामा आकर देखेंगी तो...!” उसके स्वर में हल्की-सी घबराहट थी, जैसे वह हवा में किसी अदृश्य ख़तरे को सूँघ रही हो।

“आयेंगी तो क्या?” आदमी ने कुछ विस्मय से लड़की को देखा।

“पापा, धीरे बोलो...!” लड़की ने ऊपर कमरे की तरफ़ देखा, ऊपर सन्नाटा था, जैसे घर की एक देह हो, दो में बँटी हुई, जिसका एक हिस्सा सुन्न और निस्पन्द पड़ा हो, दूसरे में वे दोनों बैठे थे। और तब उसे भ्रम हुआ कि लड़की कोई कठपुतली का नाटक कर रही है। ऊपर के धागे से बँधी हुई, जैसे वह खिंचता है, वैसे वह हिलती है, लेकिन वह न धागे को देख सकता है, न उसे, जो उसे हिलाता है...

वह उठ खड़ा हुआ। लड़की ने आतंकित होकर उसे देखा, “आप कहाँ जा रहे हैं?”

“वह नीचे नहीं आयेंगी?” उसने पूछा।

“उन्हें मालूम है, आप यहाँ हैं।” लड़की ने कुछ खीजकर कहा।

“इसीलिए वह नहीं आना चाहतीं?”

“नहीं...!” लड़की ने कहा, “इसीलिए वह कभी भी आ सकती हैं।”

कैसे पागल हैं। इतनी छोटी-सी बात नहीं समझ सकते। “आप बैठिए, मैं अभी इन सब चीज़ों को समेट लेती हूँ।”

वह फ़र्श पर उकड़ूँ बैठ गयी; बड़ी सफ़ाई से हर चीज़ को उठाकर कोने में रखने लगी। मखमल की जूती, पशमीने की शॉल, गुजरात एम्पोरियम का बैडकवर। उसकी पीठ पिता की ओर थी, किन्तु वह उसके हाथ देख सकता था, पतले और साँवले, बिल्कुल अपनी माँ की तरह, वैसे ही निस्संग और ठण्डे, जो उसकी लायी चीज़ों को आत्मीयता से पकड़ते नहीं थे, सिर्फ़ अनमने भाव से अलग ठेल देते थे। वे एक ऐसी बच्ची के हाथ थे, जिसने सिर्फ़ माँ के सीमित और सुरक्षित स्नेह को छूना सीखा था, मर्द के उत्सुक और पीड़ित उन्माद को नहीं जो पिता के सेक्स की काली कन्दरा से उमड़ता हुआ बाहर आता है।

अचानक लड़की के हाथ ठिठक गये। उसे लगा, कोई दरवाज़े की घण्टी बजा रहा है लेकिन दूसरे ही क्षण फ़ोन का ध्यान आया जो ज़ीने के नीचे कोटर में था और ज़ंजीर से बँधे पिल्ले की तरह ज़ोर-ज़ोर से चीख़ रहा था। लड़की ने

चीज़ें वैसे ही छोड़ दीं और लपकते हुए सीढ़ियों के पास गयी, फ़ोन उठाया, एक क्षण तक कुछ सुनाई नहीं दिया। फिर चिल्लायी–

"मामा, आपका फ़ोन!"

बच्ची बेनिस्टर के सहारे खड़ी थी, हाथ में फ़ोन झुलाती हुई। ऊपर का दरवाज़ा खुला और ज़ीना हिलने लगा। कोई नीचे आ रहा था, फिर एक सिर लड़की के चेहरे पर झुका, गुँथा हुआ जूड़ा और फ़ोन के बीच एक पूरा चेहरा उभर आया...

"किसका है?" औरत ने अपने लटकते हुए जूड़े को पीछे धकेल दिया और लड़की के हाथ से फ़ोन खींच लिया। आदमी कुर्सी से उठा... लड़की ने उसकी ओर देखा। "हैलो," औरत ने कहा। "हैलो, हैलो," औरत की आवाज़ ऊपर उठी और तब उसे पता चला, कि यह उस स्त्री की आवाज़ है, जो उसकी पत्नी थी; वह उसे बरसों बाद भी सैकड़ों आवाज़ों की भीड़ में पहचान सकता था... ऊँची पिच पर हल्के-से काँपती हुई, हमेशा से सख्त, आहत, परेशान, उसकी देह की एकमात्र चीज़, जो देह से परे आदमी की आत्मा पर ख़ून की खरोंच खींच जाती थी... वह जैसे उठा था, वैसे ही बैठ गया।

लड़की मुस्करा रही थी।

वह हैंगर के आईने से आदमी का चेहरा देख रही थी–और वह चेहरा कुछ वैसा ही बेडौल दिखाई दे रहा था जैसे उम्र के आईने से औरत की आवाज़– उलटा, टेढ़ा, पहेली-सा रहस्यमय! वे तीनों व्यक्ति अनजाने में चार में बँट गये थे–लड़की, उसकी माँ, वह और उसकी पत्नी। घर जब गृहस्थी में बदलता है, तो अपने-आप फैलता जाता है...

"तुम जेनी से बात करोगी?" औरत ने लड़की से कहा और बच्ची जैसे इसी क्षण की प्रतीक्षा कर रही थी। वह उछलकर ऊपरी सीढ़ी पर आयी और माँ से टेलीफ़ोन ले लिया, "हैलो जेनी, इट इज़ मी!"

वह दो सीढ़ियाँ नीचे उतरी; अब आदमी उसे पूरा-का-पूरा देख सकता था।

"बैठो...", आदमी कुर्सी से उठ खड़ा हुआ। उसके स्वर में एक बेबस-सा अनुनय था, मानो उसे डर हो कि कहीं उसे देखकर वह उलटे पाँव न लौट जाये।

वह एक क्षण अनिश्चय में खड़ी रही। अब वापस मुड़ना निरर्थक था, लेकिन इस तरह उसके सामने खड़े रहने का भी कोई तुक नहीं था। वह स्टूल खींचकर टी. वी. के आगे बैठ गयी।

"कब आये?" उसका स्वर इतना धीमा था कि आदमी को लगा, टेलीफ़ोन पर कोई दूसरी औरत बोल रही हो।

"काफ़ी देर हो गयी...मुझे तो पता भी न था कि तुम ऊपर कमरे में हो!"

स्त्री चुपचाप उसे देखती रही।

आदमी ने जेब से रूमाल निकाला, पसीना पोंछा, मुस्कराने की कोशिश में मुस्कराने लगा। "मैं बहुत देर तक बाहर खड़ा रहा, मुझे पता नहीं था, घण्टी ख़राब है! गैराज खाली पड़ा था, मैंने सोचा, तुम दोनों कहीं बाहर गये हो...तुम्हारी कार?" उसे मालूम था, फिर भी उसने पूछा।

"सर्विसिंग के लिए गयी है," स्त्री ने कहा। वह हमेशा से उसकी छोटी, बेकार की बातों से नफ़रत करती आयी थी, जबकि आदमी के लिए वे कुछ ऐसे तिनके थे, जिन्हें पकड़कर डूबने से बचा जा सकता था। कम-से-कम कुछ देर के लिए...

"तुम्हें मेरा टेलीग्राम मिल गया था? मैं फ्रैंकफर्ट आया था, उसी टिकट पर यहाँ आ गया; कुछ पौण्ड ज़्यादा देने पड़े। मैंने तुम्हें वहाँ से फ़ोन भी किया, लेकिन तुम दोनों कहीं बाहर थे..."

"कब?" औरत ने हल्की जिज्ञासा से उसकी ओर देखा, "हम दोनों घर में थे।"

"घण्टी बज रही थी, लेकिन किसी ने उठाया नहीं। हो सकता है, ऑपरेटर मेरी अंग्रेज़ी नहीं समझ सकी और ग़लत नम्बर दे दिया हो! लेकिन सुनो।" वह हँसने लगा, "एक अजीब बात हुई। हीथ्रो पर मुझे एक औरत मिली, जो पीछे से बिल्कुल तुम्हारी तरह दिखाई दे रही थी, यह तो अच्छा हुआ मैंने उसे बुलाया नहीं... हिन्दुस्तान के बाहर हिन्दुस्तानी औरतें एक-जैसी ही दिखाई देती हैं।" वह बोले जा रहा था। वह उस आदमी की तरह था जो आँखों पर पट्टी बाँधकर हवा में तनी हुई रस्सी पर चलता है, स्त्री कहीं बहुत नीचे थी, एक सपने में, जिसे वह बहुत पहले कभी जानता था, किन्तु अब उसे याद नहीं आ रहा था कि वह उसके सामने क्यों बैठा था?

वह चुप हो गया। उसे ख़याल आया, इतनी देर से वह सिर्फ़ अपनी आवाज़ सुन रहा है। उसके सामने बैठी स्त्री बिल्कुल चुप बैठी थी। उसकी ओर बहुत ठण्डी और हताश निगाहों से देख रही थी।

"क्या बात है?" आदमी ने कुछ भयभीत-सा होकर पूछा।

"मैंने तुमसे मना किया था; तुम समझते क्यों नहीं?"

"किसके लिए? तुमने किसके लिए मना किया था?"

"मैं तुमसे कुछ नहीं चाहती...मेरे घर तुम ये सब चीज़ें क्यों लाते हो; क्या फायदा है इनका?"

पहले क्षण वह नहीं समझा, कौन-सी चीज़ें? फिर उसकी निगाहें फ़र्श पर गयीं...शान्ति-निकेतन का पर्स, डाक टिकटों का एल्बम, दालबीजी का डिब्बा—वे

अब बिल्कुल लुटी-पिटी दिखाई दे रही थीं, जैसे वह कुर्सी पर बैठा हुआ, वैसी वे फ़र्श पर बिखरी हुई।

"कौन-सी ज़्यादा हैं?" उसने खिसियाते हुए कहा, "इन्हें न लाता तो आधा सूटकेस खाली पड़ा रहता।"

"लेकिन मैं तुमसे कुछ नहीं चाहती...तुम क्या इतनी-सी बात नहीं समझ सकते?"

स्त्री की आवाज़ काँपती हुई ऊपर उठी, जिसके पीछे न जाने कितनी लड़ाइयों की पीड़ा, कितने नरकों का पानी भरा था, जो बाँध टूटते ही उसके पास आने लगा, एक-एक इंच आगे बढ़ता हुआ। उसने जेब से रूमाल निकाला और अपने लथपथ चेहरे को पोंछने लगा।

"क्या तुम्हें इतनी देर के लिए आना भी बुरा लगता है?"

"हाँ...।" उसका चेहरा तन गया, फिर अजीब हताशा में वह ढीली पड़ गयी, "मैं तुम्हें देखना नहीं चाहती—बस!"

क्या यह इतना आसान है! वह ज़िद्दी लड़के की तरह उसे देखने लगा, जो सवाल समझ लेने के बाद भी बहाना करता है कि उसे कुछ समझ में नहीं आया। "वुक्कू!" उसने धीरे से कहा, "प्लीज़!"

"मुझे माफ़ करो।" औरत ने कहा।"

"तुम चाहती क्या हो?"

"लीव मी अलोन...। इससे ज़्यादा मैं कुछ और नहीं चाहती।"

"मैं बच्ची से भी मिलने नहीं आ सकता?"

"इस घर में नहीं, तुम उससे कहीं बाहर मिल सकते हो?"

"बाहर!" आदमी ने हकबकाकर सिर उठाया, "बाहर कहाँ?"

उस क्षण वह भूल गया कि बाहर सारी दुनिया फैली है, पार्क, सड़कें, होटल के कमरे—उसका अपना संसार—बच्ची कहाँ-कहाँ उसके साथ घिसटेगी?

वह फ़ोन पर हँस रही थी। कुछ कह रही थी—"नहीं, आज मैं नहीं आ सकती। डैडी घर में हैं, अभी-अभी आये हैं... नहीं, मुझे मालूम नहीं। मैंने पूछा नहीं...।" क्या नहीं मालूम? शायद उसकी सहेली ने पूछा था, वह कितने दिन रहेगा? सामने बैठी स्त्री भी शायद यह जानना चाहती थी, कितना समय, कितनी घड़ियाँ, कितनी यातना अभी और उसके साथ भोगनी पड़ेगी?

शाम की आख़िरी धूप भीतर आ रही थी। टी. वी. का स्क्रीन चमक रहा था, लेकिन वह खाली था और उसमें सिर्फ़ स्त्री की छाया बैठी थी, जैसे ख़बरें शुरू होने से पहले एनाउंसर की छवि दिखाई देती है, पहले कमज़ोर और धुँधली,

फिर धीरे-धीरे 'ब्राइट' होती हुई... वह साँस रोके प्रतीक्षा कर रहा था कि वह कुछ कहेगी। हालाँकि उसे मालूम था कि पिछले वर्षों में सिर्फ़ एक न्यूज़-रील है जो हर बार मिलने पर एक पुरानी पीड़ा का टेप खोलने लगती है, जिसका सम्बन्ध किसी दूसरी ज़िन्दगी से है... चीज़ें और आदमी कितने अलग हैं! बरसों बाद भी घर, किताबें, कमरे वैसे ही रहते हैं, जैसा तुम छोड़ गये थे; लेकिन लोग? वे उसी दिन से मरने लगते हैं, जिस दिन से अलग हो जाते हैं... मरते नहीं, एक दूसरी ज़िन्दगी जीने लगते हैं, जो धीरे-धीरे उस ज़िन्दगी का गला घोंट देती है, जो तुमने साथ गुज़ारी थी...

"मैं सिर्फ़ बच्ची से नहीं..." वह हकलाने लगा, "मैं तुमसे भी मिलने आया था!"

"मुझसे?" औरत के चेहरे पर हँसी, हिकारत, हैरानी एक साथ उमड़ आयीं, "तुम्हारी झूठ की आदत अभी तक नहीं गयी!"

"तुमसे झूठ बोलकर अब मुझे क्या मिलेगा?"

"मालूम नहीं, तुम्हें क्या मिलेगा—मुझे जो मिला है, उसे मैं भोग रही हूँ।" उसने एक ठहरी ठण्डी निगाह से बाहर देखा। "मुझे अगर तुम्हारे बारे में पहले से ही कुछ मालूम होता, तो मैं कुछ कर सकती थी।"

"क्या कर सकती थीं?" एक ठण्डी-सी झुरझुरी ने आदमी को पकड़ लिया।

"कुछ भी। मैं तुम्हारी तरह अकेली नहीं रह सकती; लेकिन अब इस उम्र में... अब कोई मुझे देखता भी नहीं।"

"वुक्कू?" उसने हाथ पकड़ लिया।

"मेरा नाम मत लो...वह सब ख़त्म हो गया।"

वह रो रही थी; बिल्कुल निस्संग, जिसका गुज़रे हुए आदमी और आने वाली उम्मीद—दोनों से कोई सरोकार नहीं था। आँसू, जो एक कारण से नहीं, पूरा पत्थर हट जाने से आते हैं, एक ढलुवाँ ज़िन्दगी पर नाले की तरह बहते हुए; औरत बार-बार उन्हें अपने हाथ से झटक देती थी...

बच्ची कब से फ़ोन के पास चुप बैठी थी। वह ज़ीने की सबसे निचली सीढ़ी पर बैठी थी और सूखी आँखों से रोती माँ को देख रही थी। उसके सब प्रयत्न निष्फल हो गये थे, किन्तु उसके चेहरे पर निराशा नहीं थी। हर परिवार के अपने दुःस्वप्न होते हैं जो एक अनवरत पहिये में घूमते हैं; वह उसमें हाथ नहीं डालती थी। इतनी कम उम्र में वह इतना बड़ा सत्य जान गयी थी कि मनुष्य के मन और बाहर की सृष्टि में एक अद्भुत समानता है—वे जब तक अपना चक्कर पूरा नहीं कर लेते, उन्हें बीच में रोकना बेमानी है...।

वह बिना आदमी को देखे माँ के पास गयी; कुछ कहा, जो उसके लिए नहीं था। औरत ने उसे अपने पास बिठा लिया, बिल्कुल अपने से सटाकर। काऊच पर बैठी वे दोनों दो बहनों-सी लग रही थीं। वे उसे भूल गयी थीं। कुछ देर पहले जो ज्वार उठा था, उसमें घर डूब गया था लेकिन अब पानी वापस लौट गया था और अब आदमी वहाँ था, जहाँ उसे होना चाहिए था—किनारे पर। उसे यह ईश्वर का वरदान— जैसा जान पड़ा; वह दोनों के बीच बैठा है—अदृश्य! बरसों से उसकी यह साध रही थी कि वह माँ और बेटी के बीच अदृश्य बैठा रहे। सिर्फ़ ईश्वर ही अपनी दया में अदृश्य होता है—यह उसे मालूम था। किन्तु जो आदमी गढहे की सबसे निचली सतह पर जीता है, उसे भी कोई नहीं देख सकता! माँ और बच्ची ने उसे अलग छोड़ दिया था; यह उसकी उपेक्षा नहीं थी। उसकी तरफ़ से मुँह मोड़कर उन्होंने उसे अपने पर छोड़ दिया था—ठीक वहीं—जहाँ उसने बरसों पहले घर छोड़ा था।

लड़की माँ को छोड़कर उसके पास आकर बैठ गयी।

"हमारा बाग देखने चलोगे?" उसने कहा।

"अभी?" उसने कुछ विस्मय से लड़की को देखा। वह कुछ अधीर और उतावली-सी दिखाई दे रही थी, जैसे वह उससे कुछ कहना चाहती हो, जिसे कमरे के भीतर कहना असम्भव हो।

"चलो," आदमी ने उठते हुए कहा, "लेकिन पहले इन चीज़ों को ऊपर ले जाओ।"

"हम इन्हें बाद में समेट लेंगे।"

"बाद में कब?" आदमी ने कुछ सशंकित होकर पूछा।

"आप चलिए तो!" लड़की ने लगभग उसे घसीटते हुए कहा।

"इनसे कहो, अपना सामान सूटकेस में रख लें।" स्त्री की आवाज़ सुनाई दी।

उसे लगा, किसी ने अचानक पीछे से धक्का दिया हो। वह चमककर पीछे मुड़ा, "क्यों?"

"मुझे इनकी कोई ज़रूरत नहीं है।"

उसके भीतर एक लपलपाता अन्धड़ उठने लगा, "मैं नहीं ले जाऊँगा, तुम चाहो तो इन्हें बाहर फेंक सकती हो।"

"बाहर?" स्त्री की आवाज़ थरथरा रही थी, "मैं इनके साथ तुम्हें भी बाहर फेंक सकती हूँ।" रोने के बाद उसकी आँखें चमक रही थीं; गालों का गीलापन सूखे काँच-सा जम गया था, जो पोंछे हुए नहीं, सूखे हुए आँसुओं से उभरकर आता है।

"क्या हम बाग देखने नहीं चलेंगे?" बच्ची ने उसका हाथ खींचा—और वह उसके साथ चलने लगा। वह कुछ भी नहीं देख रहा था। घास, क्यारियाँ और पेड़ एक गूँगी फ़िल्म की तरह चल रहे थे। सिर्फ़ उसकी पत्नी की आवाज़ एक भुतैली कमेंट्री की तरह गूँज रही थी—बाहर, बाहर!

"आप मम्मी के साथ बहस क्यों करते हैं?" लड़की ने कहा।

"मैंने बहस कहाँ की?" उसने बच्ची को देखा—जैसे वह भी उसकी दुश्मन हो।

"आप करते हैं।" लड़की का स्वर अजीब-सा हठीला हो आया था। वह अंग्रेज़ी में 'यू' कहती थी, जिसका मतलब प्यार में 'तुम' होता था और नाराज़गी में 'आप'। अंग्रेज़ी सर्वनाम की यह सन्दिग्धता बाप-बेटी के रिश्ते को हवा में टाँगे रहती थी, कभी बहुत पास, कभी बहुत पराया—जिसका सही अन्दाज़ उसे सिर्फ़ लड़की की टोन में टटोलना पड़ता था। एक अजीब-से भय ने आदमी को पकड़ लिया। वह एक ही समय में माँ और बच्ची दोनों को नहीं खोना चाहता था।

"बड़ा प्यारा बाग है," उसने फुसलाते हुए कहा, "क्या माली आता है?"

"नहीं, माली नहीं।" लड़की ने उत्साह से कहा, "मैं शाम को पानी देती हूँ और छुट्टी के दिन ममी घास काटती हैं...इधर आओ, मैं तुम्हें एक चीज़ दिखाती हूँ।"

वह उसके पीछे-पीछे चलने लगा। लॉन बहुत छोटा था—हरा, पीला, मखमली! पीछे गैराज था और दोनों तरफ़ झाड़ियों की फेंस लगी थी। बीच में एक घना, बूढ़ा, विलो खड़ा था। लड़की पेड़ के पीछे छिप-सी गयी, फिर उसकी आवाज़ सुनाई दी, "कहाँ हो तुम?"

वह चुपचाप, दबे-पाँवों से पेड़ के पीछे चला आया और हैरान-सा खड़ा रहा। विलो और फेंस के बीच काली लकड़ी का बाड़ा था, जिसके दरवाज़े से एक खरगोश बाहर झाँक रहा था; दूसरा खरगोश लड़की की गोद में था। वह उसे ऐसे सहला रही थी, जैसे वह ऊन का गोला हो, जो कभी भी हाथ से छूटकर झाड़ियों में गुम हो जायेगा।

"ये हमने अभी पाले हैं... पहले दो थे, अब चार।"

"बाक़ी कहाँ हैं?"

"बाड़े के भीतर... वे अभी बहुत छोटे हैं।"

पहले उसका मन भी खरगोश को छूने के लिए हुआ, किन्तु उसका हाथ अपने-आप बच्ची के सिर पर चला गया और वह धीरे-धीरे उसके भूरे, छोटे बालों से खेलने लगा। लड़की चुप खड़ी रही और खरगोश अपनी नाक सिकोड़ता हुआ उसकी ओर ताक रहा था।

"पापा?" लड़की ने बिना सिर उठाये धीरे-से कहा, "क्या आपने डे-रिटर्न का टिकट लिया है?"

"नहीं; क्यों?"

"ऐसे ही; यहाँ वापसी टिकट बहुत सस्ता मिल जाता है।"

क्या उसने यही पूछने के लिए उसे यहाँ बुलाया था? उसने धीरे-से अपना हाथ लड़की के सिर से हटा लिया।

"आप रात को कहाँ रहेंगे?" लड़की का स्वर बिल्कुल भावहीन था।

"अगर मैं यहीं रहूँ तो?"

लड़की ने धीरे-से खरगोश को बाड़े में रख दिया और खट-से दरवाज़ा बन्द कर दिया।

"मैं हँसी कर रहा था," उसने हँसकर कहा, "मैं आख़िरी ट्रेन से लौट जाऊँगा।"

लड़की ने मुड़कर उसकी ओर देखा, "यहाँ दो-तीन अच्छे होटल भी हैं...। मैं अभी फ़ोन करके पूछ लेती हूँ।" बच्ची का स्वर बहुत कोमल हो आया। यह जानते ही कि वह रात को घर में नहीं ठहरेगा, वह माँ से हटकर आदमी के साथ हो गयी; धीरे-से उसका हाथ पकड़ा, उसे वैसे ही सहलाने लगी, जैसे अभी कुछ देर पहले खरगोश को सहला रही थी। लेकिन आदमी का हाथ पसीने से तरबतर था।

"सुनो, मैं अगली छुट्टियों में इंडिया आऊँगी—इस बार पक्का है।"

उसे कुछ आश्चर्य हुआ कि आदमी ने कुछ नहीं कहा; सिर्फ़ बाड़े में खरगोशों की खटर-पटर सुनाई दे रही थी।

"पापा...तुम कुछ बोलते क्यों नहीं?"

"तुम हर साल यही कहती हो।"

"कहती हूँ...लेकिन इस बार मैं आऊँगी, डोंट यू बिलीव मी?"

"भीतर चलें? मम्मी हैरान हो रही होंगी कि हम कहाँ रह गये।"

अगस्त का अँधेरा चुपचाप चला आया था। हवा में विलो की पत्तियाँ सरसरा रही थीं। कमरों के परदे गिरा दिये गये थे, लेकिन रसोई का दरवाज़ा खुला था। लड़की भागते हुए भीतर गयी और सिंक का नल खोलकर हाथ धोने लगी। वह उसके पीछे आकर खड़ा हो गया; सिंक के ऊपर आईने में उसने अपना चेहरा देखा—रूखी गर्द और बढ़ी हुई दाढ़ी और सुर्ख़ आँखों के बीच उसकी ओर हैरत में ताकता हुआ—नहीं, तुम्हारे लिए कोई उम्मीद नहीं...

"पापा, क्या तुम अब भी अपने-आप से बोलते हो?" लड़की ने पानी में भीगा अपना चेहरा उठाया—वह शीशे में उसे देख रही थी।

''हाँ, लेकिन अब मुझे कोई सुनता नहीं...।'' उसने धीरे-से बच्ची के कन्धे पर हाथ रखा, ''क्या फ्रिज में सोडा होगा?''

''तुम भीतर चलो, मैं अभी लाती हूँ।''

कमरे में कोई न था। उसकी चीज़ें बटोर दी गयी थीं। सूटकेस कोने में खड़ा था; जब वे बाग में थे, उसकी पत्नी ने शायद उन सब चीज़ों को देखा होगा; उन्हें छुआ होगा। वह उससे चाहे कितनी नाराज क्यों न हो—चीज़ों की बात अलग थी। वह उन्हें ऊपर नहीं ले गयी थी, लेकिन दुबारा सूटकेस में डालने की हिम्मत नहीं की थी...उसने उन्हें अपने भाग्य पर छोड़ दिया था।

कुछ देर बाद जब बच्ची सोडा और गिलास लेकर आयी, तो उसे सहसा पता नहीं चला कि वह कहाँ बैठा है। कमरे में अँधेरा था—पूरा अँधेरा नहीं—सिर्फ़ इतना जिसमें कमरे में बैठा आदमी चीज़ों के बीच चीज़-जैसा दिखाई देता है, ''पापा ...तुमने बत्ती नहीं जलायी?''

''अभी जलाता हूँ...।'' वह उठा और स्विच को ढूँढ़ने लगा, बच्ची ने सोडा और गिलास मेज़ पर रख दिया और टेबल लैम्प जला दिया।

''ममी कहाँ है?''

''वह नहा रही हैं, अभी आती होंगी।''

उसने अपने बैग से व्हिस्की निकाली, जो उसने फ्रेंकफर्ट के एयरपोर्ट पर ख़रीदी थी...गिलास में डालते हुए उसके हाथ ठिठक गये, ''तुम्हारी जिंजर-एल कहाँ है?''

''मैं अब असली बीयर पीती हूँ।'' लड़की ने हँसकर उसकी ओर देखा, ''तुम्हें बर्फ़ चाहिए?''

''नहीं...लेकिन तुम जा कहाँ रही हो?''

''बाड़े में खाना डालने...नहीं तो वे एक-दूसरे को मार खायेंगे।''

वह बाहर गयी तो खुले दरवाज़े से बाग का अँधेरा दिखाई दिया—तारों की पीली तलछट में झिलमिलाता हुआ। हवा नहीं थी। बाहर का सन्नाटा घर की अदृश्य आवाज़ों के भीतर से छनकर आता था। उसे लगा, वह अपने घर में बैठा है और जो कभी बरसों पहले होता था, वह अब हो रहा है। वह शावर के नीचे गुनगुनाती रहती थी और जब वह बालों पर तौलिया साफे की तरह बाँधकर बाहर निकलती थी, तब पानी की बूँदें बाथरूम से लेकर उसके कमरे तक एक लकीर बनाती जाती थीं—पता नहीं वह लकीर कहाँ बीच में सूख गयी? कौन-सी जगह, किस ख़ास मोड़ पर वह चीज़ हाथ से छूट गयी, जिसे वह कभी दुबारा नहीं पकड़ सका?

उसने कुछ और व्हिस्की डाली; हालाँकि गिलास अभी खाली नहीं हुआ था। उसे कुछ अजीब लगा कि पिछली रात भी यही घड़ी थी जब वह पी रहा था; लेकिन तब वह हवा में था। जब उसे एयर-होस्टेस की आवाज़ सुनाई दी कि हम चैनल पार कर रहे हैं तो उसने हवाई जहाज़ की खिड़की से नीचे देखा—कुछ भी दिखाई न देता था—न समुद्र, न लाइटहाउस, सिर्फ़ अँधेरा, अँधेरे में बहता हुआ अँधेरा—फिर कुछ भी नहीं। और तब नीचे अँधेरे में झाँकते हुए उसे ख़याल आया कि वह चैनल जो नीचे कहीं दिखाई नहीं देता था, असल में कहीं भीतर है—उसकी एक ज़िन्दगी से दूसरी ज़िन्दगी तक फैला हुआ; जिसे वह हमेशा पार करता रहेगा, कभी इधर, कभी उधर, कहीं का भी नहीं, न कहीं से आता हुआ, न कहीं पहुँचता हुआ...।

"बिन्दु कहाँ है?" उसने चौंककर ऊपर देखा, वह वहाँ कब से खड़ी थी, उसे पता नहीं चला था। "बाहर बाग में," उसने कहा, "खरगोशों को खाना देने।"

वह अलग खड़ी थी, बेनिस्टर के नीचे। नहाने के बाद उसने एक लम्बी मैक्सी पहन ली थी...। बाल खुले थे। चेहरा बहुत धुला और चमकीला-सा लग रहा था। वह मेज़ पर रखे उसके गिलास को देख रही थी। उसका चेहरा शान्त था; शावर ने जैसे न केवल उसके गिलास को, बल्कि उसके सन्ताप को भी धो डाला था।

"बर्फ़ भी रखी है।" उसने कहा।

"नहीं, मैंने सोडा ले लिया; तुम्हारे लिए एक बना दूँ?"

उसने सिर हिलाया, जिसका मतलब कुछ भी था; उसे मालूम था कि गर्म पानी से नहाने के बाद उसे कुछ ठण्डा पीना अच्छा लगता था। अर्से बाद भी वह उसकी आदतें नहीं भूला था, बल्कि उन आदतों के सहारे ही दोनों के बीच पुरानी पहचान लौट आती थी। वह रसोई में गया और उसके लिए एक गिलास ले आया। उसमें थोड़ी-सी बर्फ़ डाली। जब व्हिस्की मिलाने लगा, तो उसकी आवाज़ सुनाई दी—"बस, इतनी काफ़ी है।"

वह धुली हुई आवाज़ थी, जिसमें कोई रंग नहीं था, न स्नेह का, न नाराजगी का—एक शान्त और तटस्थ आवाज़। वह सीढ़ियों से हटकर कुर्सी के पास चली आयी थी।

"तुम बैठोगी नहीं?" उसने कुछ चिन्तित होकर पूछा।

उसने अपना गिलास उठाया और वहीं स्टूल पर बैठ गयी, जहाँ दोपहर को बैठी थी। टी वी. के पास लेकिन टेबल लैम्प से दूर—जहाँ सिर्फ़ रोशनी की एक पतली-सी झाँई उस तक पहुँच रही थी।

कुछ देर तक दोनों में से कोई कुछ नहीं बोला, फिर स्त्री की आवाज़ सुनाई दी, "घर में सब लोग कैसे हैं?"

"ठीक है... ये सब चीज़ें उन्होंने ही भेजी हैं।"

"मुझे मालूम है," औरत ने कुछ थके स्वर में कहा, "क्यों उन बेचारों को तंग करते हो? तुम ढो-ढोकर इन चीज़ों को लाते हो और वे यहाँ बेकार पड़ी रहती हैं।"

"वे यही कर सकते हैं," उसने कहा, "तुम बरसों से वहाँ गयी नहीं; वे बहुत याद करते हैं।'

"अब जाने का कोई फायदा है?" उसने गिलास से लम्बा घूँट लिया, "मेरा अब उनसे कोई रिश्ता नहीं।"

"तुम बच्ची के साथ तो आ सकती हो, उसने अभी तक हिन्दुस्तान नहीं देखा।"

वह कुछ देर चुप रही...फिर धीरे-से कहा, "अगले साल वह चौदह वर्ष की हो जायेगी... कानून के मुताबिक तब वह कहीं भी जा सकती है।"

"मैं" कानून की बात नहीं कर रहा; तुम्हारे बिना वह कहीं नहीं जायेगी।"

स्त्री ने गिलास की भीगी सतह से आदमी को देखा, "मेरा बस चले तो उसे वहाँ कभी न भेजूँ।"

"क्यों?" आदमी ने उसकी ओर देखा।

वह धीरे-से हँसी, "क्या हम दो हिन्दुस्तानी उसके लिए काफ़ी नहीं हैं?"

वह बैठा रहा। कुछ देर बाद रसोई का दरवाज़ा खुला, लड़की भीतर आयी, चुपचाप दोनों को देखा और फिर ज़ीने के पास चली गयी, जहाँ टेलीफ़ोन रखा था।

"किसे कर रही हो?" औरत ने पूछा।

लड़की चुप रही, फ़ोन का डायल घुमाने लगी।

आदमी उठा, उसकी ओर देखा, "थोड़ा-सा और लोगी?"

"नहीं...।" उसने सिर हिलाया। आदमी धीरे-धीरे अपने गिलास में डालने लगा।

"क्या बहुत पीने लगे हो?" औरत ने कहा।

"नहीं...।" आदमी ने सिर हिलाया, "सफ़र में कुछ ज़्यादा ही हो जाता है।"

"मैंने सोचा था, अब तक तुमने घर बसा लिया होगा।"

"कैसे?" उसने स्त्री को देखा, "तुम्हें यह भ्रम कैसे हुआ?"

औरत कुछ देर तक नीरव आँखों से उसे देखती रही, "क्यों, उस लड़की का क्या हुआ? वह तुम्हारे साथ नहीं रहती?" स्त्री के स्वर में कोई उत्तेजना नहीं

थी, न क्लेश की कोई छाया थी...जैसे दो व्यक्ति मुद्दत बाद किसी ऐसी घटना की चर्चा कर रहे हों जिसने एक झटके से दोनों को अलग छोरों पर फेंक दिया था।

"मैं अकेला रहता हूँ...माँ के साथ।" उसने कहा।

औरत ने तनिक विस्मय से उसे देखा, "क्या बात हुई?"

"कुछ नहीं... मैं शायद साथ रहने के क़ाबिल नहीं हूँ।" उसका स्वर असाधारण रूप से धीमा हो आया, जैसे वह उसे अपनी किसी गुप्त बीमारी के बारे में बता रहा हो, "तुम हैरान हो? लेकिन ऐसे लोग होते हैं..." वह कुछ और कहना चाहता था, प्रेम के बारे में, वफ़ादारी के बारे में, विश्वास और धोखे के बारे में; कोई बड़ा सत्य, जो बहुत-से झूठों से मिलकर बनता है, व्हिस्की की धुन्ध में बिजली की तरह कौंधता है और दूसरे क्षण हमेशा के लिए अँधेरे में लोप हो जाता है...

लड़की शायद इस क्षण की ही प्रतीक्षा कर रही थी; वह टेलीफ़ोन से उठकर आदमी के पास आयी, एक बार माँ को देखा, वह टेबल-लैम्प के पीछे अँधेरे के आधे कोने में छिप गयी थीं, और आदमी? वह गिलास के पीछे सिर्फ़ एक डबडबाता-सा धब्बा बनकर रह गया।

"पापा," लड़की के हाथ में काग़ज़ का पुर्जा था, "यह होटल का नाम है, टैक्सी तुम्हें सिर्फ़ दस मिनट में पहुँचा देगी।"

उसने लड़की को अपने पास खींच लिया और काग़ज़ जेब में रख लिया। कुछ देर तक तीनों चुप बैठे रहे, जैसे बरसों पहले यात्रा पर निकलने से पहले घर के सब प्राणी एक साथ सिमटकर चुप बैठ जाते थे। बाहर बहुत-से तारे निकल आये थे, जिसमें बूढ़ी विलो, झाड़ियाँ और खरगोशों का बाड़ा एक निस्पन्द पीले आलोक में पास-पास सरक आये थे।

उसने अपना गिलास मेज़ पर रखा, फिर धीरे-से लड़की को चूमा, अपना सूटकेस उठाया और जब लड़की ने दरवाज़ा खोला, तो वह क्षण-भर देहरी पर ठिठक गया, "मैं चलता हूँ" उसने कहा। पता नहीं, यह बात उसने किससे कही थी, किन्तु जहाँ वह बैठी थी, वहाँ से कोई आवाज़ नहीं आयी। वहाँ उतनी ही घनी चुप्पी थी, जितनी बाहर अँधेरे में, जहाँ वह जा रहा था।

उसने कहा था

•

चन्द्रधर शर्मा 'गुलेरी'

(1)

बड़े-बड़े शहरों के इक्के-गाड़ी वालों की ज़बान के कोड़ों से जिनकी पीठ छिल गयी है और कान तक पक गये हैं, उनसे हमारी प्रार्थना है कि अमृतसर के बम्बूकार्ट वालों की बोली का मरहम लगावें। जब बड़े-बड़े शहरों की चौड़ी सड़कों पर घोड़े की पीठ को चाबुक से धुनते हुए इक्के वाले कभी घोड़े की नानी से अपना निकट सम्बन्ध स्थिर करते हैं, कभी राह चलते पैदलों की आँखों के न होने पर तरस खाते हैं, कभी उनके पैरों की उँगलियों के पोरों को चीथकर अपने ही को सताया हुआ बताते हैं और संसार भर की ग्लानि, निराशा और क्षोभ के अवतार बने, नाक की सीध चले जाते हैं, तब अमृतसर में उनकी बिरादरी वाले, तंग चक्करदार गलियों में, हर एक लढ़ीवाले के लिए ठहर कर सब्र का समुद्र उमड़ा कर, 'बचो खालसा जी!', 'हटो माई जी!', 'ठहरना भाई!' 'जाने दो लालाजी!', 'हटो बाछा!' कहते हुए सफेद फेंटों, खच्चरों और बत्तखों, गन्ने और खोमचे और भारेवालों के जंगल में राह खेते हैं। क्या मजाल है कि 'जी' और 'साहब' बिना सुने किसी को हटना पड़े? यह बात नहीं कि उनकी जीभ चलती ही नहीं, चलती है; पर मीठी छुरी की तरह महीन मार करती हुई। यदि कोई बुढ़िया बार-बार चितौनी देने पर भी लीक से नहीं हटती तो उनकी वचनावली के ये नमूने हैं–हट जा जीणे जोगिए; हट जा करमा वालिए; हट जा पुत्ताँ प्यारिए; बच जा लम्बी उमराँ वालिए। समष्टि में इनके अर्थ हैं कि तू जीने योग्य है, तू भाग्यों वाली है, पुत्रों की प्यारी है, लम्बी उमर तेरे सामने है, तू क्यों मेरे पहियों के नीचे आना चाहती है? बच जा।

ऐसे बम्बूकार्टवालों के बीच में होकर एक लड़का और एक लड़की चौक की एक दुकान पर आ मिले। उनके बालों और उनके ढीले सुथने से जान

पड़ता था कि दोनों सिख हैं। वह अपने मामा के केश धोने के लिए दही लेने आया था और वह रसोई के लिए बड़ियाँ। दुकानदार एक परदेशी से गुँथ रहा था जो सेर भर गीले पापड़ों की गड्डी को गिने बिना हटता न था।

"तेरे घर कहाँ हैं?"

"मगरे में; और तेरे?"

"माँझे में; यहाँ कहाँ रहती है?"

"अतरसिंह की बैठक में, वे मेरे मामा होते हैं।"

"मैं भी मामा के यहाँ आया हूँ, उनका घर गुरु बाज़ार में है।"

इतने में दुकानदार निबटा और इनको सौदा देने लगा। सौदा लेकर दोनों साथ-साथ चले। कुछ दूर जाकर लड़के ने मुस्कराकर पूछा—"तेरी कुड़माई हो गयी?" इस पर लड़की कुछ आँखें चढ़ाकर 'धत्' कहकर दौड़ गयी और लड़का मुँह देखता रह गया।

दूसरे-तीसरे दिन सब्ज़ी वाले के यहाँ, या दूध वाले के यहाँ अकस्मात् दोनों मिल जाते। महीना भर यही हाल रहा। दो-तीन बार लड़के ने फिर पूछा, "तेरी कुड़माई हो गयी?" और उत्तर में वही 'धत्' मिला।

एक दिन जब लड़के ने वैसे ही हँसी में चिढ़ाने के लिए पूछा तो लड़की, लड़के की सम्भावना के विरुद्ध बोली—"हाँ, हो गयी।"

"कब?"

"कल, देखते नहीं यह रेशम से कढ़ा हुआ सालू?" लड़की भाग गयी। लड़के ने घर की राह ली। रास्ते में एक लड़के को मोरी में धकेल दिया, एक छाबड़ी वाले की दिन भर की कमाई खोयी, एक कुत्ते पर पत्थर मारा और एक गोभी वाले के ठेले में दूध उँड़ेल दिया। सामने नहाकर आती हुई किसी वैष्णवी से टकराकर अन्धे की उपाधि पायी। तब कहीं घर पहुँचा।

(2)

"राम-राम, यह भी कोई लड़ाई है? दिन-रात खन्दकों में बैठे-बैठे हड्डियाँ अकड़ गयीं। लुधियाना से दस गुना जाड़ा और मेह और बरफ ऊपर से। पिण्डलियों तक कीचड़ में धँसे हुए हैं। गनीमत कहीं दीखती नहीं;—घण्टे-दो घण्टे में कान के पर्दे फाड़ने वाले धमाके के साथ सारी खन्दक हिल जाती है और सौ-सौ गज़ धरती उछल पड़ती है। इस गैबी गोले से बचे तो कोई लड़े। नगरकोट का जलजला सुना था, यहाँ दिन में पच्चीस ज़लज़ले होते हैं। जो कहीं खन्दक से

बाहर साफा या कुहनी निकल गयी तो चटाक् से गोली लगती है। न मालूम बेईमान मिट्टी में लेटे हुए हैं या घास की पत्तियों में छिपे रहते हैं।''

''लहनासिंह, और तीन दिन हैं। चार तो खन्दक में बिता ही दिये। परसों 'रिलीफ' आ जायेगी और फिर सात दिन की छुट्टी। अपने हाथों 'झटका' करेंगे और पेट भर खाकर सो रहेंगे। उसी फिरंगी मेम के बाग में–मखमल की-सी हरी-हरी घास है। फल और दूध की वर्षा कर देती है। लाख कहते हैं, पर दाम नहीं लेती। कहती है, तुम राजा हो, मेरे मुल्क को बचाने आये हो।''

''चार दिन तक पलक नहीं झँपी। बिना फेरे घोड़ा बिगड़ता है और बिना लड़े सिपाही। मुझे तो संगीन चढ़ाकर मार्च का हुकुम मिल जाय। फिर सात जर्मनों को अकेला मारकर न लौटूँ, तो मुझे दरबार साहब की देहली पर मत्था टेकना नसीब न हो। पाजी कहीं के, कलों के घोड़े संगीन देखते ही मुँह फाड़ देते हैं और पैर पकड़ने लगते हैं। यों अँधेरे में तीस-तीस मन का गोला फेंकते हैं। उस दिन धावा किया था–चार मील तक एक जर्मन नहीं छोड़ा था। पीछे जनरल साहब ने हट आने का कमान दिया, नहीं तो...।''

''नहीं तो सीधे बर्लिन पहुँच जाते। क्यों?'' सूबेदार हजारासिंह ने मुस्कराकर कहा, ''लड़ाई के मामले जमादार या नायक के चलाये नहीं चलते। बड़े अफ़सर दूर की सोचते हैं। तीन सौ मील का सामना है। एक तरफ़ बढ़ गये तो क्या होगा?''

''सूबेदार जी, सच है,'' लहनासिंह बोला, ''पर करें क्या? हड्डियों में तो जाड़ा धँस गया है। सूर्य निकलता नहीं और खाई में दोनों तरफ से चम्बे की बावलियों के-से सोते झर रहे हैं। एक धावा हो जाये तो गरमी आ जाये।''

''उदमी, उठ सिगड़ी में कोयले डाल। वजीरा, तुसी चार जने बाल्टियाँ लेकर खाई का पानी बाहर फेंको। महासिंह, शाम हो गयी है। खाई के दरवाजे का पहरा बदल दे।'' यह कहते हुए सूबेदार सारी खन्दक में चक्कर लगाने लगे।

वजीरासिंह पलटन का विदूषक था। बाल्टी में गँदला पानी भरकर खाई के बाहर फेंकता हुआ बोला–''मैं पाधा बन गया हूँ। करो जर्मनी के बादशाह का तर्पण!'' इस पर सब खिलखिला पड़े और उदासी के बादल छँट गये।

लहनासिंह ने दूसरी बाल्टी भरकर उसके हाथ में देकर कहा–''अपनी बाड़ी के खरबूजों में पानी दो। ऐसा खाद का पानी पंजाब भर में नहीं मिलेगा।''

''हाँ, देश क्या है, स्वर्ग है। मैं तो लड़ाई के बाद सरकार से दस घुमाउ ज़मीन यहाँ माँग लूँगा और फलों के बूटे लगाऊँगा।''

''लाड़ी-होराँ को भी यहाँ बुला लोगे? या वही दूध पिलाने वाली फिरंगी मेम!''

“चुप कर। यहाँ वालों को शरम नहीं।”

“देश-देश की चाल है। आज तक मैं उसे समझा न सका कि सिख तम्बाखू नहीं पीते। वह सिगरेट देने में हठ करती है, होंठों में लगाना चाहती है; और मैं पीछे हटता हूँ तो समझती है कि राजा बुरा मान गया, अब मेरे मुल्क के लिए लड़ेगा नहीं!”

“अच्छा, अब बोधासिंह कैसा है?”

“अच्छा है।”

“जैसे मैं जानता ही न होऊँ। रात भर तुम अपने दोनों कम्बल उसे ओढ़ाते हो और आप सिगड़ी के सहारे गुजर करते हो। उसके पहरे पर आप पहरा दे आते हो। अपने सूखे लकड़ी के तख्तों पर उसे सुलाते हो, आप कीचड़ में पड़े रहते हो। हाँ, कहीं तुम माँदे न पड़ जाना। जाड़ा क्या है, मौत है और 'निमोनिया' से मरने वालों को मुरब्बे नहीं मिला करते।”

“मेरा डर मत करो। मैं तो बुलेल की खड्ड के किनारे मरूँगा। भाई कीरतसिंह की गोदी पर मेरा सिर होगा और मेरे हाथ के लगाये हुए आँगन के आम के पेड़ की छाया होगी।”

वजीरासिंह ने त्योरी चढ़ाकर कहा—“क्या मरने-मराने की बात लगाई है? मरें जर्मन और तुरक! हाँ भाइयो, कुछ गाओ!” इतने में एक कोने से पंजाबी गीत सुनायी दिया।

दिल्ली शहर तें पिशौर नुँ जांदिये,
कर लेणा लोगों दा बपार मड़िये,
कर लेणा नाड़े दा सौदा अड़िए
(ओय) लाणा चटाका कदुए नुँ।
कद्दू बणरा वे मजेदार गोरिये।
हुणे लाणा चटाका कदुए नुँ।

कौन जानता था कि दाढ़ियों वाले, घरबारी सिक्ख ऐसा लुच्चों का गीत गायेंगे? पर सारी खन्दक इस गीत से गूँज उठी और सिपाही फिर ताजे हो गये, मानो चार दिन से सोते और मौज ही करते रहे हों।

(3)

दोपहर रात हो गयी है। अँधेरा है। सन्नाटा छाया हुआ है। बोधासिंह खाली बिस्कुटों के तीन टीनों पर अपने दोनों कम्बल बिछाकर और लहनासिंह के दो कम्बल और एक बरानकोट ओढ़कर सो रहा है। लहनासिंह पहरे पर खड़ा

हुआ है। एक आँख खाई के मुँह पर है और एक बोधासिंह के दुबले शरीर पर। बोधासिंह कराहा।

"क्यों बोधासिंह भाई, क्या है?"

"पानी पिला दो।"

लहनासिंह ने कटोरा उसके मुँह से लगाकर पूछा—"कहो, कैसे हो?"

पानी पीकर बोधासिंह बोला—"कँपनी छूट रही है। रोम-रोम में तार दौड़ रहे हैं। दाँत बज रहे हैं।"

"अच्छा, मेरी जरसी पहन लो।"

"और तुम?"

"मेरे पास सिगड़ी है और मुझे गर्मी लगती है; पसीना आ रहा है।"

"न, मैं नहीं पहनता; चार दिन से तुम मेरे लिए..."

"हाँ, याद आयी। मेरे पास एक दूसरी गरम जरसी है। आज सवेरे ही आयी है। विलायत से मेमें बुन-बुनकर भेज रही हैं। गुरु उनका भला करें।" यों कहकर लहना अपना कोट उतारकर जरसी उतारने लगा।

"सच कहते हो?"

"और नहीं, झूठ?" यों कहकर 'नहीं-नहीं' करते बोधा को उसने जबरदस्ती जरसी पहना दी और आप खाकी कोट और जीन का कुरता भर पहनकर पहरे पर आ खड़ा हुआ। मेम की जरसी की कथा केवल कथा थी।

आधा घण्टा बीता। इतने में खाई के मुँह से आवाज आयी—"सूबेदार हजारासिंह!"

"कौन? लपटन साहब? हुक्म हुजूर!" कहकर सूबेदार तनकर फ़ौजी सलाम करके सामने हुआ।

"देखो, इसी दम धावा बोलना होगा। मील भर की दूरी पर पूरब के कोने में एक जर्मन खाई है। उसमें पचास से ज्यादा जर्मन नहीं हैं। इन पेड़ों के नीचे-नीचे दो खेत काटकर रास्ता है। तीन-चार घुमाव हैं। जहाँ मोड़ है, वहाँ पन्द्रह जवान खड़े कर आया हूँ। तुम यहाँ दस आदमी छोड़ कर सबको साथ ले उनसे जा मिलो। खन्दक छीनकर वहीं, जब तक दूसरा हुक्म न मिले, डटे रहो। हम यहाँ रहेगा।"

"जो हुक्म।"

चुपचाप सब तैयार हो गये। बोधा भी कम्बल उतारकर चलने लगा। तब लहनासिंह ने उसे रोका। लहनासिंह आगे हुआ तो बोधा के बापू सूबेदार ने उँगली से बोधा की ओर इशारा किया। लहनासिंह समझकर चुप हो गया।

पीछे दस आदमी कौन रहें, इस पर बड़ी हुज्जत हुई। कोई रहना न चाहता था। समझा-बुझाकर सूबेदार ने मार्च किया। लपटन साहब लहना की सिगड़ी के पास मुँह फेरकर खड़े हो गये और जेब से सिगरेट निकालकर सुलगाने लगे। दस मिनट बाद उन्होंने लहना की ओर हाथ बढ़ाकर कहा—

"लो तुम भी पियो।"

आँख मारते-मारते लहनासिंह सब समझ गया। मुँह का भाव छिपाकर बोला—"लाओ साहब।" हाथ आगे करते ही उसने सिगड़ी के उजाले में साहब का मुँह देखा। बाल देखे। तब उसका माथा ठनका। लपटन साहब के पट्टियों वाले बाल एक दिन में कहाँ उड़ गये और उनकी जगह कैदियों से कटे हुए बाल कहाँ से आये?

शायद साहब शराब पिए हैं, और उन्हें बाल कटवाने का मौका मिल गया है! लहनासिंह ने जाँचना चाहा। लपटन साहब पाँच वर्ष से उसकी रेजीमेंट में थे।

"क्यों साहब, हम लोग हिन्दुस्तान कब जायेंगे?"

"लड़ाई खत्म होने पर। क्यों? क्या यह देश पसन्द नहीं?"

"नहीं साहब, शिकार के वे मज़े यहाँ कहाँ? याद है, पारसाल नकली लड़ाई के पीछे हम आप जगाधरी के ज़िले में शिकार करने गये थे,—हाँ, हाँ—वहीं जब आप खोते पर सवार थे और आपका खानसामा अब्दुल्ला रास्ते के एक मन्दिर में जल चढ़ाने को रह गया था?—"बेशक, पाजी कहीं का"—सामने से वह नीलगाय निकली कि ऐसी बड़ी मैंने कभी न देखी थी, और आपकी एक गोली कन्धे में लगी और पुट्ठों में से निकली। ऐसे अफ़सर के साथ शिकार खेलने में मज़ा आता है। क्यों साहब, शिमले से तैयार होकर उस नीलगाय का सिर आ गया न? आपने कहा था कि रेजीमेंट की मेस में लगायेंगे।"

"हाँ, पर मैंने वह विलायत भेज दिया"।

"ऐसे बड़े-बड़े सींग! दो-दो फुट के तो होंगे?"

"हाँ, लहनासिंह, दो फुट चार इंच के थे। तुमने सिगरेट नहीं पिया?"

"पीता हूँ साहब, दियासलाई ले आता हूँ"—कहकर लहनासिंह खन्दक में घुसा। अब उसे सन्देह नहीं रहा था। उसने झटपट निश्चय कर लिया था कि क्या करना चाहिए।

अँधेरे में किसी सोने वाले से वह टकराया।

"कौन? वजीरासिंह?"

"हाँ, क्यों लहना? क्या कयामत आ गयी? ज़रा तो आँख लगने दी होती?"

(4)

"होश में आओ। कयामत आयी है और लपटन साहब की वर्दी पहनकर आयी है।"

"क्या?"

"लपटन साहब या तो मारे गये या क़ैद हो गये हैं। उनकी वर्दी पहन कर यह कोई जर्मन आया है। सूबेदार ने इसका मुँह नहीं देखा। मैंने देखा और बातें की हैं। सोहरा साफ़ उर्दू बोलता है, पर किताबी उर्दू। और मुझे पीने के लिए सिगरेट दिया है।"

"तो अब?"

"अब मारे गये, धोखा है। सूबेदार कीचड़ में चक्कर काटते फिरेंगे और यहाँ खाई पर धावा होगा। उधर उन पर खुले में धावा होगा। उठो, एक काम करो। पलटन के पैरों के निशान देखते-देखते दौड़ जाओ। अभी बहुत दूर न गये होंगे। सूबेदार से कहो कि एकदम लौट आवें। खन्दक की बात झूठ है। चले जाओ, खन्दक के पीछे से निकल जाओ। पत्ता तक न खड़के। देर मत करो।"

"हुक्म तो यह है कि यहीं..."

"ऐसी-तैसी हुक्म की! मेरा हुक्म है—जमादार लहनासिंह का, जो इस वक़्त यहाँ सबसे बड़ा अफ़सर है, उसका हुक्म है। मैं लपटन साहब की ख़बर लेता हूँ।"

"पर यहाँ तो तुम आठ ही हो।"

"आठ नहीं, दस लाख। एक-एक अकालिया सिख सवा लाख के बराबर होता है। चले जाओ।"

लौटकर खाई के मुहाने पर लहनासिंह दीवार से चिपक गया। उसने देखा कि लपटन साहब ने जेब से बेर के बराबर तीन गोले निकाले। तीनों को जगह-जगह खन्दक की दीवारों में घुसेड़ दिया और तीनों में एक तार-सा बाँध दिया। तार के आगे सूत की एक गुत्थी थी, जिसे सिगड़ी के पास रखा। बाहर की तरफ़ जाकर एक दियासलाई जलाकर गुत्थी पर रखने...

बिजली की तरह दोनों हाथों से उलटी बन्दूक को उठाकर लहनासिंह ने साहब की कुहनी पर तान कर दे मारा। धमाके के साथ साहब के हाथ से दियासलाई गिर पड़ी। लहनासिंह ने एक कुन्दा साहब की गर्दन पर मारा और साहब "आख! मीन गॉट्ट" कहते हुए चित हो गये। लहनासिंह ने तीनों

गोले बीनकर खन्दक के बाहर फेंके और साहब को घसीट कर सिगड़ी के पास लिटाया। जेबों की तलाशी ली। तीन-चार लिफ़ाफ़े और एक डायरी निकालकर उन्हें अपनी जेब के हवाले किया।

साहब की मूर्छा हटी। लहनासिंह हँसकर बोला—''क्यों लपटन साहब! मिज़ाज कैसा है? आज मैंने बहुत बातें सीखीं। यह सीखा कि सिख सिगरेट पीते हैं। यह सीखा कि जगाधरी ज़िले में नीलगायें होती हैं और उनके दो फुट चार इंच के सींग होते हैं। यह सीखा कि मुसलमान खानसामा मूर्तियों पर जल चढ़ाते हैं और लपटन साहब खोते पर चढ़ते हैं। पर यह तो कहो, ऐसी साफ़ उर्दू कहाँ से सीख आये? हमारे लपटन साहब तो बिना 'डैम' के एक लफ्ज भी नहीं बोला करते थे।''

लहना ने पतलून की जेबों की तलाशी नहीं ली थी। साहब ने मानो जाड़े से बचने के लिए, दोनों हाथ जेबों में डाले।

लहनासिंह कहता गया—''चालाक तो बड़े हो, पर माँझे का लहना इतने बरस लपटन साहब के साथ रहा है, उसे चकमा देने के लिए चार आँखें चाहिए। तीन महीने हुए, एक तुर्की मौलवी मेरे गाँव में आया था। औरतों को बच्चे होने के तावीज़ बाँटता था और बच्चों को दवाई देता था। चौधरी के बड़ के नीचे मंजा बिछाकर हुक्का पीता रहता था और कहता था, जर्मनी वाले बड़े पण्डित हैं। वेद पढ़-पढ़कर उनमें से विमान चलाने की विद्या जान गये हैं। गौ को नहीं मारते। हिन्दुस्तान में आ जायेंगे तो गोहत्या बन्द कर देंगे। मण्डी के बनियों को बहकाता था कि डाकखाने से रुपये निकाल लो; सरकार का राज्य जाने वाला है। डाक बाबू पोल्हूराम भी डर गया था। मैंने मुल्ला जी की दाढ़ी मूँड दी थी और गाँव से बाहर निकालकर कहा था कि जो मेरे गाँव में अब पैर रखा तो...''

साहब की जेब में से पिस्तौल चला और लहना की जाँघ में गोली लगी। इधर लहना की 'हेनरी-मार्टिनी' के दो फायरों ने साहब की कपाल-क्रिया कर दी। धड़ाका सुनकर सब दौड़ आये।

बोधा चिल्लाया—''क्या है?''

लहनासिंह ने उसे तो यह कहकर सुला दिया कि ''एक हड़का हुआ कुत्ता आया था, मार दिया'' और, औरों से सब हाल कह दिया। सब बन्दूकें लेकर तैयार हो गये। लहना ने साफा फाड़कर घाव के दोनों तरफ़ पट्टियाँ कसकर बाँधीं। घाव मांस में ही था। पट्टियों के कसने से लहू निकलना बन्द हो गया।

इतने में सत्तर जर्मन चिल्लाकर खाई में घुस पड़े। सिक्खों की बन्दूकों की बाढ़ ने पहले धावे को रोका। दूसरे धावे को रोका। पर यहाँ थे आठ (लहनासिंह तक-तक कर मार रहा था, वह खड़ा था, और लेटे हुए थे।) और वे सत्तर। अपने मुर्दा भाइयों के शरीर पर चढ़कर जर्मन आगे घुस आते थे। थोड़े से मिनटों में वे...

अचानक आवाज आयी—"वाहे गुरुजी दी फतह! वाहे गुरुजी दा खालसा!" और धड़ाधड़ बन्दूकों के फायर जर्मनों की पीठ पर पड़ने लगे। ऐन मौक़े पर जर्मन चक्की के दो पाटों के बीच में आ गये। पीछे से सूबेदार हजारासिंह के जवान आग बरसाते थे और सामने लहनासिंह के साथियों के संगीन चल रहे थे। पास आने पर पीछे वालों ने भी संगीन पिरोना शुरू कर दिया।

एक किलकारी और—"अकाली सिक्खाँ दी फौज आयी! वाहे गुरुजी दी फतह! वाहे गुरुजी दा खालसा!! सत् श्री अकाल पुरुष!!" और लड़ाई ख़त्म हो गयी। तिरसठ जर्मन या तो खेत रहे थे या कराह रहे थे। सिक्खों में पन्द्रह के प्राण गये। सूबेदार के दाहिने कन्धे में से गोली आर-पार निकल गयी। लहनासिंह की पसली में एक गोली लगी। उसने घाव को खन्दक की गीली मिट्टी से पूर लिया और बाकी का साफा कसकर कमरबन्द की तरह लपेट लिया। किसी को ख़बर न हुई कि लहना को दूसरा घाव—भारी—लगा है।

लड़ाई के समय चाँद निकल आया था। ऐसा चाँद, जिसके प्रकाश से संस्कृत के कवियों का दिया हुआ 'क्षयी' नाम सार्थक होता है। और हवा ऐसी चल रही थी जैसी कि बाणभट्ट की भाषा में 'दंतवीणोपदेशाचार्य' कहलाती है। वजीरासिंह कह रहा था कि कैसे मन-मन भर फ्रांस की भूमि मेरे बूटों से चिपक रही थी, जब मैं दौड़ा-दौड़ा सूबेदार के पीछे गया था। सूबेदार लहनासिंह से सारा हाल सुन और कागजात पाकर उसकी तुरन्त बुद्धि को सराह रहे थे और कह रहे थे कि तू न होता तो आज सब मारे जाते।

इस लड़ाई की आवाज़ तीन मील दाहिनी ओर की खाई वालों ने सुन ली थी। उन्होंने पीछे टेलीफ़ोन कर दिया था। वहाँ से झटपट दो डॉक्टर और दो बीमार ढोने की गाड़ियाँ चलीं, जो कोई डेढ़ घण्टे के अन्दर-अन्दर आ पहुँचीं। फील्ड से अस्पताल नज़दीक था। सुबह होते-होते वहाँ पहुँच जायेंगे, इसलिए मामूली पट्टी बाँधकर एक गाड़ी में घायल लिटाए गये और दूसरी में लाशें रखी गयीं। सूबेदार ने लहनासिंह की जाँघ में पट्टी बाँधनी चाही, पर उसने यह कहकर टाल दिया कि थोड़ा घाव है, सवेरे देखा जायेगा। बोधासिंह ज्वर में बर्रा रहा था। वह गाड़ी में लिटाया गया। लहना को छोड़ कर सूबेदार जाते नहीं थे।

यह देख लहना ने कहा–

"तुम्हें बोधा की कसम है और सूबेदारनी जी की सौगन्ध है जो इस गाड़ी में न चले जाओ।"

"और तुम?"

"मेरे लिए वहाँ पहुँचकर गाड़ी भेज देना। और जर्मन मुर्दों के लिए भी तो गाड़ियाँ आती होंगी। मेरा हाल बुरा नहीं है। देखते नहीं, मैं खड़ा हूँ? वजीरासिंह मेरे पास है ही।"

"अच्छा, पर..."

बोधा गाड़ी पर लेट गया। "भला। आप भी चढ़ जाओ। सुनिए तो सूबेदारनी होराँ को चिट्ठी लिखो तो मेरा मत्था टेकना लिख देना और जब घर जाओ तो कह देना कि मुझसे जो उसने कहा था, वह मैंने कर दिया।"

गाड़ियाँ चल पड़ी थीं। सूबेदार ने चलते-चलते लहना का हाथ पकड़कर कहा, "तूने मेरे और बोधा के प्राण बचाये हैं। लिखना कैसा? साथ ही घर चलेंगे। अपनी सूबेदारनी को तू ही कह देना। उसने क्या कहा था?"

"अब आप गाड़ी पर चढ़ जाओ। मैंने जो कुछ कहा, वह लिख देना और कह भी देना।"

गाड़ी के जाते ही लहना लेट गया–"वजीरा, पानी पिला दे और मेरा कमरबन्द खोल दे। तर हो रहा है।"

(5)

मृत्यु के कुछ समय पहले स्मृति बहुत साफ़ हो जाती है। जन्म-भर की घटनाएँ एक-एक करके सामने आती हैं। सारे दृश्यों के रंग साफ़ हो जाते हैं; समय की धुन्ध उन पर से बिल्कुल हट जाती है।

× × ×

लहनासिंह बारह वर्ष का है। अमृतसर में मामा के यहाँ आया हुआ है। दही वाले के यहाँ, सब्ज़ी वाले के यहाँ, हर कहीं, उसे एक आठ वर्ष की लड़की मिल जाती है। जब यह पूछता है तेरी 'कुड़माई' हो गयी? तब 'धत्' कहकर वह भाग जाती है। एक दिन उसने वैसे ही पूछा तो उसने कहा, "हाँ कल हो गयी। देखते नहीं, यह रेशम के बूटों वाला सालू?" सुनते ही लहनासिंह को बहुत दुःख हुआ। क्रोध हुआ। क्यों हुआ?

"वजीरासिंह, पानी पिला दे।"

× × ×

पच्चीस वर्ष बीत गये। अब लहनासिंह नं 77 राइफल्स में जमादार हो गया है। उस आठ वर्ष की कन्या का ध्यान ही न रहा। न मालूम वह कभी मिली थी या नहीं। सात दिन की छुट्टी लेकर ज़मीन के मुक़दमे की पैरवी करने वह अपने घर गया। वहाँ रेजीमेंट के अफ़सर की चिट्ठी मिली कि फ़ौज लाम पर जाती है। फौरन चले आओ। साथ ही, सूबेदार हजारासिंह की चिट्ठी मिली कि मैं और बोधासिंह भी लाम पर जाते हैं। लौटते हुए हमारे घर होते जाना, साथ चलेंगे।

सूबेदार का गाँव रास्ते में पड़ता था और सूबेदार उसे बहुत चाहता था। लहनासिंह सूबेदार के यहाँ पहुँचा।

जब चलने लगे, तब सूबेदार बेड़े में से निकलकर आया और बोला—''लहना, सूबेदारनी तुमको जानती हैं। बुलाती हैं। जा, मिल आ।'' लहनासिंह भीतर पहुँचा। सूबेदारनी मुझे जानती हैं? कब से? रेजीमेंट के क्वार्टरों में तो कभी सूबेदार के घर के लोग रहे नहीं। दरवाजे पर जाकर 'मत्था टेकना' कहा, असीस सुनी। लहनासिंह चुप।

''मुझे पहचाना?''

''नहीं।''

''तेरी कुड़माई हो गयी?—धत्! हाँ कल हो गयी—देखते नहीं रेशमी बूटों वाला सालू!—कहाँ अमृतसर में...''

भावों की टकराहट से मूर्छा खुली। करवट बदली। पसली का घाव बह निकला।

''वजीरा, पानी पिला''—उसने कहा।

× × ×

स्वप्न चल रहा है। सूबेदारनी कह रही है—''मैंने तेरे को आते ही पहचान लिया। एक काम कहती हूँ। मेरे तो भाग फूट गये। सरकार ने बहादुरी का खिताब दिया है, लायलपुर में ज़मीन दी है, आज नमक-हलाली का मौक़ा आया है। पर सरकार ने हम तीमियों की एक घघरिया पलटन क्यों न बना दी जो मैं भी सूबेदार जी के साथ चली जाती? एक बेटा है। फ़ौज में भर्ती हुए उसे एक ही बरस हुआ। उसके पीछे चार और हुए पर एक भी नहीं जिया।'' सूबेदारनी रोने लगी। ''अब दोनों जाते हैं। मेरे भाग! तुम्हें याद है, एक दिन ताँगे वाले का घोड़ा दहीवाले की दुकान के पास बिगड़ गया था। तुमने उस दिन मेरे प्राण बचाये थे। आप घोड़ों की लातों में चले गये थे और मुझे उठाकर दुकान के तख्ते पर खड़ा कर दिया था। ऐसे ही इन दोनों को बचाना। यह मेरी भिक्षा है। तुम्हारे आगे मैं आँचल पसारती हूँ।''

रोती-रोती सूबेदारनी ओबरी में चली गयी। लहना भी आँसू पोंछता हुआ बाहर आया।

"वजीरासिंह, पानी पिला!"—उसने कहा।

× × ×

लहना का सिर अपनी गोद में रखे वजीरासिंह बैठा है। जब माँगता है, तब पानी पिला देता है। आध घण्टे तक लहना चुप रहा, फिर बोला—

"कौन? कीरतसिंह?"

वजीरा ने कुछ समझकर कहा—"हाँ।"

"भइया, मुझे और ऊँचा कर ले। अपने पट्ट पर मेरा सिर रख ले।" वजीरा ने वैसा ही किया।

"हाँ, अब ठीक है। पानी पिला दे। बस, अब के हाड़ में यह आम खूब फलेगा। चाचा-भतीजा दोनों यहीं बैठकर आम खाना। जितना बड़ा तेरा भतीजा है उतना ही यह आम है; जिस महीने उसका जन्म हुआ था, उसी महीने में मैंने इसे लगाया था।"

वजीरासिंह के आँसू टप-टप टपक रहे थे।

× × ×

कुछ दिन पीछे लोगों ने अख़बारों में पढ़ा—

फ्रांस और बेल्जियम—68वीं सूची—मैदान में घावों से मरा—नं 77 सिक्ख राइफल्स जमादार लहनासिंह।

जाह्नवी

•

जैनेन्द्र कुमार

आज तीसरा रोज़ है।—तीसरा नहीं, चौथा रोज़ है। वह इतवार की छुट्टी का दिन था। सवेरे उठा और कमरे से बाहर की ओर झाँका तो देखता हूँ, मुहल्ले के एक मकान की छत पर काँओं-काँओं करते हुए कौओं से घिरी हुई एक लड़की खड़ी है। खड़ी-खड़ी बुला रही है, "कौओ आओ, कौओ आओ!" कौए बहुत आ चुके हैं; पर और भी आते जाते हैं। वे छत की मुँडेर पर बैठ अधीरता से पंख हिला-हिला कर बेहद शोर मचा रहे हैं। फिर भी उन कौओं की संख्या से लड़की का मन जैसे भरा नहीं है। बुला ही रही है, "कौओ आओ, कौओ आओ।"

देखते-देखते छत की मुँडेर कौओं से बिल्कुल काली पड़ गयी। उनमें से कुछ अब उड़-उड़ कर लड़की की धोती से जा टकराने लगे। कौओं के ख़ूब आ घिरने पर लड़की मानो उन आमन्त्रित अतिथियों के प्रति गाने लगी—

"कागा चुन-चुन खाइयो...।"

गाने के साथ उसने अपने हाथ की रोटियों में से तोड़-तोड़ कर नन्हे-नन्हे टुकड़े आसमान में चारों ओर फेंकने शुरू किये। गाती जाती थी—

"कागा चुन-चुन खाइयो...।"

वह मग्न मालूम होती थी और अनायास उसकी देह थिरक कर नाच-सी आती थी। कौए चुन-चुन खा रहे थे और वह गा रही थी—

"कागा चुन-चुन खाइयो...।"

आगे वह क्या गाती है, कौओं की काँओं-काँओं और उनके पंखों की फड़फड़ाहट के मारे साफ़ सुनाई न दिया। कौए लपक-लपककर मानो टूटने से पहले उसके हाथों से टुकड़ा छीन ले रहे थे। वे लड़की के चारों ओर ऐसे छा रहे थे मानो वे प्रेम से उसको ही खाने को उद्यत हों। और लड़की कभी इधर, कभी

उधर झुककर घूमती हुई ऐसे लीन भाव से गा रही थी कि जाने क्या मिल रहा हो।

रोटी समाप्त होने लगी। कौए भी यह समझ गये। जब अन्तिम टुकड़ा हाथ में रह गया तो वह गाती हुई, उस टुकड़े को हाथ में फहराती हुई ज़ोर से दो-तीन चक्कर लगा उठी। फिर उसने वह टुकड़ा ऊपर आसमान की ओर फेंका, "कौओ खाओ।" और बहुत-से कौए एक साथ उड़ कर उसे लपकने झपटे। उस समय उन्हें देखती हुई लड़की मानो आनन्द से चीखती हुई-सी आवाज़ में गा उठी—

"दो नैना मत खाइयो, मत खाइयो....
पीउ मिलन की आस"

रोटियाँ ख़त्म हो गयीं। कौए उड़ चले। लड़की एक-एक कर उनको उड़ कर जाता हुआ देखने लगी। पलभर में छत कोरी हो गयी। अब वह आसमान के नीचे अकेली छत पर खड़ी थी। आसपास बहुत-से मकानों की बहुत-सी छतें थीं। उन पर कोई होगा, कोई न होगा। पर लड़की दूर अपने कौओं को उड़ते जाते हुए देखती रह गयी। गाना समाप्त हो गया था। धूप अभी फूटी ही थी। आसमान गहरा नीला था। लड़की के होंठ खुले थे, दृष्टि-थिर थी। जाने भूली-सी वह क्या देखती रह गयी थी।

थोड़ी देर बाद उसने मानो जागकर अपने आसपास के जगत् को भी देखा। इसी की राह में क्या मेरी ओर भी देखा? देखा भी हो; पर शायद मैं उसे नहीं दीखा था! उसके देखने में सचमुच कुछ दीखता ही था, यह मैं कह नहीं सकता। पर, कुछ ही पल के अनन्तर वह मानो वर्तमान के प्रति, वास्तविकता के प्रति, चेतन हो आयी। अब फिर बिना देर लगाये चट-चट उतरती हुई वह नीचे अपने घर में चली गयी।

मैं अपनी खिड़की में खड़ा-खड़ा चाहने लगा कि मैं भी देखूँ, कौए कहाँ-कहाँ उड़ रहे हैं, और वे कितनी दूर चले गये हैं। क्या वे कहीं दीखते भी हैं? पर मुश्किल से मुझे दो-एक ही कौए दीखे। वे निरर्थक भाव से यहाँ बैठे थे, या वहाँ उड़ रहे थे। वे मुझे मूर्ख और घिनौने मालूम हुए। उनकी काली देह और काली चोंच मन को बुरी लगी। मैंने सोचा कि नहीं, अपनी देह मैं कौओं से नहीं चुनवाऊँगा। छिः, चुन-चुन कर इन्हीं के खाने के लिए क्या मेरी देह है? मेरी देह और कौए?—छिः।

जान पड़ता है, खड़े-खड़े मुझे काफ़ी समय खिड़की पर ही हो गया; क्योंकि इस बार देखा कि ढेर-के-ढेर कपड़े कन्धे पर लादे वही लड़की फिर उसी छत पर आ गयी है। इस बार वह गाती नहीं है, वहाँ पड़ी एक खाट पर उन कपड़ों

को पटक देती है और उन कपड़ों में से एक-एक को चुन कर, फटक कर, वहीं छत पर फैला देती है। छोटे-बड़े उन कपड़ों की गिनती काफ़ी रही होगी। वे उठाये जाते रहे, फटके जाते रहे, फैलाये जाते रहे; पर उनका अन्त शीघ्र आता न दीखा। आख़िर जब ख़त्म हो गये तो लड़की ने सिर पर आये हुए धोती के पल्ले को पीछे किया। उसने एक अँगड़ाई ली, फिर सिर को ज़ोर से हिलाकर अनबँधे अपने बालों को छिटका लिया और धीमे-धीमे वहीं डोल कर उन बालों पर हाथ फेरने लगी। कभी बालों की लट को सामने लाकर देखती, फिर उसी को लापरवाही से पीछे फेंक देती। उसके बाल गहरे काले थे और लम्बे थे। मालूम नहीं उसे अपने वैभव पर सुख था या दुख था। कुछ देर वह उँगलियाँ फेर-फेर कर अपने बालों को अलग-अलग छिटकाती रही। फिर चलते-चलते एकाएक उन सब बालों को इकट्ठा समेटकर झटपट जूड़ा-सा बाँध, पल्ला सिर पर खींच, वह नीचे उतर गयी।

इसके बाद मैं खिड़की पर नहीं ठहरा। घर में छोटी साली आयी हुई है। इसी शहर के दूसरे भाग में रहती है और ब्याह न करके कालिज में पढ़ती है। मैंने कहा, "सुनो, यहाँ आओ।"

उसने हँसकर पूछा, "यहाँ कहाँ?"

खिड़की के पास आकर मैंने पूछा, "क्यों जी, जाह्नवी का मकान जानती हो?"

"जाह्नवी! क्यों, वह कहाँ है?"

"मैं क्या जानता हूँ कहाँ है। पर देखो, वह घर तो उसका नहीं है।"

उसने कहा, "मैंने घर नहीं देखा। इधर उसने कालिज भी छोड़ दिया है?"

"चलो अच्छा है।" मैंने कहा और उसे जैसे-तैसे टाला। क्योंकि वह पूछने-ताछने लगी थी कि क्या काम है, जाह्नवी को मैं क्या और कैसे और क्यों जानता हूँ। सच यह था कि मैं रत्ती भर उसे नहीं जानता था। एक बार अपने ही घर में इसी साली की कृपा और आग्रह पर एक निगाह एक को देखा था। बताया गया था कि वह जाह्नवी है, और मैंने अनायास स्वीकार कर लिया था कि अच्छा, वह जाह्नवी होगी। उसके बाद की सच्चाई यह है कि मुझे कुछ नहीं मालूम कि उस जाह्नवी का क्या बन गया और क्या नहीं बना। पर किसी सच्चाई को बहनोई के मुँह से सुन कर स्वीकार कर ले तो साली क्या। तिस पर सच्चाई ऐसी कि नीरस। पर ज्यों-त्यों मैंने टाला।

बात-बात में मैंने कहना भी चाहा कि ऐसी ही तुम जाह्नवी को जानती हो, ऐसी ही तुम साथ पढ़ती थीं कि ज़रा बात पर कह दो "मालूम नहीं।" लेकिन मैंने कुछ कहा नहीं।

इसके बाद सोमवार हो गया, मंगलवार हो गया और आज बुध भी हो कर चुका जा रहा है। चौथा रोज़ है। हर रोज़ सवेरे खिड़की पर दीखता है कि कौए काँव-काँव, छीन-झपट कर रहे हैं और वह लड़की उन्हें रोटी के टुकड़ों के मिस कह रही है–

"कागा चुन-चुन... ।"

मुझको नहीं मालूम कि कौए जो कुछ उसका खायेंगे, उसे कुछ भी उनका सोच है। कौओं को बुला रही है, ''कौओ आओ, कौओ आओ,'' साग्रह कह रही है, "कौओ आओ।" वह ख़ुश है कि कौए आ गये है और वे खा रहे हैं। पर एक बात है कि ओ कौओ, जो तन चुन-चुनकर खा लिया जायेगा, उसको खा लेने में मेरी अनुमति है। वह खा-खूकर तुम सब निबटा देना। लेकिन ऐ मेरे भाई कौओ, इन दो नैनों को छोड़ देना। इन्हें भई रहने देना! क्या तुम नहीं जानते कि उन नैनों में एक आस बसी है जो पराये के बस है। वे नैना पीउ की बाट में हैं। ऐ कौओ, वे मेरे नहीं हैं, मेरे तन के नहीं हैं। वे पीउ की आस को बसाये रखने के लिए हैं। सो, उन्हें छोड़ देना।

आज सबेरे भी मैंने यह सब कुछ देखा। कौओं को रोटी खिलाकर वह उसी तरह नीचे चली गयी। फिर छोटे-बड़े बहुत-से कपड़े धोकर लायी। उसी भाँति उन्हें झटककर फैला दिया। वैसे ही बाल छितराकर थोड़ी देर डोली। फिर सहसा ही उन्हें जूड़े में सँभालकर नीचे भाग गयी।

जाह्नवी को घर में एक बार देखा था! पत्नी ने उसे ख़ास तौर पर देख लेने को कहा था और उसके चले जाने पर पूछा था, "क्यों, कैसी है?"

मैंने कहा था, "बहुत भली मालूम होती है। सुन्दर भी है। पर क्यों?"

"अपने बिरजू के लिए कैसी रहेगी?"

बिरजू दूर के रिश्ते में मेरा भतीजा होता है। इस साल एम.ए. में पहुँचा है।

मैंने कहा, "अरे ब्रजनन्दन! वह उसके सामने बच्चा है।"

पत्नी ने अचरज से कहा, "बच्चा है? बाईस बरस का तो हो गया।"

"बाईस छोड़ बयालीस का भी हो जाये। देखा नहीं, कैसे ठाठ से रहता है–यह लड़की देखो, कैसी बस सफ़ेद साड़ी पहनती है। बिरजू इसके लायक कहाँ है। यों भी कह सकती हो कि यह बेचारी लड़की बिरजू के ठाठ के लायक नहीं है।"

बात मेरी कुछ सही, कुछ व्यंग्य थी। पत्नी ने उसे कान पर भी न लिया। कुछ दिनों बाद मुझे मालूम हुआ कि पत्नी जी की कोशिशों से जाह्नवी के माँ-बाप से (–माँ के द्वारा बाप से) काफ़ी आगे तक बढ़कर बातें कर ली गयी हैं। शादी

के मौक़े पर क्या देना होगा, क्या लेना होगा—एक-एक कर सभी बातें पेशगी तय होती जा रही हैं।

इतने में सब किये-कराये पर पानी फिर गया। जब बात कुल किनारे पर आ गयी थी, तभी हुआ क्या कि हमारे ब्रजनन्दन के पास एक पत्र आ पहुँचा। उस पत्र के कारण एकदम सब चौपट हो गया। इस रंग में भंग हो जाने पर हमारी पत्नी जी का मन पहले तो गिरकर चूर-चूर-सा होता जान पड़ा; पर, फिर वह उसी पर बड़ी ख़ुश मालूम होने लगीं!

मैं तो मानो इन मामलों में अनावश्यक प्राणी हूँ ही। कानों-कान मुझे ख़बर तक न हुई। जब हुई तो इस तरह—

पत्नी जी एक दिन सामने आ धमकीं। बोलीं, "यह तुमने जाह्नवी के बारे में पहले से क्यों नहीं बतलाया?"

मैंने कहा, "जाह्नवी के बारे में मैंने पहले से क्या नहीं बतलाया भाई?"

"यह कि वह ऐसी है?"

मैंने पूछा, "ऐसी कैसी?"

उन्होंने कहा, "बनो मत। जैसे तुम्हें कुछ नहीं मालूम।"

मैंने कहा, "अरे, यह तो कोई हाईकोर्ट का जज भी नहीं कह सकता कि मुझे कुछ भी नहीं मालूम। लेकिन, आख़िर जाह्नवी के बारे में मुझे क्या-क्या मालूम है, यह तो मालूम हो।"

श्रीमती जी ने अकृत्रिम आश्चर्य से कहा, "बिरजू के पास ख़त आया है, सो तुमने कुछ नहीं सुना? आजकल की लड़कियाँ, बस कुछ न पूछो। यह तो चलो भला हुआ कि मामला खुल गया। नहीं तो—"

क्या मामला, कहाँ, कैसे खुला और भीतर से क्या कुछ रहस्य बाहर हो पड़ा, सो सब बिना जाने मैं क्या निवेदित करता? मैंने कहा, "कुछ बात साफ़ भी कहो।"

उन्होंने कहा, "वह लड़की आशनाई में फँसी थी।—पढ़ी-लिखी सब एक जात की होती हैं।"

मैंने कहा, "सबकी जात-बिरादरी एक हो जाये तो बखेड़ा टले। लेकिन असल बात भी तो बताओ।"

"असल बात जाननी है तो जा कर पूछो उसकी महतारी से। भली समधिन बनने चली थी। वह तो मुझे पहले ही से दाल में काला मालूम होता था। पर देखो न, कैसी सीधी-भोली बातें करती थी। वह तो, देर क्या थी, सब हो ही चुका था। बस लगन-मुहूर्त की बात थी। राम-राम, भीतर पेट में कैसी कालिख

रक्खे है, मुझे पता न था। चलो, आख़िर परमात्मा ने इज़्ज़त बचा ली। वह लड़की घर में आ जाती तो मेरा मुँह अब दिखाने लायक नहीं रहता।”

मेरी पत्नी का मुख क्यों किस भाँति दिखाने लायक न रहता, उसमें क्या विकृति आ रहती, सो उनकी बातों से समझ में न आया। उनकी बातों में रस कई भाँति का मिला, तथ्य न मिला। कुछ देर के बाद उन बातों से मैंने तथ्य पाने का यत्न ही छोड़ दिया और चुपचाप पाप-पुण्य, धर्म-अधर्म का विवेचन सुनता रहा। पता लगने पर मालूम हुआ कि ब्रजनन्दन के पास ख़ुद लड़की यानी जाह्नवी का पत्र आया था। पत्र मैंने देखा। उस पत्र को देखकर मेरे मन में कल्पना हुई कि अगर वह मेरी लड़की होती तो?—मुझे यह अपना सौभाग्य मालूम नहीं हुआ कि जाह्नवी मेरी लड़की नहीं है। उस पत्र की बात कई बार मन में उठी है और घुमड़ती रह गयी है। ऐसे समय चित्त का समाधान उड़ गया है और मैं शून्य-भाव से, हमें जो शून्य चारों ओर से समाए हुए है उसकी ओर देखता रह गया हूँ।

पत्र बड़ा नहीं था। सीधे-सादे ढंग से उसमें यह लिखा था कि आप जब विवाह के लिए यहाँ पहुँचेंगे तो मुझे प्रस्तुत भी पायेंगे। लेकिन मेरे चित्त की हालत इस समय ठीक नहीं है और विवाह जैसे धार्मिक अनुष्ठान की पात्रता मुझमें नहीं है। एक अनुगता आपको विवाह द्वारा मिल जायेगी। पर चाहिए कि वह जीवनसंगिनी भी हो। वह मैं हूँ या हो सकती हूँ, उसमें मुझे बहुत सन्देह है। फिर भी अगर आप चाहें, आपके माता-पिता चाहें, तो प्रस्तुत मैं अवश्य हूँ। विवाह में आप मुझे लेंगे और स्वीकार करेंगे तो मैं अपने को दे भी दूँगी, आपके चरणों की धूल माथे से लगाऊँगी। आपकी कृपा मानूँगी। कृतज्ञ होऊँगी। पर निवेदन है कि यदि आप मुझ पर से अपनी माँग उठा लेंगे, मुझे छोड़ देंगे, तो मैं और भी कृतज्ञ होऊँगी। निर्णय आपके हाथ है। जो चाहें, निर्णय करें।

मुझे ब्रजनन्दन पर आश्चर्य आकर भी आश्चर्य नहीं होता। उसने दृढ़ता के साथ कह दिया कि मैं यह शादी नहीं करूँगा। लेकिन उसने मुझसे अकेले में यह भी कहा कि चाचाजी, मैं और विवाह करूँगा ही नहीं, करूँगा तो उसी से करूँगा। उस पत्र को अपने से वह अलहदा नहीं करता है। और मैं देखता हूँ कि उस ब्रजनन्दन का ठाठ-बाट आप ही कम होता जा रहा है। सादा रहने लगा है और अपने प्रति सगर्व बिल्कुल भी नहीं दीखता है और आवश्यकता से अधिक बात नहीं करता। एक बार प्रदर्शनी में मिल गया। मैं तो देखकर हैरत में रह गया। ब्रजनन्दन एकाएक पहचाना भी न जाता था। मैंने कहा, “ब्रजनन्दन, कहो क्या हाल है?”

उसने प्रणाम करके कहा, "अच्छा है।"

वह मेरे घर भी आया।

पत्नी ने उसे बहुत प्रेम किया और बहुत-बहुत बधाइयाँ दीं कि ऐसी लड़की से शादी होने से चलो भगवान ने समय पर रक्षा कर दी। जाह्नवी नाम की लड़की की एक-एक गुप्त बात बिरजू की चाची को मालूम हो गयी है। वह बातें–ओह! कुछ न पूछो, बिरजू भैया! मुँह से भगवान किसी की बुराई न करावे। लेकिन–

फिर कहा, "भई, अब बहू के बिना काम कब तक चलायें, तू ही बता। क्यों रे, अपनी चाची को बुढ़ापे में भी तू आराम नहीं देगा? सुनता है कि नहीं?"

ब्रजनन्दन चुपचाप सुनता रहा।

पत्नी ने कहा, "और यह तुझे हो क्या गया है? अपने चाचा की बात तुझे भी लग गयी है क्या? न ढंग के कपड़े, न रीति की बातें। उन्हें तो अच्छे कपड़े-लत्ते सोभते नहीं हैं। तू क्यों ऐसा रहने लगा है रे?"

ब्रजनन्दन ने कहा, "कुछ नहीं, चाची। और कपड़े घर रखे हैं।"

अकेले पाकर मैंने भी उससे कहा, "ब्रजनन्दन, बात तो सही है। अब शादी करके काम में लगना चाहिए और घर बसाना चाहिए। है कि नहीं?"

ब्रजनन्दन ने मुझे देखते हुए बड़े-बूढ़ों की तरह कहा, "अभी तो उमर पड़ी है, चाचा जी।"

मैंने इस बात को ज़्यादा नहीं बढ़ाया।

अब खिड़की के पार इतवार को, सोमवार को, मंगलवार को और आज बुधवार को भी सवेरे-ही-सवेरे छत पर नित रोटी के मिस कौओं को पुकार-पुकार कर बुलाने-खिलाने वाली यह जो लड़की देख रहा हूँ, सो क्या जाह्नवी है? जाह्नवी को मैंने एक ही बार देखा है, इसलिए मन को कुछ निश्चय नहीं होता। क़द भी इतना ही था; लावण्य शायद उस जाह्नवी से अधिक था। पर वह यह नहीं है, जाह्नवी नहीं है, ऐसी दिलासा मैं मन को तनिक भी नहीं दे पाता हूँ। सवेरे-सवेरे इतने कौए बुला लेती है कि ख़ुद दीखती ही नहीं, काले-काले वे-ही-वे दीखते हैं। और वे भी उसके चारों ओर ऐसी छीन-झपट-सी करते हुए उड़ते रहते हैं मानो बड़े स्वाद से, बड़े प्रेम से, चोंथ-चोंथ कर उसे खाने के लिए आपस में बदाबदी मचा रहे हों। पर उनसे घिरी वह कहती है, "आओ कौओ, आओ।" जब वे आ जाते हैं तो गाती है–

"कागा चुन-चुन खाइयो!"

और जब जाने कहाँ-कहाँ के कौए इकट्ठे के इकट्ठे काँओं-काँओं करते हुए चुन-चुनकर खाने लगते हैं और फिर भी खाँऊँ-खाँऊँ करते हुए उससे भी ज़्यादा माँगने लगते हैं, तब वह चीख़ मारकर चिल्लाती है, कि ओरे कागा, नहीं, ये–

"दो नैना मत खाइयो!
मत खाइयो–
पीउ मिलन की आस!"

तीसरी कसम

•

फणीश्वरनाथ रेणु

हिरामन गाड़ीवान की पीठ में गुदगुदी लगती है।...

पिछले बीस साल से गाड़ी हाँकता है हिरामन। बैलगाड़ी। सीमा के उस पार, मोरंग राज नेपाल से धान और लकड़ी ढो चुका है। कंट्रोल के ज़माने में चोरबाज़ारी का माल इस पार से उस पार पहुँचाया है। लेकिन कभी तो ऐसी गुदगुदी नहीं लगी पीठ में!...

कंट्रोल का ज़माना! हिरामन कभी भूल सकता है उस ज़माने को! एक बार चार खेप सीमेंट और कपड़े की गाँठों से भरी गाड़ी, जोगबनी से बिराटनगर पहुँचाने के बाद हिरामन का कलेजा पोख्ता हो गया था। फारबिसगंज का हर चोर-व्यापारी उसको पक्का गाड़ीवान मानता। उसके बैलों की बड़ाई बड़ी गद्दी से बड़े सेठजी खुद करते, अपनी भाषा में...।

गाड़ी पकड़ी गयी पाँचवीं बार, सीमा के इस पार तराई में।

महाजन का मुनीम उसी की गाड़ी पर गाँठों के बीच चुक्की-मुक्की लगाकर छिपा हुआ था। दारोगा साहब की डेढ़ हाथ लम्बी चोरबत्ती की रोशनी कितनी तेज़ होती है, हिरामन जानता है! एक घण्टे के लिए आदमी अन्धा हो जाता है, एक छटक भी पड़ जाये आँखों पर! रोशनी के साथ कड़कती हुई आवाज—''ऐ-य! गाड़ी रोको! साले, गोली मार देंगे!...''

बीसों गाड़ियाँ एक साथ कचकचाकर रुक गयीं। हिरामन ने पहले ही कहा था, "यह बीस विषावेगा!" दारोगा साहब उसकी गाड़ी में दुबके हुए मुनीमजी पर रोशनी डालकर पिशाची हँसी हँसे—"हा-हा-हा! मुँड़ीमजी ई-ई-ई! ही-ही-ही!... ऐ-य, साला गाड़ीवान, मुँह क्या देखता है रे-ए-ए! कम्बल हटाओ इस बोरे के मुँह पर से!'' हाथ की छोटी लाठी से मुनीमजी के पेट में खोंचा मारते हुए कहा था, "इस बोरे को! स-स्साला!..."

बहुत पुरानी अखज-अदावत होगी दारोगा साहब और मुनीमजी में। नहीं तो उतना रुपया कबूलने पर भी पुलिस-दारोगा का मन न डोले भला! चार हज़ार तो गाड़ी पर बैठा-बैठा ही दे रहा था। लाठी से दूसरी बार खोंचा मारा दारोगा ने। "पाँच हज़ार!" फिर खोंचा—"उतरो पहले।..."

मुनीम को गाड़ी से नीचे उतारकर दारोगा ने उसकी आँखों पर रोशनी डाल दी। फिर दो सिपाहियों के साथ सड़क से बीस-पच्चीस रस्सी दूर झाड़ी के पास ले गये। गाड़ीवान और गाड़ियों पर पाँच-पाँच बन्दूकवाले सिपाहियों का पहरा!... हिरामन समझ गया, इस बार निस्तार नहीं।...जेल? हिरामन को जेल का डर नहीं। लेकिन उसके बैल? न जाने कितने दिनों तक बिना चारा-पानी के सरकारी फाटक में पड़े रहेंगे—भूखे-प्यासे। फिर नीलाम हो जायेंगे। भैया और भौजी को वह मुँह नहीं दिखा सकेगा कभी।... नीलामी की बोली उसके कानों के पास गूँज गयी—एक-दो-तीन! दारोगा और मुनीम में बात पट नहीं रही थी शायद।

हिरामन की गाड़ी के पास तैनात सिपाही ने अपनी भाषा में दूसरे सिपाही से धीमी आवाज़ में पूछा, "का हो? मामला गोल होखी का?" फिर खैनी-तम्बाकू देने के बहाने उस सिपाही के पास चला गया।...

एक-दो-तीन! तीन-चार गाड़ियों की आड़। हिरामन ने फ़ैसला कर लिया। उसने धीरे-से अपने बैलों के गले की रस्सियाँ खोल लीं। गाड़ी पर बैठे-बैठे दोनों को जुड़वाँ बाँध दिया। बैल समझ गये उन्हें क्या करना है। हिरामन उतरा, जुती हुई गाड़ी में बाँस की टिकटी लगाकर बैलों के कन्धों को बेलाग किया। दोनों के कानों के पास गुदगुदी लगा दी और मन-ही-मन बोला, "चलो भैयन, जान बचेगी तो ऐसी-ऐसी सग्गड़ गाड़ी बहुत मिलेगी।" ...एक-दो-तीन! नौ-दो-ग्यारह!...

गाड़ियों की आड़ में सड़क के किनारे दूर तक घनी झाड़ी फैली हुई थी। दम साधकर तीनों प्राणियों ने झाड़ी को पार किया—बेखटक, बे-आहट! फिर एक ले, दो ले—दुलकी चाल! दोनों बैल सीना तानकर फिर तराई के घने जंगलों में घुस गये। राह सूँघते, नदी-नाला पार करते हुए भागे पूँछ उठाकर। पीछे-पीछे हिरामन। रात-भर भागते रहे थे तीनों जन।...

घर पहुँचकर दो दिन तक बेसुध पड़ा रहा हिरामन। होश में आते ही उसने कान पकड़कर कसम खायी थी—अब कभी ऐसी चीज़ों की लदनी नहीं लादेंगे। चोरबाज़ारी का माल? तोबा, तोबा!... पता नहीं मुनीमजी का क्या हुआ! भगवान जाने उसकी सग्गड़ गाड़ी का क्या हुआ! असली इस्पात लोहे की धुरी थी। दोनों पहिये तो नहीं, एक पहिया एकदम नया था। गाड़ी में रंगीन डोरियों के फुँदने बड़े जतन से गूँथे गये थे।

दो कसमें खायी हैं उसने? एक चोरबाज़ारी का माल नहीं लादेंगे। दूसरी—बाँस। अपने हर भाड़ेदार से वह पहले ही पूछ लेता है—''चोरी-चमारीवाली चीज़ तो नहीं?" और, बाँस? बाँस लादने के लिए पचास रुपये भी दे कोई, तो भी हिरामन की गाड़ी नहीं मिलेगी। दूसरे की गाड़ी देखे।

बाँस लदी हुई गाड़ी! गाड़ी से चार हाथ आगे बाँस का अगुआ निकला रहता है और पीछे की ओर चार हाथ पिछुआ। काबू के बाहर रहती है गाड़ी हमेशा। सो बेकाबूवाली लदनी और खरैहिया। शहरवाली बात! तिस पर बाँस का अगुआ पकड़कर चलने वाला भाड़ेदार का महाभकुआ नौकर, लड़की-स्कूल की ओर देखने लगा। बस, मोड़ पर घोड़ागाड़ी से टक्कर हो गयी। जब तक हिरामन बैलों की रस्सी खींचे, तब तक घोड़ागाड़ी की छतरी बाँस के अगुआ में फँस गयी। घोड़ागाड़ीवाले ने तड़ातड़ चाबुक मारते हुए गाली दी थी!...

बाँस की लदनी ही नहीं, हिरामन ने खरैहिया शहर की लदनी भी छोड़ दी। और जब फारबिसगंज से मोरंग का भाड़ा ढोना शुरू किया तो गाड़ी ही पार!... कई वर्षों तक हिरामन ने बैलों को आधीदारी पर जोता। आधा भाड़ा गाड़ीवाले का और आधा बैलवाले का। हिस्स! गाड़ीवानी करो मुफ्त! आधीदारी की कमाई से बैलों के ही पेट नहीं भरते। पिछले साल ही उसने अपनी गाड़ी बनवायी है।

देवी मैया भला करें उस सरकस-कम्पनी के बाघ का। पिछले साल इसी मेले में बाघगाड़ी को ढोने वाले दोनों घोड़े मर गये। चम्पानगर से फारबिसगंज मेला आने के समय सरकस-कम्पनी के मैनेजर ने गाड़ीवान-पट्टी में ऐलान करके कहा—"सौ रुपया भाड़ा मिलेगा!" एक-दो गाड़ीवान राजी हुए। लेकिन, उनके बैल बाघगाड़ी से दस हाथ दूर ही डर से डिकरने लगे—बाँ-आँ! रस्सी तुड़ाकर भागे। हिरामन ने अपने बैलों की पीठ सहलाते हुए कहा, "देखो भैयन, ऐसा मौक़ा फिर हाथ न आयेगा। यही मौका है अपनी गाड़ी बनवाने का। नहीं तो फिर आधेदारी...। अरे, पिंजड़े में बन्द बाघ का क्या डर? मोरंग की तराई में दहाड़ते हुए बाघों को देख चुके हो। फिर पीठ पर मैं तो हूँ।..."

गाड़ीवानों के दल में तालियाँ पटपटा उठी थीं एक साथ। सभी की लाज रख ली हिरामन के बैलों ने। हुमककर आगे बढ़ गये और बाघगाड़ी में जुत गये—एक-एक करके। सिर्फ दाहिने बैल ने जुतने के बाद ढेर-सा पेशाब किया। हिरामन ने दो दिन तक नाक से कपड़े की पट्टी नहीं खोली थी। बड़ी गद्दी के बड़े सेठजी की तरह नकबन्धन लगाये बिना बघाइन गन्ध बरदाश्त नहीं कर सकता कोई।

...बाघगाड़ी की गाड़ीवानी की है हिरामन ने। कभी ऐसी गुदगुदी नहीं लगी पीठ में। आज रह-रहकर उसकी गाड़ी में चम्पा का फूल महक उठता है। पीठ में गुदगुदी लगने पर वह अँगोछे से पीठ झाड़ लेता है।

हिरामन को लगता है, दो वर्ष से चम्पानगर मेले की भगवती मैया उस पर प्रसन्न हैं। पिछले साल बाघगाड़ी जुट गयी। नकद एक सौ रुपये भाड़े के अलावा उस्ताद, चाह-बिस्कुट और रास्ते-भर बन्दर-भालू और जोकर का तमाशा देखा सो फोकट में!

और, इस बार यह जनानी सवारी। औरत है या चम्पा का फूल! जब से गाड़ी में बैठी है मह-मह महक रही है।

कच्ची सड़क के एक छोटे-से खड्ड में गाड़ी का दाहिना पहिया बेमौक़े हिचकोला खा गया। हिरामन की गाड़ी से एक हल्की 'सिस' की आवाज आयी। हिरामन ने दाहिने बैल को दुआली से पीटते हुए कहा, "साला! क्या समझता है, बोरे की लदनी है क्या?"

"अहा! मारो मत?"

अनदेखी औरत की आवाज़ ने हिरामन को अचरज में डाल दिया। बच्चों की बोली जैसी महीन, फेनूगिलासी बोली!

मथुरा मोहन नौटंकी कम्पनी में लैला बनने वाली हीराबाई का नाम किसने नहीं सुना होगा भला! लेकिन हिरामन की बात निराली है। उसने सात साल तक लगातार मेलों की लदनी लादी है, कभी नौटंकी, थियेटर या बायस्कोप सिनेमा नहीं देखा। लैला या हीराबाई का नाम भी उसने नहीं सुना कभी। देखने की क्या बात! सो मेला टूटने के पन्द्रह दिन पहले आधी रात की बेला में काली ओढ़नी में लिपटी औरत को देखकर उसके मन में खटका अवश्य लगा था। बक्सा ढोनेवाले नौकर ने गाड़ी-भाड़ा में मोल-मोलाई करने की कोशिश की तो ओढ़नी वाली ने सिर हिलाकर मना कर दिया। हिरामन ने गाड़ी जोतते हुए नौकर से पूछा, "क्यों भैया, कोई चोरी-चमारी का माल-वाल तो नहीं?" हिरामन को फिर अचरज हुआ। बक्सा ढोने वाले आदमी ने हाथ के इशारे से गाड़ी हाँकने को कहा और अँधेरे में ग़ायब हो गया। हिरामन को मेले में तम्बाकू बेचने वाली बूढ़ी की काली साड़ी की याद आयी थी।

ऐसे में कोई क्या गाड़ी हाँके!

एक तो पीठ में गुदगुदी लग रही है। दूसरे रह-रहकर चम्पा का फूल खिल जाता है उसकी गाड़ी में। बैलों को डाँटो तो 'इस-बिस' करने लगती है उसकी सवारी।

...उसकी सवारी! औरत अकेली, तम्बाकू बेचने वाली बूढ़ी नहीं! आवाज़ सुनने के बाद वह बार-बार मुड़कर टप्पर में एक नज़र डाल देता है; अँगोछे से पीठ झाड़ता है। ...भगवान जाने क्या लिखा है इस बार उसकी क़िस्मत में! गाड़ी जब पूरब की ओर मुड़ी, एक टुकड़ा चाँदनी उसकी गाड़ी में समा गयी। सवारी की नाक पर एक जुगनू जगमगा उठा। हिरामन को सबकुछ रहस्यमय—अजगुत-अजगुत—लग रहा है। सामने चम्पानगर से सिंधिया गाँव तक फैला हुआ मैदान!...कहीं डाकिन-पिशाचिन तो नहीं?

हिरामन की सवारी ने करवट ली। चाँदनी पूरे मुखड़े पर पड़ी तो हिरामन चीखते-चीखते रुक गया—अरे बाप! ई तो परी है!

परी की आँखें खुल गयीं। हिरामन ने सामने सड़क की ओर मुँह कर लिया और बैलों को टिटकारी दी। वह जीभ को तालू से सटाकर टि-टि-टि-टि आवाज निकालता है। हिरामन की जीभ न जाने कब से सूखकर लकड़ी-जैसी हो गयी थीं!

"भैया, तुम्हारा नाम क्या है?"

हू-ब-हू फेनूगिलास!...हिरामन के रोम-रोम बज उठे। मुँह से बोली नहीं निकली। उसके दोनों बैल भी कान खड़े करके इस बोली को परखते हैं।

"मेरा नाम!...नाम मेरा है हिरामन!"

उसकी सवारी मुस्कराती है।...मुस्कराहट में खुशबू है।

"तब तो मीता कहूँगी, भैया नहीं।—मेरा नाम भी हीरा है।"

"इस्स!" हिरामन को परतीत नहीं, "मर्द और औरत के नाम में फर्क होता है।"

''हाँ जी, मेरा नाम भी हीराबाई है।"

कहाँ हिरामन और कहाँ हीराबाई, बहुत फर्क़ है!

हिरामन ने अपने बैलों को झिड़की दी—"कान चुनियाकर गप सुनने से ही तीस कोस मंज़िल कटेगी क्या? इस बायें नाटे के पेट में शैतानी भरी है।" हिरामन ने बायें बैल को दुआली की हल्की झड़प दी।

''मारो मत; धीरे-धीरे चलने दो। जल्दी क्या है!''

हिरामन के सामने सवाल उपस्थित हुआ, वह क्या कहकर 'गप' करे हीराबाई से? 'तोहें' कहे या 'अहाँ'? उसकी भाषा में बड़ों को 'अहाँ' अर्थात् 'आप' कहकर सम्बोधित किया जाता है, कचराही बोली में दो-चार सवाल-जवाब चल सकता है, दिल-खोल गप तो गाँव की बोली में ही की जा सकती है किसी से।

आसिन-कातिक के भोर में छा जाने वाले कुहासे से हिरामन को पुरानी चिढ़ है। बहुत बार वह सड़क भूलकर भटक चुका है। किन्तु आज के भोर के इस घने कुहासे में भी वह मगन है। नदी के किनारे धन-खेतों से फूले हुए धान

के पौधों की पवनिया गन्ध आती है। पर्व-पावन के दिन गाँव में ऐसी ही सुगन्ध फैली रहती है। उसकी गाड़ी में फिर चम्पा का फूल खिला। उस फूल में एक परी बैठी है।....जै भगवती!

हिरामन ने आँख की कनखियों से देखा, उसकी सवारी....मीता...हीराबाई की आँखें गुजुर-गुजुर उसको हेर रही हैं। हिरामन के मन में कोई अजानी रागिनी बज उठी। सारी देह सिरसिरा रही है। वह बोला, "बैल को मारते हैं तो आपको बहुत बुरा लगता है?"

हीराबाई ने परख लिया, हिरामन सचमुच हीरा है।

चालीस साल का हट्टा-कट्टा, काला-कलूटा, देहाती नौजवान अपनी गाड़ी और अपने बैलों के सिवाय दुनिया की किसी और बात में विशेष दिलचस्पी नहीं लेता। घर में बड़ा भाई है, खेती करता है। बाल-बच्चे वाला आदमी है। हिरामन भाई से बढ़कर भाभी की इज़्ज़त करता है। भाभी से डरता भी है। हिरामन की भी शादी हुई थी, बचपन में ही गौने के पहले ही दुलहिन मर गयी। हिरामन को अपनी दुलहिन का चेहरा याद नहीं। ...दूसरी शादी? दूसरी शादी न करने के अनेक कारण हैं। भाभी की ज़िद्द, कुमारी लड़की से ही हिरामन की शादी करवायेगी। कुमारी का मतलब हुआ पाँच-सात साल की लड़की। कौन मानता है सरधा-कानून? कोई लड़कीवाला दोब्याहू को अपनी लड़की गरज में पड़ने पर ही दे सकता है। भाभी उसकी तीन-सत्त करके बैठी है, सो बैठी है। भाभी के आगे भैया की भी नहीं चलती! ...अब हिरामन ने तय कर लिया है, शादी नहीं करेगा। कौन बलाय मोल लेने जाये! ब्याह करके फिर गाड़ीवानी क्या करेगा कोई! और सब कुछ छूट जाये, गाड़ीवानी नहीं छोड़ सकता हिरामन।

हीराबाई ने हिरामन के जैसा निश्छल आदमी बहुत कम देखा है। पूछा, "आपका घर कौन जिल्ला में पड़ता है।" कानपुर नाम सुनते ही जो उसकी हँसी छूटी, तो बैल भड़क उठे। हिरामन हँसते समय सिर नीचा कर लेता है। हँसी बन्द होने पर उसने कहा, "वाह रे कानपुर! तब तो नाकपुर भी होगा?" और जब हीराबाई ने कहा कि नाकपुर भी है, तो वह हँसते-हँसते दुहरा हो गया।

"वाह रे दुनिया! क्या-क्या नाम होता है! कानपुर, नाकपुर?" हिरामन ने हीराबाई के कान के फूल को गौर से देखा। नाक की नकछवि के नग देखकर सिहर उठा—लहू की बूँद!

हिरामन ने हीराबाई का नाम नहीं सुना कभी। नौटंकी कम्पनी की औरत को वह बाईजी नहीं समझता है।...कम्पनी में काम करने वाली औरतों को वह

देख चुका है। सरकस कम्पनी की मालकिन, अपनी दोनों जवान बेटियों के साथ बाघगाड़ी के पास आती थी, बाघ को चारा-पानी देती थी, प्यार भी करती थी ख़ूब। हिरामन के बैलों को भी डबलरोटी-बिस्कुट खिलाया था बड़ी बेटी ने।

हिरामन होशियार है। कुहासा छँटते ही अपनी चादर से टप्पर में परदा कर दिया—"बस दो घण्टा! उसके बाद रास्ता चलना मुश्किल है। कातिक की सुबह की धूप आप बर्दाश्त न कर सकियेगा। कजरी नदी के किनारे तेगछिया के पास गाड़ी लगा देंगे। दोपहरिया काटकर...।"

सामने से आती हुई गाड़ी को दूर से ही देखकर वह सतर्क हो गया। लीक और बैलों पर ध्यान लगाकर बैठ गया। राह काटते हुए गाड़ीवान ने पूछा, "मेला टूट रहा है क्या भाई?"

हिरामन ने जवाब दिया, वह मेले की बात नहीं जानता। उसकी गाड़ी पर 'बिदागी' (नैहर या ससुराल जाती हुई लड़की) है। न जाने किस गाँव का नाम बता दिया हिरामन ने!

"छत्तापुर-पचीरा कहाँ है?"

"कहीं हो, यह लेकर आप क्या करिएगा?" हिरामन अपनी चतुराई पर हँसा। परदा डाल देने पर भी पीठ में गुदगुदी लगती है।

हिरामन परदे के छेद से देखता है। हीराबाई एक दियासलाई की डिब्बी के बराबर आईने में अपने दाँत देख रही है। ...मदनपुर मेले में एक बार बैलों को नन्ही-चित्ती कौड़ियों की माला खरीद दी थी हिरामन ने, छोटी-छोटी, नन्ही-नन्ही कौड़ियों की पाँत।

तेगछिया के तीनों पेड़ दूर से ही दिखलायी पड़ते हैं। हिरामन ने परदे को ज़रा सरकाते हुए कहा, "देखिए, यही है तेगछिया। दो पेड़ जटामासी बड़ हैं और एक ...उस फूल का क्या नाम है, आपके कुरते पर जैसा फूल छपा हुआ है, वैसा ही; ख़ूब महकता है; दो कोस दूर तक गन्ध जाती है; उस फूल को खमीरा तम्बाकू में डालकर पीते भी हैं लोग।"

"और उस अमराई की आड़ से कई मकान दिखाई पड़ते हैं, वहाँ कोई गाँव है या मन्दिर?"

हिरामन ने बीड़ी सुलगाने के पहले पूछा, "बीड़ी पीयें? आपको गन्ध तो नहीं लगेगी?...वही है नामलगर ड्योढ़ी। जिस राजा के मेले से हम लोग आ रहे हैं, उसी का दियाद-गोतिया है।...जा रे जमाना!"

हिरामन ने 'जा रे जमाना' कहकर बात को चाशनी में डाल दिया। हीराबाई ने टप्पर के परदे को तिरछे खोंस दिया। ...हीराबाई की दन्तपंक्ति।

"कौन जमाना?" ठुड्डी पर हाथ रखकर साग्रह बोली।

"नामलगर ड्योढ़ी का जमाना! क्या था और क्या-से-क्या हो गया!"

हिरामन गप रसाने का भेद जानता है। हीराबाई बोली, "तुमने देखा था वह जमाना?"

"देखा नहीं, सुना है। ...राज कैसे गया, बड़ी हैफवाली कहानी है। सुनते हैं, घर में देवता ने जन्म ले लिया। कहिए भला, देवता आखिर देवता है। है या नहीं? इन्द्रासन छोड़कर मिरतूभुवन में जन्म ले ले तो उसका तेज कैसे सँभाल सकता है कोई! सूरजमुखी फूल की तरह माथे के पास तेज खिला रहता। लेकिन नजर का फेर, किसी ने नहीं पहचाना। एक बार उपलैन में लाट साहब मय लाटनी के, हवागाड़ी से आये थे। लाट ने भी नहीं, पहचाना आखिर लाटनी ने। सूरजमुखी तेज देखते ही बोल उठी—ए मैन राजा साहब, सुनो, यह आदमी का बच्चा नहीं है, देवता है।"

हिरामन ने लाटनी की बोली की नकल उतारते समय ख़ूब डैम-फैट-लैट किया। हीराबाई दिल खोलकर हँसी।...हँसते समय उसकी सारी देह दुलकती है।

हीराबाई ने अपनी ओढ़नी ठीक कर ली। तब हिरामन को लगा कि...लगा कि...

"तब? उसके बाद क्या हुआ मीता?"

"इस्स! कथ्था सुनने का बड़ा शौक़ है आपको?...लेकिन, काला आदमी, राजा क्या महाराजा भी हो जाये, रहेगा काला आदमी ही। साहेब के जैसा अक्किल कहाँ से पायेगा! हँसकर बात उड़ा दी सभी ने। तब रानी को बार-बार सपना देने लगा देवता! सेवा नहीं कर सकते तो जाने दो, नहीं रहेंगे तुम्हारे यहाँ। इसके बाद देवता का खेल शुरू हुआ। सबसे पहले दोनों दन्तार हाथी मरे, फिर घोड़ा, फिर पटपटाँग...।"

"पटपटाँग क्या है?"

हिरामन का मन पल-पल में बदल रहा है। मन में सतरंगा छाता धीरे-धीरे खिल रहा है, उसको लगता है। ...उसकी गाड़ी पर देवकुल की औरत सवार है। देवता आख़िर देवता है!

"पटपटाँग! धन-दौलत, माल-मवेशी सब साफ़! देवता इन्द्रासन चला गया।"

हीराबाई ने ओझल होते हुए मन्दिर के कँगूरे की ओर देखकर लम्बी साँस ली।

"लेकिन देवता ने जाते-जाते कहा, इस राज में कभी एक छोड़कर दो बेटा नहीं होगा। धन हम अपने साथ ले जा रहे हैं, गुन छोड़ जाते हैं। देवता के साथ सभी देव-देवी चले गये, सिर्फ़ सरोसती मैया रह गयी। उसका मन्दिर है।"

देसी घोड़े पर पाट के बोझ लादे हुए बनियों को आते देखकर हिरामन ने टप्पर के परदे को गिरा दिया। बैलों को ललकारकर बिदेशिया नाच का बन्दना गीत गाने लगा–

"जै मैया सरोसती, अरजी करत बानी;

हमरा पर होखू सहाई हे मैया, हमरा पर होखू सहाई!"

घोड़लद्दे बनियों से हिरामन ने हुलसकर पूछा, "क्या भाव पटुआ खरीदते हैं महाजन?"

लँगड़े घोड़ेवाले बनिये ने बटगमनी जवाब दिया–"नीचे सताइस-अठाइस, ऊपर तीस। जैसा माल, वैसा भाव।"

जवान बनिये ने पूछा, "मेला का क्या हाल-चाल है, भाई? कौन नौटंकी कम्पनी का खेल हो रहा है, रौता कम्पनी या मथुरा मोहन?"

"मेले का हाल मेलावाला जाने!" हिरामन ने फिर छत्तापुर-पचीरा का नाम लिया।

सूरज दो बाँस ऊपर आ गया था। हिरामन अपने बैलों से बात करने लगा–"एक कोस ज़मीन! ज़रा दम बाँधकर चलो। प्यास की बेला हो गयी न! याद है, उस बार तेगछिया के पास सरकस कम्पनी के जोकड़ और बन्दर नचाने वाले साहब में झगड़ा हो गया था। जोकड़वा ठीक बन्दर की तरह दाँत किटकिटाकर किकियाने लगा था...न जाने किस-किस देश-मुलुक के आदमी आते हैं?"

हिरामन ने फिर परदे के छेद से देखा, हीराबाई एक काग़ज़ के टुकड़े पर आँख गड़ाकर बैठी है। हिरामन का मन आज हल्के सुर में बँधा है। उसको तरह-तरह के गीतों की याद आती है। बीस-पच्चीस साल पहले, बिदेशिया, बलवाही, छोकरा-नाचवाले एक-से-एक ग़ज़ल-खेमटा गाते थे! अब तो, भोंपा में भोंपू-भोंपू करके कौन गीत गाते हैं लोग! जा रे जमाना! छोकरा-नाच के गीत की याद आयी हिरामन को–

"सजनवा बैरी हो ग'य हमारो! सजनवा..!

अरे, चिठिया हो तो सब कोई बाँचे; चिठिया हो तो...

हाय! करमवा, होय करमवा...

कोई न बाँचे हमारो, सजनवा...हो करमवा...!"

गाड़ी की बल्ली पर उँगलियों से ताल देकर गीत को काट दिया हिरामन ने। छोकरा-नाच के मनुवाँ नटुवा का मुँह हीराबाई-जैसा ही था। ...कहाँ चला गया वह ज़माना? हर महीने गाँव में नाचवाले आते थे। हिरामन ने छोकरा-नाच के चलते अपनी भाभी की न जाने कितनी बोली-ठोली सुनी थी। भाई ने घर से निकल जाने को कहा था।

आज हिरामन पर माँ सरस्वती सहाय हैं, लगता है। हीराबाई बोली, “वाह, कितना बढ़िया गाते हो तुम!”

हिरामन का मुँह लाल हो गया। वह सिर नीचा करके हँसने लगा।

आज तेगछिया पर रहनेवाले महावीर स्वामी भी सहाय हैं हिरामन पर। तेगछिया के नीचे एक भी गाड़ी नहीं। हमेशा गाड़ी और गाड़ीवानों की भीड़ लगी रहती है यहाँ। सिर्फ़ एक साइकिलवाला बैठकर सुस्ता रहा है। महावीर स्वामी को सुमरकर हिरामन ने गाड़ी रोकी। हीराबाई परदा हटाने लगी। हिरामन ने पहली बार आँखों से बात की हीराबाई से—साइकिलवाला इधर ही टकटकी लगाकर देख रहा है।

बैलों को खोलने के पहले बाँस की टिकटी लगाकर गाड़ी को टिका दिया। फिर साइकिलवाले की ओर बार-बार घूरते हुए पूछा, “कहाँ जाना है? मेला? कहाँ से आना हो रहा है? बिसनपुर से? बस, इतनी ही दूर में थसथसाकर थक गये? ...जा रे जवानी!”

साइकिलवाला दुबला-पतला नौजवान मिनमिनाकर कुछ बोला और बीड़ी सुलगाकर उठ खड़ा हुआ।

हिरामन दुनिया-भर की निगाह से बचाकर रखना चाहता है हीराबाई को। उसने चारों ओर नज़र दौड़ाकर देख लिया—कहीं कोई गाड़ी या घोड़ा नहीं।

कजरी नदी की दुबली-पतली धारा तेगछिया के पास आकर पूरब की ओर मुड़ गयी है। हीराबाई पानी में बैठी हुई भैंसों और उनकी पीठ पर बैठे हुए बगुलों को देखती रही।

हिरामन बोला, “जाइए, घाट पर मुँह-हाथ धो आइए!”

हीराबाई गाड़ी से नीचे उतरी। हिरामन का कलेजा धड़क उठा। नहीं, नहीं! पाँव सीधे हैं, टेढ़े नहीं। लेकिन, तलुवा इतना लाल क्यों है? हीराबाई घाट की ओर चली गयी, गाँव की बहू-बेटी की तरह सिर नीचा करके धीरे-धीरे। कौन कहेगा कि कम्पनी की औरत है।... औरत नहीं, लड़की। शायद कुमारी ही है।

हिरामन टिकटी पर टिकी गाड़ी पर बैठ गया। उसने टप्पर में झाँककर देखा। एक बार इधर-उधर देखकर हीराबाई के तकिये पर हाथ रख दिया। फिर तकिये पर केहुनी डाल कर झुक गया, झुकता गया। खुशबू उसकी देह में समा गयी। तकिये के गिलाफ पर कढ़े फूलों को उँगलियों से छूकर उसने सूँघा, हाय रे हाय! इतनी सुगन्ध! हिरामन को लगा, एक साथ पाँच चिलम गाँजा फूँककर वह उठा है। हीराबाई के छोटे आईने में उसने अपना मुँह देखा। आँखें उसकी इतनी लाल क्यों हैं?

हीराबाई लौटकर आयी तो उसने हँसकर कहा, "अब आप गाड़ी का पहरा दीजिए, मैं आता हूँ तुरत।"

हिरामन ने अपनी सफरी झोली से सहेजी हुई गंजी निकाली। गमछा झाड़कर कन्धे पर लिया और हाथ में बालटी लटकाकर चला। उसके बैलों ने बारी-बारी से 'हुँक-हुँक' करके कुछ कहा। हिरामन ने जाते-जाते उलटकर कहा, "हाँ, हाँ, प्यास सभी को लगी है। लौटकर आता हूँ तो घास दूँगा, बदमाशी मत करो!"

बैलों ने कान हिलाये।

नहा-धोकर कब लौटा हिरामन, हीराबाई को नहीं मालूम। कजरी की धारा को देखते-देखते उसकी आँखों में रात की उचटी हुई नींद लौट आयी थी। हिरामन पास के गाँव से जलपान के लिए दही-चूड़ा-चीनी ले आया।

"उठिए, नींद तोड़िए! दो मुट्ठी जलपान कर लीजिए!"

हीराबाई आँख खोलकर अचरज में पड़ गयी। एक हाथ में मिट्टी के नये बरतन में दही, केले के पत्ते। दूसरे हाथ में बालटी-भर पानी। आँखों में आत्मीयतापूर्ण अनुरोध!

"इतनी चीजें कहाँ से ले आये?"

"इस गाँव का दही नामी है। ...चाह तो फारबिसगंज जाकर ही पाइएगा।"

हिरामन की देह की गुदगुदी मिट गयी। हीराबाई ने कहा, "तुम भी पत्तल बिछाओ। ...क्यों? तुम नहीं खाओगे तो समेटकर रख लो अपनी झोली में। मैं भी नहीं खाऊँगी।"

"इस्स!" हिरामन लजाकर बोला, "अच्छी बात है! आप खा लीजिए पहले।"

"पहले-पीछे क्या? तुम भी बैठो।"

हिरामन का जी जुड़ा गया। हीराबाई ने अपने हाथ से उसका पत्तल बिछा दिया, पानी छींट दिया, चूड़ा निकालकर दिया। इस्स! धन्न है, धन्न है! हिरामन ने देखा, भगवती मैया भोग लगा रही हैं। लाल होठों पर गोरस का परस!...पहाड़ी तोते को दूध-भात खाते देखा है?

दिन ढल गया।

टप्पर में सोयी हीराबाई और ज़मीन पर दरी बिछाकर सोये हिरामन की नींद एक ही साथ खुली। ...मेले की ओर जाने वाली गाड़ियाँ तेगछिया के पास रुकी हैं। बच्चे कचर-पचर कर रहे हैं।

हिरामन हड़बड़ाकर उठा। टप्पर के अन्दर झाँककर इशारे से कहा—दिन ढल गया! गाड़ी में बैलों को जोतते समय उसने गाड़ीवानों के सवालों का कोई जवाब

नहीं दिया। गाड़ी हाँकते हुए बोला, "सिरपुर बाज़ार के इसपिताल की डागडरनी हैं। रोगी देखने जा रही हैं। पास ही कुड़मागाम।"

हीराबाई छत्तापुर-पचीरा का नाम भूल गयी। गाड़ी जब कुछ दूर आगे बढ़ आयी तो उसने हँसकर पूछा, "पत्तापुर-छपीरा?"

हँसते-हँसते पेट में बल पड़ गये हिरामन के—"पत्तापुर-छपीरा! हा हा! वे लोग छत्तापुर-पचीरा के ही गाड़ीवान थे, उनसे कैसे कहता! ही-ही!"

हीराबाई मुस्कराती हुई गाँव की ओर देखने लगी।

सड़क तेगछिया गाँव के बीच से निकलती है। गाँव के बच्चों ने परदे वाली गाड़ी देखी और तालियाँ बजा-बजाकर रटी हुई पंक्तियाँ दुहराने लगे—

"लाली-लाली डोलिया में
लाली रे दुलहिनिया
पान खाये...!"

हिरामन हँसा। ...दुलहिनिया...लाली-लाली डोलिया! दुलहिनिया पान खाती है, दुलहा की पगड़ी में मुँह पोंछती है। ओ दुलहिनिया, तेगछिया गाँव के बच्चों को याद रखना। लौटती बेर गुड़ का लड्डू लेती आइयो। लाख बरिस तेरा दुलहा जीये! ...कितने दिनों का हौसला पूरा हुआ है हिरामन का! ऐसे कितने सपने देखे हैं उसने! वह अपनी दुलहिन को लेकर लौट रहा है। हर गाँव के बच्चे तालियाँ बजाकर गा रहे हैं। हर आँगन से झाँककर देख रही हैं औरतें। मर्द लोग पूछते हैं, "कहाँ की गाड़ी है, कहाँ जायेगी?" उसकी दुलहिन डोली का परदा थोड़ा सरकाकर देखती है। और भी कितने सपने....

गाँव से बाहर निकलकर उसने कनखियों से टप्पर के अन्दर देखा, हीराबाई कुछ सोच रही है। हिरामन भी किसी सोच में पड़ गया। थोड़ी देर के बाद वह गुनगुनाने लगा—

"सजन रे झूठ मति बोलो, खुदा के पास जाना है।
नहीं हाथी, नहीं घोड़ा, नहीं गाड़ी—
वहाँ पैदल ही जाना है। सजन रे...।"

हीराबाई ने पूछा, "क्यों मीता? तुम्हारी अपनी बोली में कोई गीत नहीं क्या?"

हिरामन अब बेखटक हीराबाई की आँखों में आँखें डालकर बात करता है। कम्पनी की औरत भी ऐसी होती हैं? सरकस कम्पनी की मालकिन मेम थी। लेकिन हीराबाई! गाँव की बोली में गीत सुनना चाहती है। वह खुलकर मुस्कराया—"गाँव की बोली आप समझिएगा?"

"हूँ ऊँ-ऊँ!" हीराबाई ने गर्दन हिलायी। कान के झुमके हिल गये।

हिरामन कुछ देर तक बैलों को हाँकता रहा चुपचाप। फिर बोला, "गीत जरूर ही सुनियेगा? नहीं मानियेगा? ...इस्स! इतना शौक गाँव का गीत सुनने का है आपको! तब लीक छोड़नी होगी। चालू रास्ते में कैसे गीत गा सकता है कोई!" हिरामन ने बायें बैल की रस्सी खींचकर दाहिने को लीक से बाहर किया और बोला, "हरिपुर होकर नहीं जायेंगे तब।"

चालू लीक को काटते देखकर हिरामन की गाड़ी के पीछे वाले गाड़ीवान ने चिल्लाकर पूछा, "काहे हो गाड़ीवान, लीक छोड़कर बेलीक कहाँ उधर?"

हिरामन ने हवा में दुआली घुमाते हुए जवाब दिया—"कहाँ है बेलीक? वह सड़क ननपुर तो नहीं जायेगी।" फिर अपने-आप बड़बड़ाया, "इस मुलुक के लोगों की यही आदत बुरी है। राह चलते एक सौ जिरह करेंगे। अरे भाई, तुमको जाना है, जाओ।...देहाती भुच्च सब!"

ननपुर की सड़क पर गाड़ी लाकर हिरामन ने बैलों की रस्सी ढीली कर दी। बैलों ने दुलकी चाल छोड़कर कदमचाल पकड़ी।

हीराबाई ने देखा, सचमुच ननपुर की सड़क बड़ी सूनी है। हिरामन उसकी आँखों की बोली समझता है—"घबड़ाने की बात नहीं। यह सड़क भी फारबिसगंज जायेगी, राह-घाट के लोग बहुत अच्छे हैं...एक घड़ी रात तक हम लोग पहुँच जायेंगे।"

हीराबाई को फारबिसगंज पहुँचने की जल्दी नहीं। हिरामन पर उसको इतना भरोसा हो गया है कि डर-भय की कोई बात ही नहीं उठती है मन में। हिरामन ने पहले जी-भर मुस्करा लिया। कौन गीत गाये वह! हीराबाई को गीत और कथा दोनों का शौक है...इस्स! महुआ घटवारिन? वह बोला, "अच्छा, जब आपको इतना शौक है तो सुनिए महुआ घटवारिन का गीत। इसमें गीत भी है, कथ्था भी है।"

कितने दिनों के बाद भगवती ने यह हौसला भी पूरा कर दिया। जै भगवती! आज हिरामन अपने मन को खलास कर लेगा। वह हीराबाई की थमी हुई मुस्कुराहट को देखता रहा।

"सुनिए! आज भी परमार नदी में महुआ घटवारिन के कई पुराने घाट हैं। इसी मुलुक की थी महुआ ! थी तो घटवारिन, लेकिन सौ सतवन्ती में एक थी। उसका बाप दारू-ताड़ी पीकर दिन-रात बेहोश पड़ा रहता। उसकी सौतेली माँ साक्षात राकसनी! बहुत बड़ी नजर-चालक। रात में गाँजा-दारू-अफीम चुराकर बेचनेवाले से लेकर तरह-तरह के लोगों से उसकी जान-पहचान थी। सबसे घुट्टी-भर हेल-मेल। महुआ कुमारी थी। लेकिन काम कराते-कराते उसकी हड्डी निकाल दी थी राकसनी ने। जवान हो गयी, कहीं शादी-ब्याह की बात भी नहीं चलायी। एक रात की बात सुनिए!"

हिरामन ने धीरे-धीरे गुनगुनाकर गला साफ किया—

"हे अ-अ-अ सावना-भदवा के-र-उमड़ल नदिया-गे मै-यौ-ओ-ओ,
मैयो गे रैनि भयावनि-हे-ए-ए-ए;
तड़का-तड़के धड़के करेज-आ-आ मोरा,
कि हमहुँ जे बार-नान्ही रे-ए-ए...।"

ओ माँ, सावन-भादों की उमड़ी हुई नदी, भयावनी रात, बिजली कड़कती है, मैं बारी-क्वारी नन्ही-बच्ची, मेरा कलेजा धड़कता है। अकेली कैसे जाऊँ घाट पर? सो भी एक परदेशी राही-बटोही के पैर में तेल लगाने के लिए! सत-माँ ने अपनी बज्जर-किवाड़ी बन्द कर ली। आसमान में मेघ हड़बड़ा उठे और हरहराकर बरसा होने लगी। महुआ रोने लगी, अपनी माँ को याद करके। आज उसकी माँ रहती तो ऐसे दुरदिन में कलेजे से सटाकर रखती अपनी महुआ बेटी को। गे मइया, इसी दिन के लिए, यही दिखाने के लिए तुमने कोख में रखा था? महुआ अपनी माँ पर गुस्सायी—क्यों वह अकेली मर गयी; जी-भर कोसती हुई बोली।

हिरामन ने लक्ष्य किया, हीराबाई तकिये पर केहुनी गड़ाकर, गीत में मगन एकटक उसकी ओर देख रही है।...खोयी हुई सूरत कैसी भोली लगती है!

हिरामन ने गले में कँपकँपी पैदा की—

"हूँ-ऊँ-ऊँ-रे डाइनियाँ मैयो मोरी-ई-ई,
नोनवा चटाई काहे नाहिं मारलि सौरी-घर-अ-अ।
एहि दिनवाँ खातिर छिनरो धिया
तेंहु पोसलि कि नेनू-दूध उटगन...।"

हिरामन ने दम लेते हुए पूछा, "भाखा भी समझती हैं कुछ या खाली गीत ही सुनती हैं?"

हीरा बोली, "समझती हूँ। उटगन माने उबटन—जो देह में लगाते हैं।"

हिरामन ने विस्मित होकर कहा, "इस्स!"...सो रोने-धोने से क्या होय! सौदागर ने पूरा दाम चुका दिया था महुआ का। बाल पकड़कर घसीटता हुआ नाव पर चढ़ा और माँझी को हुकुम दिया, नाव खोलो, पाल बाँधो! पालवाली नाव परवाली चिड़िया की तरह उड़ चली। रात-भर महुआ रोती-छटपटाती रही। सौदागर के नौकरों ने बहुत डराया-धमकाया—"चुप रहो, नहीं तो उठाकर पानी में फेंक देंगे।" बस, महुआ को बात सूझ गयी। भोर का तारा मेघ की आड़ से जरा बाहर आया, फिर छिप गया। इधर महुआ भी छपाक से कूद पड़ी पानी में।....सौदागर का एक नौकर महुआ को देखते ही मोहित हो गया था। महुआ की पीठ पर वह भी कूदा। उलटी धारा में तैरना खेल नहीं, सो भी भरी भादों की नदी में।

महुआ असल घटवारिन की बेटी थी। मछली भी भला थकती है पानी में! सफरी मछली-जैसी फरफराती, पानी चीरती भागी चली जा रही है। और उसके पीछे सौदागर का नौकर पुकार-पुकारकर कहता है—"महुआ जरा थमो, तुमको पकड़ने नहीं आ रहा, तुम्हारा साथी हूँ। जिन्दगी-भर साथ रहेंगे हम लोग।" लेकिन...।

हिरामन का बहुत प्रिय गीत है यह। महुआ घटवारिन गाते समय उसके सामने सावन-भादों की नदी उमड़ने लगती है; अमावस्या की रात और घने बादलों में रह-रहकर बिजली चमक उठती है। उसी चमक में लहरों से लड़ती हुई बारी-कुमारी महुआ की झलक उसे मिल जाती है। सफरी मछली की चाल और तेज हो जाती है। उसको लगता है, वह खुद सौदागर का नौकर है। महुआ कोई बात नहीं सुनती। परतीत करती नहीं। उलटकर देखती भी नहीं। और वह थक गया है, तैरते-तैरते।...

इस बार लगता है महुआ ने अपने को पकड़ा दिया। खुद ही पकड़ में आ गयी है। उसने महुआ को छू लिया है, पा लिया है, उसकी थकन दूर हो गयी है। पन्द्रह-बीस साल तक उमड़ी हुई नदी की उलटी धारा में तैरते हुए उसके मन को किनारा मिल गया। आनन्द के आँसू कोई रोक नहीं मानते।...

उसने हीराबाई से अपनी गीली आँखें चुराने की कोशिश की। किन्तु हीरा तो उसके मन में बैठी न जाने कब से सबकुछ देख रही थी। हिरामन ने अपनी काँपती हुई बोली को काबू में लाकर बैलों को झिड़की दी—"इस गीत में न जाने क्या है कि सुनते ही दोनों थसथसा जाते हैं। लगता है सौ मन बोझ लाद दिया किसी ने।"

हीराबाई लम्बी साँस लेती है। हिरामन के अंग-अंग में उमंग समा जाती है।

"तुम तो उस्ताद हो मीता!"

"इस्स!"

आसिन-कातिक का सूरज दो बाँस दिन रहते ही कुम्हला जाता है। सूरज डूबने से पहले ही ननपुर पहुँचना है, हिरामन अपने बैलों को समझा रहा है—"कदम खोलकर और कलेजा बाँधकर चलो...ए...छिः छिः! बढ़के भैयन! ले-ले-ले-ए हे-य!"

ननपुर तक वह अपने बैलों को ललकारता रहा। हर ललकार के पहले वह अपने बैलों को बीती हुई बातों की याद दिलाता—याद नहीं, चौधरी की बेटी की बरात में कितनी गाड़ियाँ थीं; सबको कैसे मात किया था! हाँ, वही कदम निकालो। ले-ले-ले! ननपुर से फारबिसगंज तीन कोस! दो घण्टे और!

ननपुर के हाट पर आजकल चाय भी बिकने लगी है। हिरामन अपने लोटे में चाय भरकर ले आया। ... कम्पनी की औरत को जानता है वह, सारा दिन, घड़ी-घड़ी-भर में, चाय पीती रहती है। चाय है या जान!

हीरा हँसते-हँसते लोट-पोट हो रही है—"अरे, तुमसे किसने कह दिया कि क्वारे आदमी को चाय नहीं पीनी चाहिए?"

हिरामन लजा गया। क्या बोले वह? ...लाज की बात। लेकिन वह भोग चुका है एक बार। सरकस कम्पनी की मेम के हाथ की चाय पीकर उसने देख लिया है। बड़ी गरम तासीर!

"पीजिए गुरुजी!" हीरा हँसी।

"इस्स!"

ननपुर हाट पर ही दीया-बाती जल चुकी थी। हिरामन ने अपना सफरी लालटेन जलाकर पिछवा में लटका दिया।...आजकल शहर से पाँच कोस दूर के गाँववाले भी अपने को शहरू समझने लगे हैं। बिना रोशनी की गाड़ी को पकड़कर चालान कर देते हैं। बारह बखेड़ा।

"आप मुझे गुरुजी मत कहिए।"

"तुम मेरे उस्ताद हो हमारे शास्तर में लिखा हुआ है, एक अच्छर सिखाने वाला भी गुरु और एक राग सिखाने वाला भी उस्ताद!"

"इस्स! शास्तर-पुरान भी जानती हैं!...मैंने क्या सिखाया? मैं क्या...?"

हीरा हँसकर गुनगुनाने लगी—"हे-अ-अ-अ-सावना-भदवा के-र...।"

हिरामन अचरज के मारे गूँगा हो गया। ...इस्स! इतना तेज जेहन! हू-ब-हू महुआ घटवारिन!

गाड़ी सीताधार की एक सूखी धारा की उतराई पर गड़गड़ाकर नीचे की ओर उतरी। हीराबाई ने हिरामन का कन्धा धर लिया एक हाथ से। बहुत देर तक हिरामन के कन्धे पर उसकी उँगलियाँ पड़ी रहीं। हिरामन ने नज़र फिराकर कन्धे पर केन्द्रित करने की कोशिश की, कई बार। गाड़ी चढ़ाई पर पहुँची तो हीरा की ढीली उँगलियाँ फिर तन गयीं।

सामने फारबिसगंज शहर की रोशनी झिलमिला रही है। शहर से कुछ दूर हट कर मेले की रोशनी...टप्पर में लटके लालटेन की रोशनी में छाया नाचती है आसपास। ...डबडबायी आँखों से, हर रोशनी सूरजमुखी फूल की तरह दिखाई पड़ती है।

फारबिसगंज तो हिरामन का घर-दुआर है!

न जाने कितनी बार वह फारबिसगंज आया है। मेले की लदनी लादी है। किसी औरत के साथ? हाँ, एक बार। उसकी भाभी जिस साल आयी थी गौने में। इसी तरह तिरपाल से गाड़ी को चारों ओर से घेरकर बासा बनाया गया था।...

हिरामन अपनी गाड़ी को तिरपाल से घेर रहा है, गाड़ीवान-पट्टी में। सुबह होते ही रौता नौटंकी कम्पनी के मैनेजर से बात करके भरती हो जायेगी हीराबाई।

परसों मेला खुल रहा है। इस बार मेले में पालचट्टी खूब जमी है। ...बस, एक रात। आज रात-भर हिरामन की गाड़ी में रहेगी वह। ...हिरामन की गाड़ी में नहीं, घर में!

"कहाँ की गाड़ी है? ...कौन, हिरामन! किस मेले से? किस चीज की लदनी है?"

गाँव-समाज के गाड़ीवान, एक-दूसरे को खोजकर, आसपास गाड़ी लगाकर बासा डालते हैं। अपने गाँव के लालमोहर, धुन्नीराम और पलटदास वगैरह गाड़ीवानों के दल को देखकर हिरामन अचकचा गया। उधर पलटदास टप्पर में झाँककर भड़का। मानो बाघ पर नजर पड़ गयी। हिरामन ने इशारे से सभी को चुप किया। फिर गाड़ी की ओर कनखी मारकर फुसफुसाया—"चुप! कम्पनी की औरत है, नौटंकी कम्पनी की।"

"कम्पनी की—ई-ई-ई?"

"??...?? × × ...!"

एक नहीं, अब चार हिरामन! चारों ने अचरज से एक-दूसरे को देखा।...कम्पनी नाम में कितना असर है! हिरामन ने लक्ष्य किया, तीनों एक साथ सटक-दम हो गये। लालमोहर ने जरा दूर हटकर बतियाने की इच्छा प्रकट की, इशारे से ही। हिरामन ने टप्पर की ओर मुँह करके कहा, "होटिल तो नहीं खुला होगा कोई, हलवाई के यहाँ से पक्की ले आवें!"

"हिरामन, जरा इधर सुनो।...मैं कुछ नहीं खाऊँगी अभी। लो, तुम खा आओ।"

"क्या है, पैसा? इस्स!"...पैसा देकर हिरामन ने कभी फारबिसगंज में कच्ची-पक्की नहीं खायी। उसके गाँव के इतने गाड़ीवान हैं, किस दिन के लिए? वह छू नहीं सकता पैसा। उसने हीराबाई से कहा, "बेकार, मेला-बाजार में हुज्जत मत कीजिए। पैसा रखिए।" मौका पाकर लालमोहर भी टप्पर के करीब आ गया। उसने सलाम करते हुए कहा, "चार आदमी के भात में दो आदमी खुशी से खा सकते हैं। बासा पर भात चढ़ा हुआ है। हें-हें-हें! हम लोग एकहि गाँव के हैं। गौंवाँ-गरामिन के रहते होटिल और हलवाई के यहाँ खायेगा हिरामन?"

हिरामन ने लालमोहर का हाथ टीप दिया—"बेसी भचर-भचर मत बको।"

गाड़ी से चार रस्सी दूर जाते-जाते धुन्नीराम ने अपने कुलबुलाते हुए दिल की बात खोल दी—"इस्स! तुम भी खूब हो हिरामन! उस साल कम्पनी का बाघ, इस बार कम्पनी की जनानी!"

हिरामन ने दबी आवाज़ में कहा, "भाई रे, यह हम लोगों के मुलुक की जनाना नहीं कि लटपट बोली सुनकर भी चुप रह जाये। एक तो पच्छिम की औरत तिस पर कम्पनी की!"

धुन्नीराम ने अपनी शंका प्रकट की–"लेकिन कम्पनी में तो सुनते हैं पतुरिया रहती है।"

"धत्!" सभी ने एक साथ उसको दुरदुरा दिया, "कैसा आदमी है! पतुरिया रहेगी कम्पनी में भला! देखो इसकी बुद्धि!...सुना है, देखा तो नहीं है कभी!"

धुन्नीराम ने अपनी गलती मान ली। पलटदास को बात सूझी–"हिरामन भाई, जनाना जात अकेली रहेगी गाड़ी पर? कुछ भी हो, जनाना आखिर जनाना ही है। कोई जरूरत ही पड़ जाये!"

यह बात सभी को अच्छी लगी। हिरामन ने कहा, "बात ठीक है। पलट, तुम लौट जाओ, गाड़ी के पास ही रहना। और देखो, गपशप ज़रा होशियारी से करना। हाँ!"

...हिरामन की देह से अतर-गुलाब की खुशबू निकलती है। हिरामन करमसाँड़ है। उस बार महीनों तक उसकी देह से बघाइन गन्ध नहीं गयी। लालमोहर ने हिरामन की गमछी सूँघ ली–"ए-ह!"

हिरामन चलते-चलते रुक गया–"क्या करें लालमोहर भाई, ज़रा कहो तो! बड़ी ज़िद्द करती है, कहती है, नौटंकी देखना ही होगा।"

"फोकट में ही?"

"और गाँव नहीं पहुँचेगी यह बात?"

हिरामन बोला, "नहीं जी! एक रात नौटंकी देखकर ज़िन्दगी-भर बोली-ठोली कौन सुने?...देशी मुर्गी विलायती चाल!"

धुन्नीराम ने पूछा, "फोकट में देखने पर भी तुम्हारी भौजाई बात सुनायेगी?"

लालमोहर के बासा के बगल में, लकड़ी की दुकान लादकर आये हुए गाड़ीवानों का बासा है। बासा के मीर-गाड़ीवान मियाँजानू बूढ़े ने सफरी गुड़गुड़ी पीते हुए पूछा, "क्यों भाई, मीनाबाजार की लदनी लादकर कौन आया है?"

मीनाबाजार। मीनाबाजार तो पतुरिया-पट्टी को कहते हैं।...क्या बोलता है यह बूढ़ा मियाँ? लालमोहर ने हिरामन के कान में फुसफुसाकर कहा, "तुम्हारी देह मह-मह महकती है। सच।"

लहसनवाँ लालमोहर का नौकर गाड़ीवान है। उम्र में सबसे छोटा है। पहली बार आया है तो क्या? बाबू-बबुआइनों के यहाँ बचपन से नौकरी कर चुका है। वह रह-रहकर वातावरण में कुछ सूँघता है, नाक सिकोड़कर। हिरामन ने देखा,

लहसनवाँ का चेहरा तमतमा गया है।...कौन आ रहा है धड़धड़ाता हुआ?—"कौन, पलटदास? क्या है?"

पलटदास आकर खड़ा हो गया चुपचाप। उसका मुँह भी तमतमाया हुआ था। हिरामन ने पूछा, "क्या हुआ? बोलते क्यों नहीं?"

क्या जवाब दे पलटदास। हिरामन ने उसको चेतावनी दे दी थी, गपशप होशियारी से करना। वह चुपचाप गाड़ी की आसनी पर जाकर बैठ गया, हिरामन की जगह पर। हीराबाई ने पूछा,. "तुम भी हिरामन के साथ हो?" पलटदास ने गरदन हिलाकर हामी भरी। हीराबाई फिर लेट गयी।... चेहरा-मोहरा और बोली-बानी देख-सुनकर, पलटदास का कलेजा काँपने लगा; न जाने क्यों। हाँ! रामलीला में सिया सुकुमारी इसी तरह थकी लेटी हुई थी। जै! सियावर रामचन्द्र की जै!... पलटदास के मन में जै-जैकार होने लगा। वह दास-बैस्नव है, कीर्तनिया है। थकी हुई सीता महारानी के चरण टीपने की इच्छा प्रकट की उसने, हाथ की उँगलियों के इशारे से; मानो हारमोनियम की पटरियों पर नचा रहा हो। हीराबाई तमककर बैठ गयी—"अरे, पागल है क्या? जाओ, भागो!..."

पलटदास को लगा गुस्साई हुई कम्पनी की औरत की आँखों से चिनगारी निकल रही है—छटक्-छटक्! वह भागा।...

पलटदास क्या जवाब दे! वह मेला से भी भागने का उपाय सोच रहा है। बोला, "कुछ नहीं। हमको व्यापारी मिल गया। अभी ही टीशन जाकर माल लादना है। भात में तो अभी देर है। मैं लौट आता हूँ तब तक।"

खाते समय धुन्नीराम और लहसनवाँ ने पलटदास की टोकरी-भर निन्दा की। छोटा आदमी है। कमीना है। पैसे-पैसे का हिसाब जोड़ता है। खाने-पीने के बाद लालमोहर के दल ने अपना बासा तोड़ दिया। धुन्नी और लहसनवाँ गाड़ी जोतकर हिरामन के बासा पर चले, गाड़ी की लीक धरकर। हिरामन ने चलते-चलते रुककर, लालमोहर से कहा, "ज़रा मेरे इस कन्धे को सूँघो तो। सूँघकर देखो न?"

लालमोहर ने कन्धा सूँघकर आँखें मूँद लीं। मुँह से अस्फुट शब्द निकला—"ए-ह!"

हिरामन ने कहा, "ज़रा-सा हाथ रखने पर इतनी खुशबू! ...समझे!"

लालमोहर ने हिरामन का हाथ पकड़ लिया—"कन्धे पर हाथ रखा था? सच? सुनो हिरामन, नौटंकी देखने का ऐसा मौक़ा फिर कभी हाथ नहीं लगेगा। हाँ!"

"तुम भी देखोगे?"

लालमोहर की बत्तीसी चौराहे की रोशनी में झिलमिला उठी।

बासा पर पहुँचकर हिरामन ने देखा, टप्पर के पास खड़ा बतिया रहा है कोई, हीराबाई से। धुन्नी और लहसनवाँ ने एक ही साथ कहा, "कहाँ रह गये पीछे? बहुत देर से खोज रही है कम्पनी...!"

हिरामन ने टप्पर के पास जाकर देखा—अरे, यह तो वही बक्सा ढोने वाला नौकर है, जो चम्पानगर मेले में हीराबाई को गाड़ी पर बिठाकर अँधेरे में गायब हो गया था।

"आ गये हिरामन! अच्छी बात, इधर आओ। ...यह लो अपना भाड़ा और यह लो अपनी दच्छिना! पच्चीस-पच्चीस, पचास।"

हिरामन को लगा, किसी ने आसमान से धकेलकर धरती पर गिरा दिया। किसी ने क्यों, इस बक्सा ढोनेवाले आदमी ने। कहाँ से आ गया? उसकी जीभ पर आयी हुई बात जीभ पर ही रह गयी...इस्स! दच्छिना! वह चुपचाप खड़ा रहा।

हीराबाई बोली, "लो, पकड़ो! और सुनो, कल सुबह रौता कम्पनी में आकर मुझसे भेंट करना। पास बनवा दूँगी। ...बोलते क्यों नहीं?"

लालमोहर ने कहा, "इलाम-बकसीस दे रही हैं मालकिन, ले लो हिरामन!" हिरामन ने कटकर लालमोहर की ओर देखा। ...बोलने का ज़रा भी ढंग नहीं इस लालमोहर को।

धुन्नीराम की स्वगतोक्ति सभी ने सुनी, हीराबाई ने भी—गाड़ी-बैल छोड़कर नौटंकी कैसे देख सकता है कोई गाड़ीवान, मेले में।

हिरामन ने रुपया लेते हुए कहा, "क्या बोलेंगे!" उसने हँसने की चेष्टा की। ...कम्पनी की औरत कम्पनी में जा रही है। हिरामन का क्या! बक्सा ढोनेवाला रास्ता दिखाता हुआ आगे बढ़ा—"इधर से।" हीराबाई जाते-जाते रुक गयी। हिरामन के बैलों को सम्बोधित करके बोली, "अच्छा, मैं चली भैयन!"

बैलों ने, भैया शब्द पर कान हिलाये।

"??...?? ×...×...!"

"भा-इ-यो, आज रात! दि रौता संगीत नौटंकी कम्पनी के स्टेज पर! गुलबदन देखिए, गुलबदन! आपको यह जानकर खुशी होगी कि मथुरा मोहन कम्पनी की मशहूर एक्ट्रेस मिस हीरादेवी, जिसकी एक-एक अदा पर हज़ार जान फिदा हैं, इस बार हमारी कम्पनी में आ गयी हैं। याद रखिए। आज की रात। मिस हीरादेवी गुलबदन...!"

नौटंकीवालों के इस ऐलान से मेले की हर पट्टी में सरगर्मी फैल रही है।... हीराबाई? मिस हीरादेवी? लैला, गुलबदन...? फिलिम एक्ट्रेस को मात करती है।

"...तेरी बाँकी अदा पर मैं खुद हूँ फिदा,
तेरी चाहत को दिलबर बयाँ क्या करूँ!
यही खाहिश है कि इ-इ-इ तू मुझको देखा करे
और दिलोजान मैं तुमको देखा करूँ।"

...किर्र-र्र-र्र-र्र...कड़ड़ड़ड़ड़ड़र्र-र्र-घन-घन-धड़ाम!

हर आदमी का दिल नगाड़ा हो गया है!

लालमोहर दौड़ता-हाँफता बासा पर आया—"ऐ, ऐ हिरामन, यहाँ क्या बैठे हो, चलकर देखो जै-जैकार हो रहा है! मय बाजा-गाजा, छापी-फाहरम के साथ हीराबाई की जै-जै कर रहा है।"

हिरामन हड़बड़ाकर उठा। लहसनवाँ ने कहा, "धुन्नी काका, तुम बासा पर रहो, मैं भी देख आऊँ।"

धुन्नी की बात कौन सुनता है! तीनों जन नौटंकी कम्पनी की ऐलानिया पार्टी के पीछे-पीछे चलने लगे। हर नुक्कड़ पर रुककर, बाजा बन्द करके ऐलान किया जाता। ऐलान के हर शब्द पर हिरामन पुलक उठता है। हीराबाई का नाम, नाम के साथ अदा-फिदा वगैरह सुनकर उसने लालमोहर की पीठ थपथपा दी—"धन्न है, धन्न है! है या नहीं?"

लालमोहर ने कहा, "अब बोलो! अब भी नौटंकी नहीं देखोगे?" सुबह से ही धुन्नीराम और लालमोहर समझा रहे थे, समझाकर हार चुके थे—"कम्पनी में जाकर भेंट कर आओ। जाते-जाते पुरसिस कर गयी हैं।" लेकिन हिरामन की बस एक बात—"धत्, कौन भेंट करने जाये! कम्पनी की औरत, कम्पनी में गयी। अब उससे क्या लेना-देना! चीन्हेगी भी नहीं!"

वह मन-ही-मन रूठा हुआ था। ऐलान सुनने के बाद उसने लालमोहर से कहा, "जरूर देखना चाहिए, क्यों लालमोहर?"

दोनों आपस में सलाह करके रौता कम्पनी की ओर चले। खेमे के पास पहुँचकर हिरामन ने लालमोहर को इशारा किया, पूछताछ करने का भार लालमोहर के सिर। लालमोहर कचराही बोलना जानता है। लालमोहर ने एक काले कोटवाले से कहा, "बाबू साहेब, जरा सुनिए तो!"

काले कोटवाले ने नाक-भौं चढ़ाकर कहा—"क्या है? इधर क्यों?"

लालमोहर की कचराही बोली गड़बड़ा गयी—तेवर देखकर बोला, "गुलगुल... नहीं-नहीं...बुल-बुल...नहीं...।"

हिरामन ने झट-से सँभाल दिया—"हीरादेवी किधर रहती हैं, बता सकते हैं?"

उस आदमी की आँखें हठात् लाल हो गयीं। सामने खड़े नेपाली सिपाही को पुकारकर कहा, "इन लोगों को क्यों आने दिया इधर?"

"हिरामन!"...वही फेनूगिलासी आवाज किधर से आयी? खेमे के परदे को हटाकर हीराबाई ने बुलाया—"यहाँ आ जाओ, अन्दर!...देखो, बहादुर! इसको पहचान लो। यह मेरा हिरामन है। समझे!"

नेपाली दरबान हिरामन की ओर देखकर ज़रा मुस्कुराया और चला गया। काले कोटवाले से जाकर कहा, "हीराबाई का आदमी है। नहीं रोकने बोला!"

लालमोहर पान ले आया नेपाली दरबान के लिए—"खाया जाये!"

"इस्स! एक नहीं, पाँच पास। चारों अठनिया! बोली कि जब तक मेले में हो, रोज रात में आकर देखना। सबका ख़्याल रखती है। बोली कि तुम्हारे और साथी हैं, सभी के लिए पास ले जाओ। कम्पनी की औरतों की बात निराली होती है! है या नहीं?"

लालमोहर ने लाल काग़ज़ के टुकड़ों को छूकर देखा—"पा-स! वाह रे हिरामन भाई! ...लेकिन पाँच पास लेकर क्या होगा? पलटदास तो फिर पलटकर आया ही नहीं है अभी तक।"

हिरामन ने कहा, "जाने दो अभागे को। तकदीर में लिखा नहीं।...हाँ, पहले गुरुकसम खानी होगी सभी को, कि गाँव-घर में यह बात एक पंछी भी न जान पाये।"

लालमोहर ने उत्तेजित होकर कहा, "कौन साला बोलेगा, गाँव में जाकर? पलटा ने अगर बदमाशी की तो दूसरी बार से फिर साथ नहीं लाऊँगा।"

हिरामन ने अपनी थैली आज हीराबाई के जिम्मे रख दी है। मेले का क्या ठिकाना! किस्म-किस्म के पॉकिटकाट लोग हर साल आते हैं। अपने साथी-संगियों का भी क्या भरोसा! हीराबाई मान गयी। हीराबाई ने कपड़े की काली थैली को अपने चमड़े के बक्स में बन्द कर दिया। बक्से के ऊपर भी कपड़े का खोल और अन्दर भी झलमल रेशमी अस्तर! मन का मान-अभिमान दूर हो गया।

लालमोहर और धुन्नीराम ने मिलकर हिरामन की बुद्धि की तारीफ की; उसके भाग्य को सराहा बार-बार। उसके भाई और भाभी की निन्दा की, दबी जबान से। हिरामन के जैसा हीरा भाई मिला है, इसलिए! कोई दूसरा भाई होता तो...।

लहसनवाँ का मुँह लटका हुआ है। ऐलान सुनते-सुनते न जाने कहाँ चला गया कि घड़ी-भर साँझ होने के बाद लौटा है। लालमोहर ने एक मालिकाना झिड़की दी है, गाली के साथ—"सोहदा कहीं का!"

धुन्नीराम ने चूल्हे पर खिचड़ी चढ़ाते हुए कहा, "पहले यह फ़ैसला कर लो कि गाड़ी के पास कौन रहेगा!"

"रहेगा कौन, यह लहसनवाँ कहाँ जायेगा?"

लहसनवाँ रो पड़ा–"हे-ए-ए मालिक, हाथ जोड़ते हैं। इक्को झलक! बस, एक झलक!"

हिरामन ने उदारतापूर्वक कहा, "अच्छा-अच्छा, एक झलक क्यों, एक घण्टा देखना। मैं आ जाऊँगा।"

नौटंकी शुरू होने के दो घण्टे पहले ही नगाड़ा बजना शुरू हो जाता है। और नगाड़ा शुरू होते ही लोग पतंगों की तरह टूटने लगते हैं। टिकटघर के पास भीड़ देखकर हिरामन को बड़ी हँसी आयी–"लालमोहर, उधर देख, कैसी धक्कमधुक्की कर रहे हैं लोग!"

"हिरामन भाय!"

"कौन, पलटदास! कहाँ की लदनी लाद आये?" लालमोहर ने पराये गाँव के आदमी की तरह पूछा।

पलटदास ने हाथ मलते हुए माफी माँगी–"कसूरवार हैं, जो सजा दो तुम लोग, सब मंजूर है। लेकिन सच्ची बात कहें कि सिया सुकुमारी...।"

हिरामन के मन का पुरइन नगाड़े की ताल पर विकसित हो चुका है। बोला, "देखो पलटा, यह मत समझना कि गाँव-घर की जनाना है। देखो, तुम्हारे लिए भी पास दिया है; पास ले लो अपना, तमाशा देखो।"

लालमोहर ने कहा, "लेकिन एक शर्त पर पास मिलेगा। बीच-बीच में लहसनवाँ को भी...।"

पलटदास को कुछ बताने की जरूरत नहीं। वह लहसनवाँ से बातचीत कर आया है अभी।

लालमोहर ने दूसरी शर्त सामने रखी–"गाँव में अगर यह बात मालूम हुई किसी तरह...।"

"राम-राम!" दाँत से जीभ को काटते हुए कहा पलटदास ने।

पलटदास ने बताया–"अठनिया फाटक इधर है।" फाटक पर खड़े दरबान ने हाथ से पास लेकर उनके चेहरे को बारी-बारी से देखा। बोला, "यह तो पास है कहाँ से मिला?"

अब लालमोहर की कचराही बोली सुने कोई! उसके तेवर देखकर दरबान घबरा गया–"मिलेगा कहाँ से?...अपनी कम्पनी से पूछ लीजिए जाकर। चार ही नहीं, देखिए एक और है।" जेब से पाँचवाँ पास निकालकर दिखाया लालमोहर ने।

एक रुपयावाले फाटक पर नेपाली दरबान खड़ा था। हिरामन ने पुकारकर कहा, "ए सिपाही दाजू, सुबह को ही पहचनवा दिया और अभी भूल गये?"

नेपाली दरबान बोला, "हीराबाई का आदमी है सब। जाने दो। पास है तो फिर काहे को रोकता है?"

अठनिया दर्जा!

तीनों ने 'कपड़घर' को अन्दर से पहली बार देखा। सामने कुरसी-बेंचवाले दर्जे हैं। परदे पर राम-बन-गमन की तसवीर है। पलटदास पहचान गया। उसने हाथ जोड़कर नमस्कार किया, परदे पर अंकित रामसिया सुकुमारी और लखनलला को। "जै हो, जै हो!" पलटदास की आँखें भर आयीं।

हिरामन ने कहा, "लालमोहर, छापी सभी खड़े हैं या चल रहे हैं?"

लालमोहर अपने बगल में बैठे दर्शकों से जान-पहचान कर चुका है। उसने कहा, "खेला अभी परदा के भीतर है। अभी जमिनका दे रहा है, लोग जमाने के लिए।"

पलटदास ढोलक बजाना जानता है, इसलिए नगाड़े की ताल पर गरदन हिलाता है और दियासलाई पर ताल काटता है। बीड़ी आदान-प्रदान करके हिरामन ने भी एकाध जान-पहचान कर ली। लालमोहर के परिचित आदमी ने चादर से देह को ढकते हुए कहा, "नाच शुरू होने में अभी देर है, तब तक एक नींद ले लें। ...सब दर्जा से अच्छा अठनिया दर्जा। सबसे पीछे सबसे ऊँची जगह पर है। जमीन पर गरम पुआल! हे-हें कुरसी-बेंच पर बैठकर इस सरदी के मौसम में तमाशा देखने वाले अभी घुच-घुचकर उठेंगे चाह पीने।"

उस आदमी ने अपने संगी से कहा, "खेला शुरू होने पर जगा देना। नहीं-नहीं, खेला शुरू होने पर नहीं, हिरिया जब स्टेज पर उतरे, हमको जगा देना।"

हिरामन के कलेजे में ज़रा आँच लगी। ...बड़ा लटपटिया आदमी मालूम पड़ता है। उसने लालमोहर को आँख के इशारे से कहा, "इस आदमी से बतियाने की जरूरत नहीं।"

...घन-घन-घन-धड़ाम! परदा उठ गया। हे-ए, हे-ए, हीराबाई शुरू में ही उतर गयी स्टेज पर! कपड़घर खचमखच भर गया है। हिरामन का मुँह अचरज से खुल गया। लालमोहर को न जाने क्यों ऐसी हँसी आ रही है। हीराबाई के गीत के हर पद पर वह हँसता है, बेवजह।

गुलबदन दरबार लगाकर बैठी है। ऐलान कर रही है : जो आदमी तख्तहजारा बनाकर ला देगा, मुँहमाँगी चीज इनाम में दी जायेगी। ...अजी, है कोई ऐसा फनकार, तो हो जाये तैयार, बनाकर लाये तख्तहजारा-आ! किड़किड़-किर्रि—! अलबत्त नाचती है। क्या गला है! मालूम है, यह आदमी कहता है कि हीराबाई

पान-बीड़ी, सिगरेट-जर्दा कुछ नहीं खाती!...ठीक कहता है। बड़ी नेमवाली रण्डी है। ...कौन कहता है कि रण्डी है! दाँत में मिस्सी कहाँ है। पौडर से दाँत धो लेती होगी। हरगिज नहीं!... कौन आदमी है, बात की बेबात करता है! कम्पनी की औरत को पतुरिया कहता है! तुमको बात क्यों लगी? कौन है रण्डी का भड़वा? मारो साले को! मारो! तेरी...।

हो-हल्ले के बीच, हिरामन की आवाज कपड़घर को फाड़ रही है—"आओ, एक-एक की गरदन उतार लेंगे।"

लालमोहर दुआली से पटापट पीटता जा रहा है सामने के लोगों को। पलटदास एक आदमी की छाती पर सवार है।—"साला, सिया सुकुमारी को गाली देता है, सो भी मुसलमान होकर?"

धुन्नीराम शुरू से ही चुप था। मारपीट शुरू होते ही कपड़घर से निकलकर बाहर भागा।

काले कोटवाले नौटंकी के मैनेजर नेपाली सिपाही के साथ दौड़े आये। दारोगा साहब ने हंटर से पीट-पाट शुरू की। हंटर खाकर लालमोहर तिलमिला उठा; कचराही बोली में भाषण देने लगा—"दारोगा साहब, मारते हैं, मारिए। कोई हर्ज नहीं। लेकिन यह पास देख लीजिए, एक पास पॉकिट में भी है। देख सकते हैं हुजूर। टिकस नहीं पास!...तब हम लोगों के सामने कम्पनी की औरत को कोई बुरी बात कहे तो कैसे छोड़ देंगे?"

कम्पनी के मैनेजर की समझ में आ गयी सारी बात। उसने दारोगा को समझाया—"हुजूर, मैं समझ गया। यह सारी बदमाशी मथुरा मोहन कम्पनी वालों की है। तमाशे में झगड़ा खड़ा करके कम्पनी को बदनाम...नहीं हुजूर, इन लोगों को छोड़ दीजिए, हीराबाई के आदमी हैं। बेचारी की जान ख़तरे में है। हुजूर से कहा था न!"

हीराबाई का नाम सुनते ही दारोगा ने तीनों को छोड़ दिया। लेकिन तीनों की दुआली छीन ली गयी। मैनेजर ने तीनों को एक रुपये वाले दरजे में कुर्सी पर बिठाया—"आप लोग यहीं बैठिए। पान भिजवा देता हूँ।"

कपड़घर शान्त हुआ और हीराबाई स्टेज पर लौट आयी।

नगाड़ा फिर घनघना उठा।

थोड़ी देर बाद तीनों को एक साथ ही धुन्नीराम का ख़याल हुआ—अरे, धुन्नीराम कहाँ गया?

"मालिक, ओ मालिक!" लहसनवाँ कपड़घर के बाहर चिल्लाकर पुकार रहा है, "ओ लालमोहर मा-लि-क!"

लालमोहर ने तारस्वर में जवाब दिया—"इधर से, इधर से! एकटकिया फाटक से।" सभी दर्शकों ने लालमोहर की ओर मुड़कर देखा। लहसनवाँ को नेपाली सिपाही लालमोहर के पास ले आया। लालमोहर ने जेब से पास निकालकर दिखा दिया। लहसनवाँ ने आते ही पूछा, "मालिक, कौन आदमी क्या बोल रहा था? बोलिए तो ज़रा। चेहरा दिखला दीजिए, उसकी एक झलक!"

लोगों ने लहसनवाँ की चौड़ी और सपाट छाती देखी। जाड़े के मौसम में भी खाली देह!...चेले-चाटी के साथ हैं ये लोग!

लालमोहर ने लहसनवाँ को शान्त किया।

...तीनों-चारों से मत पूछे कोई, नौटंकी में क्या देखा। किस्सा कैसे याद रहे! हिरामन को लगता था, हीराबाई शुरू से ही उसी की ओर टकटकी लगाकर देख रही है, गा रही है, नाच रही है। लालमोहर को लगता था, हीराबाई उसी की ओर देखती है। वह समझ गयी है, हिरामन से भी ज्यादा पावरवाला आदमी है लालमोहर! पलटदास किस्सा समझता है। ...किस्सा और क्या होगा, रमैन की ही बात है। वही राम, वही सीता, वही लखनलला और वही रावन! सिया सुकुमारी को रामजी से छीनने के लिए रावन तरह-तरह का रूप धरकर आता है। राम और सीता भी रूप बदल लेते हैं। यहाँ भी तख्तहजारा बनानेवाला माली का बेटा राम है। गुलबदन सिया सुकुमारी है। माली के लड़के का दोस्त लखनलला है और सुलतान है रावन। ...धुन्नीराम को बुखार है तेज! लहसनवाँ को सबसे अच्छा जोकर का पार्ट लगा है...चिरैया तोंहके लेके ना, जइवै नरहट के बजरिया! वह उस जोकर से दोस्ती लगाना चाहता है। ...नहीं लगावेगा दोस्ती, जोकर साहब?

हिरामन को एक गीत की आधी कड़ी हाथ लगी है—"मारे गये गुलफ़ाम!' कौन था यह गुलफ़ाम! हीराबाई रोती हुई गा रही थी—"अजी हाँ, मारे गये गुलफ़ाम!" टिड़िड़िड़ि...बेचारा गुलफ़ाम!

तीनों को दुआली वापस देते हुए पुलिस के सिपाही ने कहा, "लाठी-दुआली लेकर नाच देखने आते हो?"

दूसरे दिन मेले-भर में यह बात फैल गयी—मथुरा मोहन कम्पनी से भागकर आयी है हीराबाई, इसलिए इस बार मथुरा मोहन कम्पनी नहीं आयी है। ...उसके गुण्डे आये हैं...हीराबाई भी कम नहीं। बड़ी खेलाड़ औरत है। तेरह-तेरह देहाती लठैत पाल रही है। ...'वाह मेरी जान' भी कहे तो कोई! मजाल है!

दस दिन-दिन रात!...

दिन-भर भाड़ा ढोता हिरामन। शाम होते ही नौटंकी का नगाड़ा बजने लगता। नगाड़े की आवाज सुनते ही हीराबाई की पुकार कानों के पास मँडराने

लगती—भैया...मीता...हिरामन...उस्ताद...गुरुजी! हमेशा कोई-न-कोई बाजा उसके मन के कोने में बजता रहता, दिन-भर। कभी हारमोनियम, कभी नगाड़ा, कभी ढोलक और कभी हीराबाई की पैजनी। उन्हीं साजों की गत पर हिरामन उठता-बैठता, चलता-फिरता। नौटंकी कम्पनी के मैनेजर से लेकर परदा खींचनेवाले तक उसको पहचानते हैं। ...हीराबाई का आदमी है।

पलटदास हर रात नौटंकी शुरू होने के समय श्रद्धापूर्वक स्टेज को नमस्कार करता, हाथ जोड़कर। लालमोहर, एक दिन अपनी कचराही बोली सुनाने गया था हीराबाई को। हीराबाई ने पहचाना ही नहीं। तब से उसका दिल छोटा हो गया है। उसका नौकर लहसनवाँ उसके हाथ से निकल गया है, नौटंकी कम्पनी में भर्ती हो गया है। जोकर से उसकी दोस्ती हो गयी है। दिन-भर पानी भरता है, कपड़े धोता है। कहता है गाँव में क्या है जो जायेंगे! लालमोहर उदास रहता है। धुन्नीराम घर चला गया है, बीमार होकर।

हिरामन आज सुबह से तीन बार लदनी लादकर स्टेशन आ चुका है। आज न जाने क्यों उसको अपनी भौजाई की याद आ रही है। ...धुन्नीराम ने कुछ कह तो नहीं दिया, बुखार की झोंक में! यहीं कितना अटर-पटर बक रहा था—गुलबदन, तख्तहजारा! ...लहसनवाँ मौज में है। दिन-भर हीराबाई को देखता होगा। कल कह रहा था, हिरामन मालिक, तुम्हारे अकबाल से खूब मौज में हूँ। हीराबाई की साड़ी धोने के बाद कठौते का पानी अतरगुलाब हो जाता है। उसमें अपनी गमछी डुबाकर छोड़ देता हूँ। लो, सूँघोगे?...हर रात, किसी-न-किसी के मुँह से सुनता है वह—हीराबाई रण्डी है। कितने लोगों से लड़े वह! बिना देखे ही लोग कैसे कोई बात बोलते हैं! राजा को भी लोग पीठ-पीछे गाली देते हैं! ...आज वह हीराबाई से मिलकर कहेगा, नौटंकी कम्पनी में रहने से बहुत बदनाम करते हैं लोग। सरकस कम्पनी में क्यों नहीं काम करती? ...सबके सामने नाचती है, हिरामन का कलेजा दप-दप जलता रहता है उस समय। सरकस कम्पनी में बाघ को...उसके पास जाने की हिम्मत कौन करेगा! सुरक्षित रहेगी हीराबाई! किधर की गाड़ी आ रही है?

"हिरामन, ए हिरामन भाय!" लालमोहर की बोली सुनकर हिरामन ने गरदन मोड़कर देखा।...क्या लादकर लाया है लालमोहर?

"तुमको ढूँढ़ रही है हीराबाई, इशटीशन पर। जा रही है।" एक ही साँस में सुना गया। लालमोहर की गाड़ी पर ही आयी है मेले से।

"जा रही है? कहाँ? हीराबाई रेलगाड़ी से जा रही है?"

हिरामन ने गाड़ी खोल दी। मालगुदाम के चौकीदार से कहा, "भैया, जरा गाड़ी-बैल देखते रहिए। आ रहे हैं।"

"उस्ताद!" जनाना मुसाफिरखाने के फाटक के पास हीराबाई ओढ़नी से मुँह-हाथ ढककर खड़ी थी। थैली बढ़ाती हुई बोली, "लो! हे भगवान! भेंट हो गयी, चलो, मैं तो उम्मीद खो चुकी थी। तुमसे अब भेंट नहीं हो सकेगी।...मैं जा रही हूँ गुरुजी!"

बक्सा ढोने वाला आदमी आज कोट-पतलून पहनकर बाबूसाहब बन गया है। मालिकों की तरह कुलियों को हुक्म दे रहा है—"जनाना दर्जा में चढ़ाना। अच्छा?"

हिरामन हाथ में थैली लेकर चुपचाप खड़ा रहा। कुरते के अन्दर से थैली निकालकर दी है हीराबाई ने।...चिड़िया की देह की तरह गर्म है थैली।

"गाड़ी आ रही है।" बक्सा ढोनेवाले ने मुँह बनाते हुए हीराबाई की ओर देखा। उसके चेहरे का भाव स्पष्ट है—इतना ज्यादा क्या है...?

हीराबाई चंचल हो गयी। बोली, "हिरामन, इधर आओ, अन्दर। मैं फिर लौटकर जा रही हूँ मथुरा मोहन कम्पनी में। अपने देश की कम्पनी है...बनैली मेला आओगे न?"

हीराबाई ने हिरामन के कन्धे पर हाथ रखा...इस बार दाहिने कन्धे पर। फिर अपनी थैली से रुपया निकालते हुए बोली, "एक गरम चादर खरीद लेना...।"

हिरामन की बोली फूटी, इतनी देर के बाद—"इस्स! हरदम रुपैया-पैसा! रखिए रुपैया!...क्या करेंगे चादर?"

हीराबाई का हाथ रुक गया। उसने हिरामन के चेहरे को गौर से देखा। फिर बोली, "तुम्हारा जी बहुत छोटा हो गया है। क्यों मीता?...महुआ घटवारिन को सौदागर ने खरीद जो लिया है गुरुजी!"

गला भर आया हीराबाई का। बक्सा ढोने वाले ने बाहर से आवाज दी—"गाड़ी आ गयी।"

हिरामन कमरे से बाहर निकल आया। बक्सा ढोनेवाले ने नौटंकी के जोकर-जैसा मुँह बनाकर कहा, "लाटफारम से बाहर भागो। बिना टिकट के पकड़ेगा तो तीन महीने की हवा...।"

हिरामन चुपचाप फाटक से बाहर जाकर खड़ा हो गया।...टीशन की बात, रेलवे का राज! नहीं तो इस बक्सा ढोने वाले का मुँह सीधा कर देता हिरामन।...

हीराबाई ठीक सामने वाली कोठरी में चढ़ी। इस्स! इतना टान! गाड़ी में बैठकर भी हिरामन की ओर देख रही है, टुकुर-टुकुर।...लालमोहर को देखकर जी जल उठता है, हमेशा पीछे-पीछे; हरदम हिस्सादारी सूझती है।

गाड़ी ने सीटी दी। हिरामन को लगा, उसके अन्दर से कोई आवाज निकलकर सीटी के साथ ऊपर की ओर चली गयी—कू-उ-उ-इ-स्स...!

...छि-ई-ई-छक्क! गाड़ी हिली। हिरामन ने अपने दाहिने पैर के अँगूठे को बायें पैर की एड़ी से कुचल लिया। कलेजे की धड़कन ठीक हो गयी।...हीराबाई हाथ की बैंगनी साफी से चेहरा पोंछती है। साफी हिलाकर इशारा करती है...अब जाओ! आखिरी डब्बा गुजरा; प्लेटफार्म खाली...सब खाली...खोखले...मालगाड़ी के डब्बे! दुनिया ही खाली हो गयी मानो! हिरामन अपनी गाड़ी के पास लौट आया।

हिरामन ने लालमोहर से पूछा, "तुम कब तक लौट रहे हो गाँव?"

लालमोहर बोला, "अभी गाँव जाकर क्या करेंगे? यही तो भाड़ा कमाने का मौका है! हीराबाई चली गयी, मेला अब टूटेगा।"

—"अच्छी बात। कोई समाद देना है घर?"

लालमोहर ने हिरामन को समझाने की कोशिश की। लेकिन हिरामन ने अपनी गाड़ी गाँव की ओर जानेवाली सड़क की ओर मोड़ दी। ...अब मेले में क्या धरा है! खोखला मेला!

रेलवे लाइन की बगल से बैलगाड़ी की कच्ची सड़क गयी है दूर तक। हिरामन कभी रेल पर नहीं चढ़ा है। उसके मन में फिर पुरानी लालसा झाँकी, रेलगाड़ी पर सवार होकर गीत गाते हुए जगरनाथ-धाम जाने की लालसा। ...उलटकर अपने खाली टप्पर की ओर देखने की हिम्मत नहीं होती है। पीठ में आज भी गुदगुदी लगती है। आज भी रह-रहकर चम्पा का फूल खिल उठता है, उसकी गाड़ी में। एक गीत की टूटी कड़ी पर नगाड़े का ताल कट जाता है, बार-बार!...

उसने उलटकर देखा, बोरे भी नहीं, बाँस भी नहीं, बाघ भी नहीं...परी...देवी ...मीता...हीरादेवी...महुआ घटवारिन—को-ई नहीं। मरे हुए मुहूर्तों की गूँगी आवाजें मुखर होना चाहती हैं। हिरामन के होठ हिल रहे हैं। शायद वह तीसरी कसम खा रहा है—कम्पनी की औरत की लदनी...।

हिरामन ने हठात् अपने दोनों बैलों को झिड़की दी, दुआली से मारते हुए बोला, "रेलवे लाइन की ओर उलट-उलटकर क्या देखते हो?" दोनों बैलों ने कदम खोलकर चाल पकड़ी। हिरामन गुनगुनाने लगा—"अजी हाँ, मारे गये गुलफाम...!"

नीली झील

•

कमलेश्वर

बहुत दूर से ही वह नीली झील दिखाई पड़ने लगती है। सपाट मैदानों के छोर पर, पेड़ों के झुरमुट के पीछे, ऐसा मालूम पड़ता है, जैसे धरती एकदम ढालू होकर छिप गयी हो, लेकिन गौर से देखने पर ऊँचे-नीचे पेड़ों के बीच से एक बहुत बड़ा शीशा झलकता दिखाई पड़ता है।

यही वह झील है।

और इसी झील पर जल-पक्षियों के शिकार के लिए आये हुए अंग्रेज़ कलेक्टर ने कहा था, "कितनी ख़ूबसूरत है यह झील। जैसे ज़मीन में हीरा जड़ा हो। ... झील तक पहुँचने के लिए पक्का रास्ता होना चाहिए।"

यह तीस साल पहले की बात है।

और तब बस्ती से झील तक रास्ता बनाने के लिए आये हुए मज़दूरों की टोली में वह भी आया था और अंग्रेज़ साहब की मेम की आँखों को देखकर उसने कहा था, "कित्ती ख़ूबसूरत है मेम। इसकी आँखें नीली झील की तरह लगती हैं।"

तगड़े और बदसूरत मज़दूरों ने तब आँखें बचाकर गन्दे इशारे किये थे। और गहरी और भीगी ज़मीन में कार के पहिए फँसते ही वह सबसे पहले दौड़कर उस ओर धक्का लगाने के लिए जुट गया था, जिधर मेम बैठी थी। ...उसका मन होता था कि बहाने से हाथ डालकर फूल-सी मेम को छुए, पर हिम्मत नहीं पड़ती थी। और मज़दूरों को उसकी इस सीनाज़ोरी पर बड़ा ग़ुस्सा आया था और वे भीतर ही भीतर चाहते थे कि उसकी मरम्मत हो जाये।

रात को जब पेड़-तले बीनी हुई लकड़ियों के साँझे चूल्हे जले और उस वीराने में मज़दूरों के मुँह आग की लौ में शैतानों की तरह चमकने लगे, तो भजनू ने काँख से तमाखू का बटुआ निकालते हुए कहा, "इस साले को मेट से कहकर निकलवाया जाये! मेम जान पाती तो चमड़ी उतर जाती। ...साला आसक बनता है!"

"बनने दो, तुम्हारा का लेता है?" भूख से क्लान्त और जल्दी-जल्दी बाटियाँ सेंकते हुए होरी ने बात तोड़ देनी चाही।

"हम सबकी रोज़ी जायेगी।" आग कुरेदते हुए एक और ने जोड़ा।

तभी दूसरे पेड़-तले से बड़ी भद्दी और मोटी आवाज़ में एक गीत का बोल उभरा—

"होए मेमिया तोरी अँखियाँ बड़ो जुलुम ढायो री..."

और पीतल की थाली ठनक उठी थी और महेसा शैतान की तरह नाच रहा था। बाटियाँ पकाते साथियों की हँसी और वाहवाही से शोर मच गया था। भूखे और थके मज़दूरों की आँखों में एक वहशी चमक आ गयी थी और एक क्षण के लिए वे जैसे तन की पीड़ा भूल गये थे। महेसा गा-गाकर कुछ देर तक नाचता रहा। ...पेड़ों की पत्तियाँ आग की दमक में ताँबे की तरह लग रही थीं और उनके काले, पपोटेदार तने अजगरों की तरह झिलमिला रहे थे। आसमान सीप की पीठ की तरह धुँधला और काला था और झील की ओर से अजीब तरह के सूने-सूने स्वर आ रहे थे।

इसी समय तीखी आवाज़ में चीखता एक सारस गुज़र गया। उसके बड़े-बड़े पंखों से निःश्वास-सा निकल रहा था। सारस की चीख़ की प्रतिध्वनि कुछ क्षण तक आती रही और महेसा का स्वांग रुक गया।

"अब सीधा होके बैठ, रोटी खा ले!" काने मेट की आवाज़ थी यह। नाराज़ साथियों को मेट का इस तरह अपनेपन से बोलना अच्छा नहीं लगा। भजनू ने धीरे से कहा, "बदमाश ने मेट को खुस कर लिया है! काना भी ऐबी है न, उसे भी मज़ा आता है!"

गुदारी बाटियों और उड़द की पकी हुई दाल की महक से सबकी भूख चमक आयी थी। बड़ी रात तक बतकही के बीच खाना चलता रहा। धीरे-धीरे चूल्हों की आग मझाकर राख में दुबक गयी और पेड़ों का अँधियारा घना हो गया।

सुबह काम शुरू होते ही सैलानियों की एक पार्टी वहाँ आकर रुक गयी। कुछ हिन्दुस्तानी साहब थे और साथ में कुछ अच्छी-अच्छी औरतें। औरतों के कन्धों पर कैमरे लटक रहे थे और साहबों के कन्धों पर एयरगन और कारतूसों की पेटियाँ। खाने-पीने का सामान कंडियों में था और वह बोझ उनसे चल नहीं रहा था। औरतों के ख़ूबसूरत चेहरों पर पसीने का पनीलापन था और साड़ियों के छोर कमर में खुँसे हुए थे। धूल से बचाने के लिए साड़ियाँ एक तरफ़ से कुछ ऊँची कर ली गयी थीं। उन्हें देखते ही मज़दूरों ने रुकने का मतलब भाँप लिया था

और वे अपने काम में इतने मशगूल हो गये थे जैसे उन लोगों की उपस्थिति का उन्हें एहसास ही न हो। पर महेसा हाथ रोककर, फेंटा कसने के बहाने कनखियों से उन्हें ताक रहा था। वही इसी इन्तज़ार में लगता था कि अभी उनमें से कोई औरत सामान उठाने के लिए कहेगी और वह मेट की मर्ज़ी देखकर निश्चय ही उनकी सहायता के लिए तैयार हो जायेगा।

साहब लोग भी किसी मज़दूर से आँखें मिलने की ताड़ में थे। बाक़ी सब आँख बचा रहे थे, सिर्फ़ महेसा आँख मिलाने के लिए उतावला था; पर साहबों से नहीं। जैसे उसने यही तय किया था कि नीली साड़ी वाली औरत अगर कहेगी तो वह फावड़ा छोड़कर सामान उठा लेगा। वह बार-बार उसे ही हैरत से ताक रहा था कि नीली साड़ी वाली औरत ने ही मौक़ा पाकर बड़ी मीठी आवाज़ में कहा, "कोई मज़दूर मिल जायेगा यहाँ?"

महेसा को यह बात नहीं जँची। "मज़दूर ही चाहती हैं तो खोज लें!" उसने ठसक से कहा, "हम लोग सरकारी गैंग के आदमी हैं!" कुछ इस तरह जैसे सरकार से रुपया पाकर मज़दूरी करना कुछ ऊँची बात हो।

"अरे, ज़रा-सी मदद के लिए चाहिए। ...यह सामान झील तक पहुँचाना है।" उसी नीली साड़ी वाली की मीठी आवाज़ थी।

महेसा का दिल बहक उठा। बड़प्पन और शान से बोला, "मदद मिल सकती है, ऐसे बोलिए!"

महेसा के तुच्छ-से गर्व को लक्ष्य करके वह धीरे-से हँसी। और महेसा एक क्षण के लिए अपलक उसके साफ़ दाँतों को देखता रहा। फिर दौड़कर मेट के पास पहुँचा और सामान उठाने की इजाज़त माँगकर चला आया।

आते ही उसने गर्व से उनका सामान उठाया और नीली साड़ी वाली के कन्धे में लटके थरमस को माँगने के बहाने बोला, "यह बोतल भी दे दीजिए।"

मीठी आवाज़ वाली औरत ने कुछ जवाब नहीं दिया। पर वह ऐसे मानने वाला नहीं था। चलते-चलते उसने फिर पूछा, "आप लोग शिकार के लिए आये हैं? कहाँ से आये हैं?"

लेकिन वह नीली साड़ी वाली औरत एक आदमी से मुस्करा-मुस्कराकर बातें कर रही थी। महेसा को यह अच्छा नहीं लग रहा था। एक अजीब तरह की परेशानी उसे हो रही थी। कुछ दूर तो उसने बर्दाश्त किया, फिर उसका मन हुआ कि सामान पटककर उसी आदमी से कहे कि उठाइए अपना तामझाम! मैं मजूर नहीं हूँ! पर उनके साथ चल सकना भी उसे कम भला न लग रहा था। ...उसे बोलने का फिर मौक़ा मिला, गलत रास्ते पर मुड़ते देख वह लपककर

नीली साड़ी वाली के पास पहुँचा और एकदम उनके अज्ञान पर जैसे चीख़ पड़ा, ''आप लोगों को रास्ता नहीं मालूम, हमारे साथ आइए! इधर से दलदल पड़ेगा!''

''दलदल! ओह!'' नीली साड़ी वाली कुछ ज़्यादा चौंक गयी थी। उसका यह चौंकना महेसा को बहुत अच्छा लगा था। उसे अनिर्वचनीय सुख-सा मिला था। ...कानपुर में मिल से छुट्टी पाते ही वह चौराहे वाले कोने पर रुककर इसी तरह औरतों को देख-देखकर खुश होता था।...

झुरमुट के पास पहुँचते ही सब लोग रुक गये। सामान वहीं उतरवा लिया गया। सभी औरतें हवा की ठण्डक में अपने बालों की लटें ऊपर करती हुई या साड़ियाँ सँभालती हुई बेफिक्री से बैठ गयीं।

हलकी-हलकी हवा झील की ओर से आ रही थी और छाया में कुछ सर्दी भी थी। झील के पानी के भीतर बादल तैर रहे थे और नरकुल धीरे-धीरे काँप रहे थे। ...दूर से जिधर पानी उथला था, देवहंसों, मुर्ग़ाबियों और पतारी के झुण्डों के चुगने की और पंख फड़फड़ाने की आवाज़ें आ रही थीं। देवहंस शायद सिवार खा रहे थे और मुर्ग़ाबी घोंघे या केकड़े खोजने में मशगूल थे। पेड़ों पर चिड़ियाँ चहक रही थीं।

सहसा नीली साड़ी वाली ने झील के पानी की ओर इशारा करते हुए हैरत से कहा, ''पानी का साँप! साँप तैर रहा है!''

सभी कौतूहल से देखने लगे। महेसा खिलखिलाकर हँस पड़ा। कैसे समझाये इन साहबों को, वे इतना भी नहीं जानते! वह सिर्फ़ नीली साड़ी वाली को ही बताना चाहता था। एकदम बोला, ''पनिया साँप नहीं है, एक चिड़िया है वह!''

''चिड़िया? बकता है!'' नीली साड़ी वाली ने प्यार से कहा।

''न मानें तो देखती रहें!'' फिर इधर-उधर नज़र दौड़ाकर बोला, ''वह उस पानी में उगे ठूँठ को देख रही हैं? ...वह...उस पर जो काली चिड़िया बैठी है, उसी का साथी है यह, सरपपच्छी।''

''वह काली चिड़िया!'' नीली साड़ी वाली उससे बात कर रही थी और वह तन्मय होकर बता रहा था, ''हाँ-हाँ, वही! सरपपच्छी तैरने का बहुत शौक़ीन होता है। बस, भाले-सी काली चोंच निकालकर तैरता रहता है।''

''खाता क्या है?'' उसने उत्सुकता से पूछा।

''मछली!'' उसकी आँखों में चमक आती जा रही थी। और बात करने के लिए उसने बात जोड़ दी, ''अभी जब थक जायेगा तो किसी ठूँठ पर पंख और दुम फैलाकर सुखायेगा।''

''अभी निकलेगा?'' नीली साड़ी वाली का मुख खुला रह गया।

और उसके सफेद दाँतों को महेसा निहारता रहा... नकबा के सफेद पंखों की तरह धुले हुए व चमकदार! उसका मन जाने को नहीं हो रहा था, पर मेट ने कहा था जल्दी लौटना और फिर साथियों के कलेजे पर साँप लोट रहे होंगे!

तभी एक साहब को बन्दूक सँभालते देख उसका मन उचाट हो गया। वह नीली साड़ी वाली भी अब बन्दूक की ओर ज़्यादा ध्यान दे रही थी।

उनके साथ के एक साहब ने उसे कुछ पैसे दिये और अभी एक क्षण पहले का महेसा अपना सारा आकर्षण भूलकर चल पड़ा। उसका मन भारी हो आया था। रह-रहकर उसकी आँखों के सामने वह बन्दूक घूम रही थी और कानों में चिड़िया का शोर समाया हुआ था। हर आवाज वह पहचानता था—उन पक्षियों की भी, जो सालभर इसी झील के किनारे रहते थे और उनकी भी, जो इस ऋतु में दूर पहाड़ों से उतरकर कुछ दिनों के लिए मेहमानों की तरह आते थे। उनकी हर आवाज़ का अर्थ वह समझता था—वे लड़ रहे हैं, या आनन्द से भरकर गा रहे हैं, या साथियों को ख़तरे का बिगुल सुना रहे हैं। झील के पानी में किलोलें करते हर पक्षी के पंखों की सरसराहट का एहसास है उसे, चाहे वह मुर्ग़ाबी हो, सुरखाब, जंगली बत्तख, चाहे बगुला, सारस, नकटा, रेती, सरपपच्छी या सोनापतारी! उनकी सीटियों की मधुर आवाज़ें उसके कानों में बसी हुई हैं...और तभी उसका मन उस बन्दूक की याद से धड़कने लगा।

उधर बन्दूक चली थी और गोली की टूटती हुई आवाज़ बादलों में गूँज गयी थी। और उसके बाद पक्षियों का कातर शोर! मन पर चोट-सी लगी थी। उसका मन उदास हो आया था। दूरी पर साथी मज़दूर काम में लगे दिखाई पड़ रहे थे। एक क्षण ठिठककर उसने पीछे देखा, दलदल ख़ामोश था और ऊपर से उड़कर भागती हुई चिड़ियों की भयातुर आवाज़ को शालीनता से पीता जा रहा था। ...मुड़कर वह तेज़ क़दमों से लौट आया और अपने काम में जुट गया।

रात को जब पेड़ों के नीचे साँझे चूल्हे जले, तो महेसा नहीं था। गाँव से प्याज और मसाला लाने वाले चरनसिंह ने बताया, "वह तो बदमास घी की चुपड़ी रोटी खायेगा आज।"

"कहाँ? गाँव में है?" भजनू ने आश्चर्य से पूछा।

"वहीं पण्डिताइन के घर है। चबूतरे पर बैठा मिसकौट कर रहा था लुगाई से। ...और वह नासमारी मुस्करा-मुस्कराकर बतिया रही थी, पत्तीदार बाल काढ़े, और ज़ेवर पहने साथ बैठी थी। ...मरा साला!" कहकर चरनसिंह ने पिच्च से थूका और प्याज की गाँठ छीलकर खाने लगा।

"उससे कैसे आसनाई हो गयी?" भजनू ने तसले में आटा सँभालते हुए रहस्य-भरी आवाज में पूछा।

"तू चाहे तो तू कर ले! कौन मुस्किल है! ...लेकिन उस नरक में कूदे कौन? ...बखत था जब हमारे पीछे लग गयी थी..." आदत के मुताबिक चरनसिंह बात अपने से जोड़ रहा था।

"कुबड़ा न होता तो शायद ब्याह रचा लेती!" होरी ने जैसे चरनसिंह के कुबड़ेपन पर गहरा वार किया। "बैठ जा सीधी तरह, हूँ! ...तेरे पीछे लग गयी थी! गाँव के ठाकुर ने जान दे दी, पर नज़र नहीं मिलायी उसने!"

"असल में उसे पैसे का गरूर है!" भजनू ने रोटी गरम तवे पर डालते हुए कहा, "दस गाँव में ऐसी औरत नहीं मिलेगी! का रूप है और का काठी है! रामकसम!"

चरनसिंह ने सिसकारी भरी और भजनू की बात का मतलब साफ़ हो गया। चूल्हे की आँच में उसका कूबड़ कद्दू की तरह लग रहा था। होरी की आँख के नीचे लटका हुआ बड़ा-सा मांस का लोथड़ा सूजा हुआ था। "कीड़े ने काट लिया", कहते हुए उसने सने आँख से हाथ के नीचे सहलाया और बोलता गया, "घी-मेवा खाती है, ठसक से रहती है पण्डिताइन!"

"चालीस की लगती नहीं," भजनू ने रोटी पलटी। "महेसा की उमर कितनी होगी?" उसने दरयाफ़्त किया।

"होगा पच्चीस-छब्बीस का!" चरनसिंह बोला।

"फिर तो..." कहकर होरी शैतानी से हँस पड़ा।

झील तक वह सड़क तो पूरी नहीं बन पायी, पर महेसा गैंग से बिछुड़ गया। विधवा पण्डिताइन ने उससे शादी कर ली थी। लोगों ने तरह-तरह की बातें कहीं किसी का कहना था कि जवान देखकर पण्डिताइन ने फाँस लिया और कोई कहता था कि महेसा रुपया-पैसा देखकर ढरक गया...। जो भी हो, दोनों तरह से लोगों को यह अच्छा नहीं लगा था, क्योंकि किसी को बुरा देखकर लोग बर्दाश्त नहीं कर पाते और अच्छा बनते देखना उनसे सहा नहीं जाता। लेकिन महेसा ने किसी की परवाह नहीं की। पण्डिताइन फिर से सुहागिन हुई थी और इतने दिनों बाद जब उसकी माँग में सेंदुर और गोरे माथे पर पत्तीदार बालों के बीच बिंदिया चमचमायी, तो उसका रूप दुगुना हो गया। दुहरे बदन की पण्डिताइन जब चाँदी की करधनी बाँधकर चलती और पैरों में झाँझें जब झन्न-झन्न बोलतीं तो लोगों के कलेजे दरक जाते।

राह में साथ चलते महेसा से पारबती पण्डिताइन कहती, "तुम्हें तो जरा भी सऊर नहीं है! मरद घरवाली के आगे-आगे चलता है, साथ नहीं! ...लोग क्या कहेंगे? ...आगे चलो!"

और सर पर साफा बाँधे महेसा कहता, "बड़ी सरम आय रही है! सहर में मेम लोग इसी माफ़िक चलती हैं, बल्कि न बाँह में हाथ फँसा के!" और बस्ती के बाज़ार से ख़रीदा, चमकदार केलासन का जम्फर झिलमिलाता देख उसका माथा गर्व से उठ जाता। पारबती कित्ती ख़ूबसूरत है।

और एक दिन देवियों की पूजा के लिए जब पारबती ने महावर लगाया, तो चमचे में घुला लाल रंग उँगली में लेकर उसने पारबती के होंठों पर लगा दिया। पारबती छुटाने लगी तो उसने अपनी कसम दे दी और नुमाइश से लाये शीशे को उसके सामने कर दिया। पारबती ने लजाते हुए अपने लाल होंठों को देखा, पर अपनी ख़ूबसूरती की शोखी से भरकर बोली, "तुम तो मेम से सादी करते! लाली-पौडरवाली से।" और वह अपने को खुद किसी मेम से कम नहीं लगी थी!

तभी महेसा ने उसकी गुदारी कलाई पकड़ते हुए कहा, "तुम किधर से कम हो!" और हँसती पारबती के उजले दाँतों को देखकर उसका मन खिल गया। ...पारबती के दाँत ठीक वैसे ही थे, जैसे उसने कभी देखे थे, हंस के पंखों की तरह धुले हुए!

पारबती के कहने से उसने कलमें बड़ी-बड़ी रखवायी थीं, चोटी में मोटी-सी गाँठ बाँधता था और मूँछें छोटी करवा ली थीं। मेले-तमाशे पर जाने के लिए बैलों की एक गोई और छोटा-सा रब्बा भी खरीद लाया था। बैलों को खूब सजाकर रखता था। उनके गलों में चालीस घुँघरुओं की माला थी और सींगों में पालिश। रब्बे की छत के लिए रंगीन झालर पारबती ने सी थी और गछियाँ वह दर्ज़ी से बनवा लाया था। पहियों के ऊपर रथ की तरह हाथा लगवाया था और सन की नहीं, सूत की रंगीन डोरियों से किनारे बुनवाये थे। सतरंगी रब्बा था महेसा का! एक दफ़ा दौड़ में दाँव लगा आया था और पारबती के पीछे पड़ गया था, "तुम साथ नहीं बैठोगी तो दौड़ में नहीं जाऊँगा।" उसने बहुत समझाया था, "हमारा तमासा दिखाओगे? ...बहुत लड़कपन है तुममें।"

महेसा हँस पड़ा था, "और तुम बूढ़ी हो गयी हो न! सरम नहीं आती हमारे सामने कहते? ...बतिया-बछरी-से दाँत हैं अभी, बात बड़ी-बूढ़ियों की तरह करोगी!"

और मेले की दौड़ के लिए जाते-जाते जब ऊसर से रब्बा गुज़र रहा था, तो पारबती ने चतुराई से उसे मना लिया था और मन में कोई मलाल लाये बिना महेसा मेला दिखाकर बगैर दौड़ में हिस्सा लिए लौट आया था।

बस्ती में हरदम महेसा और पारबती की बात होती, पर दोनों को किसी की चिन्ता नहीं थी। पारबती रुपये का लेन-देन करती और सबकी चोटी अपने पाँव के नीचे रखती। बस्ती में कौन ऐसा था, जिसे वक़्त-बेवक़्त चार पैसे की जरूरत नहीं पड़ती! इसलिए वे लोग भी जो पीठ-पीछे पारबती और महेसा को कोसते, सामने आकर चिकनी-चुपड़ी बातें करते।

इसका एहसास दोनों को था, पर दोनों इतने मुक्त थे कि कभी उन्होंने मन नहीं जलाया। महेसा अब निश्चिन्त हो गया था। काम-धाम करने की उसे ज़रूरत नहीं रह गयी थी। पर अब भी, जब वह सैलानी लोगों को झील की ओर जाते देखता और उनके साथ कोई सुन्दर औरत होती, तो वह अपने को रोक न पाता; पीछे-पीछे चला ही जाता और चाहता कि वह औरत उससे बात करे। और जब वह औरत उससे बात नहीं करती, तो वह चिड़ियों में मशगूल हो जाता, शान्त झील के किनारे-किनारे चक्कर काटता, नरकुलों के बीच साबुदाने की तरह फैले हुए मछलियों के अण्डों को देखता और नीलपक्षी के जोड़ों को निहारता...बगुले को ध्यानावस्थित खड़ा देखकर वह साँस रोककर ठहर जाता और उसके शिकार करने की प्रतीक्षा करता; देर हो जाती तो घर की याद आते ही लौट पड़ता।

एक बार वह दिन-भर नहीं आया, आधी रात को लौटा। पारबती ने नाराज़ होकर पूछा, तो सीधेपन से कह दिया, ''जंगल तक गया था।''

''झील पर घूमके मन नहीं भरता?'' पारबती ने उलाहना दिया, तो बड़ी सफ़ाई से उसने बता दिया, ''जंगल में तीतर देखने गया था, ससुरे धूल से नहाते हैं!''

''तीतर-वीतर नहीं, तुम कहीं और गये थे। सच-सच बताओ मुझे!'' पारबती कुछ कड़ी पड़ गयी, ''तीतर देखना था तो बलदू के घर देख लेते, वह तो तीतर लड़ाता है।''

''पिंजरे में बन्द तीतर का क्या देखना!'' महेसा ने कहा, ''मुझे कोई पालना तो है नहीं, पता नहीं लोग कैसे चिड़ियों को पालते हैं!''

तभी ऊपर आकाश में कुछ पक्षियों का झुण्ड उड़ता गुज़र गया। उसकी आँखें आसमान में टँग गयीं। एकदम बोला, ''यह वाक का झुण्ड है...देख पारबती, अब रात-भर ये मछली का शिकार करेंगे।''

पक्षियों के नरम पंखों की रेशमी आवाज़ दूर चली गयी थी।

''वो कुछ भी करें, तुम हमारी बात का जवाब दो। सच-सच बताओ कहाँ गये थे?''

''ईमान से बता दिया।''

''लेकिन इत्ती रात तक तीतर ही देखते रहे?'' पारबती के स्वर में शंका थी।

"हाँ-हाँ, पारबती माना करो! ...देखो, पैरों में कितने काँटे चुभ गये हैं। लड़ना है तो सवेरे लड़ेंगे।" कहकर वह आराम से टाँगें फैलाकर लेट गया।

पारबती ने बात बदल दी, "रुपया बहुत फैल गया है, वसूल नहीं होता, तुम ज़रा लोगों को डाँटो-डपटो।"

"यह हमसे नहीं होगा।"

"अच्छा सुनो! मेरा मन है कि कुछ रुपया लगा के यहाँ चबूतरे पर एक मन्दिर बनवा दिया जाये...और बन सके तो मुसाफ़िरों के लिए दो कोठरियाँ भी बन जायें। हारे-थके लोगों को आराम मिलेगा और कुछ रुपया धरम के कारज में लग जायेगा।"

"यह धरम-करम तुम्हें कब से सताने लगा।?"

"बहुत दिन की साध है मन में! मिस्त्री को बुला के ज़मीन भी दिखायी थी, फिर कुछ हो नहीं पाया। ...मर जाऊँगी तो नाम का एक मन्दिर तो रहेगा, दस दिलों से असीस निकलेगी!" पारबती ने बड़ी सच्चाई से बात कही।

"बेबखत यह बात कैसे सूझ गयी तुम्हें?" महेसा ने पूछा।

"आज दिन-भर यही सब सोचती रही।"

महेसा ने ग़ौर से देखा पारबती को। चाँदनी उसके चेहरे पर पड़ रही थी। सचमुच पारबती बहुत बदली-सी लगी। आज उसे लगा कि सचमुच पारबती उससे बहुत बड़ी है। ...और उसके चेहरे पर नीली लकीरों का जाल बनना शुरू हो रहा है। बाँहों का खिंचाव ढीला पड़ गया है, कूल्हे पर भारीपन आ गया है। लेकिन फिर भी उसके पत्तीदार बाल उसे अच्छे लग रहे थे।...

"का देख रहे हो?" पारबती ने आँचल का खूँट ऊपर सरका लिया।

महेसा चुपचाप देखता रहा, बोला कुछ नहीं। पारबती ने फिर टोका तो महेसा ने यों ही कह दिया, "मन्दिर बनना ज़रूरी है?"

पारबती समझ गयी कि उसके मन की बात यह नहीं है। महेसा की आँखों में अभी जो सूनापन उसने देखा था, वह कुछ और ही कह रहा था। पारबती ने कुछ उदास स्वर में पूछा, "हमसे सादी करके पछताते तो नहीं हों?"

"ऐं?" महेसा इस सवाल के लिए तैयार नहीं था।

"आज सोच-सोच के बड़ा दुःख हुआ। ...अपने सुख की ख़ातिर हमने तुम्हें ख़राब कर दिया।" पारबती की आँखों में पनीलापन था, "पछतावा तो होता होगा, सच-सच बताना!"

"काहे का पछतावा पारबती?" महेसा ने कहा, "हमने कभी यह सब सोचा ही नहीं, जरूरत ही नहीं पड़ी।"

''तुमने कभी कुछ नहीं सोचा? सादी की बाबत भी नहीं सोचा था?'' पारबती ने जैसे उसे कुरेदा, ''अभी तुम अपने को आज़ाद समझते हो, बाल-बच्चे होते तो समझते!'' कहते-कहते उसकी आवाज़ भारी हो आयी। चाँद पर बादल आ जाने से चाँदनी मटमैली हो गयी थी और पारबती का चेहरा धुँधला पड़ गया था। लालटेन चौखट में कुण्डी से लटकी थी और उसकी रोशनी में खाट की अरदावन परछाइयों की सलाखें बना रही थी।

महेसा को एकाएक लगा कि शादी के बाद सब घरों में बच्चे होते हैं, उसके घर में अभी तक कुछ नहीं हुआ। उसने गहरी नज़रों से पारबती को देखा। इस समय की बात वह समझ नहीं पा रहा था। आख़िर पारबती कहना क्या चाहती है? घर में चारों ओर सन्नाटा छाया हुआ था। ऐसे सूनेपन में उसने पारबती के साथ कभी अकेलापन नहीं महसूस किया, पर आज वह इतनी अलग-सी क्यों मालूम हो रही है? हमेशा, रात हो या दिन, अकेलेपन में उसके मन में प्यार ही उमड़ा है, और उसने भी कभी ऐसी उखड़ी बातें नहीं कीं।

''तुम्हें हुआ का है?'' महेसा ने शायद आज पहली बार इतना सोचकर कुछ पूछा था।

''पता नहीं का हुआ है! बस्ती का अस्पताल बहुत छोटा है, यहाँ मेरी देखभाल नहीं हो पायेगी।''

''अस्पताल! लेकिन अस्पताल की का ज़रूरत है?'' महेसा और उलझ रहा था।

''तुम्हारी नासमझी के लिए का कहूँ! यहाँ घर पर मेरी देखभाल कौन करेगा? सगे-सम्बन्धी भी नहीं, जो ज़रूरत-बखत पर आ जाते। ...सुना है अस्पताल में तकलीफ़ भी नहीं होती, ऐसी दवा देते हैं डाकदरजी।''

महेसा हँसा। अब समझ पाया था वह। उत्साह से भरकर बोला, ''जिला अस्पताल में चली चलना! पैसा सब देखभाल करा देगा, भगवान का दिया सब-कुछ है!''

लेकिन पारबती उसकी ख़ुशी में हिस्सा नहीं बँटा पायी। उसके मन में जैसे डर समाया हुआ था। बोली, ''एक बात कहूँ? ...हमें बड़ा डर लगता है, लगता है जान चली जायेगी।''

''बेकार डरती हो तुम!''

''बेकार नहीं, न जाने मन में कैसी-कैसी बातें व्यापती हैं! बड़े डरावने सपने दिखाई पड़ते हैं! साँस रुकने लगती है!'' पारबती ने बाँहें छाती पर कस ली थीं।

''तो हमारे साथ लेटा करो,'' महेसा ने उपाय बता दिया।

"कुछ तो सोचा करो!"

"हम कहें कि आजकल तुम कतरायी-कतरायी काहे रहती हो! ...बेकार की बातें मन में मत लाया करो पारबती! आ, खाट टीन में कर लें।"

पारबती ने उठकर खाट पकड़ते हुए कहा, "अब इतना बाहर मत रहा करो, न जाने कब क्या हो जाये!"

महेसा ने खटिया से खटिया मिला ली और पाटी के पास सरककर हाथ उसकी बाँह पर रख दिया, "अब डर नहीं लगेगा तुम्हें।"

कुछ देर बाद पारबती सो गयी, पर महेसा को नींद नहीं आ रही थी। पारबती का पैर एकाएक हिला और साँस तेज़ हो आयी, जैसे वह डर रही हो। महेसा ने उठकर उसके माथे पर हाथ फेरा। बड़ी देर तक बैठा देखता रहा और जब उसे नींद आने लगी, तो लोहे का एक चाकू लाकर उसने पारबती के सिरहाने रखा और लेट गया, जैसे पारबती नन्ही-सी बच्ची हो!

इन दिनों उसका मन बहुत भरा-भरा रहता। पारबती इस लायक नहीं थी कि उसे झील तक ले जाता, ख़ुद भी बैठता और उसे भी दिखाता वहाँ की सुन्दरता। इसलिए वह आसपास ही कुछ देर के लिए चला जाता। हाफ़िज़जी की बिसाती की दुकान पर अगर बैठ जाता, तो पारबती के लिए नाख़ूनों की लाली, कोई छोटा-सा शीशा या और कोई ऐसी चीज़ खरीद लाता जिसे हाफिज़जी नयी चाल की बता देते ...एक दफ़ा हाफ़िज़जी ने उसे फ़ोटो-फ्रेम दिखाकर कहा, "इसमें मियाँ-बीवी की तस्वीर लगती है। बड़े घरों में लोग इसे रखते हैं।" फ़ोटो-फ्रेम तो वह ले आया, पर तस्वीर नहीं थी। तीसरे ही दिन उसने पारबती को तैयार कराया, सारे गहने उसे पहनने को मजबूर किया और ख़ूब तेल लगाकर रामा फ़ोटोग्राफ़र की दुकान पर जा पहुँचा।

साथ-साथ बैठते हुए उसने पारबती के सर का पल्ला कानों के पीछे कर दिया और अपनी कमीज़ की जेब में सतरंगा रेशमी रूमाल रख लिया। अपने गले का तावीज़ भी खींचकर ऊपर कमीज़ पर निकाल लिया, ताकि तस्वीर में सब-कुछ दिखाई पड़े। अपने पीछे बाग़ का पर्दा लगवाया, जिसमें दो चिड़ियाँ चोंच से चोंच मिलाये बैठी थीं। पारबती को भी वह पर्दा पसन्द आया था।

लेकिन तस्वीर में और सब तो ठीक आ गया, अफ़सोस सिर्फ़ बालों का था।

"ससुरे ने हमें बूढ़ा बना दिया! काहे, पारबती?"

"तुम्हें ही बड़ा शौक़ चर्राया था। एक रुपया ख़राब कर दिया!"

पर महेसा को इस बात का मलाल नहीं था। उसने तस्वीर को फ्रेम में लगाकर बरामदे वाली घरोंची पर सजा दिया। ऐसी तस्वीर मुश्किल से किसी के घर निकलेगी...मुख़्तार साहब के घर ही हो सकती है!

उस दिन भी वह हाफ़िज़जी की दुकान पर बैठकर लौट रहा था। पारबती के बालों में लगाने के लिए विलायती पिन लाया था। पिन के पत्ते पर बनी मेम को वह ताक रहा था कि पारबती ने पूछा, ''मन्दिर के लिए मिस्त्री से बात हुई?''

''मिस्त्री तो नहीं मिले, पर एक नयी बात सुनने में आयी है।''

''का?'' पारबती ने उत्सुकता से जानना चाहा।

''अपनी बस्ती में बिजली लग रही है; चुंगी वाले बड़ी कोशिश में हैं, पर पैसा पास नहीं है चुंगी के।''

''तो बिजली का लगेगी?''

''सुना, चुंगी अपनी कुछ ज़मीनें बेचने की बात सोच रही है, ऐसी ज़मीनें जो उसके लिए बेकार हैं!'' महेसा ने कहा तो पारबती एकदम बोली, ''चुंगी अगर बेचे तो अपने चबूतरे के पास वाला कूड़ाखाना हम ख़रीद लें! ...चबूतरे पर मन्दिर हो जायेगा और उधर मुसाफ़िरों के लिए छोटी-सी धरमसाला! तुम ज़रा सच्ची बात पता लगाओ!''

''बात तो सच्ची है। हाफ़िज़जी का रोज़ चुंगी में आना-जाना लगा रहता है, ग़लत ख़बर नहीं लायेंगे, वो ही बता रहे थे।'' महेसा ने जैसे उसे इत्मीनान दिलाया, ''मौक़ा लगा तो ख़रीद लेंगे।''

''का पता कब तक हो!''

झील की ओर से तभी चिड़ियों का कातर शोर सुनाई पड़ा और उसका मन बहक गया। एकदम बोला, ''शायद शिकारी आये हैं।''

ऊपर आसमान से 'आंग-आंग' करते चक्रवाकों के जोड़े गुज़र रहे थे। महेसा का मन ग्लानि से भर आया। बोला, ''इन्हें मारने से फ़ायदा! इत्ती सुन्दर चिड़िया है, पर मुर्दा खाती है!''

''आजकल नयी-नयी चिड़ियाँ बहुत दिखाई पड़ती हैं, पहचान में भी नहीं आतीं,'' पारबती ने कहा, ''न जाने कहाँ से इतनी आ जाती हैं!''

''ये चिड़ियाँ मेहमान हैं। ...कातिक ख़त्म होते आती हैं और फागुन-चैत तक चली जाती हैं।'' महेसा पारबती को बता रहा था, ''हमने चिड़ियों के अंडे भी जमा किये हैं, तुझे नहीं बताया, नहीं तो घर से निकाल देती।''

''अब भी निकाल सकती हूँ।'' पारबती कह ही रही थी कि 'दिखाऊँ' कहता हुआ महेसा उठकर गया और तरह-तरह के सफ़ेद, चितकबरे, हरियाले-से अंडे उठाकर ले आया।

''देख पारबती, यह वाक का अंडा है, यह सारस का और यह सोनापतारी का!'' महेसा एक-एक अंडा उठाकर दिखाने लगा। वैसे तो पारबती नहीं छूती,

पर उसने सोनापतारी का अंडा हाथ में ले ही लिया। घुमाकर देखते ही हाथ से छूटकर वह गिर पड़ा और टूट गया, तो पारबती के मुँह से चीख़ निकल गयी, ''हाय दइया!''

''टूट गया तो क्या हुआ?'' महेसा ने सरलता से कह दिया।

पर पारबती के चेहरे पर काले बादल-से छा गये थे, उसका दिल धक्-से रह गया था, बहुत धीमे स्वर में बोली, ''असगुन हो गया,'' और आँचल में मुँह छिपाकर रो पड़ी।

और पारबती उस दिन भविष्य के आशंकामय परिणामों को सोचकर रोयी थी ...बिल्कुल वैसे ही करुणापूर्ण और असहायता से भरी उसकी आवाज़ जच्चा-बच्चा अस्पताल में थी...

महेसा को सब कुछ याद आता है। यह कैसे होता है कि आदमी हमेशा एक ही तरह से रोता है! ...पारबती की वह आवाज उसे भूलती नहीं, जब उसने अस्पताल के पलँग पर पड़े हुए महेसा को अपने पास बुलाया था, ''इतने दिन चढ़ गये हैं, डॉक्टरनी कहती है कि चीरा लगाना पड़ेगा!'' पारबती का रोम-रोम जैसे काँप रहा था चीरे का नाम सुनकर। आँखों में आँसू भरकर उसने महेसा की बाँह पकड़ ली थी और बड़े ही दर्द-भरे स्वर में कहा था, ''अब मेरा कोई ठिकाना नहीं, पता नहीं ईश्वर को क्या मंजूर है!''

''दिल छोटा क्यों करती हो पारबती? तुम जीती-जागती घर पहुँचोगी। ...मैं मन्दिर बनवाऊँगा और मुसाफ़िरों के लिए धरमसाला!...''

लेकिन पारबती जीती-जागती घर नहीं पहुँची। बच्चा पेट में मर गया था और ऑपरेशन के बाद भी उसकी बिगड़ती हालत को अकेली डॉक्टरनी सँभाल नहीं पायी थी। ...सारा शरीर नीला पड़ गया था, पारबती के शरीर में ज़हर फैल गया था।

और महेसा को पारबती का हलका नीलापन लिये शरीर ठीक वैसा ही लगा था, जैसा कि उस दिन चाँदनी में उसने देखा था। पारबती की साँसें धीमी पड़ती जा रही थीं, वह एकदम निश्चिन्त लग रही थी, और उसने महेसा को पास बुलाकर कहा था, ''अब मन्दिर ज़रूर बनवा देना, पारबती मन्दिर!''

मन्दिर! सोचकर महेसा का कलेजा फट गया था। आख़िरी आस थी उसे, चीख़कर बोला था, ''ऐसा मत कहो पारबती! बच्चा मर गया तो क्या हुआ, तू तो जीती-जागती है!''

''मुझे देख लो, अच्छी तरह देख लो!'' पारबती की आँखों से आँसुओं की धार बह-बहकर कानों के पास से होते हुए नीचे गिर रही थी। ...फिर...फिर उससे

नहीं देखा गया, जैसे पारबती के प्राण खिंच रहे थे और फिर पारबती के निचले होंठ सूखकर चटक गये थे।...

महेसा की दुनिया वीरान हो गयी और वीरानापन देखकर आदमी पगला जाता है।

बस्ती के आदमियों का यही कहना था कि महेसा पगला गया। जो आदमी, आदमी का ख़याल नहीं करता, वह पागल नहीं तो और क्या है? आदमी के दुःख-दर्द को जो नहीं समझता, उसे और क्या कहा जाये? महेसा, वह मुक्त और निश्चिन्त महेसा, एकदम बदल गया था!

उसे सिर्फ़ पैसे की फ़िक्र थी। पारबती का फैला हुआ रुपया वह बड़ी कड़ाई से वसूल कर रहा था। ...घर का अकेलापन उसे काटने दौड़ता। ...इतना प्यार पाकर अब जैसे उसकी आदत बिगड़ चुकी थी।

लोगों ने कहा, "महेसा पण्डित, दूसरी शादी कर लो। इतना रुपया-पैसा किस काम आयेगा? आस-औलाद भी तो नहीं!"

महेसा ने जवाब दे दिया, "पारबती के बराबर कोई मेरा ख़्याल करे तो सोचूँ भी...नहीं, तो भी न सोचूँ। ग़लत बात बोल गया। ...बेकार का मखौल मत किया करो! अब बूढ़ा हो चला।"

यों पारबती से दस बरस छोटा था महेसा, पर पारबती की मौत के बाद वह उससे दस बरस बड़ा लगने लगा। कनपटियों पर तीन ही बरस में सफ़ेदी आ गयी और गरदन के नीचे की खाल झुर्रियों से भर गयी। सचमुच, आदमी बूढ़ा नहीं होता, वक़्त उसे बूढ़ा बना जाता है।

सूने घर में महेसा आठ-आठ आँसू रोता और उसे पारबती की एक-एक बात याद आती...चीज़ें देखता तो आँखों में आँसू भर आते...वह टीन का बक्सा, जिसमें उसके कपड़े रहते थे...और जिसमें पारबती अपने रुक्के और रुपये भी रखती थी...सन्दूक के ऊपर वाली कील में किनारी में बँधी चूड़ियों का लच्छा देखकर वह उस दिन रो पड़ा था। ...एक-एक चूड़ी उसने पहचानी थी...कौन-सी किस मेले में पहनायी थी उसने...और दूसरा जोड़ा पहनने के वक़्त उसने कब-कब इन चूड़ियों को उतारा था...भरी आँखों से वह देखता रहा। ...घर का सूनापन उसे अब काटने दौड़ता। ...दीवार पर सगनौती की लकीरें देखकर उसे फिर कुछ याद आया...जब एक बार वह दो दिन के लिए कहकर चार दिन बाद लौटा था, शायद तभी पारबती ने गेरू से यह सगनौती उठायी होगी...वह जो कुछ करती थी उसमें सिर्फ़ उसी के लिए तो सब कुछ था, और कौन था उसका? न पारबती का कोई था और न अब महेसा का कोई रह गया है!...

और जब वह जगन नाई के घर धरना देकर बैठ गया कि आज हिसाब मय मूल-ब्याज के चुकता करके उठेगा, तो उसकी औरत ने भीतर से उकराकर कहा, ''पण्डित, तुम जो इतने जालिम हो कि किसी की पत नहीं देखते! ...पारबती चाची मुँह से चाहे जितना बिगड़ें, पर आदमी की मरजाद और इज़्ज़त का तो ख़्याल करती थीं...''

''ये सब हम नहीं जानते! हम रुपया लेके उठेंगे आज! पूरा सौ रुपया है मय ब्याज के!'' महेसा ने कड़कती आवाज़ में कहा और चोटी की गाँठ खोल ली।

जगन नाई बहुत गिड़गिड़ाया, ''महाराज, घर की नींव खुदवा लो तो भी इस बखत पच्चीस से एक पाई ज़्यादा नहीं निकलेगा। ...थोड़ी सी मोहलत और मिल जाये!''

आख़िर चार भले आदमियों ने आकर जब बहुत समझाया तो महेसा किसी तरह राम-राम करके उठा।

कुछ दिनों बाद महेसा, जो अब महेस पांडे के नाम से पुकारा जाता था, बस्ती से चला गया। सुना, चुनार-मिर्ज़ापुर की तरफ़ पत्थर की तलाश में गया है। कर्ज़दारों ने सुख की साँस ली थी, पर वह पन्द्रह दिन के भीतर-भीतर लौट आया। चौधरी के बाग़ में बैठकर बता रहा था, ''पारबती मन्दिर के लिए सामान देखने गया था। सूरत-जयपुर से बनवाऊँगा।''

लोगों का कहना था कि सोना-चाँदी मिलाकर कुल आठ-दस हज़ार की पूँजी है उसके पास। और जो दबा-दबाया हो सो अलग। इस बीच उसने काफ़ी बकाया रुपया वसूल कर लिया था।

धीरे-धीरे रुपये की उसकी तृष्णा भरती-सी लगी। हाफ़िज़जी की दुकान से गुज़रता तो आवाज़ सुनकर कह देता, ''अब क्या करूँगा बैठके हाफ़िज़ मियाँ? ...पहनने-ओढ़ने वाली तो चली गयी।''

एक दिन हाफ़िज़जी ने उसे हाथ पकड़कर बैठा लिया। बैठे-बैठे बात चल निकली, ''सुना, मन्दिर बनवाने की फिकर में हो!''

''बस, यही एक काम करना है हाफिज़जी! किसी तरह मन्दिर और एक छोटी-सी धरमसाला बन जाये, तो मन को शान्ति मिले। पारबती यही कहती-कहती मरी थी।''

''यह तो धरम का काम है। बनाने खड़े होंगे तो दस आदमी हाथ बँटायेंगे। तुम शुरू तो करो।'' हाफ़िज़जी ने उसकी उदास नज़रें देखकर तसल्ली दी, ''कभी ज़रूरत पड़े तो दस-बीस रुपये हमसे भी ले लेना।''

''रुपया पूरा नहीं है। लोग समझते हैं मेरे पास खत्ती खुदी है। पर सच हाफ़िज़जी, कुल चार हज़ार हैं, इतने में तो सीमेंट भी नहीं आयेगा।''

ग्राहक आया देख हाफ़िज़जी भी उधर उलझ गये और महेस पांडे उठकर चल दिया। ऐसे ही एक दिन वह बस्ती की तरफ़ से घर जा रहा था कि झीलवाले रास्ते पर कुछ लोग दिखाई पड़े। उसके पैर उधर ही उठ गये। कुछ सैलानी थे, चार मर्द और दो औरतें। औरतें सुन्दर तो नहीं थीं, लेकिन फिर भी वह उनके पीछे-पीछे चल दिया। काफ़ी दिनों बाद आया था वह इधर।

नीली झील ख़ामोश थी। किनारों पर गीली आँखों की तरह नमी थी और घास की टहनियाँ हवा के साथ धीरे-धीरे पानी को सहला रही थीं। नरकुल की लम्बी पत्तियाँ, पक्षियों की कलगी की तरह काँप रही थीं और पानी में डूबी सिवार के सूतों से मछलियों के बच्चे कतरा-कतराकर निकल रहे थे। वह किनारे आकर बैठ गया। पानी के नन्हे-नन्हे बबूले नीचे से ऊपर सतह तक आये, तो लगा किसी मछली ने मोती उगल दिये हों। जलचरों की बारीक आवाजें झील के पानी में गूँज रही थीं और ऊपर पेड़ों पर पक्षियों के पंखों की सरसराहट और सीटियों की मद्धम आवाज़ें थीं।

काले सिर और श्वेत वक्ष वाली गंगाकुररी की हल्की-सी सीटी उसके कानों में पड़ी। आँखें उधर अटक गयीं। झील के ऊपर वह चक्कर काट रही थी, कुछ इस तरह, जैसे उसे चक्कर में उड़ाने वाली अदृश्य डोर किसी के हाथों में हो और वह बस घूमती ही जा रही हो। वह जानता है कि गंगाकुररी पेड़ पर नहीं बैठेगी। तभी वह तीर की तरह पानी के ऊपर गिरी और चमकदार मछली उसकी लम्बी चोंच में थी।

तभी संगीत की आवाज़ उसके कानों में पड़ी। आये हुए सैलानी लोग कुछ गा-बजा रहे थे। नीली झील के शान्त पानी पर उनके स्वर तैरते हुए दूर तक जा रहे थे। उसे बड़ी शान्ति मिली।

फिर सवनहंसों का एक झुण्ड अपने राग का स्वर मिलाता हुआ झील के दूसरे किनारे पर उतर पड़ा और दो-चार हंस गेहूँ और चने के खेत में घुसकर अंकुर खाने लगे। गरदन उठा-उठाकर वे ऐसे देख रहे थे, जैसे अजनबी हों, और सचमुच वे अजनबी ही हैं। महेस पाण्डे का मन न जाने क्यों भर आया! वे सवनहंस अब आये हैं, चार-पाँच महीने रहकर पारबती की तरह चले जायेंगे, या फिर किसी शिकारी का शिकार हो जायेंगे, जैसे पारबती हो गयी। इनके धूसर पंख ख़ून की लकीरों से रंग जायेंगे और इनके पंखों को पकड़कर शिकारी ऐसे लटका ले जायेगा जैसे मुर्दा पारबती को अस्पताल के भंगी पलँग से उठाकर उस सूने बरामदे में ले आये थे।...

तभी करकर्रा बोला, सफ़ेद कलगी की शान में वह गरदन लपकाता हुआ चला जा रहा था। शायद आरामदेह, रेतीली ज़मीन खोज रहा है करकर्रा। ...फिर एक भयंकर धड़ाके की आवाज़ से वह चौंक उठा। बायीं ओर फैले दलदल से सारसनी की तुरही-सी तेज़ चीख़ आयी और गूँजती रही। वह बार-बार चीख़ रही थी और सारस अकुलाया-सा कुछ ऊपर चक्कर काट रहा था। कभी वह दलदल में उतरकर चीख़ता, कभी लम्बे-लम्बे डग भरकर इधर-उधर लपकता और वैसी ही तेज़ आवाज़ में चीख़ने लगता। गिरी हुई सारसनी की आवाज़ फट गयी थी और उसकी गरदन कुचले हुए साँप की तरह फड़फड़ा रही थी।

सवनहंसों का झुण्ड तट से भागकर खेतों में चला गया। ...अभी-अभी कुछ क्षण पहले का स्वप्निल वातावरण एकदम भयानक हो उठा था। झील का पानी सीमा में बद्ध जैसे थर्रा रहा था और भीगे किनारों पर निर्जीव स्वर टकरा रहे थे। पेड़ों में अभी-अभी सनसनाहट भर गयी थी। दलदल में घायल पड़े सारस को उठाकर लाने की हिम्मत नहीं पड़ रही थी किसी की।

महेस पाण्डे ने पास आकर उन सैलानियों को देखा। उसे उम्मीद थी कि पारबती की तरह ऐसे क्षण में इन औरतों की आँखों में पानी डबडबा आया होगा, पर उनमें तो शिकारी के निशाने की प्रशंसा भरी थी।

वह घर लौट आया। रात-भर उस अकेले घर में उसे बार-बार वही तेज़ आवाज़ सुनाई पड़ती रही। फिर जाने कहाँ से अस्पताल में चीख़ती पारबती की आवाजें आने लगीं। ...सुबह होते ही उससे रुका नहीं गया। वह सीधा झील पहुँचा। झील के ऊपर का धुआँ धीरे-धीरे साफ़ हो रहा था। कांद का जोड़ा किनारे पर बैठा काई खा रहा था। झील के शान्त सौन्दर्य ने उसे इस क्षण बिल्कुल प्रभावित नहीं किया। उसके पैर दलदल की ओर बढ़ रहे थे। उसे सारस दिखाई दिया। वह मृत पड़ी सारसनी के पंखों में चोंच गड़ा-गड़ाकर उसे जगा रहा था शायद, और जब सारसनी नहीं जगी, तो वह विलाप करता झील की ओर चला आया।

वहीं पेड़ के नीचे बैठकर वह देखता रहा—मानसरोवर और कैलास से आये देवहंसों को, जो गन्धर्वों के देश से आये थे, प्रवास के लिए...कोमल और पवित्र पक्षी! ...हलकी किरणों में सोनापतारी के स्वर्णपंख चमचमा उठे। उसका मन उदासी से भर गया। इन परदेसी पक्षियों से क्या नाता जोड़ना! बैठे-बैठे जब वह ऊब जाता, तो बस्ती की ओर चला आता।

बस्ती में नाप-जोख होने लगी तो लोगों को विश्वास हुआ कि अब बिजली लग जायेगी। महेस पाण्डे ने भी हाँ में हाँ मिलायी, "सुना, उत्तर की तरफ़ बहुत बिजली पैदा की जा रही है, वहीं से यहाँ आ रही है।"

तभी मुनादीवाला ऐलान करता सुनाई पड़ा, ''ब-हुकुम चियरमन साहब के चुंगी की कुछ ज़मीनों का नीलाम ब-तारीख चार जनवरी सोमवार को चुंगी अहाते में सवेरे आठ बजे से होगा...। ज़मीनों के नकसे दफ़्तर चुंगी में ख़रीदारों के लिए लगे हैं! ...हर ख़ास व आम को ख़बर दी जाती है कि...'' और मुनादी वाले ने तबले पर बाँस की खपच्चियों से चोट की और आगे बढ़ गया।

चार जनवरी में अभी बीस दिन थे। महेस पाण्डे के दिमाग़ में चबूतरे के पास वाली ज़मीन घूमने लगी। चुंगी को बिजली के लिए रुपये की ज़रूरत है और उसे धर्मशाला के लिए उस ज़मीन की।

मन्दिर और धर्मशाला की बात को लेकर वह सभी के पास पहुँचा, ''धरम का काम है। सबसे ज़्यादा रुपया हम लगायेंगे, कुछ मदद आप लोग करें। धरमसाला पंचायती कर दी जायेगी। आप लोग दस-दस, बीस-बीस रुपये से भी मदद करें तो यह कारज हो सकता है।''

मारवाड़ी मिलवालों ने एकमुश्त पचास रुपया दे दिया, लेकिन उसका खाता डाकखाने में खुलवा दिया। महेस पाण्डे ने तीन हज़ार रुपया भी उसी खाते में जमा कर दिया। इन बीस दिनों के बीच वह घर-घर घूमा। मुख़्तारों के पास गया, हलवाइयों और वैद्यों के पास गया, कपड़े के आढ़तियों से लेकर अंग्रेज़ी डॉक्टरों तक पहुँचा और कुल मिलाकर एक हज़ार रुपया और जमा हो गया।

सबकी आँखों में महेस पाण्डे का रुतबा और सम्मान एकाएक बढ़ गया था। अब सिर पर वह गेरुआ साफ़ा बाँधने लगा था और हाथ में लाठी लेकर चलता था। शरीर कुछ शिथिल हो रहा था।

लेकिन इस ढलते शरीर के साथ भी वह दिन-भर घूमता और अपने साफे में किसी चिड़िया का गिरा हुआ सुन्दर-सा पर कलगी की तरह खोंस लेता। चुंगी दफ़्तर में जाकर वह नक्शे भी देख आया था। नीलाम का दिन पास आ रहा था, और जैसे-जैसे वह दिन निकट आता जाता, महेस पाण्डे की उदासी और बढ़ती जाती।

झील पर शिकार खेलने के लिए आदमियों की बहुत-सी टोलियाँ इस बीच आयीं और गयीं, और अपने घर पर बैठे या बस्ती में घूमते हुए उसने जब-जब चीत्कारें सुनीं और साहब शिकारियों को नरम पंख वाली चिड़ियों को लटकाये ले जाते देखा, तब-तब उसे पारबती की याद आयी बेतरह। उसकी हालत भी तो उस सारस के जोड़े की तरह ही थी...

घर में लेटता तो उड़ते पक्षियों के नरम, कोमल पंखों की सरसराहट उसे महसूस होती, जैसे पारबती केलासन की धोती पहने अदृश्य रूप से गुज़र गयी

हो। ...पर्वतों से आये मेहमान पक्षियों के सफेद और सेमल की रूई-से सजीले पंख और पारबती के सफ़ेद दाँत!

सुबह उठा तो मन नहीं लगा और वह शान्ति पाने के लिए झील की ओर चला।

झील पर पहुँचकर अपनी लाठी से वह काई को छितराता रहा। सिवार के सूतों को उलझाकर उसने निकाला, नन्हे-नन्हे बीज चुनकर मुँह में डाल लिए और उठकर उधर चला गया, जिस ओर जलमंजरी खिली हुई थी। जलमंजरी के पास से ही दलदल शुरू हो जाता था। नारी की बेल पानी में तारों की तरह बिछी हुई थी और गाँठों के पास नन्हे-नन्हे घोंघे चिपके हुए थे। सूत-सी सफ़ेद नन्ही-नन्ही जड़ें मछली के उजले पंखों की तरह धीरे-धीरे काँप रही थीं। दलदल में घुसकर उसने जलमंजरी के फूल तोड़े और गुच्छा बनाकर लौटने लगा।

सोनापतारी का झुण्ड रात-भर चारा खाकर उड़ने ही वाला था कि एक गोली उस पार से छूटी और उड़ते सोनापतारी के झुण्ड में से एक पक्षी बिलबिलाकर छप्प-से झील के बीचोबीच गिर पड़ा। उसके सोने से पंख पानी पर छितरा गये और नीली झील के ख़ामोश पानी पर एक हलचल हुई। एक क्षण बाद ही लाल ख़ून की एक पतली-सी लकीर पानी पर खिंची और सोनापतारी तैरती हुई उस पार जाने की कोशिश करने लगी। उसके नरम पंख फड़फड़ा रहे थे और पानी पर ख़ून की लकीर उसका पीछा कर रही थी।

झुरमुट में से शिकारी निकले। उन्होंने देखा, पर वह पक्षी, तैरता हुआ उस किनारे निकलकर किसी झाड़ी में दुबककर ख़ामोश हो गया। शिकारियों ने बहुत खोजा पर पक्षी नहीं मिला। झील पर मिटती हुई लकीर के बीच एकाध पंख पड़ा था।

उसका मन उचाट हो गया। जलमंजरी के फूलों को वहीं फेंककर वह लौट आया।

पारबती की याद उसे फिर आयी और नीलामी वाले दिन उसने तीन हज़ार की बोली लगाकर चबूतरे के पास वाली ज़मीन नहीं, दलदली नीली झील ख़रीद ली। लोगों की आँखें फट गयीं। इसका दिमाग़ तो नहीं ख़राब हो गया?

"मन्दिर का नाम लेकर इसने धोखा दिया है। रुपया हजम कर गया है।"

लेकिन उसने किसी को कुछ भी जवाब नहीं दिया, और मन में लगता कि अब तो वह पारबती को भी जवाब नहीं दे सकता। उसके पास जवाब है ही क्या?

फागुन आते-आते मेहमान पक्षी उड़ गये। सवनहंस चले गये, सफ़ेद सुरखाब अपने पुराने घरों में लौट गये। मुअर, सन्द, करकर्रा और सरपपच्छी भी चले

गये। ...झील बहुत सूनी हो गयी थी, पर महेस पाण्डे को विश्वास था कि ये फिर हमेशा की तरह अपने झुण्डों के साथ कातिक-अगहन तक वापस आयेंगे।

महेस पाण्डे लिखना-पढ़ना तो जानता नहीं था, बस झील वाले रास्ते के पहले पेड़ पर उसने एक तख़्ती टाँग दी थी, जिस पर उसने लिखा था, 'यहाँ शिकार करना मना है।' और नीचे की पंक्ति थी, 'दस्तखत नीली झील का मालिक, महेस पाण्डे!'

कोसी का घटवार

•

शेखर जोशी

गुसाईं का मन चिलम से भी नहीं लगा। मिहल की छाँह से उठकर वह फिर एक बार घट (पनचक्की) के अन्दर गया। अभी खप्पर में एक चौथाई से भी अधिक गेहूँ शेष था। खप्पर में हाथ डालकर उसने व्यर्थ ही उलटा-पलटा और चक्की के पाटों के वृत्त में फैले हुए आटे को झाड़कर एक ढेर बना दिया। बाहर आते-आते उसने फिर एक बार और खप्पर में झाँककर देखा, जैसे यह जानने के लिए कि इतनी देर में कितनी पिसाई हो चुकी है, परन्तु अन्दर की मिकदार में कोई विशेष अन्तर नहीं आया था। खस्स-खस्स की ध्वनि के साथ अत्यन्त धीमी गति से ऊपर का पाट चल रहा था। घट का प्रवेश-द्वार बहुत कम ऊँचा था, ख़ूब नीचे झुककर वह बाहर निकला। सर के बालों और बाँहों पर आटे की एक हल्की सफ़ेद पर्त बैठ गयी थी।

खम्भे का सहारा लेकर वह बुदबुदाया, "जा, स्साला! सुबह से अब तक दस पसेरी भी नहीं हुआ। सूरज कहाँ-का-कहाँ चला गया है। कैसी अनहोनी बात... ।"

बात अनहोनी तो है ही। जेठ बीत रहा है। आकाश में कहीं बादलों का नामोनिशान ही नहीं। अन्य वर्षों में अब तक लोगों की धानरोपाई पूरी हो जाती थी, पर इस साल नदी-नाले सब सूखे पड़े हैं। खेतों की सिंचाई तो दर-किनार, बीज की क्यारियाँ सूखी जा रही हैं। छोटे नाले-गूलों के किनारे के घट महीनों से बन्द हैं। कोसी के किनारे है गुसाईं का यह घट। पर इसकी भी चाल ऐसी कि लद्दू घोड़े की चाल को मात देती है।

चक्की के निचले खण्ड में छच्चिर-छच्चिर की आवाज़ के साथ पानी को काटती हुई मथानी चल रही थी। कितनी धीमी आवाज़! अच्छे खाते-पीते ग्वालों के घर में दही की मथानी इससे ज़्यादा शोर करती है। इसी मथानी का वह शोर होता था कि आदमी को अपनी बात नहीं सुनाई देती और अब तो भले नदी पार कोई बोले, तो बात यहाँ सुनाई दे जाये।

छप्प...छप्प...छप्प...पुरानी फ़ौजी पैंट को घुटनों तक मोड़कर गुसाईं पानी की गूल के अन्दर चलने लगा। कहीं कोई सूराख-निकास हो, तो बन्द कर दे। एक बूँद पानी भी बाहर न जाये। बूँद-बूँद की क़ीमत है इन दिनों। प्रायः आधा फर्लांग चलकर वह बाँध पर पहुँचा। नदी की पूरी चौड़ाई को घेरकर पानी का बहाव घट की गूल की ओर मोड़ दिया गया था। किनारे की मिट्टी घास लेकर उसने बाँध में एक-दो स्थान पर निकास बन्द किया और फिर गूल के किनारे-किनारे चलकर घट पर आ गया!

अन्दर जाकर उसने फिर पाटों के वृत्त में फैले हुए आटे को बुहार कर ढेरी में मिला दिया। खप्पर में अभी थोड़ा-बहुत गेहूँ शेष था। वह उठकर बाहर आया।

दूर रास्ते पर एक आदमी सर पर पिसान रखे उसकी ओर आ रहा था। गुसाईं ने उसकी सुविधा का ख़याल कर वहीं से आवाज़ दे दी, "हैं हो! यहाँ लम्बर देर में आयेगा। दो दिन का पिसान अभी जमा है। ऊपर उमेदसिंह के घट में देख लो।"

उस व्यक्ति ने मुड़ने से पहले एक बार और प्रयत्न किया। खूब ऊँचे स्वर में पुकारकर वह बोला—"ज़रूरी है, जी, पहले हमारा लम्बर नहीं लगा दोगे?"

गुसाईं होंठों-ही-होंठों में मुस्कराया, स्साला कैसे चीखता है, जैसे घट की आवाज़ इतनी हो कि मैं सुन न सकूँ! कुछ कम ऊँची आवाज़ में उसने हाथ हिलाकर उत्तर दे दिया, "यहाँ ज़रूरी का भी बाप रखा है, जी! तुम ऊपर चले जाओ!"

वह आदमी लौट गया।

मिहल की छाँव में बैठकर गुसाईं ने लकड़ी के जलते कुन्दे को खोदकर चिलम सुलगायी और गुड़-गुड़ करता धुआँ उड़ाता रहा।

खस्सर-खस्सर चक्की का पाट चल रहा था।

किट-किट-किट-किट खप्पर से दाने गिराने वाली चिड़िया पाट पर टकरा रही थी।

छिच्छर-छिच्छर की आवाज़ के साथ मथानी पानी को काट रही थी।

और कहीं कोई आवाज़ नहीं। कोसी के बहाव में भी कोई ध्वनि नहीं। रेती-पाथरों के बीच में टखने-टखने तक फैला पानी क्या आवाज़ करेगा! पानी के गर्भ से निकलकर छोटे-छोटे पत्थर भी अपना सर उठाये आकाश को निहार रहे थे। दोपहरी ढलने पर भी इतनी तेज़ धूप! कहीं चिरैया भी नहीं बोलती। किसी प्राणी का प्रिय अप्रिय स्वर नहीं।

सूखी नदी के किनारे बैठा गुसाईं सोचने लगा, क्यों उस व्यक्ति को लौटा दिया? लौट तो वह जाता ही, घट के अन्दर टच्च पड़े पिसान के थैलों को देखकर। दो-चार क्षण की बातचीत का आसरा ही होता।

कभी-कभी गुसाईं को यह अकेलापन काटने लगता है। सूखी नदी के किनारे का यह अकेलापन नहीं, ज़िन्दगी भर साथ देने के लिए जो अकेलापन उसके द्वार पर धरना देकर बैठ गया है, वही। जिसे अपना कह सके ऐसे किसी प्राणी का स्वर उसके लिए नहीं, पालतू कुत्ते-बिल्ली का स्वर भी नहीं। क्या ठिकाना ऐसे मालिक का, जिसका घर-द्वार नहीं। बीवी-बच्चे नहीं, खाने-पीने का ठिकाना नहीं...

घुटनों तक उठी हुई पुरानी फ़ौजी पैंट के मोड़ को गुसाईं ने खोला। गूल में चलते हुए थोड़ा भाग भीग गया था। पर इस गर्मी में उसे भीगी पैंट की यह शीतलता अच्छी लगी। पैंट की सलवटों को ठीक करते-करते गुसाईं ने हुक्के की नली से मुँह हटाया। उसके होंठों में बायें कोने पर हल्की-सी मुस्कान उभर आयी। बीती बातों की याद...गुसाईं सोचने लगा, इसी पैंट की बदौलत यह अकेलापन उसे मिला है...नहीं याद करने को मन नहीं करता। पुरानी, बहुत पुरानी बातें वह भूल गया है, पर हवलदार साहब की पैंट की बात उसे नहीं भूलती।

ऐसी ही फ़ौजी पैंट पहनकर हवलदार धरमसिंह आया था, लॉन्ड्री की धुली नोकदार, क्रीजवाली पैंट! वैसी ही पैंट पहनने की महत्वाकांक्षा लेकर गुसाईं फ़ौज में गया था। पर फ़ौज से लौटा, तो पैंट के साथ-साथ ज़िन्दगी का अकेलापन भी उसके साथ आ गया।

पैंट के साथ और भी कितनी स्मृतियाँ सम्बद्ध हैं। उस बार की छुट्टियों की बात...

कौन महीना? हाँ, बैसाख ही था। सर पर क्रास खुखरी के क्रैस्ट वाली, काली, किश्तीनुमा टोपी को तिरछा रखकर, फ़ौजी वर्दी पहने वह पहली बार एनुअल-लीव पर घर आया, तो चीड़ वन की आग की तरह ख़बर इधर-उधर फैल गयी थी। बच्चे-बूढ़े, सभी उससे मिलने आये थे। चाचा का गोठ एकदम भर गया था, ठसाठस्स। बिस्तर की नयी, एकदम साफ़, जगमग, लाल-नीली धारियों वाली दरी आँगन में बिछानी पड़ी थी लोगों को बिठाने के लिए। खूब याद है, आँगन का गोबर दरी में लग गया था। बच्चे-बूढ़े, सभी आये थे। सिर्फ़ चना-गुड़ या हल्द्वानी के तम्बाकू का लोभ ही नहीं था, कल के शर्मीले गुसाईं को इस नये रूप में देखने का कौतूहल भी था। पर गुसाईं की आँखें उस भीड़ में जिसे खोज रही थीं, वह वहाँ नहीं थी।

नाले पार के अपने गाँव से भैंस के कट्या को खोजने के बहाने दूसरे दिन लछमा आयी थी। पर गुसाईं उस दिन उससे मिल न सका। गाँव के छोकरे ही गुसाईं की जान को बवाल हो गये थे। बुड्ढे नरसिंह प्रधान उन दिनों ठीक ही कहते थे, आजकल गुसाईं को देखकर सोबनियाँ का लड़का भी अपनी फटी घेर

की टोपी को तिरछी पहनने लग गया है। ...दिन-रात बिल्ली के बच्चों की तरह छोकरे उसके पीछे लगे रहते थे, सिगरेट-बीड़ी या गपशप के लोभ में।

एक दिन बड़ी मुश्किल से मौक़ा मिला था उसे। लछमा को पात-पतेल के लिए जंगल जाते देखकर वह छोकरों से कांकड़ के शिकार का बहाना बनाकर अकेले जंगल को चल दिया था। गाँव की सीमा से बहुत दूर, काफल के पेड़ के नीचे गुसाईं के घुटने पर सर रखकर, लेटी-लेटी लछमा काफल खा रही थी। पके, गदराये, गहरे लाल-लाल काफल! खेल-खेल में काफलों की छीना-झपटी करते गुसाईं ने लछमा की मुट्ठी भींच दी थी। टप-टप काफलों का गाढ़ा लाल रस उसकी पैंट पर गिर गया था। लछमा ने कहा था, "इसे यहीं रख जाना, मेरी पूरी बाँह की कुर्ती इसमें से निकल आयेगी।" वह खिलखिलाकर अपनी बात पर स्वयं ही हँस दी थी।

पुरानी बात—क्या कहा था गुसाईं ने, याद नहीं पड़ता तेरे लिए मखमल की कुर्ती ला दूँगा, मेरी सुवा! ...या कुछ ऐसा ही।

पर लछमा को मखमल की कुर्ती किसने पहनायी होगी पहाड़ी पार के रमुवाँ ने, जो तुरी-निसाण लेकर उसे ब्याहने आया था?

जिसके आगे-पीछे भाई-बहिन नहीं, माई-बाप नहीं, परदेश में बन्दूक की नोक पर जान रखने वाले को छोकरी कैसे दे दें हम? लछमा के बाप ने कहा था।

उसका मन जानने के लिए गुसाईं ने टेढ़े-तिरछे बात चलवायी थी।

उसी साल मंगसिर की एक ठण्डी, उदास शाम को गुसाईं की यूनिट के सिपाही किसन सिंह ने क्वार्टर-मास्टर स्टोर के सामने खड़े-खड़े उससे कहा था, "हमारे गाँव के रामसिंह ने ज़िद की, तभी छुट्टियाँ बढ़ानी पड़ीं। इस साल उसकी शादी थी। ख़ूब अच्छी औरत मिली है, यार? शक्ल-सूरत भी ख़ूब है, एकदम पटाखा ! बड़ी हँसमुख है। तुमने तो देखा ही होगा, तुम्हारे गाँव के नज़दीक की ही है। लछमा-लछमा कुछ ऐसा ही नाम है।"

गुसाईं को याद नहीं पड़ा, कौन-सा बहाना बनाकर वह किसन सिंह के पास से चला आया था। रम-डे था उस दिन। हमेशा आधा पेग लेने वाला गुसाईं उस दिन दो पेग रम लेकर अपनी चारपाई पर पड़ गया था। हवलदार मेजर ने दूसरे दिन पेशी करवायी थी—मलेरिया प्रिकॉशन न करने के अपराध में। ...सोचते-सोचते गुसाईं बुदबुदाया, "स्साला एडजुटेंट!"

गुसाईं सोचने लगा, उस साल छुट्टियों में घर से विदा होने से एक दिन पहले वह मौक़ा निकालकर लछमा से मिला था।

"गंगनाथज्यू की कसम, जैसा तुम कहोगे, मैं वैसा ही करूँगी!" आँखों में आँसू भरकर लछमा ने कहा था।

वर्षों से वह सोचता आया है, कभी लछमा से भेंट होगी, तो वह अवश्य कहेगा कि वह गंगनाथ का जागर लगाकर प्रायश्चित्त ज़रूर कर ले। देवी-देवताओं की झूठी कसमें खाकर उन्हें नाराज़ करने से क्या लाभ? जिस पर भी गंगनाथ का कोप हुआ, वह कभी फल-फूल नहीं पाया। पर लछमा से कब भेंट होगी, यह वह नहीं जानता। लड़कपन के संगी-साथी नौकरी-चाकरी के लिए मैदानों में चले गये हैं। गाँव की ओर जाने का उसका मन नहीं होता। लछमा के बारे में किसी से पूछना उसे अच्छा नहीं लगता।

जितने दिन नौकरी रही, वह पलटकर अपने गाँव नहीं आया। एक स्टेशन से दूसरे स्टेशन का वालंटियरी ट्रांसफर लेने वालों की लिस्ट में नायक गुसाईं सिंह का नाम ऊपर आता रहा—लगातार पन्द्रह साल तक।

पिछले बैसाख में ही वह गाँव लौटा, पन्द्रह साल बाद, रिज़र्व में आने पर। काले बालों को लेकर गया था, खिचड़ी बाल लेकर लौटा। लछमा का हठ उसे अकेला बना गया।

आज इस अकेलेपन में कोई होता, जिसे गुसाईं अपनी ज़िन्दगी की किताब पढ़कर सुनाता! शब्द-शब्द, अक्षर-अक्षर...कितना देखा, कितना सुना और कितना अनुभव किया है उसने...

पर नदी किनारे की यह तपती रेत, पनचक्की की खटर-पटर और मिहल की छाया में ठण्डी चिलम को निष्प्रयोजन गुड़गुड़ाता गुसाईं। और चारों ओर अन्य कोई नहीं। एकदम निर्जन, निस्तब्ध, सुनसान...

एकाएक गुसाईं का ध्यान टूटा।

सामने पहाड़ी के बीच की पगडण्डी से सर पर बोझा लिए एक नारी आकृति उसी ओर चली आ रही थी। गुसाईं ने सोचा, वहीं से आवाज़ देकर उसे लौटा दे। कोसी के चिकने, काई लगे पत्थरों पर कठिनाई से चलकर उसे वहाँ तक आकर केवल निराश लौट जाने को क्यों वह बाध्य करे। दूर से चिल्ला-चिल्ला कर पिसान स्वीकार करवाने की लोगों की आदत के कारण वह तंग आ चुका था। इस कारण आवाज़ देने को उसका मन नहीं हुआ। वह आकृति अब तक पगडण्डी छोड़कर नदी के मार्ग में आ पहुँची थी।

चक्की की बदलती आवाज़ को पहचानकर गुसाईं घट के अन्दर चला गया। खप्पर का अनाज समाप्त हो चुका था। खप्पर में एक कम अन्न वाले थैले को उलट कर उसने अन्न का निकास रोकने के लिए काठ की चिड़ियों को उलटा

कर दिया। किट-किट का स्वर बन्द हो गया। वह जल्दी-जल्दी आटे को थैले में भरने लगा। घट के अन्दर मथानी की उच्छिर-छच्छिर की आवाज़ भी अपेक्षाकृत कम सुनाई दे रही थी। केवल चक्की के ऊपरवाले पाट की घिसटती हुई घरघराहट का हल्का-धीमा संगीत चल रहा था। तभी गुसाईं ने सुना अपनी पीठ के पीछे, घर के द्वार पर, इस संगीत से भी मधुर एक नारी का कण्ठ स्वर, "कब बारी आयेगी, जी? रात की रोटी के लिए भी घर में आटा नहीं है।"

सर पर पिसान रखे एक स्त्री उससे यह पूछ रही थी। गुसाईं को उसका स्वर परिचित-सा लगा। चौंककर उसने पीछे मुड़कर देखा। कपड़े में पिसान ढीला बँधा होने के कारण बोझ का एक सिरा उसके मुख के आगे आ गया था। गुसाईं उसे ठीक से नहीं देख पाया, लेकिन तब भी उसका मन जैसे आशंकित हो उठा। अपनी शंका का समाधान करने के लिए वह बाहर आने को मुड़ा, लेकिन तभी फिर अन्दर जाकर पिसान के थैलों को इधर-उधर रखने लगा। काठ की चिड़िया किट-किट बोल रही थी और उसी गति के साथ गुसाईं को अपने हृदय की धड़कन का आभास हो रहा था।

घट के छोटे कमरे में चारों ओर पिसे हुए अन्न का चूर्ण फैल रहा था, जो अब तक गुसाईं के पूरे शरीर पर छा गया था। इस कृत्रिम सफ़ेदी के कारण वह वृद्ध-सा दिखाई दे रहा था। स्त्री ने उसे नहीं पहचाना।

उसने दुबारा वे ही शब्द दुहराये। वह अब भी तेज़ धूप में बोझा सर पर रखे हुए गुसाईं का उत्तर पाने को आतुर थी। शायद नकारात्मक उत्तर मिलने पर वह उलटे पाँव लौटकर किसी अन्य चक्की का सहारा लेती।

दूसरी बार के प्रश्न को गुसाईं नहीं टाल पाया, उत्तर देना ही पड़ा, यहाँ पहले ही टीला लगा है, देर तो होगी ही। उसने दबे-दबे स्वर में कह दिया।

स्त्री ने किसी प्रकार की अनुनय-विनय नहीं की। शाम के आटे का प्रबन्ध करने के लिए वह दूसरी चक्की का सहारा लेने को लौट पड़ी।

गुसाईं कमर झुकाकर घट से बाहर निकला। मुड़ते समय स्त्री की एक झलक देखकर उसका सन्देह विश्वास में बदल गया था। हताश-सा वह कुछ क्षणों तक उसे जाते हुए देखता रहा और फिर अपने हाथों तथा सर पर गिरे हुए आटे को झाड़कर वह एक-दो क़दम आगे बढ़ा। उसके अन्दर की किसी अज्ञात शक्ति ने जैसे उसे वापस जाती हुई उस स्त्री को बुलाने को बाध्य कर दिया। आवाज़ देकर उसे बुला लेने को उसने मुँह खोला, परन्तु आवाज़ न दे सका। एक झिझक, एक असमर्थता थी, जो उसका मुँह बन्द कर रही थी। वह स्त्री नदी तक पहुँच चुकी थी। गुसाईं के अन्तर में तीव्र उथल-पुथल मच गयी। इस बार

आवेग इतना तीव्र था कि वह स्वयं को नहीं रोक पाया, लड़खड़ाती आवाज़ में उसने पुकारा, 'लछमा!'

घबराहट के कारण वह पूरे ज़ोर से आवाज़ नहीं दे पाया था। स्त्री ने यह आवाज़ नहीं सुनी। इस बार गुसाईं ने स्वस्थ होकर पुनः पुकारा, 'लछमा!'

लछमा ने पीछे मुड़कर देखा। मायके में उसे सभी इसी नाम से पुकारते थे, यह सम्बोधन उसके लिए स्वाभाविक था। परन्तु उसे शंका शायद यह थी कि चक्की वाला एक बार पिसान स्वीकार न करने पर भी दुबारा उसे बुला रहा है या उसे केवल भ्रम हुआ है। उसने वहीं से पूछा, "मुझे पुकार रहे हैं, जी?"

गुसाईं ने संयत स्वर में कहा, "हाँ, ले आ, हो जायेगा।"

लछमा क्षण-भर रुकी और फिर घट की ओर लौट गयी।

अचानक साक्षात्कार होने का मौक़ा न देने की इच्छा से गुसाईं व्यस्तता का प्रदर्शन करता हुआ मिहल की छाँह में चला गया।

लछमा पिसान का थैला घट के अन्दर रख आयी। बाहर निकलकर उसने आँचल के कोर से मुँह पोंछा। तेज़ धूप में चलने के कारण उसका मुँह लाल हो गया था। किसी पेड़ की छाया में विश्राम करने की इच्छा से उसने इधर-उधर देखा। मिहल के पेड़ की छाया में घट की ओर पीठ किये गुसाईं बैठा हुआ था। निकट स्थान में दाड़िम के एक पेड़ की छाँह को छोड़कर अन्य कोई बैठने लायक स्थान नहीं था। वह उसी ओर चलने लगी।

गुसाईं की उदारता के कारण ऋणी-सी होकर ही जैसे उसने निकट आते-आते कहा, "तुम्हारे बाल-बच्चे जीते रहें, घटवारजी! बड़ा उपकार का काम कर दिया तुमने! ऊपर के घट में भी जाने कितनी देर में लम्बर मिलता।"

अजात सन्तति के प्रति दिये गये आशीर्वचनों को गुसाईं ने मन-ही-मन विनोद के रूप में ग्रहण किया। इस कारण उसकी मानसिक उथल-पुथल कुछ कम हो गयी। लछमा उसकी ओर देखे, इससे पूर्व ही उसने कहा, "जीते रहें तेरे बाल-बच्चे लछमा? मायके कब आयी?"

गुसाईं ने अन्तर में घुमड़ती आँधी को रोककर यह प्रश्न इतने संयत स्वर में किया, जैसे वह भी अन्य दस आदमियों की तरह लछमा के लिए एक साधारण व्यक्ति हो।

दाड़िम की छाया में पात-पतेल झाड़कर बैठते लछमा ने शंकित दृष्टि से गुसाईं की ओर देखा। कोसी की सूखी धार अचानक जल-प्लावित होकर बहने लगती, तो भी लछमा को इतना आश्चर्य नहीं होता, जितना अपने स्थान से केवल चार क़दम की दूरी पर गुसाईं को इस रूप में देखने पर हुआ। विस्मय से

आँखें फाड़कर वह उसे देखे जा रही थी, जैसे अब भी उसे विश्वास न हो रहा हो कि जो व्यक्ति उसके सम्मुख बैठा है, वह उसका पूर्व-परिचित गुसाईं ही है।

"तुम?" जाने लछमा क्या कहना चाहती थी, शेष शब्द उसके कण्ठ में ही रह गये।

"हाँ, पिछले साल पल्टन से लौट आया था, वक़्त काटने के लिए यह घट लगवा लिया।" गुसाईं ने उसकी जिज्ञासा शान्त करने के लिए कहा। होंठों पर मुस्कान लाने की उसने असफल कोशिश की।

कुछ क्षणों तक दोनों कुछ नहीं बोले। फिर गुसाईं ने ही पूछा, "बाल-बच्चे ठीक हैं?"

आँखें ज़मीन पर टिकाये, गरदन हिलाकर संकेत से ही उसने बच्चों की कुशलता की सूचना दे दी। ज़मीन पर गिरे एक दाड़िम के फूल को हाथों में लेकर लछमा उसकी पंखुड़ियों को एक-एक कर निरुद्देश्य तोड़ने लगी। और गुसाईं पतली सींक लेकर आग को कुरेदता रहा।

बातों का क्रम बनाये रखने के लिए गुसाईं ने पूछा, "तू अभी और कितने दिन मायके ठहरने वाली है?"

अब लछमा के लिए अपने को रोकना असम्भव हो गया। टपू-टपू-टपू, वह सर नीचा किये आँसू गिराने लगी। सिसकियों के साथ-साथ उसके उठते-गिरते कन्धों को गुसाईं देखता रहा। उसे यह नहीं सूझ रहा था कि वह किन शब्दों में अपनी सहानुभूति प्रकट करे।

इतनी देर बाद सहसा गुसाईं का ध्यान लछमा के शरीर की ओर गया। उसके गले में काला चरेऊ (सुहाग-चिह्न) नहीं था। हतप्रभ-सा गुसाईं उसे देखता रहा। अपनी व्यावहारिक अज्ञानता पर उसे बेहद झुँझलाहट हो रही थी।

आज अचानक लछमा से भेंट हो जाने पर वह उन सब बातों को भूल गया, जिन्हें वह कहना चाहता था। इन क्षणों में वह मात्र श्रोता बनकर रह जाना चाहता था। गुसाईं की सहानुभूति पूर्ण दृष्टि पाकर लछमा आँसू पोंछती हुई अपना दुखड़ा रोने लगी, "जिसका भगवान नहीं होता, उसका कोई नहीं होता। जेठ-जेठानी से किसी तरह पिण्ड छुड़ाकर यहाँ माँ की बीमारी में आयी थी, वह भी मुझे छोड़कर चली गयी। एक अभागा मुझे रोने को रह गया है, उसी के लिए जीना पड़ रहा है। नहीं तो पेट पर पत्थर बाँधकर कहीं डूब मरती, जंजाल कटता।"

"यहाँ काका-काकी के साथ रह रही हो?" गुसाईं ने पूछा।

"मुश्किल पड़ने पर कोई किसी का नहीं होता, जी! बाबा की जायदाद पर उनकी आँखें लगी हैं, सोचते हैं, कहीं मैं हक़ न जमा लूँ। मैंने साफ़-साफ़ कह

दिया, मुझे किसी का कुछ लेना-देना नहीं। जंगलात का लीसा ढो-ढोकर अपनी गुज़र कर लूँगी, किसी की आँख का काँटा बनकर नहीं रहूँगी।''

गुसाईं ने किसी प्रकार की मौखिक संवेदना प्रकट नहीं की। केवल सहानुभूतिपूर्ण दृष्टि से उसे देखता भर रहा। दाड़िम के वृक्ष से पीठ टिकाए लछमा घुटने मोड़कर बैठी थी। गुसाईं सोचने लगा, पन्द्रह-सोलह साल किसी की ज़िन्दगी में अन्तर लाने के लिए कम नहीं होते, समय का यह अन्तराल लछमा के चेहरे पर भी एक छाप छोड़ गया था, पर उसे लगा, उस छाप के नीचे वह आज भी पन्द्रह वर्ष पहले की लछमा को देख रहा है।

''कितनी तेज़ धूप है; इस साल!'' लछमा का स्वर उसके कानों में पड़ा। प्रसंग बदलने के लिए ही जैसे लछमा ने यह बात जानबूझकर कही हो।

अचानक उसका ध्यान उस ओर चला गया, जहाँ लछमा बैठी थी। दाड़िम की फैली-फैली अधढँकी डालों से छनकर धूप उसके शरीर पर पड़ रही थी। सूरज की एक पतली किरण न जाने कब से लछमा के माथे पर गिरी हुई एक लट को सुनहरी रंगीनी में डुबो रही थी। गुसाईं एकटक उसे देखता रहा।

''दोपहर तो बीत चुकी होगी,'' लछमा ने प्रश्न किया तो गुसाईं का ध्यान टूटा, ''हाँ, अब तो दो बजने वाले होंगे'', उसने कहा, ''उधर धूप लग रही हो तो इधर आ जा छाँव में।'' कहता हुआ गुसाईं एक जम्हाई लेकर अपने स्थान से उठ गया।

''नहीं, यहीं ठीक है,'' कहकर लछमा ने गुसाईं की ओर देखा, लेकिन वह अपनी बात कहने के साथ ही दूसरी ओर देखने लगा था।

घट में कुछ देर पहले डाला हुआ पिसान समाप्ति पर था। नम्बर पर रखे हुए पिसान की जगह उसने जाकर जल्दी-जल्दी लछमा का अनाज खप्पर में खाली कर दिया।

धीरे-धीरे चलकर गुसाईं गूल के किनारे तक गया, अपनी अंजुली से भर-भर कर पानी पिया और फिर पास ही एक बंजर घट के अन्दर जाकर पीतल और अलमूनियम के कुछ बर्तन लेकर आग के निकट लौट आया।

आसपास पड़ी हुई सूखी लकड़ियों को बटोरकर उसने आग सुलगायी और एक कालिख पुती बटलोई में पानी रखकर जाते-जाते लछमा की ओर मुँह कर कह गया, ''चाय का टैम भी हो रहा है। पानी उबल जाये, तो पत्ती डाल देना, पुड़िया में पड़ी है।''

लछमा ने कोई उत्तर नहीं दिया। वह उसे नदी की ओर जाने वाली पगडण्डी पर जाता हुआ देखती रही।

सड़क किनारे की दुकान से दूध लेकर लौटते-लौटते गुसाईं को काफ़ी समय लग गया था। वापस आने पर उसने देखा, एक छह-सात वर्ष का बच्चा लछमा की देह से सटकर बैठा हुआ है।

बच्चे का परिचय देने की इच्छा से जैसे लछमा ने कहा, ''इस छोकरे को घड़ी भर के लिए भी चैन नहीं मिलता। जाने कैसे पूछता-खोजता मेरी जान खाने को यहाँ भी पहुँच गया है।''

गुसाईं ने लक्ष्य किया कि बच्चा बार-बार उसकी दृष्टि बचाकर माँ से किसी चीज़ के लिए ज़िद कर रहा है। एक बार झुँझलाकर लछमा ने उसे झिड़क दिया, ''चुप रह! अभी लौटकर घर जायेंगे, इतनी-सी देर में मरा क्यों जा रहा है?''

चाय के पानी में दूध डालकर गुसाईं फिर उसी बंजर घट में गया। एक थाली में आटा लेकर वह गूल के किनारे बैठा-बैठा उसे गूँधने लगा। मिहल के पेड़ की ओर आते समय उसने साथ में दो-एक बर्तन और ले लिये।

लछमा ने बटलोई में दूध-चीनी डालकर चाय तैयार कर दी थी। एक गिलास, एक एनेमल का मग और एक अलमूनियम के मैसटिन में गुसाईं ने चाय डालकर आपस में बाँट ली और पत्थरों से बने बेढंगे चूल्हे के पास बैठकर रोटियाँ बनाने का उपक्रम करने लगा।

हाथ का चाय का गिलास ज़मीन पर टिकाकर लछमा उठी। आटे की थाली अपनी ओर खिसकाकर उसने स्वयं रोटी पका देने की इच्छा ऐसे स्वर में प्रकट की कि गुसाईं ना न कह सका। वह खड़ा-खड़ा उसे रोटी पकाते हुए देखता रहा। गोल-गोल डिबिया-सरीखी रोटियाँ चूल्हे में खिलने लगीं। वर्षों बाद गुसाईं ने ऐसी रोटियाँ देखी थीं, जो अनिश्चित आकार की फ़ौजी लंगर की चपातियों या स्वयं उसके हाथ से बनी बेडौल रोटियों से एकदम भिन्न थीं। आटे की लोई बनाते समय लछमा के छोटे-छोटे हाथ बड़ी तेज़ी से घूम रहे थे। कलाई में पहने हुए चाँदी के कड़े जब कभी आपस में टकरा जाते, तो खन्-खन् का एक अत्यन्त मधुर स्वर निकलता। चक्की के पाट पर टकराने वाली काठ की चिड़ियों का स्वर कितना नीरस हो सकता है, यह गुसाईं ने आज पहली बार अनुभव किया।

किसी काम से वह बंजर घट की ओर गया और बड़ी देर तक खाली बर्तन-डिब्बों को उठाता-रखता रहा।

वह लौटकर आया, तो लछमा रोटी बनाकर बर्तनों को समेट चुकी थी और अब आटे में सने हाथों को धो रही थी।

गुसाईं ने बच्चे की ओर देखा। वह दोनों हाथों में चाय का मग थामे टकटकी लगाकर गुसाईं को देखे जा रहा था। लछमा ने आग्रह के स्वर में कहा, ''चाय के साथ खानी हों, तो खा लो। फिर ठण्डी हो जायेंगी।''

"मैं तो अपने टैम से ही खाऊँगा। यह तो बच्चे के लिए..." स्पष्ट करने में उसे झिझक महसूस हो रही थी, जैसे बच्चे के सम्बन्ध में चिन्तित होने की उसकी चेष्टा अनधिकार हो।

"न-न, जी! वह तो अभी घर से खाकर ही आ रहा है। मैं रोटियाँ बनाकर रख आयी थी।" अत्यन्त संकोच के साथ लछमा ने आपत्ति प्रकट कर दी।

"अंऽऽ, यों ही कहती है। कहाँ रखी थीं रोटियाँ घर में?" बच्चे ने रुआँसी आवाज़ में वास्तविक स्थिति स्पष्ट कर दी। वह ध्यानपूर्वक अपनी माँ और इस अपरिचित व्यक्ति की बातें सुन रहा था और रोटियों को देखकर उसका संयम ढीला पड़ गया था।

"चुप!" आँखें तरेरकर लछमा ने उसे डाँट दिया। बच्चे के इस कथन के कारण उसकी स्थिति हास्यास्पद हो गयी थी, इस कारण लज्जा से उसका मुँह आरक्त हो उठा।

"बच्चा है, भूख लग आयी होगी, डाँटने से क्या फ़ायदा?" गुसाईं ने बच्चे का पक्ष लेकर दो रोटियाँ उसकी ओर बढ़ा दीं। परन्तु माँ की अनुमति के बिना उन्हें स्वीकारने का साहस बच्चे को नहीं हो रहा था। वह ललचाई दृष्टि से कभी रोटियों की ओर, कभी माँ की ओर देख लेता था।

गुसाईं के बार-बार आग्रह करने पर भी बच्चा रोटियाँ लेने में संकोच करता रहा, तो लछमा ने उसे झिड़क दिया, "मर! अब ले क्यों नहीं लेता? जहाँ जायेगा, वहीं अपने लच्छन दिखायेगा!"

इससे पहले कि बच्चा रोना शुरू कर दे, गुसाईं ने रोटियों के ऊपर एक टुकड़ा गुड़ का रखकर बच्चे के हाथों में दिया। भरी-भरी आँखों से इस अनोखे मित्र को देखकर बच्चा चुपचाप रोटी खाने लगा। और गुसाईं कौतुकपूर्ण दृष्टि से उसके हिलते हुए होंठों को देखता रहा।

इस छोटे-से प्रसंग के कारण वातावरण में एक तनाव-सा आ गया था, जिसे गुसाईं और लछमा दोनों ही अनुभव कर रहे थे।

स्वयं भी एक रोटी को चाय में डुबाकर खाते-खाते गुसाईं ने जैसे इस तनाव को कम करने की कोशिश में ही मुस्कराकर कहा, "लोग ठीक ही कहते हैं, औरत के हाथ की बनी रोटियों में स्वाद ही दूसरा होता है।"

लछमा ने करुण दृष्टि से उसकी ओर देखा। गुसाईं हो-होकर खोखली हँसी हँस रहा था।

"कुछ साग-सब्ज़ी होती, तो बेचारा एक-आधी रोटी और खा लेता।" गुसाईं ने बच्चे की ओर देखकर अपनी विवशता प्रकट की।

“ऐसी ही खाने-पीने वाले की तकदीर लेकर पैदा हुआ होता, तो मेरे भाग क्यों पड़ता? दो दिन से घर में तेल-नमक नहीं है। आज थोड़े पैसे मिले हैं, आज ले जाऊँगी कुछ सौदा।”

हाथ से अपनी जेब टटोलते हुए गुसाईं ने संकोचपूर्ण स्वर में कहा, “लछमा!”

लछमा ने जिज्ञासा से उसकी ओर देखा। गुसाईं ने जेब से एक नोट निकालकर उसकी ओर बढ़ाते हुए कहा, “ले, काम चलाने के लिए यह रख ले, मेरे पास अभी और है। परसों दफ़्तर से मनीआर्डर आया था।”

“नहीं-नहीं, जी! काम तो चल ही रहा है। मैं इस मतलब से थोड़े कह रही थी। यह तो बात चली थी, तो मैंने कहा।” कहकर लछमा ने सहायता लेने से इनकार कर दिया।

गुसाईं को लछमा का यह व्यवहार अच्छा नहीं लगा। रूखी आवाज़ में वह बोला, “दुख-तकलीफ़ के वक़्त ही आदमी-आदमी के काम नहीं आया, तो बेकार है! स्साला ! कितना कमाया, कितना फूँका हमने इस ज़िन्दगी में। है कोई हिसाब! पर क्या फ़ायदा! किसी के काम नहीं आया। इसमें एहसान की क्या बात है। पैसा तो मिट्टी है स्साला! किसी के काम नहीं आया तो मिट्टी, एकदम मिट्टी!”

परन्तु गुसाईं के इस तर्क के बावजूद भी लछमा अड़ी रही, बच्चे के सर पर हाथ फेरते हुए उसने दार्शनिक गम्भीरता से कहा, “गंगानाथ दाहिने रहें, तो भले-बुरे दिन निभ ही जाते हैं, जी! पेट का क्या है, घट के खप्पर की तरह जितना डालो, कम हो जाये। अपने-पराये प्रेम से हँस-बोल दें, तो वही बहुत है दिन काटने के लिए।”

गुसाईं ने गौर से लछमा के मुख की ओर देखा। वर्षों पहले उठे हुए ज्वार और तूफ़ान का वहाँ कोई चिह्न शेष नहीं था। अब वह सागर जैसी सीमाओं में बँधकर शान्त हो चुका था।

रुपया लेने के लिए लछमा से अधिक आग्रह करने का उसका साहस नहीं हुआ। पर गहरे असन्तोष के कारण बुझा-बुझा-सा वह धीमी चाल से चलकर वहाँ से हट गया। सहसा उसकी चाल तेज़ हो गयी और घट के अन्दर जाकर उसने एक बार शंकित दृष्टि से बाहर की ओर देखा। लछमा उस ओर पीठ किये बैठी थी। उसने जल्दी-जल्दी अपने निजी आटे के टीन से दो-ढाई सेर के क़रीब आटा निकालकर लछमा के आटे में मिला दिया और सन्तोष की एक साँस लेकर वह हाथ झाड़ता हुआ बाहर आकर बाँध की ओर देखने लगा। ऊपर बाँध पर किसी को घूमते हुए देखकर उसने हाँक दी। शायद खेत की सिंचाई के लिए कोई पानी तोड़ना चाहता था।

बाँध की ओर जाने से पहले वह एक बार लछमा के निकट गया। पिसान पिस जाने की सूचना उसे देकर वह वापस लौटते हुए फिर ठिठककर खड़ा हो गया, मन की बात कहने में जैसे उसे झिझक हो रही हो। अटक-अटककर वह बोला, ''लछमा... ।''

लछमा ने सर उठाकर उसकी ओर देखा। गुसाईं को चुपचाप अपनी ओर देखते हुए उसे संकोच होने लगा। वह न जाने क्या कहना चाहता है, इस बात की आशंका से उसके मुँह का रंग अचानक फीका होने लगा। पर गुसाईं ने झिझकते हुए केवल इतना ही कहा, ''कभी चार पैसे जुड़ जायें, तो गंगनाथ का जागर लगाकर भूल-चूक की माफ़ी माँग लेना। पूत-परिवार वालों को देवी-देवता के कोप से बचा रहना चाहिए।'' लछमा की बात सुनने के लिए वह नहीं रुका।

पानी तोड़ने वाले खेतिहर से झगड़ा निपटाकर कुछ देर बाद लौटते हुए उसने देखा, सामने वाले पहाड़ की पगडण्डी पर सर पर आटा लिए लछमा अपने बच्चे के साथ धीरे-धीरे चली जा रही थी। वह उन्हें पहाड़ी के मोड़ तक पहुँचने तक टकटकी बाँधे देखता रहा।

घट के अन्दर काठ की चिड़िया अब भी किट-किट आवाज़ कर रही थी, चक्की का घाट खिस्सर-खिस्सर चल रहा था और मथानी की पानी काटने की आवाज़ आ रही थी, और कहीं कोई स्वर नहीं, सब सुनसान, निस्तब्ध।

परिन्दे

•

निर्मल वर्मा

अँधेरे गलियारे में चलते हुए लतिका ठिठक गयी। दीवार का सहारा लेकर उसने लैम्प की बत्ती बढ़ा दी। सीढ़ियों पर उसकी छाया एक बेडौल कटी-फटी आकृति खींचने लगी। सात नम्बर कमरे से लड़कियों की बातचीत और हँसी-ठहाकों का स्वर अभी तक आ रहा था। लतिका ने दरवाज़ा खटखटाया। शोर अचानक बन्द हो गया।

‘‘कौन है?’’

लतिका चुप खड़ी रही। कमरे में कुछ देर तक घुसर-पुसर होती रही, फिर दरवाज़े की चिटखनी के खुलने का स्वर आया। लतिका कमरे की देहरी से कुछ आगे बढ़ी, लैम्प की झपकती लौ में लड़कियों के चेहरे सिनेमा के परदे पर ठहरे हुए क्लोज़अप की भाँति उभरने लगे।

‘‘कमरे में अँधेरा क्यों कर रखा है?’’ लतिका के स्वर में हल्की-सी झिड़की का आभास था।

‘‘लैम्प में तेल ही ख़त्म हो गया, मैडम!’’

यह सुधा का कमरा था, इसलिए उसे ही उत्तर देना पड़ा। होस्टल में शायद वह सबसे अधिक लोकप्रिय थी, क्योंकि सदा छुट्टी के समय या रात को डिनर के बाद आस-पास के कमरों में रहने वाली लड़कियों का जमघट उसी के कमरे में लग जाता था। देर तक गपशप, हँसी-मज़ाक़ चलता रहता।

‘‘तेल के लिए करीमुद्दीन से क्यों नहीं कहा?’’

‘‘कितनी बार कहा मैडम, लेकिन उसे याद रहे तब तो।’’

कमरे में हँसी की फुहार एक कोने से दूसरे कोने तक फैल गयी। लतिका के कमरे में आने से अनुशासन की जो घुटन घिर आयी थी वह अचानक बह गयी। करीमुद्दीन होस्टल का नौकर था। उसके आलस और काम में टालमटोल करने के किस्से होस्टल की लड़कियों में पीढ़ी-दर-पीढ़ी चले आते थे।

लतिका को हठात् कुछ स्मरण हो आया। अँधेरे में लैम्प घुमाते हुए चारों ओर निगाहें दौड़ाईं। कमरे में चारों ओर घेरा बनाकर वे बैठी थीं—पास-पास एक-दूसरे से सटकर। सबके चेहरे परिचित थे, किन्तु लैम्प के पीले मद्धिम प्रकाश में मानो कुछ बदल गया था, या जैसे वह उन्हें पहली बार देख रही थी।

"जूली, अब तक तुम इस ब्लॉक में क्या कर रही हो?"

जूली खिड़की के पास पलँग के सिरहाने बैठी थी। उसने चुपचाप आँखें नीची कर लीं। लैम्प का प्रकाश चारों ओर से सिमटकर अब केवल उसके चेहरे पर गिर रहा था।

"नाइट रजिस्टर पर दस्तख़त कर दिये?"

"हाँ, मैडम।"

"फिर...?" लतिका का स्वर कड़ा हो आया। जूली सकुचाकर खिड़की से बाहर देखने लगी।

जब से लतिका इस स्कूल में आयी है, उसने अनुभव किया कि होस्टल के इस नियम का पालन डाँट-फटकार के बावजूद नहीं होता।

"मैडम, कल से छुट्टियाँ शुरू हो जायेंगी, इसलिए आज रात हम सबने मिलकर..." और सुधा पूरी बात न कहकर हेमन्ती की ओर देखते हुए मुस्कुराने लगी।

"हेमन्ती के गाने का प्रोग्राम है, आप भी कुछ देर बैठिए न।"

लतिका को उलझन मालूम हुई। इस समय यहाँ आकर उसने इनके मज़े को किरकिरा कर दिया। इस छोटे से हिल-स्टेशन पर रहते उसे खासा अरसा हो गया, लेकिन कब समय पतझड़ और गर्मियों का घेरा पार कर सर्दी की छुट्टियों की गोद में सिमट जाता है, उसे कभी याद नहीं रहता।

चोरों की तरह चुपचाप वह देहरी से बाहर हो गयी। उसके चेहरे का तनाव ढीला पड़ गया। वह मुस्कुराने लगी।

"मेरे संग स्नो-फॉल देखने कोई नहीं ठहरेगा?"

"मैडम, छुट्टियों में क्या आप घर नहीं जा रही हैं?" सब लड़कियों की आँखें उस पर जम गयीं।

"अभी कुछ पक्का नहीं है—आई लव द स्नो-फॉल!"

लतिका को लगा कि यही बात उसने पिछले साल भी कही थी और शायद पिछले-से-पिछले साल भी। उसे लगा मानो लड़कियाँ उसे सन्देह की दृष्टि से देख रही हैं, मानो उन्होंने उसकी बात पर विश्वास नहीं किया। उसका सिर चकराने लगा, मानो बादलों का स्याह झुरमुट किसी अनजाने कोने से उठकर उसे अपने में डुबो देगा। वह थोड़ा-सा हँसी, फिर धीरे से उसने सर को झटक दिया।

"जूली, तुमसे कुछ काम है, अपने ब्लॉक में जाने से पहले मुझसे मिल लेना—वेल गुड नाइट!" लतिका ने अपने पीछे दरवाज़ा बन्द कर दिया।

"गुड नाइट मैडम, गुड नाइट..."

गलियारे की सीढ़ियाँ न उतरकर लतिका रेलिंग के सहारे खड़ी हो गयी। लैम्प की बत्ती को नीचे घुमाकर कोने में रख दिया। बाहर धुन्ध की नीली तहें बहुत घनी हो चली थीं। लॉन पर लगे हुए चीड़ के पत्तों की सरसराहट हवा के झोंकों के संग कभी तेज, कभी धीमी होकर भीतर बह आती थी। हवा में सर्दी का हल्का-सा आभास पाकर लतिका के दिमाग़ में कल से शुरू होने वाली छुट्टियों का ध्यान भटक आया। उसने आँखें मूँद लीं। उसे लगा कि जैसे उसकी टाँगें बाँस की लकड़ियों की तरह उसके शरीर से बँधी हैं, जिसकी गाँठें धीरे-धीरे खुलती जा रही हैं। सिर की चकराहट अभी मिटी नहीं थी, मगर अब जैसे वह भीतर न होकर बाहर फैली हुई धुन्ध का हिस्सा बन गयी थी।

सीढ़ियों पर बातचीत का स्वर सुनकर लतिका जैसे सोते से जगी। शॉल को कन्धों पर समेटा और लैम्प उठा लिया। डॉ. मुकर्जी मि. ह्यूबर्ट के संग एक अंग्रेज़ी धुन गुनगुनाते हुए ऊपर आ रहे थे। सीढ़ियों पर अँधेरा था और ह्यूबर्ट को बार-बार अपनी छड़ी से रास्ता टटोलना पड़ता था। लतिका ने दो-चार सीढ़ियाँ उतरकर लैम्प को नीचे झुका दिया। "गुड ईवनिंग डॉक्टर, गुड ईवनिंग मि. ह्यूबर्ट!" "थैंक यू मिस लतिका।"—ह्यूबर्ट के स्वर में कृतज्ञता का भाव था। सीढ़ियाँ चढ़ने से उनकी साँस तेज़ हो रही थी और वह दीवार से लगे हुए हाँफ रहे थे। लैम्प की रोशनी में उनके चेहरे का पीलापन कुछ ताँबे के रंग जैसा हो गया था।

"यहाँ अकेली क्या कर रही हो मिस लतिका?"—डॉक्टर ने होंठों के भीतर से सीटी बजायी।

"चेकिंग करके लौट रही थी। आज इस वक़्त ऊपर कैसे आना हुआ मिस्टर ह्यूबर्ट?"

ह्यूबर्ट ने मुस्कुराकर अपनी छड़ी डॉक्टर के कन्धों से छुला दी—"इनसे पूछो, यही मुझे ज़बर्दस्ती घसीट लाये हैं।"

"मिस लतिका, हम आपको निमन्त्रण देने आ रहे थे। आज रात मेरे कमरे में एक छोटा-सा कन्सर्ट होगा जिसमें मि. ह्यूबर्ट शोपां और चाइकोव्स्की के कम्पोज़ीशन बजायेंगे और फिर क्रीम कॉफी पी जायेगी। और उसके बाद अगर समय रहा, तो पिछले साल हमने जो गुनाह किये हैं उन्हें हम सब मिलकर कन्फेस करेंगे।" डॉक्टर मुकर्जी के चेहरे पर शरारत भरी मुस्कान खेल गई।

“डॉक्टर, मुझे माफ़ करें, मेरी तबीयत कुछ ठीक नहीं है।”

“चलिए, यह ठीक रहा। फिर तो आप वैसे भी मेरे पास आतीं।” डॉक्टर ने धीरे से लतिका के कन्धों को पकड़कर अपने कमरे की तरफ़ मोड़ दिया।

डॉक्टर मुकर्जी का कमरा ब्लॉक के दूसरे सिर पर छत से जुड़ा हुआ था। वह आधे बर्मी थे, जिसके चिह्न उनकी थोड़ी दबी हुई नाक और छोटी-छोटी चंचल आँखों से स्पष्ट थे। बर्मा पर जापानियों का आक्रमण होने के बाद वह इस छोटे से पहाड़ी शहर में आ बसे थे। प्राइवेट प्रैक्टिस के अलावा वह कॉन्वेंट स्कूल में हाईजीन-फिजियोलॉजी भी पढ़ाया करते थे और इसलिए उनको स्कूल के होस्टल में ही एक कमरा रहने के लिए दे दिया गया था। कुछ लोगों का कहना था कि बर्मा से आते हुए रास्ते में उनकी पत्नी की मृत्यु हो गयी, लेकिन इस सम्बन्ध में निश्चित रूप से कुछ नहीं कहा जा सकता, क्योंकि डॉक्टर स्वयं कभी अपनी पत्नी की चर्चा नहीं करते।

बातों के दौरान डॉक्टर अक्सर कहा करते हैं—“मरने से पहले मैं एक दफ़ा बर्मा ज़रूर जाऊँगा”—और तब एक क्षण के लिए उनकी आँखों में एक नमी-सी छा जाती। लतिका चाहने पर भी उनसे कुछ पूछ नहीं पाती। उसे लगता कि डॉक्टर नहीं चाहते कि कोई अतीत के सम्बन्ध में उनसे कुछ भी पूछे या सहानुभूति दिखलाये। दूसरे ही क्षण अपनी गम्भीरता को दूर ठेलते हुए वह हँस पड़ते—एक सूखी, बुझी हुई हँसी।

होम-सिक्नेस ही एक ऐसी बीमारी है जिसका इलाज किसी डॉक्टर के पास नहीं है।

छत पर मेज़-कुर्सियाँ डाल दी गयीं और भीतर कमरे में परकोलेटर में कॉफी का पानी चढ़ा दिया गया।

“सुना है अगले दो-तीन वर्षों में यहाँ पर बिजली का इन्तज़ाम हो जायेगा”—डॉक्टर ने स्प्रिट लैम्प जलाते हुए कहा।

“यह बात तो पिछले दस सालों से सुनने में आ रही है। अंग्रेज़ों ने भी कोई लम्बी-चौड़ी स्कीम बनाई थी, पता नहीं उसका क्या हुआ”—ह्यूबर्ट ने कहा। वह आरामकुर्सी पर लेटा हुआ बाहर लॉन की ओर देख रहा था।

लतिका कमरे से दो मोमबत्तियाँ ले आयी। मेज़ के दोनों सिरों पर टिकाकरर उन्हें जला दिया गया। छत का अँधेरा मोमबत्ती की फीकी रोशनी के इर्द-गिर्द सिमटने लगा। एक घनी नीरवता चारों ओर घिरने लगी। हवा में चीड़ के वृक्षों की साँय-साँय दूर-दूर तक फैली पहाड़ियों और घाटियों में सीटियों की गूँज-सी छोड़ती जा रही थी।

"इस बार शायद बर्फ़ जल्दी गिरेगी, अभी से हवा में एक सर्द खुश्की-सी महसूस होने लगी है"—डॉक्टर का सिगार अँधेरे में लाल बिन्दी-सा चमक रहा था।

"पता नहीं, मिस वुड को स्पेशल सर्विस का गोरखधन्धा क्यों पसन्द आता है। छुट्टियों से घर जाने से पहले क्या यह ज़रूरी है कि लड़कियाँ फादर एल्मंड का सर्मन सुनें?"—ह्यूबर्ट ने कहा।

"पिछले पाँच साल से मैं सुनता आ रहा हूँ—फादर एल्मंड के सर्मन में कहीं हेर-फेर नहीं होता।"

डॉक्टर को फादर एल्मंड एक आँख नहीं सुहाते थे।

लतिका कुर्सी पर आगे झुककर प्यालों में कॉफी उँड़ेलने लगी। हर साल स्कूल बन्द होने के दिन यही दो प्रोग्राम होते हैं—चैपल में स्पेशल सर्विस और उसके बाद दिन में पिकनिक। लतिका को पहला साल याद आया जब डॉक्टर के संग पिकनिक के बाद वह क्लब गयी थी। डॉक्टर बार में बैठे थे। बॉल रूम कुमाऊँ रेजीमेंट के अफ़सरों से भरा हुआ था। कुछ देर तक बिलियर्ड का खेल देखने के बाद जब वह वापस बार की ओर आ रहे थे, तब उसने दायीं ओर क्लब की लाइब्रेरी में देखा—मगर उसी समय डॉक्टर मुकर्जी पीछे से आ गये थे। "मिस लतिका, यह मेजर गिरीश नेगी हैं।" बिलियर्ड रूम से आते हुए हँसी-ठहाकों के बीच वह नाम दब-सा गया था। वह किसी किताब के बीच में उँगली रखकर लाइब्रेरी की खिड़की से बाहर देख रहा था।

"हैलो डॉक्टर"—वह पीछे मुड़ा। तब उस क्षण...

उस क्षण न जाने क्यों लतिका का हाथ काँप गया और कॉफी की कुछ गर्म बूँदें उसकी साड़ी पर छलक आयीं। अँधेरे में किसी ने नहीं देखा कि लतिका के चेहरे पर एक उनींदा रीतापन घिर आया है।

हवा के झोंके से मोमबत्तियों की लौ फड़कने लगी। छत से भी ऊँची काठगोदाम जाने वाली सड़क पर यू.पी. रोडवेज की आख़िरी बस डाक लेकर जा रही थी। बस की हेडलाइट्स में आस-पास फैली हुई झाड़ियों की छायाएँ घर की दीवार पर सरकती हुई ग़ायब होने लगीं।

"मिस लतिका, आप इस साल भी छुट्टियों में यहीं रहेंगी?" डॉक्टर ने पूछा।

डॉक्टर का सवाल हवा में टँगा रहा। उसी क्षण पियानो पर शोपां का नॉक्टर्न ह्यूबर्ट की उँगलियों के नीचे से फिसलता हुआ धीरे-धीरे छत के अँधेरे में घुलने लगा—मानो जल पर कोमल स्वप्निल उँगलियाँ भँवरों का झिलमिलाता जाल बुनती हुई दूर-दूर किनारों तक फैलती जा रही हों। लतिका को लगा कि जैसे

कहीं बहुत दूर बर्फ़ की चोटियों से परिन्दों के झुण्ड नीचे अनजान देशों की ओर उड़े जा रहे हैं। इन दिनों अक्सर उसने अपने कमरे की खिड़की से उन्हें देखा है—धागे में बँधे चमकीले लट्टुओं की तरह वे एक लम्बी, टेढ़ी-मेढ़ी कतार में उड़े जाते हैं, पहाड़ों की सुनसान नीरवता से परे, उन विचित्र शहरों की ओर जहाँ शायद वह कभी नहीं जायेगी।

लतिका आर्म चेयर पर ऊँघने लगी। डॉक्टर मुकर्जी का सिगार अँधेरे में चुपचाप जल रहा था। डॉक्टर को आश्चर्य हुआ कि लतिका न जाने क्या सोच रही है और लतिका सोच रही थी—क्या वह बूढ़ी होती जा रही है? उसके सामने स्कूल की प्रिंसिपल मिस वुड का चेहरा घूम गया—पोपला मुँह, आँखों के नीचे झूलती हुई मांस की थैलियाँ, ज़रा-ज़रा-सी बात पर चिढ़ जाना, कर्कश आवाज़ में चीखना—सब उसे 'ओल्डमेड' कहकर पुकारते हैं। कुछ वर्षों बाद वह भी हू-ब-हू वैसी ही बन जायेगी...लतिका के समूचे शरीर में झुरझुरी-सी दौड़ गयी, मानो अनजाने में उसने किसी ग़लीज़ वस्तु को छू लिया हो। उसे याद आया कुछ महीने पहले अचानक उसे ह्यूबर्ट का प्रेमपत्र मिला था—भावुक याचना से भरा हुआ पत्र, जिसमें उसने न जाने क्या कुछ लिखा था, जो कभी उसकी समझ में नहीं आया। उसे ह्यूबर्ट की इस बचकाना हरकत पर हँसी आयी थी, किन्तु भीतर-ही-भीतर प्रसन्नता भी हुई थी—उसकी उम्र अभी बीती नहीं है, अब भी वह दूसरों को अपनी ओर आकर्षित कर सकती है। ह्यूबर्ट का पत्र पढ़कर उसे क्रोध नहीं आया, आयी थी केवल ममता। वह चाहती तो उसकी ग़लतफ़हमी को दूर करने में देर न लगती, किन्तु कोई शक्ति उसे रोके रहती है, उसके कारण अपने पर विश्वास रहता है, अपने सुख का भ्रम मानो ह्यूबर्ट की गलतफहमी से जुड़ा है...।

ह्यूबर्ट ही क्यों, वह क्या किसी को भी चाह सकेगी, उस अनुभूति के संग, जो अब नहीं रही, जो छाया-सी उस पर मँडराती रहती है, न स्वयं मिटती है, न उसे मुक्ति दे पाती है। उसे लगा, जैसे बादलों का झुरमुट फिर उसके मस्तिष्क पर धीरे-धीरे छाने लगा है, उसकी टाँगें फिर निर्जीव, शिथिल-सी हो गयी हैं।

वह झटके से उठ खड़ी हुई—"डॉक्टर माफ़ करना, मुझे बहुत थकान-सी लग रही है..." बिना वाक्य पूरा किये ही वह चली गयी।

कुछ देर तक टैरेस पर निस्तब्धता छायी रही! मोमबत्तियाँ बुझने लगी थीं। डॉक्टर मुकर्जी ने सिगार का नया कश लिया—"सब लड़कियाँ एक जैसी होती हैं—बेवकूफ़ और सेंटीमेंटल।"

ह्यूबर्ट की उँगलियों का दबाव पियानो पर ढीला पड़ता गया—अन्तिम सुरों की झिझकी-सी गूँज कुछ क्षणों तक हवा में तिरती रही।

''डॉक्टर, आपको मालूम है...मिस लतिका का व्यवहार पिछले कुछ अरसे से अजीब-सा लगता है।''—ह्यूबर्ट के स्वर में लापरवाही का भाव था। वह नहीं चाहता था कि डॉक्टर को लतिका के प्रति उसकी भावनाओं का आभास-मात्र भी मिल सके। जिस कोमल अनुभूति को वह इतने समय से सँजोता आया है, डॉक्टर उसे हँसी के एक ही ठहाके में उपहासास्पद बना देगा।

''क्या तुम नियति में विश्वास करते हो, ह्यूबर्ट?'' डॉक्टर ने कहा। ह्यूबर्ट दम रोके प्रतीक्षा करता रहा। वह जानता था कि कोई भी बात कहने से पहले डॉक्टर को फिलोसोफाइज करने की आदत थी। डॉक्टर टैरेस के जंगल से सटकर खड़ा हो गया। फीकी-सी चाँदनी में चीड़ के पेड़ों की छायाएँ लॉन पर गिर रही थीं। कभी-कभी कोई जुगनू अँधेरे में हरा प्रकाश छिड़कता हवा में गायब हो जाता था।

''मैं कभी-कभी सोचता हूँ, इन्सान ज़िन्दा किसलिए रहता है—क्या उसे कोई और बेहतर काम करने को नहीं मिला? हज़ारों मील अपने मुल्क से दूर मैं यहाँ पड़ा हूँ—यहाँ कौन मुझे जानता है...यहीं शायद मर भी जाऊँगा। ह्यूबर्ट, क्या तुमने कभी महसूस किया है कि एक अजनबी की हैसियत से पराई ज़मीन पर मर जाना काफ़ी ख़ौफ़नाक बात है...!''

ह्यूबर्ट विस्मित-सा डॉक्टर की ओर देखने लगा। उसने पहली बार डॉक्टर मुकर्जी के इस पहलू को देखा था, अपने सम्बन्ध में वह अक्सर चुप रहते थे।

''कोई पीछे नहीं है, यह बात मुझमें एक अजीब क़िस्म की बेफ़िक्री पैदा कर देती है। लेकिन कुछ लोगों की मौत अन्त तक पहेली बनी रहती है...शायद वे ज़िन्दगी से बहुत उम्मीद लगाते थे। उसे ट्रैजिक भी नहीं कहा जा सकता, क्योंकि आख़िरी दम तक उन्हें मरने का एहसास नहीं होता... ।''

''डॉक्टर, आप किसका ज़िक्र कर रहे हैं?'' ...ह्यूबर्ट ने परेशान होकर पूछा।

डॉक्टर कुछ देर तक चुपचाप सिगार पीता रहा। फिर मुड़कर वह मोमबत्तियों की बुझती हुई लौ को देखने लगा।

''तुम्हें मालूम है, किसी समय लतिका बिला नागा क्लब जाया करती थी। गिरीश नेगी से उसका परिचय वहीं हुआ था। कश्मीर जाने से एक रात पहले उसने मुझे सब कुछ बता दिया था। मैं अब तक लतिका से उस मुलाक़ात के

बारे में कुछ नहीं कह सका हूँ। किन्तु उस रात कौन जानता था कि वह वापस नहीं लौटेगा। और अब...अब क्या फ़र्क़ पड़ता है। लेट द डेड डाई...?

डॉक्टर की सूखी सर्द हँसी में खोखली-सी शून्यता भरी थी।

''कौन गिरीश नेगी?''

''कुमाऊँ रेजीमेंट में मेजर था।''

''डॉक्टर, क्या लतिका...'' ह्यूबर्ट से आगे कुछ नहीं कहा गया। उसे याद आया वह पत्र, जो उसने लतिका को भेजा था—कितना अर्थहीन और उपहासास्पद, जैसे उसका एक-एक शब्द उसके दिल को कचोट रहा हो। उसने धीरे से पियानो पर सिर टिका लिया। लतिका ने उसे क्यों नहीं बताया, क्या वह इसके योग्य भी नहीं था?

''लतिका...वह तो बच्ची है, पागल! मरने वाले के संग ख़ुद थोड़े ही मरा जाता है।''

कुछ देर चुप रहकर डॉक्टर ने अपने प्रश्न को फिर दोहराया।

''लेकिन ह्यूबर्ट, क्या तुम नियति पर विश्वास करते हो?''

हवा के हल्के झोंके से मोमबत्तियाँ एक बार प्रज्चलित होकर बुझ गयीं। टैरेस पर ह्यूबर्ट और डॉक्टर अँधेरे में एक-दूसरे का चेहरा नहीं देख पा रहे थे, फिर भी वे एक-दूसरे की ओर देख रहे थे। कॉन्वेन्ट स्कूल से कुछ दूर मैदानों में बहते पहाड़ी नाले का स्वर आ रहा था। जब बहुत देर बाद कुमाऊँ रेजीमेंट सेंटर का बिगुल सुनाई दिया, तो ह्यूबर्ट हड़बड़ाकर खड़ा हो गया।

''अच्छा, चलता हूँ, डॉक्टर, गुड नाइट।''

''गुड नाइट ह्यूबर्ट...मुझे माफ़ करना, मैं सिगार ख़त्म करके उठूँगा...''

सुबह बदली छायी थी। लतिका के खिड़की खोलते ही धुन्ध का गुब्बारा-सा भीतर घुस आया, जैसे रात-भर दीवार के सहारे सर्दी में ठिठुरता हुआ वह भीतर आने की प्रतीक्षा कर रहा हो। स्कूल से ऊपर चैपल जाने वाली सड़क बादलों में छिप गयी थी, केवल चैपल का 'क्रॉस' धुन्ध के परदे पर एक-दूसरे को काटती हुई पेंसिल की रेखाओं-सा दिखाई दे जाता था।

लतिका ने खिड़की से आँखें हटायीं, तो देखा कि करीमुद्दीन चाय की ट्रे लिये खड़ा है। करीमुद्दीन मिलिटरी में अर्दली रह चुका था, इसलिए ट्रे मेज़ पर रखकर 'अटेंशन' की मुद्रा में खड़ा हो गया।

लतिका झटके से उठ बैठी। सुबह से आलस करके कितनी बार जागकर वह सो चुकी है। अपनी खिसियाहट मिटाने के लिए लतिका ने कहा—''बड़ी सर्दी है आज, बिस्तर छोड़ने को जी नहीं चाहता।''

"अजी मेम साहब, अभी क्या सर्दी आयी है—बड़े दिनों में देखना कैसे दाँत कटकटाते हैं"—और करीमुद्दीन अपने हाथों को बगलों में डाले हुए इस तरह सिकुड़ गया जैसे उन दिनों की कल्पना मात्र से उसे जाड़ा लगना शुरू हो गया हो। गंजे सिर पर दोनों तरफ़ के उसके बाल खिजाब लगाने से कत्थई रंग के भूरे हो गये थे। बात चाहे किसी विषय पर हो रही हो, वह हमेशा खींचतान कर उसे ऐसे क्षेत्र में घसीट लाता था, जहाँ वह बेझिझक अपने विचारों को प्रकट कर सके।

"एक दफ़ा तो यहाँ लगातार इतनी बर्फ़ गिरी थी कि भुवाली से लेकर डाक बँगले तक सारी सड़कें जाम हो गयी। इतनी बर्फ़ थी मेम साब कि पेड़ों की टहनियाँ तक सिकुड़कर तनों से लिपट गई थीं—बिल्कुल ऐसे," और करीमुद्दीन नीचे झुककर मुर्गा-सा बन गया।

"कब की बात है?" लतिका ने पूछा।

"अब यह तो जोड़-हिसाब करके ही पता चलेगा, मेम साहब...लेकिन इतना याद है कि उस वक़्त अंग्रेज़ बहादुर यहीं थे। कंटोनमेंट की इमारत पर कौमी झण्डा नहीं लगा था। बड़े जबर थे ये अंग्रेज़, दो घण्टों में ही सारी सड़कें साफ़ करवा दीं। उन दिनों एक सीटी बजाते ही पचास घोड़े वाले जमा हो जाते थे। तो अब सारे शेड खाली पड़े हैं। वे लोग अपनी खिदमत भी करवाना जानते थे, अब तो सब उजाड़ हो गया है"—करीमुद्दीन उदास भाव से बाहर देखने लगा।

आज यह पहली बार नहीं है जब लतिका करीमुद्दीन से उन दिनों की बातें सुन रही है जब अंग्रेज़ बहादुर ने इस स्थान को स्वर्ग बना रखा था।

"आप छुट्टियों में इस साल भी यहीं रहेंगी, मेम साहब?"

"दिखता तो कुछ ऐसा ही है करीमुद्दीन—तुम्हें फिर तंग होना पड़ेगा।"

"क्या कहती हैं मेम साहब! आपके रहने से हमारा भी मन लग जाता है, वरना छुट्टियों तो यहाँ कुत्ते लोटते हैं।"

"तुम ज़रा मिस्त्री से कह देना कि इस कमरे की छत की मरम्मत कर जाये। पिछले साल बर्फ़ का पानी दरारों से टपकता रहता था।" लतिका को याद आया कि पिछली सर्दियों में जब कभी बर्फ़ गिरती थी, तो उसे पानी से बचने के लिए रात-भर कमरे के कोने में सिमटकर सोना पड़ता था।

करीमुद्दीन चाय की ट्रे उठाता हुआ बोला—"ह्यूबर्ट साहब तो शायद कल ही चले जायें—कल रात उनकी तबीयत फिर खराब हो गयी। आधी रात के वक़्त मुझे जगाने आये थे। कहते थे, छाती में तकलीफ़ है। उन्हें यह मौसम नहीं रास आता। कह रहे थे, लड़कियों की बस में वह भी कल ही चले जायेंगे।"

करीमुद्दीन दरवाज़ा बन्द करके चला गया। लतिका की इच्छा हुई कि ह्यूबर्ट के कमरे में जाकर उनकी तबीयत की पूछताछ कर आये। किन्तु फिर न जाने क्यों स्लीपर पैरों में टँगे रहे और वह खिड़की के बाहर बादलों को उड़ता हुआ देखती रही। ह्यूबर्ट का चेहरा जब उसे देखकर सहमा-सा दयनीय हो जाता है, ततब लगता है कि वह अपनी मूक-निरीह याचना में उसे कोस रहा है—न वह उसकी ग़लतफ़हमी को दूर करने का प्रयत्न कर पाती है, न उसे अपनी विवशता की सफ़ाई देने का साहस होता है। उसे लगता है कि इस जाले से बाहर निकलने के लिए वह धागे के जिस सिरे को पकड़ती है वह खुद एक गाँठ बनकर रह जाता है...।

बाहर बूँदाबाँदी होने लगी थी—कमरे की टीन की छत खट-खट बोलने लगी। लतिका पलँग से उठ खड़ी हुई। बिस्तर को तहाकर बिछाया। फिर पैरों में स्लीपरों को घसीटते हुए वह बड़े आईने तक आयी और उसके सामने स्टूल पर बैठकर बालों को खोलने लगी। किन्तु कुछ देर तक कंघी बालों में ही उलझी रही और वह गुमसुम हो शीशे में अपना चेहरा ताकती रही। करीमुद्दीन को यह कहना याद ही नहीं रहा कि धीरे-धीरे आग जलाने की लकड़ियाँ जमा कर ले। इन दिनों सस्ते दामों पर सूखी लकड़ियाँ मिल जाती हैं। पिछले साल तो कमरा धुएँ से भर जाता था जिसके कारण कँपकँपाते जाड़े में भी उसे खिड़की खोलकर ही सोना पड़ता था।

आईने में लतिका ने अपना चेहरा देखा—वह मुस्कुरा रही थी। पिछले साल अपने कमरे की सीलन और ठण्ड से बचने के लिए कभी-कभी वह मिस वुड के खाली कमरे में चोरी-चुपके सोने चली जाया करती थी। मिस वुड का कमरा बिना आग के भी गर्म रहता था, उनके गदोले सोफ़े पर लेटते ही आँख लग जाती थी। कमरा छुट्टियों में खाली पड़ा रहता है, किन्तु मिस वुड से इतना नहीं होता कि दो महीनों के लिए उसके हवाले कर जायें। हर साल कमरे में ताला ठोंक जाती हैं। वह तो पिछले साल गुसलखाने में भीतर की साँकल देना भूल गयी थीं, जिसे लतिका चोर दरवाज़े के रूप में इस्तेमाल करती रही थी।

पहले साल अकेले में उसे बड़ा डर-सा लगता था। छुट्टियों में सारे स्कूल और होस्टल के कमरे साँय-साँय करने लगते हैं। डर के मारे उसे जब कभी नींद नहीं आती थी, तब वह करीमुद्दीन को रात में देर तक बातों में उलझाये रखती। बातों में जब खोयी-सी वह सो जाती, तब करीमुद्दीन चुपचाप लैम्प बुझाकर चला जाता। कभी-कभी बीमारी का बहाना करके वह डॉक्टर को बुलवा भेजती थी और बाद में बहुत ज़िद करके दूसरे कमरे में उनका बिस्तर लगवा देती।

लतिका ने कंधे से बालों का गुच्छा निकाला और उसे बाहर फेंकने के लिए वह खिड़की के पास आ खड़ी हुई। बाहर छत की ढलान से बारिश के जल की मोटी-सी धार बराबर लॉन पर गिर रही थी। मेघाच्छन्न आकाश में सरकते हुए बादलों के पीछे पहाड़ियों के झुण्ड कभी उभर आते थे, कभी छिप जाते थे, मानो चलती हुई ट्रेन से कोई उन्हें देख रहा हो। लतिका ने खिड़की से सिर बाहर निकाल लिया—हवा के झोंके से उसकी आँखें झिप गयीं। उसे जितने काम याद आते हैं, उतना ही आलस घना होता जाता है। बस की सीटें रिज़र्व करवाने के लिए चपरासी को रुपये देने हैं। जो सामान होस्टल की लड़कियाँ पीछे छोड़े जा रही हैं, उन्हें गोदाम में रखवाना होगा। कभी-कभी तो छोटी क्लास की लड़कियों के साथ पैकिंग करवाने के काम में भी उसे हाथ बँटाना पड़ता है।

वह इन कामों से ऊबती नहीं। धीरे-धीरे सब निपटते जाते हैं, कोई ग़लती इधर-उधर रह जाती है, सो बाद में सुधर जाती है—हर काम में किचकिच रहती है, परेशानी और दिक्कत होती है—किन्तु देर-सबेर इससे छुटकारा मिल ही जाता है। किन्तु जब लड़कियों की आख़िरी बस चली जाती है, तब मन उचाट-सा हो जाता है—खाली कॉरीडोर में घूमती हुई वह कभी इस कमरे में जाती है और कभी उसमें। वह नहीं जान पाती कि अपने से क्या करे—दिल कहीं भी नहीं टिक पाता, हमेशा भटका-भटका-सा रहता है।

इस सबके बावजूद जब कोई सहज भाव से पूछ बैठता है, ''मिस लतिका, छुट्टियों में आप घर नहीं जा रहीं?'' तब...वह क्या कहे?

डिंग-डांग-डिंग...स्पेशल सर्विस के लिए स्कूल चैपल के घण्टे बजने लगे थे। लतिका ने अपना सिर खिड़की के भीतर कर लिया। उसने झटपट साड़ी उतारी और पेटीकोट में ही कन्धे पर तौलिया डाले गुसलखाने में घुस गयी।

लेफ्ट-राइट-लेफ्ट...लेफ्ट....

कंटोनमेंट जाने वाली पक्की सड़क पर चार-चार की पंक्ति में कुमाऊँ रेजीमेंट के सिपाहियों की एक टुकड़ी मार्च कर रही थी। फौजी बूटों की भारी खुरदरी आवाज़ें स्कूल चैपल की दीवारों से टकराकर भीतर 'प्रेयर-हॉल' में गूँज रही थीं।

'ब्लेसेड आर द मीक...'' फादर एल्मंड एक-एक शब्द चबाते हुए खँखारते स्वर में 'सर्मन ऑफ़ द माउंट' पढ़ रहे थे। ईसा मसीह की मूर्ति के नीचे 'कैंडलब्रियम' के दोनों ओर मोमबत्तियाँ जल रही थीं, जिनका प्रकाश आगे बेंचों पर बैठी हुई लड़कियों पर पड़ रहा था। पिछली लाइनों की बेंचें अँधेरे में डूबी हुई थीं, जहाँ लड़कियाँ प्रार्थना की मुद्रा में बैठी हुई सिर झुकाये एक-दूसरे से घुसर-पुसर कर

रही थीं। मिस वुड स्कूल सीजन के सफलतापूर्वक समाप्त हो जाने पर विद्यार्थियों और स्टाफ सदस्यों को बधाई का भाषण दे चुकी थीं—और अब फादर के पीछे बैठी हुई अपने में ही कुछ बुड़बुड़ा रही थीं मानो धीरे-धीरे फादर को 'प्रॉम्प्ट' कर रही हों।

'आमीन...' फादर एल्मंड ने बाइबल मेज पर रख दी और 'प्रेयर-बुक' उठा ली। हॉल की ख़ामोशी क्षण-भर के लिए टूट गयी। लड़कियों ने खड़े होते हुए जान-बूझकर बेंचों को पीछे धकेला—बेंचें फ़र्श पर रगड़ खाकर सीटी बजाती हुई पीछे खिसक गयीं—हॉल के कोने से हँसी फूट पड़ी। मिस वुड का चेहरा तन गया, माथे पर भृकुटियाँ चढ़ गयीं। फिर अचानक निस्तब्धता छा गयी—हॉल के उस घुटे हुए धुँधलके में फादर का तीखा फटा हुआ स्वर सुनाई देने लगा—''जीसस सेड, आई एम द लाइट ऑफ़ द वर्ल्ड—ही दैट फालोएथ मी शैल नॉट वाक इन डार्कनेस, बट शैल हैव द लाइफ...।''

डॉक्टर मुकर्जी ने ऊब और उकताहट से भरी जम्हाई ली, ''कब यह क़िस्सा ख़त्म होगा?'' उसने इतने ऊँचे स्वर में लतिका से पूछा कि वह सकुचाकर दूसरी ओर देखने लगी। स्पेशल सर्विस के समय डॉक्टर मुकर्जी के होंठों पर व्यंग्यात्मक मुस्कान खेलती रहती और वह धीरे-धीरे अपनी मूँछों को खींचता रहता।

फादर एल्मंड की वेश-भूषा देखकर लतिका के दिल में गुदगुदी-सी दौड़ गयी। जब वह छोटी थी, तो अक्सर यह बात सोचकर विस्मित हुआ करती थी कि क्या पादरी लोग सफ़ेद चागे के नीचे कुछ नहीं पहनते, अगर धोखे से वह ऊपर उठ जाये तो?

लेफ्ट...लेफ्ट...लेफ्ट...मार्च करते हुए फौजी बूट चैपल से दूर होते जा रहे थे—केवल उनकी गूँज हवा में शेष रह गयी थी।

'हिम नम्बर 117—' फादर ने प्रार्थना-पुस्तक खोलते हुए कहा। हॉल में प्रत्येक लड़की ने डेस्क पर रखी हुई हिम-बुक खोल ली। पन्नों के उलटने की खड़खड़ाहट फिसलती हुई एक सिरे से दूसरे सिरे तक फैल गयी।

आगे की बेंच से उठकर ह्यूबर्ट पियानो के सामने स्टूल पर बैठ गया। संगीत शिक्षक होने के कारण हर साल स्पेशल सर्विस के अवसर पर उसे 'कॉयर' के संग पियानो बजाना पड़ता था। ह्यूबर्ट ने अपने रूमाल से नाक साफ़ की। अपनी घबराहट छिपाने के लिए ह्यूबर्ट हमेशा ऐसा ही किया करता था। कनखियों से हॉल की ओर देखते हुए उसने काँपते हाथों से हिम-बुक खोली।

लीड काइंडली लाइट...

पियानों के सुर दबे, झिझकते से मिलने लगे। घने बालों से ढँकी ह्यूबर्ट की लम्बी, पीली उँगुलियाँ खुलने-सिमटने लगीं। 'कॉयर' में गाने वाली लड़कियों के स्वर एक-दूसरे से गुँथकर कोमल, स्निग्ध लहरों में बिंध गये।

लतिका को लगा, उसका जूड़ा ढीला पड़ गया है, मानो गर्दन के नीचे झूल रहा है। मिस वुड की आँख बचा लतिका ने चुपचाप बालों में लगे क्लिपों को कसकर खींच दिया।

"बड़ा झक्की आदमी है...सुबह मैंने ह्यूबर्ट को यहाँ आने से मना किया था, फिर भी चला आया"—डॉक्टर ने कहा।

लतिका को करीमुद्दीन की बात याद हो गयी। रात-भर ह्यूबर्ट को खाँसी का दौरा पड़ा था...कल जाने के लिए कह रहे थे...

लतिका ने सिर टेढ़ा करके ह्यूबर्ट के चेहरे की एक झलक पाने की विफल चेष्टा की। इतने पीछे से कुछ भी देख पाना असम्भव था; पियानो पर झुका हुआ केवल ह्यूबर्ट का सिर दिखाई देता था।

लीड काइंडली लाइट...संगीत के सुर मानो एक ऊँची पहाड़ी पर चढ़कर हाँफती हुई साँसों को आकाश की अबाध शून्यता में बिखरते हुए नीचे उतर रहे हैं। बारिश की मुलायम धूप चैपल के लम्बे-चौकोर शीशों पर झलमला रही है, जिसकी एक महीन चमकीली रेखा ईसा मसीह की प्रतिमा पर तिरछी होकर गिर रही है। मोमबत्तियों का धुआँ धूप में नीली-सी लकीर खींचता हुआ हवा में तिरने लगा है। पियानो के क्षणिक 'पॉज़' में लतिका को पत्तों का परिचित मर्मर कहीं दूर अनजानी दिशा से आता हुआ सुनाई दे जाता है। एक क्षण के लिए उसे भ्रम हुआ कि चैपल का फीका-सा अँधेरा उस छोटे से 'प्रेयर हॉल' के चारों कोनों से सिमटता हुआ उसके आस-पास घिर आया है—मानो कोई उसकी आँखों पर पट्टी बाँधकर उसे यहाँ तक ले आया हो और अचानक उसकी आँखें खोल दी हों। उसे लगा कि जैसे मोमबत्तियों के धूमिल आलोक में कुछ भी ठोस, वास्तविक न रहा हो—चैपल की छत, दीवारें, डेस्क पर रखा हुआ डॉक्टर का सुघड़-सुडौल हाथ—और पियानो के सुर अतीत की धुन्ध को भेदते हुए स्वयं उस धुन्ध का भाग बनते जा रहे हों...

एक पगली-सी स्मृति, एक उद्भ्रान्त भावना-चैपल के शीशों के परे पहाड़ी सूखी हवा, हवा में झुकी हुई वीपिंग विलोज़ की काँपती टहनियाँ, पैरों तले चीड़ के पत्तों की धीमी-सी चिर-परिचित खड़...खड़...। वहीं पर गिरीश एक हाथ में मिलिटरी का खाकी हैट लिए खड़ा है—चौड़े, उठे हुए, सबल कन्धे, अपना सिर

वहाँ टिका दो, तो जैसे सिमटकर खो जायेगा...चार्ल्स बोयर, यह नाम उसने रखा था, वह झेंपकर हँसने लगता।

"तुम्हें आर्मी में किसने चुन लिया, मेजर बन गये हो, लेकिन लड़कियों से भी गये-बीते हो...ज़रा-ज़रा-सी बात पर चेहरा लाल हो जाता है।" यह सब वह कहती नहीं, सिर्फ़ सोचती भर थी—सोचा था कभी कहूँगी, वह 'कभी' कभी नहीं आया...

बुरुस का लाल फूल
लाये हो
न
झूठे

खाकी कमीज़ की जिस जेब पर बैज चिपके थे, उसमें से मुसा हुआ बुरुस का फूल निकल आया।

छिः सारा मुरझा गया
अभी खिला कहाँ है?
(हाउ क्लम्ज़ी)

उसके बालों में गिरीश का हाथ उलझ रहा है—फूल कहीं टिक नहीं पाता, फिर उसे क्लिप के नीचे फँसाकर उसने कहा—

देखो

वह मुड़ी और इससे पहले कि वह कुछ कह पाती, गिरीश ने अपना मिलिटरी का हैट धप् से उसके सिर पर रख दिया। वह मन्त्रमुग्ध-सी वैसी ही खड़ी रही। उसके सिर पर गिरीश का हैट है—माथे पर छोटी-सी बिन्दी है। बिन्दी पर उड़ते हुए बाल हैं। गिरीश ने उस बिन्दी को अपने होंठों से छुआ है, उसने उसके नंगे सिर को अपने दोनों हाथों में समेट लिया है—

लतिका

गिरीश ने चिढ़ाते हुए कहा—मैनईटर ऑफ़ कुमाऊँ—(उसका यह नाम गिरीश ने उसे चिढ़ाने के लिए रखा था)...वह हँसने लगी।

"लतिका...सुनो..." गिरीश का स्वर कैसा हो गया था।

"ना, मैं कुछ भी नहीं सुन रही।"

"लतिका...मैं कुछ महीनों में वापस लौट आऊँगा..."

"ना...मैं कुछ भी नहीं सुन रही..." किन्तु वह सुन रही है—वह नहीं जो गिरीश कह रहा है, किन्तु वह जो नहीं कहा जा रहा है, जो उसके बाद कभी नहीं कहा गया...

लीड काइंडली लाइट...

लड़कियों का स्वर पियानो के सुरों में डूबा हुआ गिर रहा है, उठ रहा है...ह्यूबर्ट ने सिर मोड़कर लतिका को निमिष भर देखा—आँखें मूँदे ध्यानमग्ना प्रस्तर मूर्ति-सी वह स्थिर-निश्चल खड़ी थी। क्या यह भाव उसके लिए है? क्या लतिका ने ऐसे क्षणों में उसे अपना साथी बनाया है? ह्यूबर्ट ने एक गहरी साँस ली और उस साँस में ढेर-सी थकान उमड़ आयी।

"देखो...मिस वुड कुर्सी पर बैठे-बैठे सो रही हैं"—डॉक्टर होंठों में ही फुसफुसाया। यह डॉक्टर का पुराना मज़ाक़ था कि मिस वुड प्रार्थना करने के बहाने आँखें मूँदे हुए नींदं की झपकियाँ लेती हैं।

फादर एल्मंड ने कुर्सी पर फैले अपने गाउन को समेट लिया और प्रेयर बुक बन्द करके मिस वुड के कानों में कुछ कहा। पियानो का स्वर क्रमशः मन्द पड़ने लगा, ह्यूबर्ट की उँगुलियाँ ढीली पड़ने लगीं। सर्विस के समाप्त होने से पूर्व मिस वुड ने ऑर्डर पढ़कर सुनाया। बारिश होने की आशंका से आज के कार्यक्रम में कुछ आवश्यक परिवर्तन करने पड़े थे। पिकनिक के लिए झूला देवी के मन्दिर जाना सम्भव नहीं हो सकेगा, इसलिए स्कूल से कुछ दूर 'मीडोज़' में ही सब लड़कियाँ नाश्ते के बाद जमा होंगी। सब लड़कियों को दोपहर का 'लंच' होस्टल किचन से ही ले जाना होगा, केवल शाम की चाय 'मीडोज़' में बनेगी।

पहाड़ों की बारिश का क्या भरोसा? कुछ देर पहले धुआँधार बादल गरज रहे थे, सारा शहर पानी से भीगा ठिठुर रहा था—अब धूप में नहाता नीला आकाश धुन्ध की ओट में बाहर निकलता हुआ फैल रहा था। लतिका ने चैपल से बाहर आते हुए देखा—वीपिंग विलोज़ की भीगी शाखाओं से धूप में चमकती हुई बारिश की बूँदें टपक रही थीं...लड़कियाँ चैपल से बाहर निकलकर छोटे--छोटे गुच्छे बनाकर कॉरीडोर में जमा हो गयी हैं। नाश्ते के लिए अभी पौन घण्टा पड़ा था और उनमें से अभी कोई भी लड़की होस्टल जाने के लिए इच्छुक नहीं थी। छुट्टियाँ अभी शुरू नहीं हुई थीं, किन्तु शायद इसीलिए वे इन चन्द बचे-खुचे क्षणों में अनुशासन के घेरे के भीतर भी मुक्त होने का भरपूर आनन्द उठा लेना चाहती थीं।

मिस वुड को लड़कियों का यह गुल-गपाड़ा अखरा, किन्तु फादर एल्मंड के सामने वह उन्हें डाँट-फटकार नहीं सकीं। अपनी झुँझलाहट दबाकर वह मुस्कुराते हुए बोलीं—"कल सब चली जायेंगी, सारा स्कूल वीरान हो जायेगा।"

फादर एल्मंड का लम्बा ओजपूर्ण चेहरा चैपल की घुटी हुई गरमाई से लाल हो उठा था। गलियारे के जंगले पर अपनी छड़ी लटकाकर वह बोले—"छुट्टियों में पीछे होस्टल में कौन रहेगा?"

"पिछले दो-तीन सालों से मिस लतिका ही रह रही हैं..."

"और डॉक्टर मुकर्जी?"—फादर का ऊपरी होंठ तनिक खिंच आया।

"डॉक्टर तो सर्दी-गर्मी यहीं रहते हैं"—मिस वुड ने विस्मय से फादर की ओर देखा। वह समझ नहीं सकीं कि फादर ने डॉक्टर का प्रसंग क्यों छेड़ दिया है।

"डॉक्टर मुकर्जी छुट्टियों में कहीं नहीं जाते?"

"दो महीने की छुट्टियों में बर्मा जाना काफ़ी कठिन है, फादर!"—मिस वुड हँसने लगीं।

"मिस वुड, पता नहीं आप क्या सोचती हैं। मुझे तो मिस लतिका का होस्टल में अकेले रहना कुछ समझ में नहीं आता।"

"लेकिन फादर," मिस वुड ने कहा, "यह तो कॉन्वेंट स्कूल का नियम है कि कोई भी टीचर छुट्टियों में अपने ख़र्चे पर होस्टल में रह सकती है।"

"मैं फ़िलहाल स्कूल के नियमों की बात नहीं कर रहा। मिस लतिका डॉक्टर के संग यहाँ अकेली ही रह जायेंगी और सच पूछिए मिस वुड, डॉक्टर के बारे में मेरी राय कुछ बहुत अच्छी नहीं है..."

"फादर, आप कैसी बात कर रहे हैं...मिस लतिका बच्ची थोड़े ही हैं..." मिस वुड को ऐसी आशा नहीं थी कि फादर एल्मंड अपने दिल में ऐसी दकियानूसी भावना को स्थान देंगे।

फादर एल्मंड कुछ हतप्रभ से हो गये, बात पलटते हुए बोले—"मिस वुड, मेरा मतलब यह नहीं था। आप तो जानती हैं, मिस लतिका और उस मिलिटरी अफ़सर को लेकर एक अच्छा-खासा स्कैंडल बन गया था, स्कूल की बदनामी होने में क्या देर लगती है।"

"वह बेचारा तो अब नहीं रहा। मैं उसे जानती थी फादर! ईश्वर उसकी आत्मा को शान्ति दे।"

मिस वुड ने धीरे से अपनी दोनों बाँहों से क्रॉस किया।

फादर एल्मंड को मिस वुड की मूर्खता पर इतना अधिक क्षोभ हुआ कि उनसे आगे और कुछ नहीं बोला गया। डॉक्टर मुकर्जी से उनकी कभी नहीं पटती थीं, इसलिए मिस वुड की आँखों में वह डॉक्टर को नीचा दिखाना चाहते थे। किन्तु मिस वुड लतिका का रोना ले बैठीं, आगे बात बढ़ाना व्यर्थ था। उन्होंने छड़ी को जंगले से उठाया और ऊपर खुले आकाश को देखते हुए बोले—"प्रोग्राम आपने यूँ ही बदला, मिस वुड, अब क्या बारिश होगी।"

ह्यूबर्ट जब चैपल से बाहर निकला तो उसकी आँखें चकाचौंध-सी हो गयीं। उसे लगा जैसे किसी ने अचानक ढेर-सी चमकीली उबलती हुई रोशनी मुट्ठी में

भरकर उसकी आँखों में झोंक दी हो। पियानो के संगीत के सुर रुई के छुई-मुई रेशों की भाँति अब तक उसके मस्तिष्क की थकी-माँदी नसों पर फड़फड़ा रहे थे। वह काफ़ी थक गया था। पियानो बजाने से उसके फेफड़ों पर हमेशा भारी दबाव पड़ता, दिल की धड़कन तेज़ हो जाती थी। उसे लगता था कि संगीत के एक नोट को दूसरे नोट में उतारने के प्रयत्न में वह एक अँधेरी खाई पार कर रहा है।

आज चैपल में मैंने जो महसूस किया, वह कितना रहस्यमय, कितना विचित्र था, ह्यूबर्ट ने सोचा। मुझे लगा, पियानो का हर नोट चिरन्तन ख़ामोशी की अँधेरी खोह से निकलकर बाहर फैली नीली धुन्ध को काटता, तराशता हुआ एक भूला-सा अर्थ खींच लाता है। गिरता हुआ हर 'पॉज़' एक छोटी-सी मौत है, मानो घने छायादार वृक्षों की काँपती छायाओं में कोई पगडण्डी गुम हो गयी, एक छोटी-सी मौत जो आने वाले सुरों को अपनी बची-खुची गूँजों की साँसें समर्पित कर जाती है...जो मर जाती हैं, किन्तु मिट नहीं पाती, मिटती नहीं इसलिए मरकर भी जीवित हैं, दूसरे सुरों में लय हो जाती हैं...।

''डॉक्टर, क्या मृत्यु ऐसे ही आती है?'' अगर मैं डॉक्टर से पूछूँ तो वह हँसकर टाल देगा। मुझे लगता है, वह पिछले कुछ दिनों से कोई बात छिपा रहा है—उसकी हँसी में जो सहानुभूति का भाव होता है, वह मुझे अच्छा नहीं लगता। आज उसने मुझे स्पेशल सर्विस में आने से रोका था—कारण पूछने पर वह चुप रहा था। कौन-सी ऐसी बात है, जिसे मुझसे कहने में डॉक्टर कतराता है। शायद मैं शक्की मिज़ाज होता जा रहा हूँ, और बात कुछ भी नहीं है।

ह्यूबर्ट ने देखा, लड़कियों की कतार स्कूल से होस्टल जाने वाली सड़क पर नीचे उतरती जा रही है। उजली धूप में उनके रंग-बिरंगे रिबन, हल्की आसमानी रंग की फ्रॉकें और सफ़ेद पेटियाँ चमक रही हैं। सीनियर कैम्ब्रिज की कुछ लड़कियों ने चैपल की वाटिका से गुलाब के फूलों को तोड़कर अपने बालों में लगा लिया है। कंटोनमेंट के तीन-चार सिपाही लड़कियों को देखते हुए अश्लील मज़ाक़ करते हुए हँस रहे हैं और कभी-कभी किसी लड़की की ओर ज़रा झुककर सीटी बजाने लगते हैं।

''हैलो मि. ह्यूबर्ट,'' ह्यूबर्ट ने चौंककर पीछे देखा। लतिका एक मोटा-सा रजिस्टर बगल में दबाये खड़ी थी।

''आप अभी यहीं हैं?'' ह्यूबर्ट की दृष्टि लतिका पर टिकी रही। वह क्रीम रंग की पूरी बाँहों की ऊनी जैकेट पहने हुई थी। कुमाऊँनी लड़कियों की तरह लतिका का चेहरा गोल था, धूप की तपन से पका गेहुँआ रंग कहीं-कहीं हल्का-सा

गुलाबी हो आया था, मानो बहुत धोने पर भी गुलाल के कुछ धब्बे इधर-इधर बिखरे रह गये हों।

"उन लड़कियों के नाम नोट करने थे, जो कल जा रही हैं...सो पीछे रुकना पड़ा। आप भी तो कल जा रहे हैं मि. ह्यूबर्ट?"

"अभी तक तो यही इरादा है। यहाँ रुककर भी क्या करूँगा। आप स्कूल की ओर जा रही हैं?"

"चलिए..."

पक्की सड़क पर लड़कियों की भीड़ जमा थी, इसलिए वे दोनों पोलो ग्राउंड का चक्कर काटते हुए पगडंडी से नीचे उतरने लगे।

हवा तेज़ हो चली। चीड़ के पत्ते हर झोंके के संग टूट-टूटकर पगडण्डी पर ढेर लगाते जाते थे। ह्यूबर्ट रास्ता बनाने के लिए अपनी छड़ी से उन्हें बुहारकर दोनों ओर बिखेर देता था। लतिका पीछे खड़ी हुई देखती रहती थी। अल्मोड़ा की ओर से आते हए छोटे-छोटे बादल रेशमी रूमालों से उड़ते हुए सूरज के मुँह पर लिपट से जाते थे, फिर हवा में बह निकलते थे। इस खेल में धूप कभी मन्द, फीकी-सी पड़ जाती थी, कभी अपना उजला आँचल खोलकर समूचे शहर को अपने में समेट लेती थी।

लतिका तनिक आगे निकल गयी। ह्यूबर्ट की साँस चढ़ गयी थी और वह धीरे-धीरे हाँफता हुआ पीछे आ रहा था। जब वे पोलो ग्राउंड के पवेलियन को छोड़कर सिमिट्री के दायीं ओर मुड़े, तो लतिका ह्यूबर्ट की प्रतीक्षा करने के लिए खड़ी हो गयी। उसे याद आया, छुट्टियों के दिनों में जब कभी कमरे में अकेले बैठे-बैठे उसका मन ऊब जाता था, तो वह अक्सर टहलते हुए सिमिट्री तक चली जाती थी। उससे सटी पहाड़ी पर चढ़कर वह बर्फ़ में ढँके देवदार वृक्षों को देखा करती थी, जिनकी झुकी हुई शाखों से रुई के गालों-सी बर्फ़ नीचे गिरा करती थी। नीचे बाजार जाने वाली सड़क पर बच्चे स्लेज पर फिसला करते थे। वह खड़ी-खड़ी बर्फ़ में छिपी हुई उस सड़क का अनुमान लगाया करती थी जो फादर एल्मंड के घर से गुज़रती हुई मिलिटरी अस्पताल और डाकघर से होकर चर्च की सीढ़ियों तक जाकर गुम हो जाती थी। जो मनोरंजन एक दुर्गम पहली को सुलझाने में होता है। जो मनोरंजन एक दुर्गम पहेली को सुलझाने में होता है, वही लतिका को बर्फ़ में खोये रास्तों को खोज निकालने में होता था।

"आप बहुत तेज़ चलती हैं, मिस लतिका"—थकान से ह्यूबर्ट का चेहरा कुम्हला गया था। माथे पर पसीने की बूँदें छलक आयी थीं।

"कल रात आपकी तबीयत क्या कुछ खराब हो गयी थी?"

"आपने कैसे जाना? क्या मैं अस्वस्थ दीख रहा हूँ?" ह्यूबर्ट के स्वर में हल्की-सी खीज का आभास था। सब लोग मेरी सेहत को लेकर क्यों बात शुरू करते हैं, उसने सोचा।

"नहीं, मुझे तो पता भी नहीं चलता, वह तो सुबह करीमुद्दीन ने बातों-ही-बातों में ज़िक्र छेड़ दिया था।" लतिका कुछ अप्रतिभ-सी हो आयी।

"कोई खास बात नहीं, वही पुराना दर्द शुरू हो गया था—अब बिल्कुल ठीक है।" अपने कथन की पुष्टि के लिए ह्यूबर्ट छाती सीधी करके तेज़ क़दम बढ़ाने लगा।

"डॉक्टर मुकर्जी को दिखलाया था?"

"वह सुबह आये थे। उनकी बात कुछ समझ में नहीं आती। हमेशा दो बातें एक-दूसरे से उलटी कहते हैं। कहते थे कि इस बार मुझे छह-सात महीने की छुट्टी लेकर आराम करना चाहिए, लेकिन अगर मैं ठीक हूँ, तो भला इसकी क्या ज़रूरत है?"

ह्यूबर्ट के स्वर में व्यथा की छाया लतिका से छिपी न रह सकी। बात को टालते हुए उसने कहा—"आप तो नाहक चिन्ता करते हैं, मि. ह्यूबर्ट! आजकल मौसम बदल रहा है, अच्छे-भले आदमी तक बीमार हो जाते हैं।"

ह्यूबर्ट का चेहरा प्रसन्नता से दमकने लगा। उसने लतिका को ध्यान से देखा। वह अपने दिल का संशय मिटाने के लिए निश्चिन्त हो जाना चाहता था कि कहीं लतिका उसे केवल दिलासा देने के लिए ही तो झूठ नहीं बोल रही।

"यही तो मैं सोच रहा था, मिस लतिका! डॉक्टर की सलाह सुनकर तो मैं डर ही गया। भला छह महीने की छुट्टी लेकर मैं अकेला क्या करूँगा। स्कूल में तो बच्चों के संग मन लगा रहता है। सच पूछो तो दिल्ली में ये दो महीनों की छुट्टियाँ काटना भी दूभर हो जाता है...।"

"मि. ह्यूबर्ट...कल आप दिल्ली जा रहे हैं...?"

लतिका चलते-चलते हठात् ठिठक गयी। सामने पोलो ग्राउंड फैला था, जिसके दूसरी ओर मिलिटरी की ट्रकें कंटोनमेंट की ओर जा रही थीं। ह्यूबर्ट को लगा, जैसे लतिका की आँखें अधमुँदी-सी खुली रह गयी हैं, मानो पलकों पर एक पुराना भूला-सा सपना सरक आया है।

"मि. ह्यूबर्ट...आप दिल्ली जा रहे हैं"—इस बार लतिका ने प्रश्न नहीं दुहराया—उसके स्वर में केवल एक असीम दूरी का भाव घिर आया।

"बहुत अरसा पहले मैं भी दिल्ली गयी थी, मि. ह्यूबर्ट! तब मैं बहुत छोटी थी—न जाने कितने बरस बीत गये। हमारी मौसी का ब्याह वहीं हुआ था। बहत-सी चीज़ देखी थीं, लेकिन अब तो सब कुछ धुँधला-सा पड़ गया है। इतना याद है कि हम कुतुब पर चढ़े थे। सबसे ऊँची मंज़िल से हमने नीचे झाँका था—न जाने कैसा लगा था। नीचे चलते हुए आदमी चाभी भरे हुए खिलौनों से लगते थे। हमने ऊपर से उन पर मूँगफलियाँ फेंकी थीं, लेकिन हम बहुत निराश हुए थे क्योंकि उनमें से किसी ने हमारी तरफ़ नहीं देखा। शायद माँ ने मुझे डाँटा था, और मैं सिर्फ़ नीचे झाँकते हुए डर गयी थी। सुना है, अब तो दिल्ली इतना बदल गया है कि पहचाना नहीं जाता..."

वे दोनों फिर चलने लगे। हवा का वेग ढीला पड़ने लगा। उड़ते हुए बादल अब सुस्ताने से लगे थे, उनकी छायाएँ नन्दा देवी और पंचचूली की पहाड़ियों पर गिर रही थीं। स्कूल के पास पहुँचते-पहुँचते चीड़ के पेड़ पीछे छूट गये, कहीं-कहीं खुबानी के पेड़ों के आस-पास बुरुस के लाल फूल धूप में चमक जाते थे। स्कूल तक आने में उन्होंने पोलो ग्राउंड का लम्बा चक्कर लगा लिया था।

"मिस लतिका, आप कहीं छुट्टियों में जाती क्यों नहीं—सर्दियों में तो यहाँ सब कुछ वीरान हो जाता होगा?"

"अब मुझे यहाँ अच्छा लगता है," लतिका ने कहा, "पहले साल अकेलापन कुछ अखरा था—अब आदी हो गयी हूँ। क्रिसमस से एक रात पहले क्लब में डांस होता है, लॉटरी डाली जाती है और रात को देर तक नाच-गाना होता रहता है। नये साल के दिन कुमाऊँ रेजीमेंट की ओर से परेडग्राउंड में कार्नीवाल किया जाता है, बर्फ़ पर स्केटिंग होती है, रंग-बिरंगे गुब्बारों के नीचे फौजी बैंड बजता है, फौजी अफ़सर फैंसी ड्रेस में भाग लेते हैं—हर साल ऐसा ही होता है, मि. ह्यूबर्ट। फिर कुछ दिनों बाद विंटर स्पोर्ट्स के लिए अंग्रेज़ टूरिस्ट आते हैं। हर साल मैं उनसे परिचित होती हैं, वापस लौटते हुए वे हमेशा वादा करते हैं कि अगले साल भी आयेंगे, पर मैं जानती हूँ कि वे नहीं आयेंगे, वे भी जानते हैं कि वे नहीं आयेंगे, फिर भी हमारी दोस्ती में कोई अन्तर नहीं पड़ता। फिर...फिर कुछ दिनों बाद पहाड़ों पर बर्फ़ पिघलने लगता है, छुट्टियाँ ख़त्म होने लगती हैं, आप सब लोग अपने-अपने घरों से वापस लौट आते हैं—और मि. ह्यूबर्ट, पता भी नहीं चलता कि छुट्टियाँ कब शुरू हुई थीं, कब ख़त्म हो गयी..."

लतिका ने देखा कि ह्यूबर्ट उसकी ओर आतंकित भयाकुल दृष्टि से देख रहा है। वह सिटपिटाकर चुप हो गयी। उसे लगा, मानो वह इतनी देर से पागल-सी अनर्गल प्रलाप कर रही हो।

"मुझे माफ़ करना मि. ह्यूबर्ट, कभी-कभी मैं बच्चों की तरह बातों में बहक जाती हूँ।"

"मिस लतिका..." ह्यूबर्ट ने धीरे से कहा। वह चलते-चलते रुक गया था। लतिका ह्यूबर्ट के भारी स्वर से चौंक-सी गयी।

"क्या बात है मि. ह्यूबर्ट?"

"वह पत्र...उसके लिए मैं लज्जित हूँ। उसे आप वापस लौटा दें, समझ लें कि मैंने उसे कभी नहीं लिखा था।"

लतिका कुछ समझ न सकी, दिग्भ्रान्त-सी खड़ी हुई ह्यूबर्ट के पीले उद्विग्न चेहरे को देखती रही।

ह्यूबर्ट ने धीरे से लतिका के कन्धे पर हाथ रख दिया।

"कल डॉक्टर ने मुझे सबकुछ बता दिया। अगर मुझे पहले से मालूम होता तो...तो," ह्यूबर्ट हकलाने लगा।

"मि. ह्यूबर्ट..." किन्तु लतिका से आगे कुछ भी नहीं कहा गया। उसका चेहरा सफ़ेद हो गया था।

दोनों चुपचाप कुछ देर तक स्कूल के गेट के बाहर खड़े रहे।

मीडोज़...पगडण्डियों, पत्तों, छायाओं से घिरा छोटा-सा द्वीप, मानो कोई घोंसला दो हरी घाटियों के बीच आ दबा हो। भीतर घुसते ही पिकनिक के काले आग से झुलसे हुए पत्थर, अधजली टहनियाँ, बैठने के लिए बिछाये गये पुराने अख़बारों के टुकड़े इधर-उधर बिखरे हुए दिखाई दे जाते हैं। अक्सर टूरिस्ट पिकनिक के लिए यहाँ आते हैं। मीडोज़ को बीच में काटता हुआ टेढ़ा-मेढ़ा बरसाती नाला बहता है, जो दूर से धूप में चमकता हुआ सफ़ेद रिबन-सा दिखाई देता है।

यहीं पर काठ के तख़्तों का बना हुआ टूटा-सा पुल है, जिस पर लड़कियाँ हिचकोले खाते हुई चल रही हैं।

"डॉक्टर मुकर्जी, आप तो सारा जंगल जला देंगे"—मिस वुड ने अपनी ऊँची एड़ी के सैंडल से जलती हुई दियासलाई को दबा डाला, जो डॉक्टर ने सिगार सुलगाकर चीड़ के पत्तों के ढेर पर फेंक दी थी। वे नाले से कुछ दूर हटकर चीड़ के दो पेड़ों से गुँथी हुई छाया के नीचे बैठे थे। उनके सामने एक छोटा-सा रास्ता नीचे पहाड़ी गाँव की ओर जाता था, जहाँ पहाड़ की गोद में शकरपारों के खेत एक-दूसरे के नीचे बिछे हुए थे। दोपहर के सन्नाटे में भेड़-बकरियों के गलों में बँधी हुई घण्टियों का स्वर हवा में बहता हुआ सुनाई दे जाता था।

घास पर लेटे-लेटे डॉक्टर सिगार पीते रहे।

"जंगल की आग कभी देखी है, मिस वुड...एक अलमस्त नशे की तरह धीरे-धीरे फैलती जाती है।"

"आपने कभी देखी है डॉक्टर?" मिस वुड ने पूछा, "मुझे तो बड़ा डर लगता है।"

"बहुत साल पहले शहरों को जलते हुए देखा था।" डॉक्टर लेटे हुए आकाश की ओर ताक रहे थे। "एक-एक मकान ताश के पत्तों की तरह गिरता जाता है। दुर्भाग्यवश ऐसे अवसर देखने में बहुत कम आते हैं।"

"आपने कहाँ देखा, डॉक्टर?"

"लड़ाई के दिनों में अपने शहर रंगून को जलते हुए देखा था।"

मिस वुड की आत्मा को ठेस लगी, किन्तु फिर भी उनकी उत्सुकता शान्त नहीं हुई।

"आपका घर—क्या वह भी जल गया था?"

डॉक्टर कुछ देर तक चुपचाप लेटा रहा।

"हम उसे खाली छोड़कर चले आये थे—मालूम नहीं बाद में क्या हुआ।" अपने व्यक्तिगत जीवन के सम्बन्ध में कुछ भी कहने में डॉक्टर को कठिनाई महसूस होती है।

"डॉक्टर, क्या आप कभी वापस बर्मा जाने की बात नहीं सोचते?" डॉक्टर ने अँगड़ाई ली और करवट बदलकर औंधे मुँह लेट गये। उनकी आँखें मुँद गयीं और माथे पर बालों की लटें झूल आयीं।

"सोचने से क्या होता है मिस वुड...जब बर्मा में था, तब क्या कभी सोचा था कि यहाँ आकर उम्र काटनी होगी?"

"लेकिन डॉक्टर, कुछ भी कह लो, अपने देश का सुख कहीं और नहीं मिलता। यहाँ तुम चाहे कितने वर्ष रह लो, अपने को हमेशा अजनबी ही पाओगे।"

डॉक्टर ने सिगार के धुएँ को धीरे-धीरे हवा में छोड़ दिया—"दरअसल, अजनबी तो मैं वहाँ भी समझा जाऊँगा, मिस वुड। इतने वर्षों बाद मुझे कौन पहचानेगा! इस उम्र में नये सिरे से रिश्ते जोड़ना काफ़ी सिरदर्द का काम है... कम-से-कम मेरे बस की बात नहीं है।"

"लेकिन डॉक्टर, आप कब तक इस पहाड़ी कस्बे में पड़े रहेंगे—इसी देश में रहना है तो किसी बड़े शहर में प्रैक्टिस शुरू कीजिए।"

"प्रैक्टिस बढ़ाने के लिए कहाँ-कहाँ भटकता फिरूँगा, मिस वुड। जहाँ रहो, वहीं मरीज़ मिल जाते हैं। यहाँ आया था कुछ दिनों के लिए—फिर मुद्दत हो गयी और टिका रहा। जब कभी जी ऊबेगा, कहीं चला जाऊँगा। जड़ें कहीं नहीं

जमतीं, तो पीछे भी कुछ नहीं छूट जाता। मुझे अपने बारे में कोई ग़लतफ़हमी नहीं है मिस वुड, मैं सुखी हूँ।''

मिस वुड ने डॉक्टर की बात पर विशेष ध्यान नहीं दिया। दिल में वह हमेशा डॉक्टर को उच्छृंखल, लापरवाह और सनकी समझती रही हैं, किन्तु डॉक्टर के चरित्र में उनका विश्वास है—न जाने क्यों, क्योंकि डॉक्टर ने जाने-अनजाने में उसका कोई प्रमाण दिया हो, यह उन्हें याद नहीं पड़ता।

मिस वुड ने एक ठण्डी साँस भरी। वह हमेशा यह सोचती थीं कि यदि डॉक्टर इतना आलसी और लापरवाह न होता, तो अपनी योग्यता के बल पर काफ़ी चमक सकता था। इसलिए उन्हें डॉक्टर पर क्रोध भी आता था और दुख भी होता था।

मिस वुड ने अपने बैग से ऊन का गोला और सलाइयाँ निकालीं, फिर उसके नीचे से अख़बार में लिपटा हुआ चौड़ा कॉफी का डिब्बा उठाया, जिसमें अण्डों की सैडविचें और हैम्बर्गर दबे हुए थे। थर्मस से प्यालों में कॉफी उँड़ेलते हुए मिस वुड ने कहा—''डॉक्टर, कॉफी ठण्डी हो रही है...?''

डॉक्टर लेटे-लेटे बुड़बुड़ाया। मिस वुड ने नीचे झुककर देखा, वह कोहनी पर सिर टिकाये सो रहा था। ऊपर का होंठ ज़रा-सा फैलकर मुड़ गया था, मानो किसी से मज़ाक़ करने से पहले मुस्कुरा रहा हो।

उसकी उँगुलियों में दबा हुआ सिगार नीचे झुका हुआ लटक रहा था।

''मेरी, मेरी, वाट डू यू वांट, वाट डू यू वांट...'' दूसरे स्टैंडर्ड में पढ़ने वाली मेरी ने अपनी चंचल, चपल आँखें ऊपर उठायीं—लड़कियों का दायरा उसे घेरे हुए कभी पास आता था, कभी दूर खिंचता चला जाता था।

''आई वांट...आई वांट ब्लू—'' दोनों हाथों को हवा में घुमाते हुए मेरी चिल्लायी। दायरा पानी की तरह टूट गया। सब लड़कियाँ एक-दूसरे पर गिरती-पड़ती किसी नीली वस्तु को छूने के लिए भाग-दौड़ करने लगीं।

लंच समाप्त हो चुका था। लड़कियों के छोटे-छोटे दल मीडोज़ में बिखर गये थे। ऊँची क्लास की कुछ लड़कियाँ चाय का पानी गर्म करने के लिए पेड़ों पर चढ़कर सूखी टहनियाँ तोड़ रही थीं।

दोपहर की उस घड़ी में मीडोज़ अलसाया-ऊँघता-सा जान पड़ता था। हवा का कोई भूला-भटका झोंका...चीड़ के पत्ते खड़खड़ा उठते थे। कभी कोई पक्षी अपनी सुस्ती मिटाने झाड़ियों से उड़कर नाले के किनारे बैठ जाता था, पानी में सिर डुबोता था, फिर ऊबकर हवा में दो-चार निरुद्देश्य चक्कर काटकर दोबारा झाड़ियों में दुबक जाता था।

किन्तु जंगल की ख़ामोशी शायद कभी चुप नहीं रहती। गहरी नींद में डूबी सपनों-सी कुछ आवाज़ें नीरवता के हलके झीने परदे पर सलवटें बिछा जाती हैं...मूक लहरों-सी हवा में तिरती हैं।...मानो कोई दबे पाँव झाँककर अदृश्य संकेत कर जाता है—"देखो में यहाँ हूँ..."

लतिका ने जूली के 'बॉब हेयर' को सहलाते हुए कहा, "तुम्हें कल रात बुलाया था।"

"मैडम, मैं गयी थी—आप अपने कमरे में नहीं थीं।" लतिका को याद आया कि कल रात वह डॉक्टर के कमरे के टैरेस पर देर तक बैठी रही थी—और भीतर—ह्यूबर्ट पियानो पर शोपां का नॉक्टर्न बजा रहा था।

"जूली, तुमसे कुछ पूछना था।" उसे लगा, वह जूली की आँखों से अपने को बचा रही है।

जूली ने अपना चेहरा ऊपर उठाया। उसकी भूरी आँखों से कौतूहल झाँक रहा था।

"तुम आफ़िसर्स मेस में किसी को जानती हो?"

जूली ने अनिश्चित भाव से सिर हिलाया। लतिका कुछ देर तक जूली को अपलक घूरती रही।

"जूली, मुझे विश्वास है, तुम झूठ नहीं बोलोगी।" कुछ क्षण पहले जूली की आँखों में जो कौतूहल था, वह भय में परिणत होने लगा।

लतिका ने अपनी जैकेट की जेब से एक नीला लिफ़ाफ़ा निकालकर जूली की गोद में फेंक दिया।

"यह किसकी चिट्ठी है?"

जूली ने लिफ़ाफ़ा उठाने के लिए हाथ बढ़ाया, किन्तु फिर एक क्षण के लिए उसका हाथ काँपकर ठिठक गया—लिफ़ाफ़े पर उसका नाम और होस्टल का पता लिखा हुआ था।

"थैंक यू मैडम, मेरे भाई का पत्र है, वह झाँसी में रहते हैं।" जूली ने घबराहट में लिफ़ाफ़े को अपने स्कर्ट की तहों में छिपा लिया।

"जूली, ज़रा मुझे लिफ़ाफ़ा दिखलाओ।" लतिका का स्वर तीखा, कर्कश-सा हो आया।

जूली ने अनमने भाव से लतिका को पत्र दे दिया।

"तुम्हारे भाई झाँसी में रहते हैं?"

जूली इस बार कुछ नहीं बोली। उसकी उद्भ्रान्त उखड़ी-सी आँखें लतिका को देखती रहीं।

"यह क्या है?"

जूली का चेहरा सफ़ेद, फक पड़ गया। लिफाफे पर कुमाऊँ रेजीमेंटल सेंटर की मुहर उसकी ओर घूर रही थी।

"कौन है यह..." लतिका ने पूछा। उसने पहले भी होस्टल में उड़ती हुई अफ़वाह सुनी थी कि जूली को क्लब में किसी मिलिटरी अफ़सर के संग देखा था, किन्तु ऐसी अफ़वाहें अक्सर उड़ती रहती थीं, और उसने उस पर विश्वास नहीं किया था।

"जूली, तुम अभी बहुत छोटी हो..." जूली के होंठ काँपे–उसकी आँखों में निरीह याचना का भाव घिर आया।

"अच्छा अभी जाओ...तुमसे छुट्टियों के बाद बातें करूँगी।"

जूली ने ललचाई दृष्टि से लिफ़ाफ़े की ओर देखा, कुछ बोलने को उद्यत हुई, फिर बिना कुछ कहे चुपचाप वापस लौट गयी।

लतिका देर तक जूली को देखती रही, जब तक वह आँखों से ओझल नहीं हो गयी। क्या मैं किसी खूसट बुढ़िया से कम हूँ? अपने अभाव का बदला क्या मैं दूसरों से ले रही हूँ?

शायद...कौन जाने...शायद जूली का यह प्रथम परिचय हो, उस अनुभूति से, जिसे कोई भी लड़की बड़े चाव से सँजोकर, सँभालकर अपने में छिपाये रहती है, एक अनिर्वचनीय सुख, जो पीड़ा लिए है, पीड़ा और सुख को डुबोती हुई उमड़ते ज्वर की खुमारी...जो दोनों को अपने में समो लेती है...एक दर्द, जो आनन्द से उपजा है और पीड़ा देता है...

यहीं इसी देवदार के नीचे उसे भी यही लगा था, जब गिरीश ने पूछा था–"तुम चुप क्यों हो?" वह आँखें मूँदे सोच रही थी–सोच कहाँ रही थी, जी रही थी, उस क्षण को जो भय और विस्मय के बीच भिंचा था–बहका-सा पागल क्षण। वह अभी पीछे मुड़ेगी तो गिरीश की 'नर्वस' मुस्कुराहट दिखाई दे जायेगी, उस दिन से आज दोपहर तक का अतीत एक दुःस्वप्न की मानिन्द टूट जायेगा। वही देवदार है, जिस पर उसने अपने बालों के क्लिप से गिरीश का नाम लिखा था। पेड़ की छाल उतरती नहीं थी, क्लिप टूट-टूट जाता था, तब गिरीश ने अपने नाम के नीचे उसका नाम लिखा था। जब कभी कोई अक्षर बिगड़कर टेढ़ा-मेढ़ा हो जाता था तब वह हँसती थी, और गिरीश का काँपता हाथ और भी काँप जाता था...

लतिका को लगा कि जो वह याद करती है, वही भूलना भी चाहती है, लेकिन जब सचमुच भूलने लगती है, तब उसे भय लगता है कि जैसे कोई उसकी

किसी चीज़ को उसके हाथों से छीने लिए जा रहा है, ऐसा कुछ जो सदा के लिए खो जायेगा। बचपन में जब कभी वह अपने किसी खिलौने को खो देती थी, तो वह गुमसुम-सी होकर सोचा करती थी, कहाँ रख दिया मैंने। जब बहुत दौड़-धूप करने पर खिलौना मिल जाता, तो वह बहाना करती कि अभी उसे खोज ही रही है, कि वह अभी मिला नहीं है। जिस स्थान पर खिलौना रखा होता, जानबूझकर उसे छोड़कर घर के दूसरे कोने में उसे खोजने का उपक्रम करती। तब खोयी चीज़ याद रहती, इसलिए भूलने का भय नहीं रहता था...

आज वह उस बचपन के खेल का बहाना क्यों नहीं कर पाती? 'बहाना'...शायद करती है, उसे याद करने का बहाना, जो भूलता जा रहा है... दिन, महीने बीत जाते हैं, और वह उलझी रहती है, अनजाने में गिरीश का चेहरा धुँधला पड़ता जाता है, याद वह करती है, किन्तु जैसे किसी पुरानी तस्वीर के धूल-भरे शीशे को साफ़ कर रही हो। अब वैसा दर्द नहीं होता, सिर्फ़ उसको याद करती है, जो पहले कभी होता था—तब उसे अपने पर ग्लानि होती है। वह फिर जानबूझकर इस घाव को कुरेदती है, जो भरता जा रहा है, ख़ुद-ब-ख़ुद उसकी कोशिशों के बावजूद भरता जा रहा है...

देवदार पर खुदे हुए अधमिटे नाम लतिका की ओर निस्तब्ध निरीह भाव से निहार रहे थे। मीडोज़ के घने सन्नाटे में नाले पार से खेलती हुई लड़कियों की आवाज़ें गूँज जाती थीं...

वाट डू यू वांट? वाट डू यू वांट?

तितलियाँ, झींगुर, जुगनू...मीडोज़ पर उतरती हुई साँझ की छाओं में। पता नहीं चलता, कौन आवाज़ किसकी है? दोपहर के समय जिन आवाज़ों को अलग-अलग करके पहचाना जा सकता था, अब वे एकस्वरता की अविरल धारा में घुल गयी थीं। घास से अपने पैरों को पोंछता हुआ कोई रेंग रहा है। झाड़ियों के झुरमुट पर परों को फड़फड़ाता हुआ झपटकर कोई ऊपर से उड़ जाता है...किन्तु ऊपर देखो तो कहीं कुछ भी नहीं है। मीडोज़ के झरने का गड़गड़ाता स्वर...जैसे अँधेरी सुरंग में झपाटे से ट्रेन गुज़र गयी हो, और देर तक उसमें सीटियों और पहियों की चीत्कार गूँजती रही हो...

पिकनिक कुछ देर तक और चलती, किन्तु बादलों की तहें एक-दूसरे पर चढ़ती जा रही थीं। पिकनिक का सामान बटोरा जाने लगा। मीडोज़ के चारों ओर बिखरी हुई लड़कियाँ मिस वुड के इर्द-गिर्द जमा होने लगीं। अपने संग वे अजीबोगरीब चीजें बटोर लायी थीं। कोई किसी पक्षी के टूटे पंख को बालों में लगाये हुए थी, किसी ने पेड़ की टहनी को चाकू से छीलकर छोटी-सी बेंत बना

ली थी। ऊँची क्लास की कुछ लड़कियों ने अपने-अपने रूमालों में नाले से पकड़ी हुई छोटी-छोटी बालिश्त भर की मछलियों को दबा रखा था जिन्हें मिस वुड से छिपाकर वे एक-दूसरे को दिखा रही थीं।

मिस वुड लड़कियों की टोली के संग आगे निकल गयीं। मीडोज़ से पक्की सड़क तक तीन-चार फर्लांग की चढ़ाई थी। लतिका हाँफने लगी। डॉक्टर मुकर्जी सबसे पीछे आ रहे थे। लतिका के पास पहुँचकर वह ठिठक गये। डॉक्टर ने दोनों घुटनों को ज़मीन पर टेकते हुए सिर झुकाकर एलिजाबेथयुगीन अंग्रेज़ी में कहा—"मैडम, आप इतनी परेशान क्यों नज़र आ रही हैं..."

और डॉक्टर की नाटकीय मुद्रा को देखकर लतिका के होंठों पर एक थकी-सी ढीली-ढीली मुस्कुराहट बिखर गयी।

"प्यास के मारे गला सूख रहा है...और यह चढ़ाई है कि ख़त्म होने में नहीं आती।"

डॉक्टर ने अपने कन्धे पर लटकते हुए थर्मस को उतारकर लतिका के हाथों में देते हुए कहा—"थोड़ी-सी कॉफी बची है, शायद कुछ मदद कर सके।"

"पिकनिक में तुम कहाँ रह गये डॉक्टर, कहीं दिखाई नहीं दिये?"

"दोपहर-भर सोता रहा—मिस वुड के संग। मेरा मतलब है, मिस वुड पास बैठी थीं।"

"मुझे लगता है, मिस वुड़ मुझसे मोहब्बत करती हैं।" कोई भी मज़ाक करते समय डॉक्टर अपनी मूँछों के कोनों को चबाने लगता है।

"क्या कहती थीं?" लतिका ने थर्मस से कॉफी को मुँह में उँड़ेल लिया।

"शायद कुछ कहतीं, लेकिन बदकिस्मती से बीच में ही मुझे नींद आ गयी। मेरी ज़िन्दगी के कुछ ख़ूबसूरत प्रेम-प्रसंग कमबख़्त इस नींद के कारण अधूरे रह गये हैं।"

और इस दौरान में जब दोनों बातें कर रहे थे, उनके पीछे मीडोज़ और मोटर रोड के संग चढ़ती हुई चीड़ और बाँज के वृक्षों की कतारें साँझ के घिरते अँधेरे में डूबने लगीं, मानो प्रार्थना करते हुए उन्होंने चुपचाप अपने सिर नीचे झुका लिए हों। इन्हीं पेड़ों के ऊपर बादलों में गिरजे का क्रॉस कहीं उलझा पड़ा था। उसके नीचे पहाड़ों की ढलान पर बिछे हुए खेत भागती हुई गिलहरियों से लग रहे थे, जो मानो किसी की टोह में स्तब्ध ठिठक गई हों।

"डॉक्टर, मि. ह्यूबर्ट पिकनिक पर नहीं आये?"

डॉक्टर मुकर्जी टॉर्च जलाकर लतिका के आगे-आगे चल रहे थे।

"मैंने उन्हें मना कर दिया था।"

"किसलिए?"

अँधेरे में पैरों के नीचे दबे हुए पत्तों की चरमराहट के अतिरिक्त कुछ सुनाई नहीं देता था। डॉक्टर मुकर्जी ने धीरे से खाँसा।

"पिछले कुछ दिनों से मुझे सन्देह होता जा रहा है कि ह्यूबर्ट की छाती का दर्द शायद मामूली दर्द नहीं है।" डॉक्टर थोड़ा-सा हँसा, जैसे उसे अपनी यह गम्भीरता अरुचिकर लग रही हो।

डॉक्टर ने प्रतीक्षा की, शायद लतिका कुछ कहेगी। किन्तु लतिका चुपचाप उसके पीछे चल रही थी।

"यह मेरा महज़ शक़ है, शायद मैं बिल्कुल ग़लत होऊँ, किन्तु यह बेहतर होगा कि वह अपने एक फेफड़े का एक्सरे करा लें—इससे कम-से-कम कोई भ्रम तो नहीं रहेगा।"

"आपने मि. ह्यूबर्ट से इसके बारे में कुछ कहा है?"

"अभी तक कुछ नहीं कहा। ह्यूबर्ट ज़रा-सी बात पर चिन्तित हो उठता है, इसलिए कभी साहस नहीं हो पाता..."

डॉक्टर को लगा, उसके पीछे आते हुए लतिका के पैरों का स्वर सहसा बन्द हो गया है। उन्होंने पीछे मुड़कर देखा, लतिका बीच सड़क पर अँधेरे में छाया-सी चुपचाप निश्चल खड़ी है।

"डॉक्टर..." लतिका का स्वर भर्राया हुआ था।

"क्या बात है मिस लतिका...आप रुक क्यों गयीं?"

"डॉक्टर—क्या मि. ह्यूबर्ट..."

डॉक्टर ने अपनी टॉर्च की मद्धिम रोशनी लतिका पर उठा दी...उसने देखा लतिका का चेहरा एकदम पीला पड़ गया है और वह रह-रहकर पत्ते-सी काँप जाती है।

"मिस लतिका, क्या बात है, आप तो बहुत डरी-सी जान पड़ती हैं?"

"कुछ नहीं डॉक्टर...मुझे...मुझे...कुछ याद आ गया था..."

वे दोनों फिर चलने लगे। कुछ दूर जाने पर उनकी आँखें ऊपर उठ गयीं। पक्षियों का एक बेड़ा धूमिल आकाश में त्रिकोण बनाता हुआ पहाड़ों के पीछे से उनकी ओर आ रहा था। लतिका और डॉक्टर सिर उठाकर इन पक्षियों को देखते रहे। लतिका को याद आया, हर साल सर्दी की छुट्टियों से पहले ये परिन्दे मैदानों की ओर उड़ते हैं, कुछ दिनों के लिए बीच के इस पहाड़ी स्टेशन पर बसेरा करते हैं, प्रतीक्षा करते हैं बर्फ़ के दिनों की, जब वे नीचे अजनबी, अनजाने देशों में उड़ जायेंगे...

क्या वे सब भी प्रतीक्षा कर रहे हैं? वह, डॉक्टर मुकर्जी, मि. ह्यूबर्ट—लेकिन कहाँ के लिए, हम कहाँ जायेंगे?

किन्तु उसका कोई उत्तर नहीं मिला—उस अँधेरे में मीडोज़ के झरने के भुतैले स्वर और चीड़ के पत्तों की सरसराहट के अतिरिक्त कुछ सुनाई नहीं देता था।

लतिका हड़बड़ाकर चौंक गयी। अपनी छड़ी पर झुका हुआ डॉक्टर धीरे-धीरे सीटी बजा रहा था।

"मिस लतिका, जल्दी कीजिए, बारिश शुरू होने वाली है।"

होस्टल पहुँचते-पहुँचते बिजली चमकने लगी थी। किन्तु उस रात बारिश देर तक नहीं हुई। बादल बरसने भी नहीं पाते थे कि हवा के थपेड़ों से धकेल दिये जाते थे। दूसरे दिन तड़के ही बस पकड़नी थी, इसलिए डिनर के बाद लड़कियाँ सोने के लिए अपने-अपने कमरों में चली गयी थीं।

जब लतिका अपने कमरे में गयी, तो उस समय कुमाऊँ रेजीमेंट सेंटर का बिगुल बज रहा था। उसके कमरे में करीमुद्दीन कोई पहाड़ी धुन गुनगुनाता हुआ लैम्प में गैस पम्प कर रहा था। लतिका उन्हीं कपड़ों में, तकिए को दुहरा करके लेट गयी। करीमुद्दीन ने उड़ती हुई निगाह से लतिका को देखा, फिर अपने काम में जुट गया।

"पिकनिक कैसी रही मेम साहब?"

"तुम क्यों नहीं आये, सब लड़कियाँ तुम्हें पूछ रही थीं?" लतिका को लगा, दिन-भर की थकान धीरे-धीरे उसके शरीर की पसलियों पर चिपटती जा रही है। अनायास उसकी आँखें नींद के बोझ से झपकने लगीं।

"मैं चला आता तो ह्यूबर्ट साहब की तीमारदारी कौन करता। दिन-भर उनके बिस्तरे से सटा हुआ बैठा रहा...और अब वह ग़ायब हो गये हैं।"

करीमुद्दीन ने कन्धे पर लटकते हुए मैले-कुचैले तौलिए को उतारा और लैम्प के शीशों की गर्द पोंछने लगा।

लतिका की अधमुँदी आँखें खुल गयीं। "क्या, ह्यूबर्ट साहब अपने कमरे में नहीं हैं?"

"खुदा जाने, इस हालत में कहाँ भटक रहे हैं। पानी गर्म करने कुछ देर के लिए बाहर गया था, वापस आने पर देखता हूँ कि कमरा खाली पड़ा है।"

करीमुद्दीन बड़बड़ाता हुआ बाहर चला गया। लतिका ने लेटे-लेटे पलँग के नीचे चप्पलों को पैरों से उतार दिया।

ह्यूबर्ट इतनी रात कहाँ गये? किन्तु लतिका की आँखें फिर झपक गयीं। दिन-भर की थकान ने सब परेशानियों, प्रश्नों पर कुंजी लगा दी थी; मानो

दिन-भर आँखमिचौनी खेलते हुए उसने अपने कमरे में 'दया' को छू लिया था। अब वह सुरक्षित थी, कमरे की चारदीवारी के भीतर उसे कोई नहीं पकड़ सकता। दिन के उजाले में वह गवाह थी, मुजरिम थी, हर चीज़ का उससे तकाजा था, अब इस अकेलेपन में कोई गिला नहीं, उलाहना नहीं, सब खींचातानी ख़त्म हो गयी है, जो अपना है, वह बिल्कुल अपना-सा हो गया है, जो अपना नहीं है, उसका दुख नहीं, अपनाने की फुर्सत नहीं...

लतिका ने दीवार की ओर मुँह घुमा लिया। लैम्प के फीके आलोक में हवा में काँपते परदों की छायाएँ हिल रही थीं। बिजली कड़कने से खिड़कियों के शीशे चमक-चमक जाते थे, दरवाज़े चटखने लगते थे, जैसे कोई बाहर से धीमे-धीमे खटखटा रहा हो। कॉरीडोर से अपने-अपने कमरों में जाती हुई लड़कियों की हँसी, बातों के कुछ शब्द—फिर सब कुछ शान्त हो गया, किन्तु फिर भी देर तक कच्ची नींद में वह लैम्प का धीमा-सा 'सी-सी' स्वर सुनती रही। कब वह स्वर भी मौन का भाग बनकर मूक हो गया, उसे पता न चला।

कुछ देर बाद उसको लगा, सीढ़ियों से कुछ दबी आवाज़ें ऊपर आ रही हैं, बीच-बीच में कोई चिल्ला उठता है, और फिर सहसा आवाज़ें धीमी पड़ जाती हैं।

"मिस लतिका, ज़रा अपना लैम्प ले आइए"—कॉरीडोर के जीने से डॉक्टर मुकर्जी की आवाज़ आयी थी।

कॉरीडोर में अँधेरा था। वह तीन-चार सीढ़ियाँ नीचे उतरी, लैम्प नीचे किया। सीढ़ियों से सटे जंगले पर ह्यूबर्ट ने अपना सिर रख दिया था, उसकी एक बाँह जंगले के नीचे लटक रही थी और दूसरी डॉक्टर के कन्धे पर झूल रही थी, जिसे डॉक्टर ने अपने हाथों में जकड़ रखा था।

"मिस लतिका, लैम्प ज़रा और नीचे झुका दीजिए...ह्यूबर्ट...ह्यूबर्ट..." डॉक्टर ने ह्यूबर्ट को सहारा देकर ऊपर खींचा। ह्यूबर्ट ने अपना चेहरा ऊपर किया। व्हिस्की की तेज़ बू का झोंका लतिका के सारे शरीर को झिंझोड़ गया। ह्यूबर्ट की आँखों में सुर्ख़ डोरे खिंच आये थे, कमीज़ का कॉलर उलटा हो गया था और टाई की गाँठ ढीली होकर नीचे खिसक आयी थी। लतिका ने काँपते हाथों से लैम्प सीढ़ियों पर रख दिया और आप दीवार के सहारे खड़ी हो गयी। उसका सिर चकराने लगा था।

"इन ए बैक लेन ऑफ़ द सिटी, देयर इज ए गर्ल हू लव्ज मी..." ह्यूबर्ट हिचकियों के बीच गुनगुना उठता था।

"ह्यूबर्ट प्लीज़...प्लीज़," डॉक्टर ने ह्यूबर्ट के लड़खड़ाते शरीर को अपनी मज़बूत गिरफ़्त में ले लिया।

“मिस लतिका, आप लैम्प लेकर आगे चलिए...” लतिका ने लैम्प उठाया। दीवार पर उन तीनों की छायाएँ डगमगाने लगीं।

“इन ए बैक लेन ऑफ़ द सिटी, देयर इज ए गर्ल हू लव्ज मी...” ह्यूबर्ट डॉक्टर मुकर्जी के कन्धे पर सिर टिकाये अँधेरी सीढ़ियों पर उलटे-सीधे पैर रखता चढ़ रहा था।

“डॉक्टर, हम कहाँ हैं?” ह्यूबर्ट सहसा इतनी ज़ोर से चिल्लाया कि उसकी लड़खड़ाती आवाज़ सुनसान अँधेरे में कॉरीडोर की छत से टकराकर देर तक हवा में गूँजती रही।

“ह्यूबर्ट...” डॉक्टर को एकदम ह्यूबर्ट पर ग़ुस्सा आ गया, फिर अपने गुस्से पर ही उसे खीझ-सी हो आयी और वह ह्यूबर्ट की पीठ थपथपाने लगा।

“कुछ बात नहीं हैं ह्यूबर्ट डियर, तुम सिर्फ़ थक गये हो।” ह्यूबर्ट ने अपनी आँखें डॉक्टर पर गड़ा दीं, उनमें एक भयभीत बच्चे की-सी कातरता झलक रही थी, मानो डॉक्टर के चेहरे से वह किसी प्रश्न का उत्तर पा लेना चाहता हो।

ह्यूबर्ट के कमरे में पहुँचकर डॉक्टर ने उसे बिस्तर पर लिटा दिया। ह्यूबर्ट ने बिना किसी विरोध के चुपचाप जूते-मोजे उतरवा लिए। जब डॉक्टर ह्यूबर्ट की टाई उतारने लगा, तो ह्यूबर्ट अपनी कुहनी के सहारे उठा, कुछ देर तक डॉक्टर को आँखें फाड़ते हुए घूरता रहा, फिर धीरे से उसका हाथ पकड़ लिया।

“डॉक्टर, क्या मैं मर जाऊँगा?”

“कसी बात करते हो ह्यूबर्ट!” डॉक्टर ने हाथ छुड़ाकर धीरे से ह्यूबर्ट का सिर तकिए पर टिका दिया।

“गुड नाइट ह्यूबर्ट...”

“गुड नाइट डॉक्टर,” ह्यूबर्ट ने करवट बदल ली।

“गुड नाइट मि. ह्यूबर्ट...” लतिका का स्वर सिहर गया।

किन्तु ह्यूबर्ट ने कोई उत्तर नहीं दिया। करवट बदलते ही उसे नींद आ गयी थी।

कॉरीडोर में वापस आकर डॉक्टर मुकर्जी रेलिंग के सामने खड़े हो गये। हवा के तेज़ झोंकों से आकाश में फैले बादलों की परतें जब कभी इकहरी हो जातीं, तब उनके पीछे से चाँदनी बुझती हुई आग के धुएँ-सी आस-पास की पहाड़ियों पर फैल जाती थी।

“आपको मि. ह्यूबर्ट कहाँ मिले?” लतिका कॉरीडोर के दूसरे कोने में रेलिंग पर झुकी हुई थी।

“क्लब की बार में उन्हें देखा था, मैं न पहुँचता तो न जाने कब तक बैठे रहते।” डॉक्टर मुकर्जी ने सिगरेट जलायी। उन्हें अभी एक-दो मरीज़ों के घर जाना था। कुछ देर तक उन्हें टाल देने के इरादे से वह कॉरीडोर में खड़े रहे।

नीचे अपने क्वार्टर में बैठा हुआ करीमुद्दीन माउथ आर्गन पर कोई पुरानी फ़िल्मी धुन बजा रहा था।

''आज दिन-भर बादल छाये रहे, लेकिन खुलकर बारिश नहीं हुई...''

''क्रिसमस तक शायद मौसम ऐसा ही रहेगा।'' कुछ देर तक दोनों चुपचाप खड़े रहे। कॉन्वेंट स्कूल के बाहर फैले लॉन से झींगुरों का अनवरत स्वर चारों ओर फैली निस्तब्धता को और भी अधिक घना बना रहा था। कभी-कभी ऊपर मोटर रोड पर किसी कुत्ते की रिरियाहट सुनाई पड़ जाती थी।

''डॉक्टर...कल रात आपने मि. ह्यूबर्ट से कुछ कहा था—मेरे बारे में?''

''वही जो सब लोग जानते हैं और...ह्यूबर्ट, जिसे जानना चाहिए था, नहीं जानता था...''

डॉक्टर ने लतिका की ओर देखा, वह जड़वत् अविचलित रेलिंग पर झुकी हुई थी।

''वैसे हम सबकी अपनी-अपनी ज़िद होती है, कोई छोड़ देता है, कोई आखिर तक उससे चिपका रहता है।'' डॉक्टर मुकर्जी अँधेरे में मुस्कुराये। उनकी मुस्कुराहट में सूखा-सा विरक्ति का भाव भरा था।

''कभी-कभी मैं सोचता हूँ मिस लतिका, किसी चीज को न जानना यदि ग़लत है, तो जानबूझकर न भूल पाना, हमेशा जोंक की तरह उससे चिपटे रहना—यह भी ग़लत है। बर्मा से आते हुए मेरी पत्नी की मृत्यु हुई थी, मुझे अपनी ज़िन्दगी बेकार-सी लगी थी। आज इस बात को अरसा गुज़र गया और जैसा आप देखती हैं, मैं जी रहा हूँ, उम्मीद है कि काफ़ी अरसा और जिऊँगा। जिन्दगी काफ़ी दिलचस्प लगती है, और यदि उम्र की मजबूरी न होती तो शायद मैं दूसरी शादी करने में भी न हिचकता। इसके बावजूद कौन कह सकता है कि मैं अपनी पत्नी से प्रेम नहीं करता था—आज भी करता हूँ...''

''लेकिन डॉक्टर...'' लतिका का गला रुँध आया था।

''क्या मिस लतिका...''

''डॉक्टर—सब कुछ होने के बावजूद वह क्या चीज़ है जो हमें चलाये चलती है, हम रुकते हैं तो भी अपने रेले में वह हमें घसीट ले जाती है?''

लतिका को लगा कि वह जो कहना चाह रही है, कह नहीं पा रही, जैसे अँधेरे में कुछ खो गया है, जो मिल नहीं पा रहा, शायद कभी नहीं मिल पायेगा।

''यह तो आपको फादर एल्मंड ही बता सकेंगे मिस लतिका,'' डॉक्टर की खोखली हँसी में उनका पुराना सनकीपन उभर आया था।

"अच्छा चलता हूँ, मिस लतिका, मुझे काफ़ी देर हो गयी है," डॉक्टर ने दियासलाई जलाकर घड़ी को देखा।

"गुड नाइट, मिस लतिका।"

"गुड नाइट डॉक्टर... ।"

डॉक्टर के जाने पर लतिका कुछ देर तक अँधेरे में रेलिंग से सटी खड़ी रही। हवा चलने से कॉरीडोर में जमा हुआ कुहरा सिहर उठता था। शाम को सामान बाँधते हुए लड़कियों ने अपने-अपने कमरे के सामने जो पुरानी कॉपियों, अख़बारों और रद्दी के ढेर लगा दिये थे, वे सब अब अँधेरे कॉरीडोर में हवा के झोंकों से इधर-उधर बिखरने लगे थे।

लतिका ने लैम्प उठाया और अपने कमरे की ओर जाने लगी। कॉरीडोर में चलते हुए उसने देखा, जूली के कमरे में प्रकाश की एक पतली रेखा दरवाज़े के बाहर खिंच आयी है। लतिका को कुछ याद आया। वह कुछ क्षणों तक साँस रोके जूली के कमरे के बाहर खड़ी रही। कुछ देर बाद उसने दरवाज़ा खटखटाया। भीतर से कोई आवाज़ नहीं आयी। लतिका ने दबे हाथों से हलका-सा धक्का दिया, दरवाजा खुल गया। जूली लैम्प बुझाना भूल गयी थी। लतिका धीरे-धीरे दबे पाँव जूली के पलँग के पास चली आयी। जूली का सोता हुआ चेहरा लैम्प के फीके आलोक में पीला-सा दीख रहा था। लतिका ने अपनी जेब से वही नीला लिफ़ाफ़ा निकाला और उसे धीरे से जूली के तकिए के नीचे दबाकर रख दिया।

छोटे-छोटे ताजमहल

•

राजेन्द्र यादव

वह बात न मीरा ने उठायी, न ख़ुद उसने। मिलने से पहले ज़रूर लगा था कि कोई बहुत ही ज़रूरी बात है जिस पर दोनों को बातें कर ही लेनी हैं, लेकिन जैसे हर क्षण उसी की आशंका में उसे टालते रहे। बात गले तक आकर रह गयी कि एक बार वह फिर मीरा से पूछे—क्या इस परिचय को स्थायी रूप नहीं दिया जा सकता?—लेकिन कहीं पहले की तरह फिर उसे बुरा लगा तो? उसके बाद दोनों में कितना खिंचाव और दुराव आ गया था।

पता नहीं क्यों, ताजमहल उसे कभी ख़ूबसूरत नहीं लगा। फिर धूप में सफ़ेद संगमरमर का चौंधा लगता था, इसलिए वह उधर पीठ किये बैठा था। लेकिन चौंधा मीरा को भी तो लग सकता है न? हो सकता है, उसे ताज सुन्दर ही लगता हो। परछाईं उधर यमुना की तरफ़ होगी, इधर तो सपाट धूप में झलझल करता संगमरमर है, बस। इस तपते पत्थर पर चलने में तलुओं के झुलसने की कल्पना से उसके सारे शरीर में फुरहरी दौड़ गयी।

तीन साल बाद एक-दूसरे को देखा था। देखकर सिर्फ़ मुस्कराये थे, आश्वस्त भाव से : हाँ, दोनों हैं और वैसे ही हैं—मीरा कुछ निखर आयी है। और शायद वह... वह पता नहीं कैसा हो गया है! जाने कितने पूरे-के-पूरे वाक्य, सवाल-जवाब उसने मीरा को मन-ही-मन सामने बैठाकर बोले थे, प्रतिक्रियाओं की कल्पना की थी और अब बस, खिसियाने ढंग से मुस्कराकर ही स्वागत किया था। उस क्षण से ही उसे अपने मिलने की व्यर्थता का एहसास होने लगा था, जाने क्यों। क्या ऐसी बातें करेंगे वे, जो अक्सर नहीं कर चुके हैं? साल-छह महीने में एक-दूसरे के कुशल-समाचार जान ही लेते हैं।

उठे हुए घुटनों के पास लॉन की घास पर मीरा का हाथ चुपचाप रखा था। बस उँगलियाँ इस तरह उठ-गिर रही थीं, जैसे किसी बहुत नाज़ुक बाजे पर

हल्के-हल्के गूँजते संगीत की ताल को बाँध रही हों। मीरा ने लोहे का छल्ला डाल रखा था—शायद शनि का प्रभाव ठीक रखने के लिए। उसने धीरे-से उसकी सबसे छोटी अँगुली में अपनी अँगुली हुक की तरह अटका ली थी, फिर हाथ उठाकर दोनों हथेलियों में दबा लिया था। फिर धीरे-धीरे बातों की धारा फूट पड़ी थी!

विजय का ध्यान गया—बड़ी-बड़ी मूँछोंवाला कोई छोटा-सा कीड़ा मीरा की खुली गर्दन और ब्लाउज़ के किनारे आ गया था। झिझक हुई, खुद झाड़ दे या बता दे। उसने अपना मुँह दूसरी ओर घुमा लिया—प्रवेश द्वार की सीढ़ियाँ झाड़ियों की ओट में आ गयी थीं, सिर्फ़ ऊपर का हिस्सा दीख रहा था। हिचकिचाते हुए कैरम का स्ट्राइकर मारने की तरह कीड़ा अँगुलियों से परे छिटका दिया, नसों में सनसनाहट उतरती चली गयी। अँगुलियों से वह जगह यों ही झाड़ दी, मानो गन्दी हो गयी थी। मीरा उसी तन्मय भाव से अपनी सहेली के विवाह की पार्टी में आये लोगों का वर्णन देती रही—उसने कुछ नहीं कहा। न वहाँ रखा विजय का हाथ हटाया ही। विजय ने एक बार फिर सशंक निगाहों से इधर-उधर देखा और आगे बढ़कर उसकी दोनों कनपटियों को हथेलियों से दबाकर अपने पास खींच लिया। नहीं, मीरा ने विरोध किया। मानो वह प्रत्याशा कर रही थी कि यह क्षण आयेगा अवश्य। लेकिन पहले उसके माथे पर तीखी रेखाओं की परछाइयाँ उभरीं और फिर मुग्ध मुस्कराहट की लहरों में बदल गयीं...। एक अजब, बिखरती-सी, सिमटी, धूप-छाँही मुस्कराहट। विजय का मन हुआ, रेगिस्तान में भटकते प्यासे की तरह दोनों हाथों से सुराही को पकड़कर इस मुस्कराहट की शराब को पागल आवेग में पीता चला जाये पीता चला जाये...गट...गट...और आख़िर लड़खड़ाकर गिर पड़े। पतले-पतले होंठों में एक नामालूम-सी फड़कन लरज रही थी। उस रूमानी बेहोशी में भी विजय को ख़याल आया कि पहले एक हाथ से मीरा चश्मा उतार ले—टूट न जाये। तब उसने देखा, हरियाले फव्वारों जैसे मोरपंखियों के दो-तीन पेड़ों के पीछे पूरे-पूरे दो ताजमहल चश्मे के शीशों में उतर आये हैं... दूधिया हाथी दाँत के बने-से दो सफ़ेद नन्हे-नन्हे खिलौने...

पता नहीं क्यों, उसे ताजमहल कभी अच्छा नहीं लगा। ध्यान आया, अवांछित बूढ़े प्रहरी की तरह ताजमहल पीछे खड़ा देख रहा है। बातों के बीच वह उसे कई बार भूल गया था, लेकिन दाँतों में अटके तिनके-सा। अचानक ही उसे याद आ जाता था कि वे उसकी छाया में बैठे हैं जो महान है, जो विराट् है...जो...? इतनी बड़ी इमारत! इसके समग्र सौन्दर्य को एक साथ वह कभी कल्पना में ला ही नहीं पाया ...एक-एक हिस्सा देखने में कभी उसमें कुछ सुन्दर लगा नहीं। लोगों के अपने ही मन

का काव्य और सौन्दर्य रहा होगा जो इसमें आरोपित करके देख लेते हैं। कभी मौक़ा मिलेगा तो वह हवाई जहाज से ताज की सुन्दरता के समग्र हो पाने की कोशिश करेगा। कई विहंगम चित्र इस तरह के देखे तो हैं...और तब सारे वातावरण के बीच कोई बात लगी तो है...मगर ये चश्मे के काँचों में झलमलाते, धूप में चमकते ताज...। खिंचाव वहीं थम गया। उसने बड़े बेमालूम-से ढंग से गहरी साँस ली और अपने हाथ हटा लिए, आहिस्ते से—"नहीं, यहाँ नहीं। कोई देख लेगा...", यह उसे क्या हो गया?

सहसा मीरा सचेत हो आयी। उमड़ती लाज छिपाने के लिए सकपकाकर इधर-उधर देखा, कोई भी तो नहीं था। पास वाली लाल-लाल ऊँची दीवार पर अभी-अभी राज-मज़दूर-से लगने वाले मरम्मतिये लोग आपस में हँसी-मज़ाक़ करते एक-दूसरे के पीछे भागते गये हैं। बन्दर की तरह दीवार पर भाग लेने का अभ्यास है। रविश के पास-पड़ोस के लॉन में दो-तीन माली पाइपों को इधर-उधर घुमाते पानी लगा रहे थे—वे भी अब नहीं हैं। खाना खाने गये होंगे। मीरा ने बगल से साड़ी खींचकर कन्धे का पल्ला ठीक कर लिया। फिर विजय ने अनमने भाव से घास का एक फूल तोड़ा और आँखों के आगे अँगुलियों में घुमाने लगा। मीरा ने चश्मा उतारकर, मुँह से हल्की-सी भाप दी और साड़ी से काँच पोंछे, बालों की लटों को कानों के पीछे अटकाया और चश्मा लगाकर कलाई की घड़ी देखी।

बड़ा बोझिल मौन आ गया था दोनों के बीच। विजय को लगा, उन्हें कुछ बोलना चाहिए वरना यह चुप्पी का बोझ दोनों के बीच की किसी बहुत कोमल चीज़ को पीस देगा। हथेली पर यों ही उस तिनके से क्रॉस और त्रिकोण बनाता वह शब्दों को ठेलकर बोला, "तो फिर अब चलें...? देर बहुत हो रही है..."

मीरा ने सिर हिला दिया। लगा, जैसे वह कुछ कहते-कहते रुक गयी हो या प्रतीक्षा कर रही हो कि विजय कुछ कहना चाहता है, लेकिन कह नहीं पा रहा। फिर थोड़ी देर चुप्पी रही। कोई नहीं उठा। तब फिर उसने मरे-मरे हाथों से जूतों के फीते कसे, अख़बार में रखे सन्तरे और मूँगफली के छिलके फेंके। बैठने के लिए बिछाये गये रूमाल समेटे गये और दोनों टहलते हुए फाटक की तरफ़ चले आये।

तीन का समय होगा—हाथ में घड़ी होते हुए भी उसने अन्दाज़ा लगाया। धूप अभी भी बहुत तेज़ थी। एकाध बार गले और कनपटियों का पसीना पोंछा। आते समय तो बारह बजे थे। उस वक़्त उसे हँसी आ रही थी, मिलने का समय भी उन लोगों ने कितना विचित्र रखा है...

जैसे इस समय से बहुत दूर खड़े होकर उसने दुहराया था : बारह...बजे, जून का महीना और ताजमहल का लॉन। वह पहले आ गया था और प्रतीक्षा करता

रहा था। उस समय कैसी बेचैनी, कैसी छटपटाहट, कैसी उतावली थी...यह समय बीतता क्यों नहीं है? बहुत दिनों से घड़ी की सफ़ाई न हो पायी, इसलिए शायद सुस्त है। अभी तक नहीं आयी। इन लड़कियों की इसी बात से सख़्त झुँझलाहट होती है। कभी समय नहीं रखतीं। जाने क्या मज़ा आता है इन्तज़ार कराने में। वह जानबूझकर उधर आने वाले रास्ते की ओर से मुँह फेरे था। उम्मीद कर रहा था कि सहसा मुड़कर उधर देखेगा तो पायेगा कि वह आ रही है। लेकिन दो-तीन बार ऐसा कर चुकने के बाद भी वह नहीं आयी। जब दूसरी ओर मुँह मोड़े रहकर भी वह कनखियों से उधर ही झाँकने की कोशिश करता तो खुद अपने पर हँसी आती। अच्छा, सीढ़ियाँ उतरकर आने वाले तीन व्यक्तियों को वह और देखेगा और अगर इसमें भी मीरा नहीं हुई तो ध्यान लगाकर किताब पढ़ेगा—जब आना हो, आ जाये। एक-दो-तीन! हो सकता है, अगली वही हो। हिश, जाये जहन्नुम में नहीं आती तो, हाँ तो नहीं! अच्छा आओ, तब तक यही सोचें कि मीरा इन तीन सालों में कैसी हो गयी होगी? कैसे कपड़े पहनकर आयेगी? एक-दूसरे को देखकर वे क्या करेंगे? हो सकता है, आवेश में लिपट जायें, कुछ बोल न पायें। उसके साथ ऐसा होता नहीं है, लेकिन कौन जाने, उस आवेश में...।

आख़िर वह आयी तो वह उसे पास आते देखता रहा था। हर बार वह उधर से निगाहें हटाने की कोशिश करता कि उसे यों न देखे, पास आने पर ही देखे और हठात् मिलने के थ्रिल को महसूस करे। लेकिन वह देखता रहा था और निहायत ही संयत भाव से बोला था, "नमस्ते मीरा जी!" झेंपकर मीरा मुस्करा पड़ी थी। धूप में चेहरा लाल पड़ गया था। फिर दोनों इस लॉन में आ बैठे थे : ऐसे अचंचल, ऐसे आवेशहीन, जैसे रोज़ मिलते हों।

"मैंने सोचा, तुम शायद न आओ। याद न रहे।"

"आपने लिखा था तो याद कैसे नहीं रहता? लेकिन टाइम बड़ा अजब है।"

"हाँ, शरद-पूर्णिमा की चाँदनी रात तो नहीं ही है।" अपने मज़ाक पर वह खुद ही व्यर्थता महसूस करता, गम्भीर बनकर बोला, "इस वक़्त यह ज़रा एकान्त होता है।"

सचमुच अजब टाइम था—मीरा के साथ एक-एक क़दम लौटते हुए उसने सोचा, 'दोपहर की धूप और...और दो प्यार करते प्राणी!' 'प्यार करते प्राणी...' उसने फिर दुहराया। यह प्यार था? जैसे बरसों बाद मिलने वाले दो मित्र हों, जिनमें बातें करने के विषय चुक गये हों। सफ़ेद संगमरमर पर धूप पड़ रही थी, चौंधा था इसलिए उधर पीठ कर ली थी। रह-रहकर झुँझलाहट आती—किस शाप ने हमारे ख़ून को जमा दिया है? यह हो क्या गया है हमें? कोई गर्मी नहीं, कोई

आवेश और कोई उद्वेग नहीं...क्या बदल गया है इसमें? हाँ, मीरा का रंग कुछ खुल गया है। शरीर निखर आया है...

लौटते समय भी उसकी समझ में नहीं आया कि यह बोझ, यह खिंचाव क्या है...दोनों यों ही घास में काटी हुई लाल पत्थरों की जाली पर क़दम-क़दम टहलते हुए सीढ़ियों तक जायेंगे...फाटक में बैठे हुए गाइडों और दरबानों की बेधती याचक निगाहों को बलपूर्वक झुठलाते, बजरी पर चरचर-चरचर करते हुए ताँगे या रिक्शे में जा बैठेंगे... और एक मोड़ लेते ही सब कुछ पीछे छूट जायेगा।...कल वह लिखेगा, 'मेरी मीरा, कल के मेरे व्यवहार पर तुम्हें आश्चर्य हुआ होगा। हो सकता है, बुरा भी लगा हो...लेकिन...' लेकिन...'

और फिर चश्मे के काँचों में झाँकता ताजमहल साकार हो आया। 'तुम्हारी पलकों पर तैरते दो ताजमहल'—कितना सुन्दर वाक्य है! (यह तो नयी कविता हो गयी!) टैगोर ने देखा होता तो 'काल के गालों पर ढुलक आयी आँसू की बूँद' कभी न कहते...। कहते : 'गालों पर ढुलक आये आँसुओं में झाँकते ताजमहल की रुपहली मछलियों-सी परछाइयाँ' ...लेकिन मीरा की आँखों में तो उसे नमी का भी आभास नहीं हुआ था। कितने जड़ हो गये हैं हम लोग भी आजकल। वह कलवाले पत्र में लिखेगा, "हक्सले की नक़ल नहीं कर रहा, जाने क्यों, मुझे ताजमहल कभी ख़ूबसूरत नहीं लगा। लेकिन पहली बार जब मैंने तुम्हारी पलकों पर ताज की परछाईं देखी तो देखता रह गया...पिछले दिनों की एक अजब-सी बात मुझे याद हो आयी, उस क्षण..."

अरे हाँ, अब याद आया कि क्यों वह अचानक यों सुस्त हो गया था। उस बात को भी कभी भूला जा सकता है? 'हाँ, मेरे लिए तो वह बात ही थी..." वह लिखेगा। उसे लगा, मन-ही-मन वह जिसे सम्बोधित कर रहा है, जिसे पत्र लिख रहा है वह साथ-साथ चलने वाली यह मीरा नहीं है। वह तो कोई और है...कहीं दूर...बहुत दू...र...वही मीरा तो उसकी असली बन्धु और सखा है, यह...यह... इससे तो जब-जब मिला है, इसी तरह उदास हो गया है। लेकिन उस मीरा से मिलने का आकर्षण इसके पास खींच लाता है। इसकी तो जाने कितनी बातें हैं, जो उसे कतई पसन्द नहीं हैं। जैसे? वह याद करने की कोशिश करने लगा, जैसे उसे क्या-क्या पसन्द नहीं है? जैसे इस समय उसे इसी बात पर झुँझलाहट आ रही है कि मीरा नीचे बनी जाली के पत्थरों पर ही पाँव रखकर क्यों नहीं चल रही, बीच-बीच में घास पर पाँव क्यों रख देती है...

और इस सबके पार दोनों कान लगाये रहे कि दूसरा कुछ कहे। एक बात सोचकर सहसा वह ख़ुद ही मुस्करा पड़ा : जब वे लोग बहुत बड़े-बड़े हो जायेंगे;

समझो चालीस-पचास साल के, तो हँस-हँसकर कैसे दूसरों को अपनी-अपनी बेवकूफ़ियाँ सुनाया करेंगे—कैसे वे लोग छिप-छिपकर ताजमहल में मिला करते थे।

'चार-पाँच साल हो गये होंगे उस बात को... उसके मन के भीतरी स्तरों पर पत्र चलता रहा। यह सब वह उस पत्र में लिखेगा नहीं, वह सिर्फ़ उस बहाने में क्रमबद्ध शब्दों में उस सारी घटना को याद करने की कोशिश कर रहा है...वह, देव, राका जी और मुनमुन इसी तरह तो लौट रहे थे, चुपचाप, उदास और मनहूस साँझ थी इसलिए परछाइयाँ ख़ूब लम्बी-लम्बी हो गयी थीं...

अच्छी तरह याद है, सितम्बर या अक्टूबर का महीना था। कॉलेज से आकर चाय का कप होंठों से लगाया ही था कि किसी ने बताया : "आपको कोई साहब बुला रहे हैं।"

वह अनखाकर उठा : कौन आ गया इस वक़्त!

"अरे आप!"

"पहचाना या नहीं, आपने?"

"अरे साहब ख़ूब, आपको नहीं पहचानूँगा?" लेकिन सचमुच उसने पहचाना नहीं था। देखा ज़रूर है कहीं, शायद कलकत्ता में। ऐसा कई बार हुआ है : लेकिन वह भरसक यह जताने की कोशिश करता है कि पहचान रहा है और बातचीत से परिचय के सूत्र पकड़कर याद करने की कोशिश करता है, "आइए न भीतर..."

"नहीं मिस्टर माथुर, बैठूँगा नहीं। गली के बाहर मेरी वाइफ और बच्चा खड़े हैं..." उन्होंने क्षमा चाहने के लहजे में कहा, "आप कुछ कर रहे हैं क्या?..."

"लेकिन उन्हें वहाँ?... यहीं बुला लीजिए न..."

"नहीं, देखिए, ऐसा है कि हम लोग ज़रा ताज देखने आये थे। याद आया, आप भी तो यहीं रहते हैं। जगह याद नहीं थी, सो एक-डेढ़ घण्टे भटकना पड़ा। ख़ैर, आप मिल गये। अब अगर कुछ काम न हो तो...बात ऐसी है कि हमें आज ही लौट जाना है..." वे सीढ़ी पर एक पाँव रखे खड़े थे..."आप किसी तरह के संकोच में न पड़िए, पाँवों में चप्पल डालिए और चले आइए।"

गली के बाहर गाड़ी खड़ी थी। पीछे का दरवाज़ा खुला और उसको पकड़े पिछले मडगार्ड से टिकी एक महिला खड़ी थीं— गहरी हरी बंगलौरी रेशम की साड़ी, बंगाली ढंग का चौड़ा-चौड़ा जूड़ा और बीचोबीच जगमग करता अठपहलू रुपहला सितारा। मडगार्ड पर छोटा-सा चार-पाँच साल का बच्चा फिसलते जूतों को जैसे-तैसे रोके बैठा था। दोनों बाँहों से उसे सँभाले हुए वह उसकी कलाई

पकड़े छोटी-सी अँगुली से धूल लदे मडगार्ड पर लिखा रही थीं—टी-ए-जे। जूतों की आवाज़ से चौंककर मुड़ीं और स्वागत में मुस्करायीं। बच्चे को सँभालकर उतारा, फिर दोनों हाथ जोड़ दिये। फिर खुद ही बोलीं, ''देखिए, आपसे वायदा किया था कि...''

''हजरत आ ही नहीं रहे थे...'' वे बीच में ही बात काटकर बोले। फिर सहसा बोले, ''अच्छा राका, अब बैठो वरना अँधेरा हो जायेगा तो देखने का मज़ा भी नहीं रहेगा।''

राका...राका...हाँ, कुछ याद तो आ रहा है। ड्राइवर की बगल में बैठकर उसने एकाध बार घूमकर देखा, जैसे यहीं कहीं उनका नाम भी लिखा मिल जायेगा।

''कैसे हैं?...बहुत दिनों बाद मिले हैं। याद है आपको, कलकत्ता में हम लोग मिले थे...? ...उस दिन हम लोगों ने आपको कितनी देर कर दी थी,''.... सुनहला रंग, कानों में गोल कुण्डल, बहुत ही बेमालूम-सी लिपस्टिक। साड़ी का पल्ला साधने के लिए खिड़की पर टिकी हुई कुहनी...ऽऽ

अरे हाँ, अब याद आया—इनसे तो मुलाक़ात बड़े अजब ढंग से हुई थी। न्यू मार्केट के एक रेस्तराँ में बैठा वह शौक़िया अपनी-अपनी संगीत कला का प्रदर्शन करने वालों को देख रहा था। फिर जाने क्या मन में आया कि ख़ुद भी उठकर माउथ-ऑरगन पर देर तक सिनेमा के गीतों की धुनें निकालता रहा। उस छोटे-से मंच से हटकर जिस मेज़ पर वह बैठा था, उसी पर बैठे थे ये लोग, यह राकाजी और मिस्टर...क्या? हाँ, मिस्टर देव।

''सचमुच आपने बहुत ही सुन्दर बजाया। बड़ी अच्छी प्रैक्टिस है।'' देव ने उसके बैठते ही कहा। रूमाल से बाजे को अच्छी तरह पोंछकर जेब में रख ही रहा था कि चौंक गया। राका के चेहरे पर प्रशंसा उतर आयी थी और यों ही कप के ऊपर हथेली टेके, वे एकटक मेज़ को देख रही थीं।

''आपकी चाय तो पानी हो गयी होगी! और मँगाये देते हैं। बैरा, सुनो इधर...''

उसके मना करने पर भी चाय और आयी। ''छुट्टियों में घूमने आये हैं...? अच्छा, कैसा लगा कलकत्ता आपको...जी हाँ, गन्दा तो है बम्बई के मुक़ाबले... लेकिन एक बार मन लग जाने पर छोड़ना मुश्किल हो जाता है...'' फिर प्रशंसा, कृतज्ञता का आदान-प्रदान, परिचय, और रात देर तक उनके लोअर सर्कुलर रोड के फ्लैट पर बातें, खाना, कॉफ़ी और संगीत। राका को सितार का शौक़ है। देव

किसी विदेशी कम्पनी के इंचार्ज मैनेजर की संगति में विदेशी सिम्फनियाँ पसन्द करते हैं। उसका माउथ-ऑरगन सुनने के बाद राकाजी ने सितार सुनाया था और फिर देव निहायत ही ख़ूबसूरत प्लास्टिक के लिफ़ाफ़ों में बन्द अपने विदेशी रिकॉर्ड निकाल लाये थे। एक-एक रिकॉर्ड आधे घण्टे चलता था और उसमें तीन-तीन कम्पोज़ीशन्स थे। उसकी समझ में कुछ भी नहीं आया था, लेकिन वह बैठा लिफ़ाफ़ों पर लिखे हुए परिचय और संगीतज्ञ की तस्वीर को ज़रूर ग़ौर से देखता रहा था। कोई चियाकोवस्की या कुछ बेंगर था जिसका नाम वे बार-बार लेते थे। एक-एक रिकॉर्ड चालीस-पचास रुपये का था। बीच-बीच में, "कभी ज़रूर आयेंगे आगरा। बहुत बचपन में एक बार देखा था, शायद दिमाग़ में जो नक्शा है उससे मेल ही न खाये। शादी के बाद एक बार देखने का प्रोग्राम बहुत दिनों से बना रहे हैं। ये तो हर छुट्टी में पीछे पड़ जाती हैं। ...जी नहीं, इन्होंने नहीं देखा...इधर ही रहे इनके फादर वगैरा सब। अब तो आप वहाँ हैं ही... " उस दिन दोनों देरी के लिए रास्ते-भर क्षमा माँगते हुए अपनी गाड़ी पर ही विवेकानन्द रोड तक छोड़ने आये थे। रास्ते-भर बातचीत के टुकड़े, सितार की गूँज और सिम्फनी की कोई डूबती-सी लहराती दर्दीली कराह उसे अभिभूत किये रही...कैसे अजीब ढंग से परिचय हुआ है, कितना सुखी जोड़ा है...उसे बहुत ही खुशी हुई थी। बच्चा बाद में आया, नाम है मुनमुन।

देव बता रहे थे, "नुमाइश में हमारा स्टॉल आया है न, तो हम लोग भी दिल्ली आये थे। सोचा, इतने पास से, यों बिना देखे लौटना अच्छा नहीं है। आपको यों ही घसीट लाये, कोई काम तो..."

"नहीं, नहीं..." जल्दी से कहा। उसे और तो सब बातें याद आ रही थीं, लेकिन यह याद ही नहीं आ रहा था कि इन मिस्टर देव के आगे-पीछे क्या लगता है। बड़ी बेचैनी थी। कैसे जाने? बस, मुलाक़ात के बाद फिर कभी भेंट नहीं हुई। याददाश्त अच्छी है इन लोगों की—"आपने याद ख़ूब रखा..." सोचा, उस मुलाक़ात में ऐसी कोई ख़ास बात भी तो नहीं थी।

"जब भी हम लोग ताज की बात करते, आपकी याद आ जाती। और कोई दिन ऐसा नहीं गया जब ताज की बात न आयी हो..." फिर राकाजी की ओर देखकर ख़ुद ही बोले, "आज हमारे विवाह को सातवाँ वर्ष पूरा हुआ है...आपके सामने यह मुनमुन नहीं था..."

"मुनमुन, तुमने अंकल जी को मत्ते नहीं किया? कहो, अंकल जी, आज हमाले मामा-डैडी के विवाह की सातवीं वर्षगाँठ है..." राकाजी उसके हाथ जुड़वाती

बोलीं, "बहुत ही शैतान है। मुझे दिन-भर ख़याल रखना पड़ता है कि किसी दिन कुछ कर-करा न ले।"

"तब तो आपको बधाई देनी चाहिए..." लेकिन इस सबके पार विजय को लगा, कहीं घुटन है जो अदृश्य कुहरे की तरह गाढ़ी होती हुई छायी है। रहा नहीं गया, पूछा, "आप कुछ सुस्त हैं। तबीयत..."

"नहीं जी।" उन्होंने दोनों हाथ उठाकर एक क्लिप ठीक किया और स्वस्थ ढंग से मुस्कराने का प्रयत्न करके कहा, "गाड़ी में बैठे-बैठे पाँच घण्टे हो गये। एक घण्टे से तो यहीं आपको ही खोज रहे हैं..."

"च्चू, सचमुच बहुत ज़्यादती है यह तो आपकी।" कृतज्ञ भाव से वह बोला, "कम-से-कम मुँह-हाथ तो धो ही लेतीं राकाजी।"

"सब ठीक है—लौटना भी तो है न आज ही।"

फिर सभी ने खूब घूम-घूमकर ताज देखा था। मुनमुन का एक हाथ देव के हाथों में था और एक राकाजी के। कभी-कभी तो तीनों आपस में ही ऐसे व्यस्त होकर खो जाते कि विजय को लगता : वह बेकार ही अपनी उपस्थिति से इनके बीच विघ्न बन रहा है। ऊपर इमारत के सफ़ेद-काले चबूतरे पर देव बड़ी देर तक पैसा लुढ़काकर उसके पीछे भागते और बच्चे को खिलाते रहे, और विजय के साथ-साथ राकाजी जालियों की बनावट, दरवाज़े पर लिखी कुरान की आयतें और बूटों की नक्काशी देखती रहीं। साँझ की पीली-पीली सुहानी धूप थी। लॉनों की नरमी साँवली हो आयी थी, मोरपंखी और चौड़े-चौड़े ताड़-जैसे पत्तों के गुम्बदाकार कुंज मोमबत्ती की हरी-सुनहली लौ-जैसे लगते थे—जैसे आनन्द में फूले-फूले कबूतर हों और अभी हुलसकर फुरहरी ले लेंगे तो चिनगारियों की तरह सुर्ख फूल इधर-उधर बिखर पड़ेंगे। वे लोग भीतर क़ब्रों के पास अपनी आवाज़ गुँजाते रहे—कैसी लरजती-सी तैरती चली जाती है। जैसे बहुत ही महीन रेशों का बना हुआ, घड़ी में लगे बॉल-स्प्रिंग की तरह का बड़ा-सा वर्तुलाकार कुछ है। जो कभी सिकुड़कर सिमट उठता है। देव की आवाज़ थी, रा का...रा का...ा...रा ा-ा का-ा..." एक-दूसरे पर चढ़ते चले जाते शब्द...दूर खोते हुए...किन्हीं अनजानी घाटियों की तलहटियों में—"मुनमुन मु उ-उ न-अ-अ..." देव देर तक डूबे हुए इस खेल को खेलते रहे थे। लगता था उनके भीतर है कुछ, जो इस खेल के माध्यम से अभिव्यक्ति पा रहा है। वह राका या मुनमुन का नाम ले देते और देर तक अँधेरे में इन शब्दों को डूबता-खोता देखते रहते—जैसे हाथ बढ़ाकर उन्हें वापस पकड़ लेना चाहते हों। उन्हें क़ब्रों में कोई दिलचस्पी नहीं थी। बड़ी देर बाद, बहुत मुश्किल से जब वे उस वातावरण से टूटकर बाहर निकले तो बहुत

उदास और खोये-खोये थे। विजय के पास से मुनमुन को लेकर ज़ोर से उसे छाती से भींच लिया।

बाहर निकलकर आये तो देखा कि नदी किनारे वाली बुर्जी के पास राकाजी चुपचाप दूर शहर और लाल पुल की ओर देखती खड़ी हैं। सिन्दूरी आसमान के गहरे सिलेटी बादल नदी के चौखटे में वाश-कलर की तरह फैल गये हैं। बुर्जी से लेकर बीच के मकबरे तक चबूतरे की काली-सफ़ेद शतरंजी को सिमटती धूप ने तिरछा बाँट लिया है...हवा में साड़ी उनके शरीर से चिपक गयी है और कानों के ऊपर की लटें उच्छृंखल हो आयी हैं। देव बहुत देर तक उन्हें यों ही देखते रहे, जैसे उन्हें पहचानते ही न हों। और उस सारे वातावरण में, सफ़ेद पत्थर के उस विराट् क़ैदखाने में जैसे किसी अभिशप्त जलपरी को यों भटकने के लिए छोड़ दिया गया हो... यह जगह, यह वातावरण है ही कुछ ऐसा। विजय ने अपने-आप से कहा और जान-बूझकर दूसरी तरफ़ हट आया। शायद राकाजी मुमताज के प्रेम की बात सोच रही हों, अपने मरने के बाद अपनी ऐसी ही यादगार चाहती हों या कुछ भी न सोच रही हों—बस, पुल से गुज़रती रेल की खिड़की से झाँकती हुई, ताज को देखकर सौन्दर्य और कल्पना की स्तब्ध ऊँचाइयों में खो गयी हों...

अपनी छाती तक ऊँची पीछे की दीवार से मुनमुन नदी की ओर झाँकता हुआ हाथ हिला-हिलाकर नीचे जाते बच्चों को बुला रहा था। कौवे काँव-काँव करने लगे थे। मुनमुन के पास वह संगमरमर की दीवार पर झुककर हथेलियाँ टेके सामने की धारा और पेड़ों की घनी पाँतों को देखता रहा। जाने कब देव भी बराबर ही आ खड़े हुए...काफ़ी दूर हटकर उसी तरह बुर्जी के पास झुकी राकाजी...हवा में फहराती साड़ी को एक हाथ से पकड़कर रोके हुए...

"भीतर की आवाज़ और गूँज को सुनकर बड़ी अजब-सी अनुभूति होती है...होती है न? जैसे जाने किन वीरान जंगलों और पहाड़ों में आपका कोई बहुत ही निकट का आत्मीय खो गया है और आपकी निष्फल पुकारें टूट-टूटकर उसे गुहारती चली जाती हैं...चली जाती हैं और खो जाती हैं। न वह आत्मीय लौटता है और न आवाज़ें—जैसे युगों से किसी की भटकती आत्मा उसे पुकारती रही हो और वह है कि गूँजों और झाँइयों में ही घुल-घुलकर बिखर जाता है...डूब जाता है...बिलमता है और साकार नहीं हो पाता...

नदी में ताज की घनी-घनी परछाईं लहरों में टूट-टूट जाती थी...अनजाने ही देव की आँखों में आँसू भर आये।

"ऐसा ही होता है, ऐसे वातावरण में ऐसा ही होता है।" विजय ने अपने-आपसे कहकर मानो स्थिति को शब्द देकर समझना चाहा, "जब कोई किसी को बहुत

प्यार करे, बहुत प्यार करे, और फिर ऐसी खूबसूरत मनहूस जगह आ जाये तो कुछ ऐसी ही अनुभूतियाँ मन में आती हैं...अभी लॉन पर चलेंगे, मुनमुन के साथ किलकारियाँ मारेंगे—सब ठीक हो जायेगा...''

देव ने सुना और गहरी साँस लेकर बड़ी कातर निगाहों से विजय की ओर देखा। कुछ कहते-कहते रुक गये। और दोनों चुपचाप ही टहलते हुए सामने की ओर आ गये...मुनमुन राकाजी के पास चला गया था। नीचे की सीढ़ियाँ उतरते-उतरते सहसा ही देव ने विजय के कन्धे पर हाथ रख दिया था । कुछ कहने को होंठ काँपे—''आपको पता है मि. विजय...!'' विजय स्वर और मुद्रा से चौंक गया था।

''नहीं...कुछ नहीं...'' ऊपर हरी साड़ी की झलक दीखी और फिर दोनों सीढ़ियाँ उतर आये। जूते पहनते हुए बोले, ''आपको ताज्जुब तो बहुत होगा कि हम यों अचानक आपको लिवा लाये...''

''नहीं तो, इसमें ऐसी क्या बात है?'' विजय ने शिष्टता से कहा।

''हाँ, बात कुछ नहीं है, लेकिन बहुत बड़ी बात है।'' फिर गहरी साँस।

अब विजय को लगा कि सचमुच कोई बहुत बड़ी बात है जो देव के भीतर से निकलने के लिए छटपटा रही है। तब पहली बार उसका ध्यान इस स्थिति की विचित्रता की ओर गया। बीच के चबूतरे तक दोनों बिल्कुल चुप रहे...चबूतरे के ख़ूबसूरत कोनों वाले हौज में आग लग गयी थी...गहरे साँवले आसमान में लाल-लाल गुलाबी बादलों के बगूले उतर आये थे। उलटे ताज की परछाईं दम तोड़ते साँप-सी इनके क़दमों पर फन पटककर लहरा रही थी। धूप ऊपर बुर्जियों पर सिमट गयी थी! उस पर आँखें टिकाये देव बड़ी देर तक यों ही देखते रहे। सामने मुनमुन को लिये राकाजी चली आ रही थीं, लेकिन जैसे कोई किसी को नहीं देख रहा हो—हाँ, विजय कभी उसे और कभी इसे या मशक लेकर आते भिश्ती को देखता रहा। टप-टप बूँदों की सर्पाकार लाइनें उसकी अँगुलियों से टपक रही थीं। बड़े साहस से शब्दों को धकेल-धकेलकर देव बोले, ''यह सारी स्थिति... यह...यह टूट जाने की हद तक आ जाने वाला चरमराता तनाव...मौत के पहले के ये कहकहे ...औपचारिकता का वह बर्फ़ीला कफ़न...शायद हममें से कोई इसे अकेला नहीं सह पाता...कोई एक चाहिए था जो इसकी ओर से हमारा ध्यान हटाये रखे...इस समाप्ति का गवाह बन सके।''

''मैं समझ नहीं सका मि. देव...'' घबराकर विजय ने पूछा था।

बूटों के दोनों पंजों पर ज़रा-सा मचककर देव निहायत ही इत्मीनान से धीरे-से हँसे, ''आप...आप—विजय साहब, यह हमारी आख़िरी सन्ध्या है...'' और

विजय के कुछ पूछने से पहले ही उन्होंने कह डाला, "मैंने और राका ने निश्चय किया है कि अब हम लोगों को अलग ही हो जाना चाहिए...दोनों तरफ़ से शायद सहने की हद हो गयी है...नसों का यह तनाव मुझे या उसे पागल बना दे, या कोई ऐसी-वैसी बेहूदगी करने पर मजबूर करे, इससे अच्छा हो कि दोनों अलग ही रहें। चाहे तो वह किसी के साथ सैटल हो जाये। वह मुनमुन को रखना चाहती है, रखे। वैसे जब भी वह उसे बाधक लगे, निस्संकोच मेरे पास भेज दे"...विजय का सिर भन्ना उठा। वह चुपचाप हौज की गहराई में तड़पती ताज की परछाईं पर निगाहें टिकाये रहा।

"लेकिन आप दोनों..." विजय ने कहना चाहा।

देव ने हाथ फैलाकर रोक दिया, "वह सब हो चुका। सारी स्थितियाँ ख़त्म हो गयीं। हमने तय किया कि क्यों न अपनी अन्तिम सन्ध्या हँसी-खुशी काटें... मित्र बने रहकर ही हँसते-हँसते विदा लें..." फिर कुछ देर चुप रहकर कहा, "राका की बड़ी इच्छा थी कि ताज देखे, शादी की पहली रात उसने चाहा था कि हनीमून यहाँ ही हो...लेकिन...लेकिन..." फिर हाथ झटक दिया—"अजब संयोग है न? —लेकिन..."

लेकिन विजय को लगा था जैसे किसी डैम की रेलिंग पर झुका खड़ा है और नीचे से लाखों टन पानी धाड़-धाड़ करता गिरता चला जा रहा है...गिरता चला जा रहा है...और उसका सिर चकरा उठा...। नहीं, उससे किसी ने कुछ भी नहीं कहा। यह सब तो सिर्फ़ वह कल्पना कर रहा है। कहीं ऐसी अविश्वसनीय बात...ध्यान उसका टूटा देव की आवाज़ से, "उसे रोको राका, माली वग़ैरह मना करेंगे...नहीं मुनमुन।" स्वर बहुत मुलायम था और फिर देव ने दौड़कर प्यार से मुनमुन को दोनों बाँहों में उठा लिया और उसके पेट में अपना मुँह गड़ा दिया...मुनमुन खिलखिलाकर हँस पड़ा...आँखों में लाड़-भरे राकाजी मुस्कराती रहीं। नहीं, अभी जो कुछ उसने सुना था, वह इन लोगों के आपसी सम्बन्धों के बारे में नहीं था—हो नहीं सकता।

बहुत बार विजय ने राकाजी का चेहरा देखना चाहा, लेकिन लगा, वे इधर-उधर के सारे वातावरण को ही पीने में व्यस्त हैं। चिड़ियाँ चहचहाने लगी थीं...

इन्हीं जालियों पर इसी तरह तो वे लोग चल रहे थे कि पास आकर धीरे-से देव ने कहा था, "राका से कुछ मत पूछियेगा।..."

क्या पूछेगा वह राकाजी से...?

"सॉरी, आपको यों घसीट लाये हम लोग..."

और इस बार कातर निगाहों से देखने की बारी विजय की थी...इतना ग़लत समझते हैं आप...

चार-पाँच साल हो गये, लेकिन बात कितनी ताजी हो आयी है...वह, देव, राकाजी और मुनमुन इसी तरह तो लौट रहे थे, चुपचाप, उदास और मनहूस...साँझ का बजरा रात का किनारा छूने लगा था। जैसे किसी वर्षों की तूफ़ानी यात्रा से वे तीनों लौटकर आ रहे हों। पेड़ों और इमारतों की परछाइयाँ ख़ूब लम्बी-लम्बी चौड़ी धारियों की तरह पीछे चली गयी थीं...कुंजों और लॉन की हरियालियाँ अजब टटकी-टटकी हो उठी थीं...हरियाली के सुरमई धुँधले काँच पर सफ़ेद फूल छिटक आये थे...

मीरा के चश्मे के काँचों में झाँकती परछाईं को देखकर, जाने क्यों उसे वही याद ताज़ी हो गयी थी...वही ताज जो उस दिन हौज में मानो आसमानी जार्जेट के पीछे से झाँक रहा था और अपने-आपसे लड़ते हुए देव उसे बता रहे थे। ...आज अगर देव होते तो क्या जवाब देता...? तो क्या वे भी उसी तरह अलग हो रहे हैं...?

सहसा चौंककर उसने मीरा को देखा। उसे लगा, जैसे उसने कुछ कहा है, ''कुछ कह रही थीं क्या?''

''मैं?...नहीं तो।'' फिर वही मौन और घिसटती उदासी का कम्बल।

लगा, जैसे कोई मुर्दा-क्षण है जिसका एक सिरा मीरा पकड़े है और दूसरा वह, और उसे चुपचाप दोनों रात के सन्नाटे में कहीं दफनाने लिये जा रहे हों...डरते हों कि किसी की निगाहें न पड़ जायें—कोई जान न ले कि वे हत्यारे हैं...कहीं किसी झाड़ी के पीछे इस लाश को फेंक देंगे और खुशबूदार रूमालों से कसकर ख़ून पोंछते हुए चले जायेंगे...भीड़ में खो जायेंगे...। जैसे एक-दूसरे की ओर देखने में डर लगता है...कहीं आरोप करती आँखें हत्या स्वीकारने को मजबूर न कर दें।...

बाहर वे दोनों ताँगा लेंगे...झटके-से मोड़ लेता हुआ ताँगा ढाल पर दौड़ पड़ेगा और ताजमहल पीछे छूटता जायेगा...और फिर 'अच्छा' कहकर सूखे होंठों के भरे स्वर पर मुस्कराहट का कफ़न लपेटकर दोनों एक-दूसरे से विदा लेंगे...।

स्वप्न

•

गाइ द मोपासां

मैंने उसे दीवानावार चाहा था। कोई किसी को क्यों चाहता है? क्यों चाहता है कोई किसी को? कितना अजीब होता है, सिर्फ़ एक ही को देखना, पल-पल उसी के बारे में सोचना, दिल में बस एक ही ख़्वाहिश, होंठों पर बस एक ही नाम—एक ही नाम, जो बढ़ा आता है, सोते के पानी-सा, आत्मा की गहराइयों से होंठों तक, एक ही नाम जो आप दोहराते हैं बार-बार, एक ही नाम जो आप लगातार बड़बड़ाते हैं कहीं भी प्रार्थना की तरह।

हमारी कहानी, मैं आपको सुनाने जा रहा हूँ, क्योंकि प्रेम की बस एक ही होती है कहानी, जो हमेशा एक ही जैसी होती है। मैं उसे मिला, मैंने उसे चाहा, बस! और पूरा एक बरस मैं उसकी नजाकत उसके प्रेम-स्पर्शों, उसकी बाँहों मे, उसकी पोशाकों में, उसके शब्दों पर जीवित रहा हूँ, इतनी अच्छी तरह ढँका-लिपटा, बँधा हुआ उससे मिलने वाली हर चीज़ में, कि मुझे रात-दिन की परवाह ही नहीं कि मैं जीवित हूँ, या मर गया हूँ।

और फिर वो मर गयी, कैसे? मैं नहीं जानता, अब मुझे कुछ भी याद नहीं है। लेकिन वह एक शाम को भीगकर लौटी थी, बारिश तेज़ थी। अगले दिन उसे खाँसी हुई, लगभग एक हफ्ता वह खाँसती रही और उसने बिस्तर पकड़ लिया। फिर क्या हुआ, मुझे कुछ याद नहीं है, डॉक्टर आये, दवाइयाँ लिखीं और चले गये। दवाइयाँ लायी गयीं, कुछ औरतों के द्वारा उसे पिलायी गयीं। उसके हाथ गर्म थे। उसका माथा तपा हुआ था, आँखें चमकीली और उदास थीं। मैंने उससे बात की, उसने जवाब दिया, लेकिन मैं भूल गया हूँ कि उसने कहा क्या था। मुझे तो बस उसका वह हल्की-सी, कमज़ोर-सी ठण्डी साँस लेना याद है। बस उसने कहा "आह!" और मैं सब समझ गया।

इसके अलावा मैं कुछ नहीं जानता, कुछ भी नहीं। मैं एक पादरी से मिला, उसने कहा, "तुम्हारी प्रेमिका?" मुझे लगा पादरी उसका अपमान कर रहा था, वह मर चुकी थी, और उसके बारे में ऐसा कहने का अधिकार किसी को नहीं रह गया था। मैंने उस पादरी को निकाल दिया। फिर एक और आया जो दयालु और कोमल हृदय वाला था। जब उस पादरी ने मुझसे उसके बारे में बात की तो मैंने आँसू बहाये। लोगों ने उसे दफ़नाने के बारे में मुझे पूछा। उन्होंने क्या कहा, मुझे कुछ भी याद नहीं। मुझे तो बस वह ताबूत याद है। हथौड़ी का वह नाद याद है जब उन्होंने उसे ताबूत में बन्द करके ताबूत पर कीलें ठोंक दी थीं। आह! परमेश्वर! परमेश्वर! परमेश्वर!

उसे दफ़न कर दिया गया। दफ़ना दिया गया उसे! उस गड्ढे में! कुछ लोग आये, कुछ मित्र औरतें, मैं उनसे बचने के लिए भागा, भागा और गलियों में पैदल चला, घर गया और अगले दिन सफ़र पर निकल गया।

अभी पिछले कल ही पेरिस लौटा हूँ। और जब मैंने अपना कमरा—हमारा कमरा, हमारा बिस्तर, हमारा फर्नीचर और मौत के बाद जो कुछ भी शेष रह जाता है—फिर देखा तो दुख के एक ज़ोरदार झटके ने मुझे यूँ जकड़ लिया कि मैंने खिड़की के रास्ते से ख़ुद को गली में फेंक देना चाहा। मैं इन चीज़ों में, उसे अपने भीतर रखने और पनाह देने वाली दीवारों में, जिनकी अत्यन्त सूक्ष्म दरारों में उसकी त्वचा और साँसों के अनगिनत परमाणु मौजूद थे, और अधिक नहीं रुक सका। इस सबसे बचने के लिए मैंने अपना हैट उठाया और जाते-जाते हॉल में लगे उस आदमकद शीशे (आइने) के क़रीब से गुज़रा जो उसने वहाँ इसलिए लगवाया था कि बाहर जाने से पहले उसमें स्वयं को सिर से पैरों तक (सरापा) निहार सके, देख सके कि उसका शृंगार अच्छा लग रहा है या नहीं।

मैं ठिठक कर रुक गया उस दर्पण के सामने जिसमें वह न जाने कितनी ही बार प्रतिबिम्बित हुई थी—इतनी बार—इतनी बार कि शायद उस दर्पण ने उसके प्रतिबिम्ब को ही सुरक्षित कर लिया हो। मैं वहाँ खड़ा था, काँपता हुआ, आँखें गड़ाये, उस दर्पण पर—उस सपाट, गहरे, खाली दर्पण पर जो उसे सरापा खुद में क़ैद कर लेता था, उस पर मेरी तरह और मेरी दीवानी निगाहों की तरह काबिज़ हो जाता था। मुझे लगा मैं उस दर्पण को चाहने लगा हूँ। मैंने दर्पण को छुआ, वह ठण्डा था। आह! यादें! व्यथित दर्पण, जलता हुआ दर्पण, भयावह दर्पण, पुरुषों को तड़पाता हुआ दर्पण! भाग्यशाली होते हैं वे जिनका हृदय स्वयं में बन्दी वस्तुओं को विस्मृत कर पाता है, भूल जाता है बीते हुए क्षणों को! कितना व्यथित हूँ मैं!

मैं बाहर चला गया, अनजाने में, न चाहते हुए भी, क़ब्रिस्तान की ओर। मुझे उसकी सादा-सी क़ब्र मिल गयी जिस पर सफ़ेद संगमरमर का क्रॉस बना हुआ था, जिस पर ये कुछ शब्द खुदे हुए थे :

'उसने किसी को चाहा, चाही गयी, और स्वर्ग सिधार गयी।'

वहाँ है वह, क़ब्र में, सड़ी हुई! कितना भयानक है यह सब। मैं सुबकता रहा, अपना माथा ज़मीन पर टिकाकर, बहुत देर, बहुत देर वहीं रहा। मैंने देखा अँधेरा हो रहा था और एक अजीब-सी पागल ख़्वाहिश, एक हताश प्रेमी की चाहत ने मुझे जकड़ लिया। मैं सारी रात उसकी क़ब्र पर रोकर बिता देना चाहता था। लेकिन वहाँ देखे या पाये जाने पर मुझे वहाँ से खदेड़ दिया जाता तो फिर मैं क्या करता? मैं उठा और मुर्दों के शहर में घूमने लगा। मैं चलता रहा, चलता रहा। कितना छोटा होता है यह शहर, उस शहर जिसमें हम ज़िन्दा लोग रहते हैं, की तुलना में। फिर भी मुर्दे ज़िन्दा लोगों से कितने अधिक होते हैं! हम ऊँचे घर चाहते हैं, चौड़ी गलियाँ और ज़मीन चार पीढ़ियों के लिए जो एक ही समय में दिन की रोशनी देखती हैं, झरनों से पानी, अंगूर की बेलों से शराब पीती हैं और समतल ज़मीनों (की उपज) से पेट भरती हैं। और मृतकों की समस्त पीढ़ियों के लिए, मानवता की हम तक उतरने वाली सीढ़ियों के लिए सम्भवतः कुछ भी नहीं है। ज़मीन उन्हें वापिस ले लेती है, विस्मृति उन्हें मिटा डालती है।

क़ब्रिस्तान के एक छोर पर, सहसा मैंने देखा कि मैं उसके सबसे पुराने हिस्से में हूँ, जहाँ बहुत पहले मर चुके लोग धूल में मिल रहे हैं, जहाँ क्रॉस भी सड़-गल चुके हैं, जहाँ सम्भवतः कल, नये आने वाले लोगों को गाड़ा जायेगा। क़ब्रिस्तान का यह भाग मानव-मांस की गन्ध पर पले हुए उपेक्षित गुलाबों, सरू-वृक्षों और उदास सुन्दर उद्यानों से भरपूर है।

मैं अकेला था, बिल्कुल अकेला। मैंने स्वयं को हरे पेड़ के पीछे दुबक कर, अँधेरी, उदास झाड़ियों में छिपा लिया। मैं प्रतीक्षा करता रहा तने से चिपका हुआ जैसे तूफ़ान में क्षतिग्रस्त जहाज़ का सवार तख्ते से चिपक कर प्रतीक्षा करता है।

अँधेरा गहराते ही मैं अपने आश्रय से बाहर आकर मुर्दों से अटी ज़मीन पर धीरे-धीरे, हौले-हौले बिना कोई आहट किये हुए उसकी क़ब्र की तलाश में चल दिया। मैं काफ़ी देर इधर-उधर भटका, लेकिन फिर भी उसे ढूँढ़ नहीं पाया। मैं बाँहें पसारे अपने हाथ-पैर, घुटने, अपना सीना यहाँ तक कि अपना सिर भी क़ब्रों से टकराते हुए चलता रहा, लेकिन उसे ढूँढ़ नहीं पाया। अन्धे की तरह रास्ता टटोलता मैं, अँधेरे में पत्थरों को लोहे के जंगलों को, धातुओं की मालाओं,

मुरझाए हुए फूलों के हारों को महसूस कर पा रहा था। उँगलियों को अक्षरों पर फेरकर मैंने नाम पढ़े।

क्या रात थी! क्या रात थी! चाँद कहीं था ही नहीं। क्या रात थी! मैं बहुत डर गया था। क़ब्रों की क़तारों के बीच के तंग रास्तों में मैं बहुत ज़्यादा डर गया था। मेरे दायें-बायें, आगे-पीछे, आसपास, हर जगह क़ब्रें ही तो थीं। मैं एक क़ब्र पर बैठ गया। चलने की ताक़त मुझमें नहीं बची थी। मेरे घुटने बहुत क्षीण पड़ चुके थे, मैं अपनी धड़कनें सुन पा रहा था। मैंने कुछ और भी सुना, क्या? एक अजीब-सा शोर था यह। क्या यह शोर मेरे ज़ेहन में मचा था, अभेद्य रात में मचा था, या फिर मेरे पाँवों तले की लाशें-बोयीं हुई ज़मीन के भीतर मचा था? मैंने अपने चारों तरफ़ देखा। मुझे याद नहीं मैं वहाँ कब तक रुका, मुझे लकवा मार गया था, भय ने मुझे बर्फ़ बना दिया था, मैं चिल्लाने वाला था मैं मरने ही वाला था।

सहसा, संगमरमर की वह पट्टी जिस पर मैं बैठा था, मुझे लगा हिल रही थी। हाँ, यह हिल रही थी, मानो इसे कोई उठा रहा हो। एक ही छलाँग के साथ मैं पास वाली क़ब्र पर कूद गया। और मैंने देखा, हाँ, मैंने साफ़ देखा, ऊपर उठते हुए उरा संगमरमर के टुकड़े को जिसे मैंने अभी-अभी छोड़ा था। फिर मुर्दा, एक नंगा कंकाल अपनी दोहरी कमर से पत्थर को धकेलते हुए बाहर निकला, घने अँधेरे के बावजूद मैं क्रॉस पर लिखा हुआ पढ़ पा रहा था :

''यहाँ लेटे हैं जेक्वीज ओलीवाँ, जो इक्यावन वर्ष की आयु में भगवान को प्यारे हुए। वे अपने परिवार से प्रेम करते थे, दयालु थे, सम्मानित थे और प्रभुकृपा में स्वर्ग को सिधारे।''

उस मुर्दे ने भी अपनी क्रब पर लिखे हुए को पढ़ा, फिर उसने रास्ते से एक तीखा पत्थर उठाया और बड़ी सावधानी से अक्षरों को खुरचने लगा। उसने धीरे-धीरे उन्हें मिटा दिया और अपनी आँखों के झरोखों से उन सब जगहों को देखा जहाँ वे अक्षर उकेरे गये थे, उसने हड्डी की नोक के साथ जो कभी उसकी तर्जनी रही होगी, प्रदीप्त अक्षरों में, जैसे कि लड़के दीवारों पर दियासलाई की नोक से पंक्तियाँ उकेर देते हैं, लिखा :

''यहाँ लेटा है जेक्वीज ओलीवाँ, जो इक्यावन वर्ष की आयु में मर गया। उसकी निष्ठुरता उसके पिता की शीघ्र मृत्यु का कारण बनी, क्योंकि वह अपने पिता की समस्त सम्पत्ति का उत्तराधिकार चाहता था। उसने अपनी पत्नी को सन्तप्त किया, बच्चों को यातनाएँ दीं, पड़ोसियों से धोखे किये, जिसे भी लूट सकता था, लूटा और फिर यह घिनौना व्यक्ति मर गया।''

लिख चुकने के बाद वह निश्चल खड़ा अपनी कृति को निहारता रहा। मैंने नज़रें घुमाकर देखा कि सब क़ब्रें खुली हुई थीं, सब मुर्दे अपनी-अपनी क़ब्रों से निकल आये थे और उन्होंने अपनी-अपनी क़ब्रों से अपने रिश्तेदारों द्वारा खुदवाये गये झूठ मिटा डाले थे और उन पर सच उकेर दिया था। और मैंने देखा कि अपने जीते-जी वे सब अपने पड़ोसियों के उत्पीड़क, दुर्भावपूर्ण, बेईमान, पाखण्डी, झूठे, कपटी, निन्दक और ईर्ष्यालु रहे थे। मैंने पढ़ा कि उन्होंने चोरियाँ की थीं, धोखे दिये थे, हर घृणास्पद काम किया था, ये अच्छे पिता, ये वफ़ादार पत्नियाँ, ये समर्पित सुपुत्र, ये कुँवारी बेटियाँ, ये सम्मानित व्यापारी, औरतें और मर्द थे जिन्हें उनके सम्बन्धियों ने अनिन्दनीय लिखवाया था। वे सब-के-सब एक ही साथ, एक ही समय में, अपने अन्तिम आवास की दहलीज़ पर सच लिख रहे थे, भयानक और पवित्र सच, जिससे हर व्यक्ति अनभिज्ञ था या कम-अज-कम उनके जीते जी अनभिज्ञ बनने का ढोंग किया करता था।

मुझे विचार आया कि उसने भी अपने समाधि प्रस्तर पर कुछ-न-कुछ अवश्य लिखा होगा और अब मैं बेख़ौफ़ हो अधखुले ताबूतों, लाशों और कंकालों में से होता हुआ उसके पास गया इस विश्वास के साथ कि वह मुझे तुरन्त पहचान लेगी। मैंने तो उसे एकदम पहचान लिया, कफ़न में लिपटे हुए उसके चेहरे को देखे बिना, और संगमरमर के क्रॉस पर, जहाँ कुछ समय पहले मैंने पढ़ा था :

''उसने किसी को चाहा, चाही गयी, और स्वर्ग सिधार गयी।''

के स्थान पर मैंने उकेरा हुआ पढ़ा :

''एक दिन अपने प्रेमी को धोखा देने के लिए वह बारिश में बाहर गयी, उसे सर्दी लग गयी और वह मर गयी।''

ऐसा लगता है कि सुबह होते ही लोगों ने मुझे उसकी क़ब्र पर बेहोश पाया होगा।

अनूठा उपहार

•

ओ. हेनरी

एक डॉलर और सत्तासी सेंट, बस। और इनमें से आठ सेंट पेनी में थे। ये पेनी एक-एक और दो-दो करके बचाई गयी थीं, जिसके लिए परचूनिये और सब्ज़ीवाले तथा मीटवाले को इस क़दर ध्वस्त करना पड़ा था कि इस तरह के लेन-देन में होने वाले कमखर्ची के लांछन से जलने लगें। डेला ने इन्हें तीन बार गिना। एक डॉलर और सत्तासी सेंट। और अगले दिन क्रिसमस था। अब करने को बस यही बचा था कि गन्दे छोटे दीवान पर पड़कर ज़ोर-ज़ोर से रोया जाये। सो डेला ने वही किया, जिससे यह शिक्षा मिलती है कि जीवन सिसकियों, बिछुड़ने और मुस्कराने से बना है, जिसमें सबसे बड़ा हिस्सा बिछुड़ने का है।

जब तक घर की मालकिन धीरे-धीरे पहले चरण से दूसरे चरण पर आ रही है, हम घर पर एक नज़र डाल लेते हैं। यह एक फर्निश्ड फ्लैट था, जिसका एक सप्ताह का किराया आठ डॉलर था। यह परिचय का मोहताज तो नहीं था, लेकिन यह शब्द उसमें निश्चय ही भिक्षुक मण्डली की तलाश में था।

नीचे ड्योढ़ी पर एक पत्रपेटी थी, जिसमें कोई पत्र नहीं जाता था, और बिजली का एक स्विच था, जिस पर उँगली रखकर कोई भी इन्सान घण्टी नहीं बजा सकता था। वहाँ एक कार्ड भी था, जिस पर 'मि. जेम्स डिलिंगहैम यंग' नाम लिखा था।

इसमें डिलिंगहैम तो सम्पन्नता के उस दौर में हवा में उड़ रहा था, जब इसके मालिक को इस सप्ताह तीस डॉलर मिल रहे थे। अब जब आमदनी सिकुड़ कर बीस डॉलर रह गयी थी तो 'डिलिंगहैम' को अक्षर धुँधले दिखाई देने लगे थे, मानो वे और सिकुड़कर बस एक अक्षर 'डी' बन जाने के बारे में गम्भीरता से सोच रहे हों। लेकिन जब कभी मि. जेम्स डिलिंगहैम यंग घर आता और ऊपर अपने फ्लैट में पहुँचता तो मिसेज़ जेम्स डिलिंगहैम यंग—जिसका परिचय आपको

डेला के रूप में दिया जा चुका है—उसे 'जिम' कहकर बुलाती और खुलकर उसका आलिंगन करती थी। जो सब बहुत अच्छा है।

डेला ने रोना बन्द किया और अपने गालों पर पाउडर का पुछारा फेरा। वह खिड़की पर खड़ी हो गयी और नीरसता में बाहर एक भूरी बिल्ली को देखने लगी, जो एक पिछवाड़े में एक भूरी बाड़ पर से जा रही थी। कल के दिन क्रिसमस होगा और उसके पास एक डॉलर और सत्तासी सेंट थे, जिसमें उसे जिम के लिए उपहार ख़रीदना था। वह महीनों से एक-एक पेनी बचा रही थी, उसका यह नतीजा मिला था। हफ्ते के बीस डॉलर कोई .ज्यादा नहीं चलते। उसने जो हिसाब लगाया था, ख़र्च उससे कहीं .ज्यादा हुए थे। ख़र्चे हमेशा ही .ज्यादा होते हैं। जिम के लिए उपहार ख़रीदने को सिर्फ़ एक डॉलर और सत्तासी सेंट। उसके जिम के लिए। कितने ही सुखद घण्टे बिताये थे उसने यह योजना बनाने में कि जिम के लिए कोई अच्छी-सी चीज़ ख़रीदी जाये। कोई ऐसी चीज़ जो बढ़िया और दुर्लभ तथा उत्कृष्ट हो—कुछ ऐसी चीज़ जो जिम के पास होने के सम्मान के योग्य जैसी हो।

कमरे की खिड़कियों के बीच एक स्तम्भ-आईना लगा था। शायद आपने आठ डॉलर वाले फ्लैट में ऐसे आईने देखे होंगे। कोई बहुत पतला और बहुत फुर्तीला व्यक्ति जल्दी-जल्दी बनने वाली लम्बवत धारियों के क्रम में अपनी छवि का सही अनुमान लगा सकता था। डेला क्योंकि पतली थी, इसलिए उसने इस कला में महारत हासिल कर ली थी।

अचानक वह खिड़की से घूमी और आईने के सामने आकर खड़ी हो गयी। उसकी आँखें तो अम्लान चमक रही थीं, लेकिन उसके चेहरे का रंग बीस सेकेंड के अन्दर उड़ गया था। उसने जल्दी से अपने बाल खोले और इन्हें पूरी लम्बाई में गिरने दिया।

जेम्स डिलिंगमैन यंग दम्पती के पास दो ही तो चीज़ें थीं, जिन पर बहुत गर्व करते थे। एक थी जिम की सोने की घड़ी, जो पहले उसके पिता की और उससे भी पहले उसके दादा की हुआ करती थी। दूसरी थी डेला की केश-राशि। अगर शीबा की रानी सामने वाले फ्लैट में रह रही होती तो डेला ज़रूर किसी दिन उसके जवाहरात और तोहफ़ों की अवमानना करने के लिए अपने बालों को सुखाने की गरज से खिड़की के बाहर लटकने देती। अगर राजा सोलोमन रखवाला होता और उसका सारा ख़जाना तहखाने में जमा होता तो जिम जब भी उसके पास से निकलता, अपनी घड़ी निकालता। यह सब वह उसे जलाने के लिए करता, यह देखने के लिए कि कैसे वह जलन के मारे अपनी दाढ़ी नोचता है।

सो, इस समय डेला के ख़ूबसूरत बाल उसके आसपास बिखरे हुए थे, और कत्थई पानी की तरह लहरा रहे थे और चमक रहे थे। ये उसके घुटनों के नीचे तक पहुँच रहे थे और उसके लिए एक तरह से पोशाकी-सी बना रहे थे। फिर उसने निराशा में और जल्दी से उन्हें बाँध लिया। एक बार तो वह एक मिनट के लिए डगमगायी और निश्चल खड़ी रही, जबकि एक-दो आँसू घिस चुके लाल कालीन पर छलक गये।

उसने अपना पुराना कत्थई कोट और हैट पहना। स्कर्ट को घुमाती और आँखों की उस अम्लान चमक को बरकरार रखती, वह धड़धड़ाती हुई दरवाज़े से बाहर निकली तथा सीढ़ियाँ उतरकर गली में पहुँच गयी।

जहाँ जाकर वह रुकी, वहाँ साइन बोर्ड पर लिखा था—'मैडम सोफ्रोनी, सभी तरह के बाल के सामान'। डेला ने एक सीढ़ी दौड़कर चढ़ी और अपने आपको सँभाला। वह हाँफ रही थी। मैडम लम्बी-चौड़ी, बहुत सफ़ेद ठण्डी थीं, और 'सोफ्रोनी' जैसी तो बिल्कुल नहीं लग रही थी।

"मेरे बाल ख़रीदेंगी?" डेला ने पूछा।

"मैं बाल ख़रीदती हूँ।" मैडम ने कहा, "अपना हैट उतारो और मुझे देखने दो कैसे लगते हैं ये।"

कत्थई झरना लहराता हुआ नीचे आ गया।

"बीस डॉलर!" मैडम ने उस केश-राशि को अपने अभ्यस्त हाथ में उठाते हुए कहा।

"जल्दी दे दो मुझे।" डेला ने कहा।

ओह, और अगले दो घण्टे गुलाबी पंखों पर निकल गये। भूल जाइए इस घेलमाल रूपक को। वह जिम के तोहफ़े के लिए दुकानों को छान रही थी।

आख़िर उसे वह चीज़ मिल गयी। यह निश्चय ही जिम के लिए बनायी गयी थी, किसी और के लिए नहीं। इस जैसी चीज़ उन दुकानों में से किसी में भी नहीं थी, उसने सारी दुकानों को उलटकर रख दिया था। यह प्लेटिनम की एक जेबी चेन थी, इसका डिजाइन सादा और बेदाग था, इसका मैटीरियल देखकर ही इसके मूल्य का पता चलता था, इसकी दिखावटी सजावट से नहीं, जैसा कि सभी अच्छी वस्तुओं को होना चाहिए। यह एक 'घड़ी' के लायक भी थी। उसने जैसे ही इसे देखा, उसने जान लिया कि इसे जिम का ही होना चाहिए। यह उस जैसी ही थी। सादगी और क़ीमती—यह बात उन दोनों पर ही लागू होती थी। इसके उन्होंने उससे इक्कीस डॉलर लिए और वह सत्तासी सेंट लेकर जल्दी से घर आ गयी। अपनी घड़ी पर वह चेन लगी होने से जिम किसी भी संगत में समय

के बारे में ठीक से उत्सुक रह सकता था। उसकी घड़ी तो शानदार थी, लेकिन उस पर चेन की जगह पुराना चमड़े का पट्टा होने की वजह से वह कभी-कभी उसे छुपाकर देखता था।

जब डेला घर पहुँची तो उसका नशा उतर गया और उसकी जगह विवेक और तर्क ने ले ली। उसने बाल घुँघराले करने वाले आयरन निकाले और गैस जलाई और प्यार में मिश्रित उदारता के हाथों हुई बर्बादी के निशानों की मरम्मत में जुट गयी। जो हमेशा ही एक जबरदस्त काम हुआ करता है, प्रिय मित्रो—एक बड़ा कार्य।

चालीस मिनट में ही उसका सिर छोटे-छोटे, घने छल्लों से ढँक गया और वह एक अद्भुत शैतानी स्कूली लड़के-सी दिखने लगी। उसने आईने में अपनी छवि को देर तक सावधानी से और आलोचना की दृष्टि से देखा।

"अगर जिम ने मुझे दूसरी बार देखने से पहले ही मार ही न डाला तो!" उसने अपने मन में कहा, "वह मुझसे कहेगा कि मैं कोनी द्वीप की कोई गायिका लगती हूँ। लेकिन मैं कर क्या सकती थी—ओह! मैं कर क्या सकती थी एक डॉलर और सत्तासी सेंट से?"

सात बजे कॉफ़ी बनायी जा चुकी थी और फ्राइ पैन चूल्हे पर गरम और तैयार रखा था, चाप बनाने के लिए।

जिम कभी देर से नहीं आता था। डेला ने सुनहरी चेन दोहरी करके अपने हाथ में ले ली और जिस दरवाज़े से जिम हमेशा अन्दर आता था, उसके पास वह मेज़ के कोने पर बैठ गयी। फिर उसने सीढ़ियों पर नीचे पहले क़दम पर उसके क़दमों की आहट सुनी और पल भर के लिए वह सफ़ेद पड़ गयी। उसकी आदत थी कि वह रोज़मर्रा की छोटी-सी-छोटी बातों के लिए छोटी-सी खामोश प्रार्थना करती थी, और इस समय भी उसने धीमे-से प्रार्थना की—"हे परमेश्वर, कृपया उन्हें यह सोचने दें कि मैं अब भी ख़ूबसूरत हूँ।"

दरवाज़ा खुला और जिम अन्दर आया। उसने दरवाज़ा बन्द कर दिया। वह पतला और बहुत गम्भीर दिखाई दे रहा था। बेचारा अभी बाईस का ही तो था—और उस पर परिवार का बोझ आ पड़ा था। उसे एक नये ओवरकोट की ज़रूरत थी, वह बिना दस्तानों के था।

जिम दरवाज़े के अन्दर ऐसे चुपचाप घुसा जैसे बटेर की गन्ध पा गया शिकारी कुत्ता। उसकी आँखें डेला पर जमी थीं, और उनमें ऐसा भाव था जो डेला की समझ से बाहर था, वह भयाक्रान्त हो गयी। यह क्रोध नहीं था, आश्चर्य नहीं था, असहमति नहीं थी, आतंक भी नहीं था, और ऐसा कोई भी भाव नहीं

था वह जिसके लिए तैयार थी। वह अपने चेहरे पर विचित्र भाव लिए उसे बस एकटक देखे जा रहा था।

डेला मेज़ से उठी और उसके पास गयी।

''जिम, डार्लिंग!'' वह चिल्लाई, ''मेरी तरफ़ ऐसे मत देखो। मैंने अपने बाल कटवा कर इसलिए बेच दिये, क्योंकि अगर मैं तुम्हें कोई तोहफ़ा नहीं देती तो मैं क्रिसमस पार नहीं कर सकती थी। ये तो फिर उग आयेंगे–तुम बुरा तो नहीं मानोगे न, क्यों? मुझे यह करना ही था। मेरे बाल बहुत तेज़ी से बढ़ते हैं। 'मेरी क्रिसमस' बोलो जिम और आओ हम खुशियाँ मनायें। तुम्हें नहीं पता कितना अच्छा, कितना सुन्दर, अच्छा उपहार लायी हूँ मैं तुम्हारे लिए।''

''तुमने बाल कटवा दिये?'' जिम ने बड़ी मुश्किल से कहा, मानो वह अत्यधिक मुश्किल दिमाग़ी कोशिश करने के बाद भी इस स्पष्ट सच तक नहीं पहुँच पाया था।

''कटवा दिये और बेच भी दिये।'' डेला ने कहा, ''क्या मैं तुम्हें ऐसे अच्छी नहीं लगती? मैं मेरे बालों के बिना भी मैं हूँ। है न?''

जिम ने उत्सुकता से कमरे में निगाह दौड़ाई।

''तुम कह रही हो तुम्हारे बाल अब नहीं हैं?'' उसने जैसे मूर्खों की तरह कहा।

''इन्हें तलाशो मत!'' डेला ने कहा, ''ये बिक चुके हैं, मैं कह तो रही हूँ–बिक गये और चले भी गये। आज क्रिसमस से पहले की रात है, जानू! मुझसे अच्छा व्यवहार करो, क्योंकि बाल तुम्हारी ख़ातिर कटे हैं। शायद मेरे सिर के बाल गिनती के थे।'' उसने औचक गम्भीर मिठास के साथ अपनी बात जारी रखी, ''लेकिन मैं तुमसे कितना प्यार करती हूँ, इसकी गिनती कभी कोई नहीं कर सकता। चाप चढ़ा दूँ, जिम?''

जिम जैसे एक झटके में अपनी तन्द्रा से जाग गया। उसने अपनी डेला को आलिंगन में बाँध लिया। दस सेकेंड के लिए आइए हम एक अलग दिशा में एक अलग वस्तु की तरफ़ ध्यान देते हैं। एक सप्ताह में आठ डॉलर या एक वर्ष में दस लाख–क्या फ़र्क़ पड़ता है? कोई गणितज्ञ या कोई चतुर व्यक्ति आपको इसका गलत जवाब देगा। ज्ञानीजन ईसा मसीह के जन्म के अवसर पर–बहुमूल्य उपहार लेकर आये थे, लेकिन उनमें ये नहीं थे। इस पर हम बाद में प्रकाश डालेंगें।

जिम ने अपने ओवरकोट की जेब से एक पैकेट निकाला और उसे मेज़ पर फेंक दिया।

''मेरे बारे में कोई भूल मत करो डेल!'' उसने कहा, ''मैं नहीं सोचता कि बाल कटने या बाल साफ़ होने या शैम्पू में से कुछ भी ऐसा है जो मेरी डेल के

लिए मेरे प्यार को कम कर सकता है...लेकिन अगर तुम उस पैकेट को खोलोगी तो शायद तुम्हारी समझ में आ जायेगा कि क्यों तुम्हारी बात पर पहले तो मैं हिल गया था।''

सफ़ेद उँगलियों ने चपलता से धागे और काग़ज़ को खोल डाला। और फिर खुशी की एक ज़ोरदार चीख़, और फिर अफ़सोस! एक स्त्री-सुलभ बदलाव के साथ आँसू निकल पड़े और ज़ोर-ज़ोर से इस क़दर रोना-धोना शुरू हो गया कि घर के मालिक को उसे तसल्ली देने के लिए सारी ताक़त झोंक देनी पड़ी।

क्योंकि डेला के सामने अब सजावटी कंघियों का एक सेट रखा था जिसकी पूजा ब्रॉडवे की एक शॉप विंडो पर वह एक अरसे से करती आयी थी। ये शुद्ध कछुए के खप्पर के, रत्न जड़े किनारों वाले कंघे थे—जो ठीक उसके उन ख़ूबसूरत बालों के लायक शेड के थे, जो अब उसके सिर पर नहीं थे।

परन्तु उसने उनको सीने से लगाया और अन्त में धुँधली नज़र से देखा और मुस्कराकर कहा, ''मेरे बाल बहुत जल्दी बढ़ते हैं, जिम!''

और फिर डेला ने कूजती बिल्ली की तरह छलाँग लगायी और चिल्लाई—''ओह जिम!''

जिम ने अभी तक अपना उपहार नहीं देखा था। डेला ने उत्कण्ठा से उसे अपनी खुली हथेली पर रखा। चमकदार बहुमूल्य धातु उसके प्रज्वलित उत्साह के प्रतिबिम्ब से चमक उठा।

''यह छैली नहीं है क्या जिम? इसको ढूँढ़ने के लिए मैंने सारा शहर छान मारा। अब तुम्हें इसको दिन भर में सौ बार देखना पड़ेगा। अपनी घड़ी मुझे दो, मैं देखना चाहती हूँ कि यह उस पर कैसे जँचती है।''

आज्ञा पालन करने के बजाय, जिम काऊच पर लुढ़क गया और सिर के पीछे दोनों हाथ रखकर मुस्कराया।

''डेल!'' उसने कहा, ''हम अपने क्रिसमस उपहार एक तरफ़ रख दें और थोड़ी देर के लिए पड़े रहने दें। वे अभी उपहार के तौर पर प्रयोग करने के लिए बहुत अच्छे हैं। मैंने कंघियाँ ख़रीदने के लिए घड़ी बेचकर रकम जुटायी थी। अब ऐसा करो कि तुम चाप चढ़ा दो तो कैसा रहे।''

जैसा कि आप जानते हैं, वे ज्ञानीजन बुद्धिमान पुरुष थे—अद्‌भुत बुद्धिमान पुरुष—जो चरनी में लेटे शिशु (यीशु) के लिए उपहार लाये थे। क्रिसमस उपहार देने की कला उन्होंने ईजाद की थी। वे बुद्धिमान थे, इसलिए उनके उपहार भी निश्चय ही बुद्धिमत्तापूर्ण थे, और शायद एक जैसे हो जाने की स्थिति में उनके विनिमय का विशेष प्रावधान भी था। और यहाँ मैंने आपके लिए सीधे-सादे ढंग

से एक फ्लैटवासी दो बुद्धिमान लोगों की नीरस कहानी बयान की है, जिन्होंने अत्यन्त बुद्धिमत्ता से एक-दूसरे के लिए अपने घर के सबसे बड़े ख़जाने का त्याग कर दिया, किन्तु आजकल के बुद्धिमानों से मैं अन्तिम बात कहना चाहूँगा कि जो लोग उपहार देते हैं, उन सभी में ये दोनों सबसे अधिक बुद्धिमान थे। हर कहीं वे सबसे अधिक बुद्धिमान हैं। वे ज्ञानीजन हैं, वे नजूमी हैं, मेजाई हैं।

एक छोटा-सा मज़ाक

•

अंतोन चेखव

सर्दियों की ख़ूबसूरत दोपहर...सर्दी बहुत तेज़ है। नाद्या ने मेरी बाँह पकड़ रखी है। उसके घुँघराले बालों में बर्फ़ इस तरह जम गयी है कि वे चाँदनी की तरह झलकने लगे हैं। होंठों के ऊपर भी बर्फ़ की एक लकीर-सी दिखाई देने लगी है। हम एक पहाड़ी पर खड़े हुए हैं। हमारे पैरों के नीचे मैदान पर एक ढलान पसरी हुई है जिसमें सूरज की रोशनी ऐसे चमक रही है जैसे उसकी परछाईं शीशे में पड़ रही हो। हमारे पैरों के पास ही एक स्लेज पड़ी हुई है, जिसकी गद्दी पर लाल कपड़ा लगा हुआ है।

''चलो नाद्या, एक बार फिसलें!'' मैंने नाद्या से कहा—''सिर्फ़ एक बार! घबराओ नहीं, हमें कुछ नहीं होगा, हम ठीक-ठाक नीचे पहुँच जायेंगे।''

लेकिन नाद्या डर रही है। यहाँ से, पहाड़ी के कगार से, नीचे मैदान तक का रास्ता उसे बेहद लम्बा लग रहा है। वह भय से पीली पड़ गयी है। जब वह ऊपर से नीचे की ओर झाँकती है और जब मैं उससे स्लेज पर बैठने को कहता हूँ तो जैसे उसका दम निकल जाता है। मैं सोचता हूँ—''लेकिन तब क्या होगा, जब वह नीचे फिसलने का ख़तरा उठा लेगी! वह तो भय से मर ही जायेगी या पागल ही हो जायेगी।''

''मेरी बात मान लो।'' मैंने उससे कहा—''नहीं-नहीं, डरो नहीं, तुममें हिम्मत की कमी है क्या?''

आख़िरकार वह मान जाती है। और मैं उसके चेहरे के भावों को पढ़ता हूँ। ऐसा लगता है जैसे मौत का ख़तरा मोल लेकर ही उसने मेरी यह बात मानी है। वह भय से सफ़ेद पड़ चुकी है और काँप रही है। मैं उसे स्लेज पर बैठाकर उसके कन्धों पर अपना हाथ रखकर उसके पीछे बैठ जाता हूँ। हम उस अथाह गहराई की ओर फिसलने लगते हैं। स्लेज गोली की तरह बड़ी तेज़ी से नीचे जा

रही है। बेहद ठण्डी हवा हमारे चेहरों पर चोट कर रही है। हवा ऐसे चिंघाड़ रही है कि लगता है, मानो कोई तेज़ सीटी बजा रहा हो। हवा जैसे ग़ुस्से से हमारे बदनों को चीर रही है, वह हमारे सिर उतार लेना चाहती है। हवा इतनी तेज़ है कि साँस लेना भी मुश्किल है। लगता है, मानो शैतान हमें अपने पंजों में जकड़ कर गरजते हुए नरक की ओर खींच रहा है। आसपास की सारी चीज़ें जैसे एक तेज़ी से भागती हुई लकीर में बदल गयी हैं। ऐसा महसूस होता है कि आने वाले पल में ही हम मर जायेंगे।

"मैं तुमसे प्यार करता हूँ, नाद्या!" मैं धीमे से कहता हूँ।

स्लेज की गति धीरे-धीरे कम हो जाती है। हवा का गरजना और स्लेज का गूँजना अब इतना भयानक नहीं लगता। हमारे दम में दम आता है और आख़िरकार हम नीचे पहुँच जाते हैं। नाद्या अधमरी-सी हो रही है। वह सफ़ेद पड़ गयी है। उसकी साँसें बहुत धीमी-धीमी चल रही हैं...मैं उसकी स्लेज से उठने में मदद करता हूँ।

"अब चाहे जो भी हो जाये मैं कभी नहीं फिसलूँगी, हरगिज़ नहीं! आज तो मैं मरते-मरते बची हूँ।" मेरी ओर देखते हुए उसने कहा।

उसकी बड़ी-बड़ी आँखें में ख़ौफ़ का साया दिखाई दे रहा है, पर थोड़ी ही देर बाद वह सहज हो गयी और मेरी ओर सवालिया निगाहों से देखने लगी। क्या उसने सचमुच वे शब्द सुने थे या उसे बस ऐसा महसूस हुआ था, सिर्फ़ हवा की गरज थी वह? मैं नाद्या के पास ही खड़ा हूँ, मैं सिगरेट पी रहा हूँ और अपने दस्ताने को ध्यान से देख रहा हूँ।

नाद्या मेरा हाथ अपने हाथ में ले लेती है और हम देर तक पहाड़ी के आसपास घूमते रहते हैं। यह पहेली उसको परेशान कर रही है। वे शब्द जो उसने पहाड़ी से नीचे फिसलते हुए सुने थे, सच में कहे गये थे या नहीं? यह बात वास्तव में हुई या नहीं। यह सच है या झूठ? अब यह सवाल उसके लिए स्वाभिमान का सवाल हो गया है। उसकी इज़्ज़त का सवाल हो गया है। जैसे उसकी ज़िन्दगी और उसके जीवन की खुशी इस बात पर निर्भर करती है। यह बात उसके लिए महत्त्वपूर्ण है, दुनिया में शायद सर्वाधिक महत्त्वपूर्ण। नाद्या मुझे अपनी अधीरता भरी उदास नज़रों से ताकती है, मानो मेरे अन्दर की बात भाँपना चाहती हो। मेरे सवालों का वह कोई असंगत-सा उत्तर देती है। वह इस इन्तज़ार में है कि मैं उससे फिर वही बात शुरू करूँ। मैं उसके चेहरे को ध्यान से देखता हूँ—"अरे, उसके प्यारे चेहरे पर ये कैसे भाव हैं?" मैं देखता हूँ कि वह अपने आप से लड़ रही है, उसे मुझसे कुछ कहना है, वह कुछ पूछना चाहती है, लेकिन वह अपने

ख़यालों को, अपनी भावनाओं को शब्दों के रूप में प्रकट नहीं कर पाती। वह झेंप रही है, वह डर रही है, उसकी अपनी ही खुशी उसे तंग कर रही है...।

"सुनिए!" मुझसे मुँह चुराते हुए वह कहती है।

"क्या?" मैं पूछता हूँ।

"चलिए, एक बार फिर फिसलें।"

हम फिर से पहाड़ी के ऊपर चढ़ जाते हैं। मैं फिर से भय से सफ़ेद पड़ चुकी और काँपती हुई नाद्या को स्लेज पर बैठाता हूँ। हम फिर से भयानक गहराई की ओर फिसलते हैं। फिर से हवा की गरज और स्लेज की गूँज हमारे कानों को फाड़ती है और फिर जब शोर सबसे अधिक था मैं धीमी आवाज़ में कहता हूँ—"मैं तुमसे प्यार करता हूँ, नाद्या!"

नीचे पहुँचकर जब स्लेज रुक जाती है तो नाद्या एक नज़र पहले ऊपर की तरफ़ ढलान को देखती है जिससे हम अभी-अभी नीचे फिसले हैं, फिर दूसरी नज़र मेरे चेहरे पर डालती है। वह ध्यान से मेरी बेपरवाह और भावहीन आवाज़ को सुनती है। उसके चेहरे पर हैरानी है। न सिर्फ़ चेहरे पर बल्कि उसके सारे हाव-भाव से हैरानी झलकती है। वह चकित है और जैसे उसके चेहरे पर यह लिखा है—"क्या बात है? वे शब्द किसने कहे थे? शायद इसी ने? या हो सकता है मुझे बस ऐसा लगा हो, बस ऐसे ही वे शब्द सुनाई दिये हों?"

उसकी परेशानी बढ़ जाती है कि वह इस सच्चाई से अनभिज्ञ है। यह अनभिज्ञता उसकी अधीरता को बढ़ाती है। मुझे उस पर तरस आ रहा है। बेचारी लड़की! वह मेरे प्रश्नों का कोई उत्तर नहीं देती और नाक-भौंह चढ़ा लेती है। लगता है वह रोने ही वाली है।

"घर चलें?" मैं पूछता हूँ।

"लेकिन मुझे...मुझे तो यहाँ फिसलने में ख़ूब मज़ा आ रहा है।" वह शर्म से लाल होकर कहती है और फिर मुझसे अनुरोध करती है—"और क्यों न हम एक बार फिर फिसलें?"

हुम...तो उसे यह फिसलना 'अच्छा लगता है।' पर स्लेज पर बैठते हुए तो वह पहले की तरह ही भय से सफ़ेद दिखाई दे रही है और काँप रही है। उसे साँस लेना भी मुश्किल हो रहा है। लेकिन मैं अपने होंठों को रूमाल से पोंछकर धीरे से खाँसता हूँ और जब फिर से नीचे फिसलते हुए हम आधे रास्ते में पहुँच जाते हैं तो मैं एक बार फिर कहता हूँ—"मैं तुमसे प्यार करता हूँ, नाद्या!"

और यह पहेली ही रह जाती है। नाद्या चुप रहती है, वह कुछ सोचती है...मैं उसे उसके घर तक छोड़ने जाता हूँ। वह धीमे-धीमे क़दमों से चल रही है और

इन्तज़ार कर रही है कि शायद मैं उससे कुछ कहूँगा। मैं यह नोट करता हूँ कि उसका दिल कैसे तड़प रहा है, लेकिन वह चुप रहने की कोशिश कर रही है और अपने मन की बात को अपने दिल में ही रखे हुए है। शायद वह सोच रही है।

दूसरे दिन मुझे उसका एक रुक्का मिलता है—'आज जब आप पहाड़ी पर फिसलने के लिए जायें तो मुझे अपने साथ ले लें—नाद्या।' उस दिन से हम दोनों रोज फिसलने के लिए पहाड़ी पर जाते हैं और स्लेज पर नीचे फिसलते हुए हर बार मैं धीमी आवाज़ में वे ही शब्द कहता हूँ—"मैं तुमसे प्यार करता हूँ, नाद्या!"

जल्दी ही नाद्या को इन शब्दों का नशा-सा हो जाता है, वैसा ही नशा जैसा शराब या मार्फीन का होता है। वह अब इन शब्दों की खुमारी में रहने लगी है। हालाँकि उसे पहाड़ी से नीचे फिसलने में पहले की तरह डर लगता है, लेकिन अब भय और ख़तरा मोहब्बत से भरे उन शब्दों में एक नया स्वाद पैदा करते हैं जो पहले की तरह उसके लिए एक पहेली बने हुए हैं और उसके दिल को तड़पाते हैं। उसका शक़ हम दो ही लोगों पर है—मुझ पर और हवा पर। हम दोनों में से कौन उसके सामने अपनी भावना का इजहार करता है, उसे पता नहीं, पर अब उसे इससे कोई फ़र्क़ नहीं पड़ता। शराब चाहे किसी भी बर्तन से क्यों न पी जाये—नशा तो वह उतना ही देती है। अचानक एक दिन दोपहर के समय मैं अकेला ही उस पहाड़ी पर जा पहुँचा। भीड़ के पीछे से मैंने देखा कि नाद्या उस ढलान के पास खड़ी है, उसकी आँखें मुझे ही तलाश रही हैं। फिर वह धीरे-धीरे पहाड़ी पर चढ़ने लगती है...अकेले फिसलने में हालाँकि उसे डर लगता है, बहुत ज़्यादा डर! वह बर्फ़ की तरह सफ़ेद पड़ चुकी है, वह काँप रही है, जैसे उसे फाँसी पर चढ़ाया जा रहा हो, पर वह आगे ही आगे बढ़ती जा रही है, बिना झिझके, बिना रुके। शायद आख़िर उसने फ़ैसला कर ही लिया कि वह इस बार अकेली नीचे फिसल कर देखेगी कि—"जब मैं अकेली होऊँगी तो क्या मुझे वे मीठे शब्द सुनाई देंगे या नहीं?" मैं देखता हूँ कि वह बेहद घबराई हुई भय से मुँह खोलकर स्लेज पर बैठ जाती है। वह अपनी आँखें बन्द कर लेती है और जैसे जीवन से विदा लेकर नीचे की ओर फिसल पड़ती है...स्लेज के फिसलने की गूँज सुनाई पड़ रही है। नाद्या को वे शब्द सुनाई दिये या नहीं—मुझे नहीं मालूम...मैं बस यह देखता हूँ कि वह बेहद थकी हुई और कमज़ोर-सी स्लेज से उठती है। मैं उसके चेहरे पर यह पढ़ सकता हूँ कि वह ख़ुद नहीं जानती कि उसे कुछ सुनाई दिया या नहीं। नीचे फिसलते हुए उसे इतना डर लगा कि उसके लिए कुछ भी सुनना या समझना मुश्किल था।

फिर कुछ ही समय बाद बसन्त का मौसम आ गया। मार्च का महीना है... सूरज की किरणें पहले से अधिक गरम हो गयी हैं। हमारी बर्फ़ से ढँकी वह सफ़ेद पहाड़ी भी काली पड़ गयी है, उसकी चमक ख़त्म हो गयी है। धीरे-धीरे सारी बर्फ़ पिघल जाती है। हमारा फिसलना बन्द हो गया है और अब नाद्या उन शब्दों को नहीं सुन पायेगी। उससे वे शब्द कहने वाला भी अब कोई नहीं है, हवा ख़ामोश हो गयी है और मैं यह शहर छोड़कर पितेरबुर्ग जाने वाला हूँ–हो सकता है कि मैं हमेशा के लिए वहाँ चला जाऊँगा।

मेरे पितेरबुर्ग रवाना होने से शायद दो दिन पहले की बात है सन्ध्या समय मैं बगीचे में बैठा था। जिस मकान में नाद्या रहती है यह बगीचा उससे जुड़ा हुआ था और एक ऊँची बाड़ ही नाद्या के मकान को उस बगीचे से अलग करती थी। अभी भी मौसम में काफ़ी ठण्ड है, कहीं-कहीं बर्फ़ पड़ी दिखाई देती है, हरियाली अभी नहीं है, लेकिन बसन्त की सुगन्ध महसूस होने लगी है। शाम को पक्षियों की चहचहाट सुनाई देने लगी है। मैं बाड़ के पास आ जाता हूँ और एक दरार में से नाद्या के घर की तरफ़ देखता हूँ। नाद्या बरामदे में खड़ी है और उदास नज़रों से आसमान की ओर ताक रही है। बसन्ती हवा उसके उदास फीके चेहरे को सहला रही है। यह हवा उसे उस हवा की याद दिलाती है जो तब पहाड़ी पर गरजा करती थी जब उसने वे शब्द सुने थे। उसका चेहरा और उदास हो जाता है, गाल पर आँसू ढुलकने लगते हैं...और बेचारी लड़की अपने हाथ इस तरह से आगे बढ़ाती है मानो वह उस हवा से यह प्रार्थना कर रही हो कि वह एक बार फिर से उसके लिए वे शब्द दोहराये। और जब हवा का एक झोंका आता है तो मैं फिर धीमी आवाज़ में कहता हूँ–"मैं तुमसे प्यार करता हूँ, नाद्या!"

अचानक न जाने नाद्या को क्या हुआ! वह चौंककर मुस्कराने लगती है और हवा की ओर हाथ बढ़ाती है। वह बेहद ख़ुश है, बेहद सुखी, बेहद सुन्दर। और मैं अपना सामान बाँधने के लिए घर लौट आता हूँ...।

यह बहुत पहले की बात है। अब नाद्या की शादी हो चुकी है। उसने खुद शादी का फ़ैसला किया या नहीं–इससे कोई फ़र्क़ नहीं पड़ता। उसका पति–एक बड़ा अफ़सर है और उनके तीन बच्चे हैं। वह उस समय को आज भी नहीं भूल पायी, जब हम फिसलने के लिए पहाड़ी पर जाया करते थे। हवा के वे शब्द उसे आज भी याद हैं, यह उसके जीवन की सबसे सुखद, हृदयस्पर्शी और ख़ूबसूरत याद है।

और अब, जब मैं प्रौढ़ हो चुका हूँ, मैं यह नहीं समझ पाता हूँ कि मैंने उससे वे शब्द क्यों कहे थे, किसलिए मैंने उसके साथ ऐसा मज़ाक़ किया था!...

अनुपमा का प्रेम

•

शरतचन्द्र चट्टोपाध्याय

ग्यारह वर्ष की आयु से ही अनुपमा उपन्यास पढ़-पढ़कर मस्तिष्क को एकदम बिगाड़ बैठी थी। वह समझती थी, मनुष्य के हृदय में जितना प्रेम, जितनी माधुरी, जितनी शोभा, जितना सौन्दर्य, जितनी तृष्णा है, सब छान-बीनकर, साफ़ कर उसने अपने मस्तिष्क के भीतर जमा कर रखी है। मनुष्य-स्वभाव, मनुष्य-चरित्र, उसका नख दर्पण हो गया है। संसार में उसके लिए सीखने योग्य वस्तु और कोई नहीं है, सब कुछ जान चुकी है, सब कुछ सीख चुकी है। सतीत्व की ज्योति को वह जिस प्रकार देख सकती है, प्रणय की महिमा को वह जिस प्रकार समझ सकती है, संसार में और भी कोई उस-जैसा समझदार है, अनुपमा इस बात पर किसी तरह भी विश्वास नहीं कर पाती। अनु ने सोचा—'वह एक माधवीलता है, जिसमें मंजरियाँ आ रही हैं, इस अवस्था में किसी शाखा की सहायता लिए बिना उसकी मंजरियाँ किसी भी तरह प्रफुल्लित होकर विकसित नहीं हो सकतीं, इसलिए ढूँढ़-खोजकर एक नवीन व्यक्ति को सहयोगी की तरह उसने मनोनीत कर लिया एवं दो-चार दिन में ही उसे मन-प्राण, जीवन, यौवन सब कुछ दे डाला।' मन-ही-मन देने अथवा लेने का सबको समान अधिकार है, परन्तु ग्रहण करने से पूर्व सहयोगी की भी (बताने की) आवश्यकता होती है। यहीं आकर माधवीलता कुछ विपत्ति में पड़ गयी। नवीन नीरोदकान्त को वह किस तरह जताये कि वह उसकी माधवीलता है, विकसित होने के लिए खड़ी हुई है, उसे आश्रय न देने पर इसी समय मंजरियों के पुष्पों के साथ वह पृथ्वी पर लोटती-पोटती प्राण त्याग देगी।

परन्तु सहयोगी उसे न जान सका। न जानने पर भी अनुमान का प्रेम उत्तरोत्तर वृद्धि पाने लगा। अमृत में विष, सुख में दुख, प्रणय में विच्छेद चिर प्रसिद्ध हैं। दो-चार दिन में ही अनुपमा विरह-व्यथा से जर्जर शरीर होकर मन-ही-मन बोली—

'स्वामी, तुम मुझे ग्रहण करो या न करो, बदले में प्यार दो या न दो, मैं तुम्हारी चिर दासी हूँ। प्राण चले जायें यह स्वीकार है, परन्तु तुम्हें किसी भी प्रकार नहीं छोड़ूँगी। इस जन्म में न पा सकूँ, तो अगले जन्म में अवश्य पाऊँगी, तब देखोगे सती-साध्वी की क्षुद्र भुजाओं में कितना बल है!' अनुपमा बड़े आदमी की लड़की है, घर से संलग्न बगीचा भी है, मनोरम सरोवर भी है, वहाँ चाँद भी उठता है, कमल भी खिलते हैं, कोयल भी गीत गाती है, भौंरे भी गुँजारते हैं, यहाँ पर वह घूमती-फिरती विरह-व्यथा का अनुभव करने लगी। सिर के बाल खोलकर, अलंकार उतार फेंके, शरीर में धूलि मलकर प्रेम-योगिनी बन, कभी सरोवर के जल में अपना मुँह देखने लगी, कभी आँखों से पानी बहाती हुई गुलाब के फूल को चूमने लगी, कभी आँचल बिछाकर वृक्ष के नीचे सोती हुई हाय की हुताशन और दीर्घ श्वास छोड़ने लगी, भोजन में रुचि नहीं रही, शयन की इच्छा नहीं, साज-सज्जा से बड़ा वैराग्य हो गया, कहानी-क़िस्सों की भाँति विरक्ति हो आयी, अनुपमा दिन-प्रतिदिन सूखने लगी, देख-सुनकर अनु की माता को मन-ही-मन चिन्ता होने लगी, 'एक ही तो लड़की है, उसे भी यह क्या हो गया?' पूछने पर वह जो कहती, उसे कोई भी समझ नहीं पाता, होंठों की बात होंठों पर रह जाती। अनु की माता फिर एक दिन जगबन्धु बाबू से बोली, "अजी, एक बार क्या ध्यान से नहीं देखोगे? तुम्हारी एक ही लड़की है, यह जैसे बिना इलाज के मरी जा रही है।"

जगबन्धु बाबू चकित होकर बोले, "क्या हुआ उसे?"

"सो कुछ नहीं जानती। डॉक्टर आया था, देख-सुनकर बोला—'बीमारी-बीमारी कुछ नहीं है।"

"तब ऐसी क्यों हुई जा रही है?"—जगबन्धु बाबू विरक्त होते हुए बोले, "फिर हम किस तरह जानें?"

"तो मेरी लड़की मर ही जाये?"

"यह तो बड़ी कठिन बात है। ज्वर नहीं, खाँसी नहीं, बिना बात के ही यदि मर जायें, तो मैं किस तरह से बचाये रहूँगा?"—गृहिणी सूखे मुँह से बड़ी बहू के पास लौटकर बोली, "बहू, मेरी अनु इस तरह से क्यों घूमती रहती है?"

"किस तरह जानूँ, माँ?"

"तुमसे क्या कुछ भी नहीं कहती?"

"कुछ नहीं।"

गृहिणी प्रायः रो पड़ी, तब क्या होगा? बिना खाये, बिना सोये, इस तरह सारे दिन बगीचे में कितने दिन घूमती-फिरती रहेगी, और कितने दिन बचेगी?

तुम लोग उसे किसी भी तरह समझाओ, नहीं तो मैं बगीचे के तालाब में किसी दिन डूब मरूँगी।

बड़ी बहू कुछ देर सोचकर चिन्तित होती हुई बोली, ''देख-सुनकर कहीं विवाह कर दो; गृहस्थी का बोझ पड़ने पर अपने आप सब ठीक हो जायेगा।''

''ठीक बात है, तो आज ही यह बात मैं पति को बताऊँगी।''

पति यह बात सुनकर थोड़ा हँसते हुए बोले, ''कलिकाल है! कर दो, ब्याह करके ही देखो, यदि ठीक हो जाये।''

दूसरे दिन घटक आया। अनुपमा बड़े आदमियों की लड़की है, उस पर सुन्दरी भी है; वर के लिए चिन्ता नहीं करनी पड़ी। एक सप्ताह के भीतर ही घटक महाराज ने वर निश्चित करके जगबन्धु बाबू को समाचार दिया। पति ने यह बात पत्नी को बतायी। पत्नी ने बड़ी बहू को बतायी, क्रमशः अनुपमा ने भी सुनी। दो-एक दिन बाद, एक दिन दोपहर के समय सब मिलकर अनुपमा के विवाह की बातें कर रहे थे। इसी समय वह खुले बाल, अस्त-व्यस्त वस्त्र किये, एक सूखे गुलाब के फूल को हाथ में लिए चित्र की भाँति आ खड़ी हुई। अनु की माता कन्या को देखकर तनिक हँसती हुई बोली, ''ब्याह हो जाने पर यह सब कहीं अन्यत्र चला जायेगा। दो-एक लड़का-लड़की होने पर तो कोई बात ही नहीं।'' अनुपमा चित्रलिखित की भाँति सब बातें सुनने लगी। बहू ने फिर कहा, ''माँ ननदरानी के विवाह का दिन कब निश्चित हुआ है?''

''दिन अभी कोई निश्चित नहीं हुआ।''

''ननदोईजी क्या पढ़ रहे हैं?''

''इस बार बी.ए. की परीक्षा देंगे।''

''तब तो बहुत अच्छा वर है।'' इसके बाद थोड़ा हँसकर मज़ाक़ करती हुई बोली, ''परन्तु देखने में ख़ूब अच्छा न हुआ, तो हमारी ननदजी को पसन्द नहीं आयेगा।''

''क्यों पसन्द नहीं आयेगा? मेरा जमाई तो देखने में ख़ूब अच्छा है।''

इस बार अनुपमा ने कुछ गर्दन घुमायी, थोड़ा-सा हिलकर पाँव के नख से मिट्टी खोदने की भाँति लँगड़ाती-लँगड़ाती बोली, ''विवाह मैं नहीं करूँगी।''

माँ ने अच्छी तरह न सुन पाने के कारण पूछा, ''क्या है बेटी?''

बड़ी बहू ने अनुपमा की बात सुन ली थी। खूब ज़ोर से हँसते हुए बोली—''ननदजी कहती हैं, वे कभी विवाह नहीं करेंगी।''

''विवाह नहीं करेगी?''

''नहीं।''

“न करे?” अनु की माता मुँह बनाकर कुछ हँसती हुई चली गयी। गृहिणी के चले जाने पर बड़ी बहू बोली, “तुम विवाह नहीं करोगी?”

अनुपमा पूर्ववत् गम्भीर मुँह किये बोली, “किसी प्रकार भी नहीं।”

“क्यों?”

“चाहे जिसे हाथ पकड़ा देने का नाम ही विवाह नहीं है। मन का मिलन न होने पर विवाह करना भूल है!” बड़ी बहू चकित होकर अनुपमा के मुँह की ओर देखती हुई बोली, “हाथ पकड़ा देना क्या बात होती है? पकड़ा नहीं देंगे तो क्या लड़कियाँ स्वयं ही देख-सुनकर पसन्द करने के बाद विवाह करेंगी?”

“अवश्य!”

“तब तो तुम्हारे मत के अनुसार, मेरा विवाह भी एक तरह की भूल हो गया? विवाह के पहले तो तुम्हारे भाई का नाम तक मैंने नहीं सुना था।”

“सभी क्या तुम्हारी ही भाँति हैं?”

बहू एक बार फिर हँसकर बोली, “तब क्या तुम्हारे मन का कोई आदमी मिल गया है?” अनुपमा बड़ी बहू के हास्य-विद्रूप से चिढ़कर अपने मुँह को चौगुना गम्भीर करती हुई बोली, “भाभी मज़ाक़ क्यों कर रही हो, यह क्या मज़ाक़ का समय है?”

“क्यों क्या हो गया?”

“क्या हो गया? तो सुनो”...अनुपमा को लगा, उसके सामने ही उसके पति का वध किया जा रहा है, अचानक कतलू ख़ाँ के किले में, वध के मंच के सामने खड़े हुए विमला और वीरेन्द्र सिंह का दृश्य उसके मन में जग उठा; अनुपमा ने सोचा, वे लोग जैसा कर सकते हैं, वैसा क्या वह नहीं कर सकती? सती-स्त्री संसार में किसका भय करती है? देखते-देखते उसकी आँखें अनैसर्गिक प्रभा से धक-धक करके जल उठीं, देखते-देखते उसने आँचल को कमर में लपेटकर कमरबन्द बाँध लिया। यह दृश्य देखकर बहू तीन हाथ पीछे हट गयी। क्षणभर में अनुपमा बगल वाले पलँग के पाये को जकड़कर, आँखें ऊपर उठाकर, चीत्कार करती हुई कहने लगी—“प्रभु, स्वामी प्राणनाथ! संसार के सामने आज मैं मुक्तकण्ठ से चीत्कार करती हूँ, तुम्हीं मेरे प्राणनाथ हो! प्रभु तुम मेरे हो, मैं तुम्हारी हूँ,। यह खाट के पाये नहीं, ये तुम्हारे दोनों चरण हैं, मैंने धर्म को साक्षी करके तुम्हें पति-रूप में वरण किया है, इस समय भी तुम्हारे चरणों को स्पर्श करती हुई कह रही हूँ, इस संसार में तुम्हें छोड़कर अन्य कोई भी पुरुष मुझे स्पर्श नहीं कर सकता। किसमें शक्ति है कि प्राण रहते हमें अलग कर सके। अरी माँ, जगत जननी...!”

बड़ी बहू चीत्कार करती हुई दौड़ती बाहर आ पड़ी, "अरे, देखते हो, ननदरानी कैसा ढंग अपना रही हैं!" देखते-देखते गृहिणी भी दौड़ी आयी। बहूरानी का चीत्कार बाहर तक जा पहुँचा था—'क्या हुआ, क्या हुआ, क्या हो गया?' कहते गृहस्वामी और उनके पुत्र चन्द्रबाबू भी दौड़े आये। कर्ता-गृहिणी, पुत्र, पुत्रवधू और दास-दासियों से क्षणभर में घर में भीड़ हो गयी। अनुपमा मूर्च्छित होकर खाट के समीप पड़ी हुई थी। गृहिणी रो उठी, "मेरी अनु को क्या हो गया? डॉक्टर को बुलाओ, पानी लाओ, हवा करो"—इत्यादि। इस चीत्कार से आधे पड़ोसी घर में जमा हो गये।

बहुत देर बाद आँखे खोलकर अनुपमा धीरे-धीरे बोली, "मैं कहाँ हूँ?" उसकी माँ उसके पास मुँह लाती हुई स्नेहपूर्वक बोली, "कैसी हो बेटी? तुम मेरी गोदी में लेटी हो।"

अनुपमा दीर्घ निःश्वास छोड़ती हुई धीरे-धीरे बोली, "ओह तुम्हारी गोदी में? मैं समझ रही थी, कहीं अन्यत्र स्वप्न-नाट्य में उनके साथ बही जा रही थी?" पीड़ा-विगलित अश्रु उसके कपोलों पर बहने लगे।

माता उन्हें पोंछती हुई कातर-स्वर में बोली, "क्यों रो रही हो, बेटी?"

अनुपमा दीर्घ निःश्वास छोड़कर चुप रह गयी। बड़ी बहू चन्द्रबाबू को एक ओर बुलाकर बोली, "सबको जाने को कह दो, ननदरानी ठीक हो गयी हैं।" क्रमशः सब लोग चले गये।

रात को बहू अनुपमा के पास बैठकर बोली, "ननदरानी, किसके साथ विवाह होने पर तुम सुखी होगी?"

अनुपमा आँखें बन्द करके बोली, "सुख-दुख मुझे कुछ नहीं है, वही मेरे स्वामी हैं..."

"सो तो मैं समझती हूँ, परन्तु वे कौन हैं?"

"सुरेश! मेरे सुरेश..."

"सुरेश! राखाल मजूमदार के लड़के?"

"हाँ, वे ही।"

राम में ही गृहिणी ने यह बात सुनी। दूसरे दिन सवेरे ही मजूमदार के घर जा उपस्थित हुई। बहुत-सी बातों के बाद सुरेश की माता से बोली, "अपने लड़के के साथ मेरी लड़की का विवाह कर लो।" सुरेश की माता हँसती हुई बोली, "बुरा क्या?"

"बुरे-भले की बात नहीं, विवाह करना ही होगा।"

"तो सुरेश से एक बार पूछ आऊँ। वह घर में ही है, उसकी सहमति होने पर पति को असहमति नहीं होगी।" सुरेश उस समय घर में रहकर बी.ए. की

परीक्षा की तैयारी कर रहा था, एक क्षण उसके लिए एक वर्ष के समान था। उसकी माँ ने विवाह की बात कही, मगर उसके कान में नहीं पड़ी। गृहिणी ने फिर कहा, ''सुरो, तुझे विवाह करना होगा।'' सुरेश मुँह उठाकर बोला, ''वह तो होगा ही! परन्तु अभी क्यों? पढ़ने के समय यह बातें अच्छी नहीं लगतीं।'' गृहिणी अप्रतिभ होकर बोली, ''नहीं, नहीं पढ़ने के समय क्यों? परीक्षा समाप्त हो जाने पर विवाह होगा।''

''कहाँ?''

''इसी गाँव में जगबन्धु बाबू की लड़की के साथ।''

''क्या? चन्द्र की बहन के साथ? जिसे मैं 'बच्ची' कहकर पुकारता हूँ?''

''बच्ची कहकर क्यों पुकारेगा, उसका नाम अनुपमा है।''

सुरेश थोड़ा हँसकर बोला, ''हाँ अनुपमा! दुर वह?, दुर, वह तो बड़ी कुत्सित है!''

''कुत्सित कैसे हो गयी? वह तो देखने में अच्छी है!''

''भले ही देखने में अच्छी! एक ही जगह ससुराल और पिता का घर होना, मुझे अच्छा नहीं लगता।''

''क्यों? उसमें और क्या दोष है?''

''दोष की बात का कोई मतलब नहीं! तुम इस समय जाओ माँ, मैं थोड़ा पढ़ लूँ, इस समय कुछ भी नहीं होगा!''

सुरेश की माता लौटकर बोली, ''सुरो तो एक ही गाँव में किसी प्रकार भी विवाह नहीं करना चाहता।''

''क्यों?''

''सो तो नहीं जानती!''

अनु की माता, मजूमदार की गृहिणी का हाथ पकड़कर कातर भाव से बोलीं, ''यह नहीं होगा, बहन! यह विवाह तुम्हें करना ही पड़ेगा।''

''लड़का तैयार नहीं है; मैं क्या करूँ, बताओ?''

''न होने पर भी मैं किसी तरह नहीं छोड़ूँगी।''

''तो आज ठहरो, कल फिर एक बार समझा देखूँगी, यदि सहमत कर सकी।''

अनु की माता घर लौटकर जगबन्धु बाबू से बोलीं, ''उनके सुरेश के साथ हमारी अनुपमा का जिस तरह विवाह हो सके, वह करो।''

''पर क्यों, बताओ तो? राम गाँव में तो एक तरह से सब निश्चित हो चुका है। उस सम्बन्ध को तोड़ दें क्या?''

''कारण है।''

"क्या कारण है?"

"कारण कुछ नहीं, परन्तु सुरेश-जैसा रूप-गुण-सम्पन्न लड़का हमें कहाँ मिल सकता है? फिर, मेरी एक ही तो लड़की है, उसे दूर नहीं ब्याहूँगी। सुरेश के साथ ब्याह होने पर, जब चाहूँगी, तब उसे देख सकूँगी।"

"अच्छा प्रयत्न करूँगा।"

"प्रयत्न नहीं, निश्चित रूप से करना होगा।" पति नथ का हिलना-डुलना देखकर हँस पड़े।

बोले—"यही होगा जी।"

सन्ध्या के समय पति मजूमदार के घर से लौट आकर गृहिणी से बोले—"वहाँ विवाह नहीं होगा।...मैं क्या करूँ, बताओं उनके तैयार न होने पर मैं जबर्दस्ती तो उन लोगों के घर में लड़की को नहीं फेंक आऊँगा।"

"करेंगे क्यों नहीं?"

"एक ही गाँव में विवाह करने का उनका विचार नहीं है।"

गृहिणी अपने मस्तिष्क पर हाथ मारती हुई बोली, "मेरे ही भाग्य का दोष है"

दूसरे दिन वह फिर सुरेश की माँ के पास जाकर बोली, "दीदी, विवाह कर लो।"

"मेरी भी इच्छा है; परन्तु लड़का किस तरह तैयार हो?"

"मैं छिपाकर सुरेश को और भी पाँच हज़ार रुपये दूँगी।"

रुपयों का लोभ बड़ा प्रबल होता है। सुरेश की माँ ने यह बात सुरेश के पिता को बतायी। पति ने सुरेश को बुलाकर कहा, "सुरेश, तुम्हें यह विवाह करना ही होगा।"

"क्यों?"

"क्यों", "फिर क्यों? इस विवाह में तुम्हारी माँ का मत ही मेरा भी मत है, साथ-ही-साथ एक कारण भी हो गया है।"

सुरेश सिर नीचा किये बोला, "यह पढ़ने-लिखने का समय है, परीक्षा की हानि होगी।"

"उसे मैं जानता हूँ, बेटा! पढ़ाई-लिखाई की हानि करने के लिए तुमसे नहीं कह रहा हूँ। परीक्षा समाप्त हो जाने पर विवाह करो।"

"जो आज्ञा!"

अनुपमा की माता के आनन्द की सीमा न रही। फौरन यह बात उन्होंने पति से कही। मन के आनन्द के कारण दास-दासी सभी को यह बात बतायी। बड़ी बहू ने अनुपमा को बुलाकर कहा, "यह लो! तुम्हारे मनचाहे वर को पकड़ लिया।"

अनुपमा लज्जापूर्वक थोड़ा हँसते हुई बोली, ''यह तो मैं जानती थी!''

''किस तरह जाना? चिट्ठी-पत्री चलती थी क्या?''

''प्रेम अन्तर्यामी है! हमारी चिट्ठी-पत्री हृदय में चला करती है।''

''धन्य हो, तुम-जैसी लड़की!''

अनुपमा के चले जाने पर बड़ी बहू ने धीरे-धीरे मानो अपने आप से कहा, ''देख-सुनकर शरीर जलने लगता है। मैं तीन बच्चों की माँ हूँ और यह आज मुझे प्रेम सिखाने आयी है।''

आकाशदीप

•

जयशंकर प्रसाद

(1)

"बन्दी!"

"क्या है? सोने दो।"

"मुक्त होना चाहते हो?"

"अभी नहीं, निद्रा खुलने पर, चुप रहो।"

"फिर अवसर न मिलेगा।"

"बड़ा शीत है, कहीं से एक कम्बल डालकर कोई शीत से मुक्त करता।"

"आँधी की सम्भावना है। यही अवसर है। आज मेरे बन्धन शिथिल हैं।"

"तो क्या तुम भी बन्दी हो?"

"हाँ, धीरे बोलो, इस नाव पर केवल दस नाविक और प्रहरी हैं!"

"शस्त्र मिलेगा?"

"मिल जायेगा। पोत से सम्बद्ध रज्जु काट सकोगे?"

"हाँ।"

समुद्र में हिलोरें उठने लगीं। दोनों बन्दी आपस में टकराने लगे। पहले बन्दी ने अपने को स्वतन्त्र कर लिया। दूसरे का बन्धन खोलने का प्रयत्न करने लगा। लहरों के धक्के एक-दूसरे को स्पर्श से पुलकित कर रहे थे। मुक्ति की आशा-स्नेह का असम्भावित आलिंगन! दोनों ही अन्धकार से मुक्त हो गये। दूसरे बन्दी ने हर्षातिरेक से उसको गले से लगा लिया। सहसा उस बन्दी ने कहा—"यह क्या? तुम स्त्री हो?"

"क्या स्त्री होना कोई पाप है?" अपने को अलग करते हुए स्त्री ने कहा।

"शस्त्र कहाँ है? तुम्हारा नाम?"

"चम्पा।"

तारक-खचित नील अम्बर और समुद्र के अवकाश में पवन ऊधम मचा रहा था। अन्धकार से मिलकर पवन दुष्ट हो रहा था। समुद्र में आन्दोलन था। नौका लहरों में विकल थी। स्त्री सतर्कता से लुढ़कने लगी। एक मतवाले नाविक के शरीर से टकराती हुई सावधानी से उसका कृपाण निकालकर, फिर लुढ़कते हुए, बन्दी के समीप पहुँच गयी। सहसा पोत से पथ-प्रदर्शक ने चिल्लाकर कहा—"आँधी!"

आपत्तिसूचक तूर्य बजने लगा। सब सावधान होने लगे। बन्दी युवक उसी तरह पड़ा रहा। किसी ने रस्सी पकड़ी, कोई पाल खोल रहा था। पर बन्दी युवक लुढ़ककर उस रज्जु के पास पहुँचा, जो पोत से संलग्न थी। तारे ढक गये। तरंगें उद्वेलित हुईं, समुद्र गरजने लगा। भीषण आँधी पिशाचिनी के समान नाव को अपने हाथों में लेकर कन्दुक-क्रीड़ा और अट्टहास करने लगी।

एक झटके के साथ ही नाव स्वतन्त्र थी। उस सकंट में भी दोनों बन्दी खिलखिलाकर हँस पड़े। आँधी के हाहाकार में उसे कोई न सुन सका।

(2)

अनन्त जलनिधि में उषा का मधुर आलोक फूट उठा। सुनहली किरणों और लहरों की कोमल सृष्टि मुस्कराने लगी। सागर शान्त था। नाविकों ने देखा, पोत का पता नहीं। बन्दी मुक्त हैं।

नायक ने कहा—"बुद्धगुप्त! तुमको मुक्त किसने किया?"

कृपाण दिखाकर बुद्धगुप्त ने कहा—"इसने।"

नायक ने कहा—"तो तुम्हें फिर बन्दी बनाऊँगा।"

"किसके लिए? पोताध्यक्ष मणिभद्र अतल जल में होगा—नायक! अब नौका का स्वामी मैं हूँ।"

"तुम? जलदस्यु बुद्धगुप्त? कदापि नहीं।" चौंककर नायक ने कहा और अपना कृपाण टटोलने लगा। चम्पा ने इसके पहले उस पर अधिकार कर लिया था। वह क्रोध से उछल पड़ा।

"तो तुम द्वन्द्वयुद्ध के लिए प्रस्तुत हो जाओ; जो विजयी होगा, वह स्वामी होगा।"—इतना कहकर बुद्धगुप्त ने कृपाण देने का संकेत किया। चम्पा ने कृपाण नायक के हाथ में दे दिया।

भीषण घात-प्रतिघात आरम्भ हुआ। दोनों कुशल, दोनों त्वरित गतिवाले थे। बड़ी निपुणता से बुद्धगुप्त ने अपना कृपाण दाँतों से पकड़कर अपने दोनों हाथ स्वतन्त्र कर लिए। चम्पा भय और विस्मय से देखने लगी। नाविक प्रसन्न हो गये। परन्तु बुद्धगुप्त ने लाघव से नायक का कृपाणवाला हाथ पकड़ लिया और

विकट हुंकार से दूसरा हाथ कटि में डाल, उसे गिरा दिया। दूसरे ही क्षण प्रभात की किरणों में बुद्धगुप्त का विजयी कृपाण उसके हाथों में चमक उठा। नायक की कातर आँखें प्राण-भिक्षा माँगने लगीं।

बुद्धगुप्त ने कहा—"बोलो, अब स्वीकार है कि नहीं?"

"मैं अनुचर हूँ, वरुणदेव की शपथ। मैं विश्वासघात नहीं करूँगा।" बुद्धगुप्त ने उसे छोड़ दिया।

चम्पा ने युवक जलदस्यु के समीप आकर उसके क्षतों को अपनी स्निग्ध दृष्टि और कोमल करों से वेदना विहीन कर दिया। बुद्धगुप्त के सुगठित शरीर पर रक्त-बिन्दु विजय-तिलक कर रहे थे।

विश्राम लेकर बुद्धगुप्त ने पूछा—"हम लोग कहाँ होंगे?"

"बाली द्वीप से बहुत दूर, सम्भवतः एक नवीन द्वीप के पास, जिसमें अभी हम लोगों का बहुत कम आना-जाना होता है। सिंहल के वणिकों का वहाँ प्राधान्य है।"

"कितने दिनों में हम लोग वहाँ पहुँचेंगे?"

"अनुकूल पवन मिलने पर दो दिन में। तब तक के लिए खाद्य का अभाव न होगा।"

सहसा नायक ने नाविकों को डाँड़ लगाने की आज्ञा दी और स्वयं पतवार पकड़कर बैठ गया। बुद्धगुप्त के पूछने पर उसने कहा—"यहाँ एक जलमग्न शैलखण्ड है। सावधान न रहने से नाव टकराने का भय है।"

(3)

"तुम्हें इन लोगों ने बन्दी क्यों बनाया?"

"वणिक् मणिभद्र की पाप-वासना ने।"

"तुम्हारा घर कहाँ है?"

"जाह्नवी के तट पर। चम्पा नगरी की एक क्षत्रिय बालिका हूँ। पिता इसी मणिभद्र के यहाँ प्रहरी का काम करते थे। माता का देहावसान हो जाने पर मैं भी पिता के साथ नाव पर ही रहने लगी। आठ बरस से समुद्र ही मेरा घर है। तुम्हारे आक्रमण के समय मेरे पिता ने ही सात दस्युओं को मारकर जल-समाधि ली। एक मास हुआ, मैं इस नील नभ के नीचे-नील जलनिधि के ऊपर, एक भयानक अनन्तता में निस्सहाय हूँ—अनाथ हूँ। मणिभद्र ने मुझसे एक दिन घृणित प्रस्ताव किया। मैंने उसे गालियाँ सुनायीं। उसी दिन से बन्दी बना दी गयी।"—चम्पा रोष से जल रही थी।

"मैं भी ताम्रलिप्ति का एक क्षत्रिय हूँ, चम्पा! परन्तु दुर्भाग्य से जलदस्यु बनकर जीवन बिताता हूँ। अब तुम क्या करोगी?"

"मैं अपने अदृष्ट को अनिर्दिष्ट ही रहने दूँगी! वह जहाँ ले जाये।"—चम्पा की आँखें निस्सीम प्रदेश में निरुद्देश्य थीं। किसी आकांक्षा के लाल डोरे न थे। धवल अपांगों में बालक के सदृश विश्वास था। हत्या-व्यवसायी दस्यु भी उसे देखकर काँप गया। उसके मन में एक सम्भ्रमपूर्ण श्रद्धा यौवन की पहली लहरों को जगाने लगी। समुद्र-वक्ष पर विलम्बमयी रागरंजित सन्ध्या थिरकने लगी। चम्पा के असंयत कुन्तल उसकी पीठ पर बिखरे थे। दुर्दान्त दस्यु ने देखा, अपनी महिमा में अलौकिक एक तरुण बालिका! वह विस्मय से अपने हृदय को टटोलने लगा। उसे एक नयी वस्तु का पता चला। वह थी—कोमलता।

उसी समय नायक ने कहा—"हम लोग द्वीप के पास पहुँच गये।"

बेला से नाव टकरायी। चम्पा निर्भीकता से कूद पड़ी। माँझी भी उतरे। बुद्धगुप्त ने कहा—"जब इसका कोई नाम नहीं है, तो हम लोग इसे चम्पा द्वीप कहेंगे।"

चम्पा हँस पड़ी।

(4)

पाँच बरस बाद...

शरद के धवल नक्षत्र नीलगगन में झलमला रहे थे। चन्द्र की उज्ज्वल विजय पर अन्तरिक्ष में शरदलक्ष्मी ने आशीर्वाद के फूलों और खीलों को बिखेर दिया।

चम्पा के एक उच्च सौंध पर बैठी हुई तरुणी चम्पा दीपक जला रही थी। बड़े यत्न से अभ्रक की मंजूषा में दीप धरकर उसने अपनी सुकुमार उँगलियों से डोरी खींची। वह दीपाधार ऊपर चढ़ने लगा। भोली-भाली आँखें उसे ऊपर चढ़ते बड़े हर्ष से देख रही थीं। डोरी धीरे-धीरे खींची गयी। चम्पा की कामना थी कि उसका आकाशदीप नक्षत्रों से हिल-मिल जाये; किन्तु ऐसा होना असम्भव था। उसने आशाभरी आँखें फिरा लीं।

सामने जलराशि का रजत शृंगार था। तरुण बालिकाओं के लिए लहरें हीरे और नीलम की क्रीड़ा शैलमालाएँ बना रही थीं और वे मायाविनी छलनाएँ अपनी हँसी का कलनाद छोड़कर छिप जाती थीं। दूर-दूर से धीवरों का वंशी-झनकार उनके संगीत-सा मुखरित होता था। चम्पा ने देखा कि तरल संकुल जलराशि में उसके कंडील का प्रतिबिम्ब अस्त-व्यस्त था। वह अपनी पूर्णता के लिए सैकड़ों चक्कर काटता था। वह अनमनी होकर उठ खड़ी हुई। किसी को पास न देखकर पुकारा—"जया!"

एक श्यामा युवती सामने आकर खड़ी हुई। वह जंगली थी। नील नभोमण्डल से मुख में शुद्ध नक्षत्रों की पंक्ति के समान उसके दाँत हँसते ही रहते। वह चम्पा को रानी कहती, बुद्धगुप्त की आज्ञा थी।

"महानाविक कब तक आवेंगे, बाहर पूछो तो!"—चम्पा ने कहा, ''जया चली गयी।''

दूरागत पवन चम्पा के अंचल में विश्राम लेना चाहता था। उसके हृदय में गुदगुदी हो रही थी। आज न जाने क्यों वह बेसुध थी। एक दीर्घकाय दृढ़ पुरुष ने उसकी पीठ पर हाथ रखकर चमत्कृत कर दिया। उसने फिर कर कहा—"बुद्धगुप्त!"

"बावली हो क्या? यहाँ बैठी हुई अभी तक दीप जला रही हो, तुम्हें यह काम करना है?"

"क्षीर-निधिशायी अनन्त की प्रसन्नता के लिए क्या दासियों से आकाशदीप जलवाऊँ?"

"हँसी आती है। तुम किसको दीप जलाकर पथ दिखलाना चाहती हो? उसको, जिसको तुमने भगवान मान लिया है?"

"हाँ, वह भी कभी भटकते हैं, भूलते नहीं; नहीं तो, बुद्धगुप्त को इतना ऐश्वर्य क्यों देते?"

"तो बुरा क्या हुआ, इस द्वीप की अधीश्वरी चम्पारानी!"

"मुझे इस बन्दीगृह से मुक्त करो। अब तो बाली, जावा और सुमात्रा का वाणिज्य केवल तुम्हारे अधिकार में है, महानाविक! परन्तु मुझे उन दिनों की स्मृति सुहावनी लगती है, जब तुम्हारे पास एक ही नाव थी और चम्पा के उपकूल में पण्य लादकर हम लोग सुखी जीवन बिताते थे—इस जल में अगणित बार हम लोगों की तरी आलोकमय प्रभात में—तारिकाओं की मधुर ज्योति में—थिरकती थी। बुद्धगुप्त! उस विजन अनन्त में जब माँझी सो जाते थे; दीपक बुझ जाते थे। हम-तुम परिश्रम से थककर पालों में शरीर लपेटकर एक-दूसरे के मुँह क्यों देखते थे। वह नक्षत्रों की मधुर छाया..."

"तो चम्पा! अब उससे भी अच्छे ढंग से हम लोग विचर सकते हैं। तुम मेरी प्राणदात्री हो, मेरी सर्वस्व हो।"

"नहीं, नहीं, तुमने दस्युवृत्ति छोड़ दी, परन्तु हृदय वैसा ही अकरुण, सतृष्ण और ज्वलनशील है। तुम भगवान के नाम पर हँसी उड़ाते हो। मेरे आकाशदीप पर व्यंग्य कर रहे हो। नाविक! उस प्रचण्ड आँधी में प्रकाश की एक-एक किरण के लिए हम लोग कितने व्याकुल थे! मुझे स्मरण है, मैं जब छोटी थी, मेरे पिता नौकरी पर समुद्र में जाते थे—मेरी माता, मिट्टी का दीपक बाँस की पिटारी में

जलाकर भागीरथी के तट पर बाँस के साथ ऊँचे टाँग देती थी। उस समय वह प्रार्थना करती—भगवान! मेरे पथभ्रष्ट नाविक को अन्धकार में ठीक पथ पर ले चलना।' और जब मेरे पिता बरसों बाद लौटते तो कहते—'साध्वी! तेरी प्रार्थना से भगवान ने भयानक संकटों में मेरी रक्षा की है।' वह गद्गद हो जाती। मेरी माँ! आह नाविक! यह उसी की पुण्य-स्मृति है। मेरे पिता, वीर पिता की मृत्यु के निष्ठुर कारण जलदस्यु! हट जाओ।'' सहसा चम्पा का मुख क्रोध से भीषण होकर रंग बदलने लगा। महानाविक ने कभी यह रूप न देखा था। वह ठठाकर हँस पड़ा।

"यह क्या चम्पा? तुम अस्वस्थ हो जाओगी, सो रहो।"—कहता हुआ चला गया। चम्पा मुट्ठी बाँधे उन्मादिनी-सी घूमती रही।

(5)

निर्जन समुद्र के उपकूल में बेला से टकराकर लहरें बिखर जाती थीं। पश्चिम का पथिक थक गया था। उसका मुख पीला पड़ गया। अपनी शान्त गम्भीर हलचल में जलनिधि विचार में निमग्न था। वह जैसे प्रकाश की उन्मलिन किरणों से विरक्त था।

चम्पा और जया धीरे-धीरे उस तट पर आकर खड़ी हो गयीं। तरंग से उठते हुए पवन ने उनके वसन को अस्त-व्यस्त कर दिया। जया के संकेत से एक छोटी-सी नौका आयी। दोनों के उस पर बैठते ही नाविक उतर गया। जया नाव खेने लगी। चम्पा मुग्ध-सी समुद्र के उदास वातावरण में अपने को मिश्रित कर देना चाहती थी।

"इतना जल! इतनी शीतलता! हृदय की प्यास न बुझी। पी सकूँगी? नहीं! तो जैसे बेला में चोट खाकर सिन्धु चिल्ला उठता है, उसी के समान रोदन करूँ? या जलते हुए स्वर्ण-गोलक सदृश अनन्त जल में डूबकर बुझ जाऊँ?"—चम्पा के देखते-देखते पीड़ा और ज्वलन से आरक्त बिम्ब धीरे-धीरे सिन्धु में, चौथाई—आधा फिर सम्पूर्ण विलीन हो गया। एक दीर्घ निःश्वास लेकर चम्पा ने मुँह फेर लिया। देखा तो महानाविक का बजरा उसके पास है। बुद्धगुप्त ने झुककर हाथ बढ़ाया। चम्पा उसके सहारे बजरे पर चढ़ गयी। दोनों पास-पास बैठ गये।

"इतनी छोटी नाव पर इधर घूमना ठीक नहीं। पास ही वह जलमग्न शैलखण्ड है। कहीं नाव टकरा जाती या ऊपर चढ़ जाती चम्पा, तो?"

"अच्छा होता बुद्धगुप्त! जल में बन्दी होना कठोर प्राचीरों से तो अच्छा है!"

"आह चम्पा! तुम कितनी निर्दयी हो! बुद्धगुप्त को आज्ञा देकर तो देखो, तो, वह क्या नहीं कर सकता। जो तुम्हारे लिए नये द्वीप की सृष्टि कर सकता है, नयी प्रजा खोज सकता है, नये राज्य बना सकता है, उसकी परीक्षा लेकर

देखो तो...। कहो चम्पा! वह कृपाण से अपना हृदय-पिण्ड निकाल अपने हाथों अतल जल में विसर्जन कर दे!"—महानाविक...जिसके नाम से बाली, जावा और चम्पा का आकाश गूँजता था, पवन थर्राता था...घुटनों के बल चम्पा के सामने छलछलायी आँखों से बैठा था।

सामने शैलमाला की चोटी पर, हरियाली, विस्तृत जल-देश में नीलपिंगल सन्ध्या, प्रकृति की एक सहृदय कल्पना, विश्राम की शीतल छाया, स्वप्नलोक का सृजन करने लगी। उस मोहिनी के रहस्यपूर्ण नीलजाल का कुहक स्फुट हो उठा। जैसे मदिरा से सारा अन्तरिक्ष सिक्त हो गया। सृष्टि नीलकमलों से भर उठी। उस सौरभ से पागल चम्पा ने बुद्धगुप्त के दोनों हाथ पकड़ लिए। वहाँ एक आलिंगन हुआ, जैसे क्षितिज में आकाश और सिन्धु का; किन्तु उस परिरम्भ में सहसा चैतन्य होकर चम्पा ने अपनी कंचुकी से एक कृपाण निकाल लिया।

"बुद्धगुप्त! आज मैं अपने प्रतिशोध का कृपाण अतल जल में डुबो देती हूँ। हृदय ने छल किया, बार-बार धोखा दिया"—चमककर वह कृपाण समुद्र का हृदय बेधता हुआ विलीन हो गया।

"तो आज से मैं विश्वास करूँ, मैं क्षमा कर दिया गया?"—आश्चर्यकम्पित कण्ठ से महानाविक ने पूछा।

"विश्वास! कदापि नहीं बुद्धगुप्त! जब मैं अपने हृदय पर विश्वास नहीं कर सकी, उसी ने धोखा दिया; तब मैं कैसे कहूँ! मैं तुम्हें घृणा करती हूँ, फिर भी तुम्हारे लिए मर सकती हूँ। अन्धेर है जलदस्यु! तुम्हें प्यार करती हूँ।"—चम्पा रो पड़ी।

वह स्वपनों की रंगीन सन्ध्या, तम से अपनी आँखें बन्द करने लगी थी। दीर्घ निःश्वास लेकर महानाविक ने कहा—"इस जीवन की पुण्यतम घड़ी की स्मृति में एक प्रकाश-गृह बनाऊँगा चम्पा! यहीं, उस पहाड़ी पर। सम्भव है कि मेरे जीवन की धुँधली सन्ध्या उससे आलोकपूर्ण हो जाये!"

(6)

चम्पा के दूसरे भाग में एक मनोरम शैलमाला थी। वह बहुत दूर तक सिन्धु-जल में निमग्न थी। सागर का चंचल जल उस पर उछलता हुआ उसे छिपाये था। आज उसी शैलमाला पर चम्पा के आदि-निवासियों का समारोह था। उन सबों ने चम्पा को वनदेवी-सा सजाया था। ताम्रलिप्ति के बहुत-से सैनिक और नाविकों की श्रेणी में वन-कुसुम-विभूषिता चम्पा शिविकारूढ़ होकर जा रही थी।

शैल के एक ऊँचे शिखर पर चम्पा के नाविकों को सावधान करने के लिए सुदृढ़ दीप-स्तम्भ बनवाया गया था। आज उसी का महोत्सव है। बुद्धगुप्त स्तम्भ

के द्वार पर खड़ा था। शिविका से, सहायता लेकर, चम्पा को उसने उतारा। दोनों ने भीतर पदार्पण किया था कि बाँसुरी और ढोल बजने लगे। पंक्तियों में कुसुम-भूषण से सजी वन-बालाएँ फूल उछालती हुई नाचने लगीं।

दीप-स्तम्भ की ऊपरी खिड़की से यह देखती हुई चम्पा ने जया से पूछा—"यह क्या है जया? इतनी बालिकाएँ कहाँ से बटोर लायीं?"

"आज रानी का ब्याह है न?"—कहकर जया ने हँस दिया।

बुद्धगुप्त विस्तृत जलनिधि की ओर देख रहा था। उसे झकझोर कर चम्पा ने पूछा, "क्या यह सच है?"

"यदि तुम्हारी इच्छा हो तो यह सच भी हो सकता है चम्पा! कितने वर्षों से मैं उस ज्वालामुखी को अपनी छाती में दबाये हूँ।"

"चुप रहो महानाविक! क्या मुझे निःसहाय और कंगाल जानकर तुमने आज सब प्रतिशोध लेना चाहा?"

"मैं तुम्हारे पिता का घातक नहीं हूँ, चम्पा! वह एक दूसरे दस्यु के शस्त्र से मरे!"

"यदि मैं इसका विश्वास कर सकती! बुद्धगुप्त वह दिन कितना सुन्दर होता; वह क्षण कितना स्पृहणीय! आह! तुम इस निष्ठुरता में भी कितने महान होते!"

जया नीचे चली गयी थी। स्तम्भ के संकीर्ण प्रकोष्ठ में बुद्धगुप्त और चम्पा एकान्त में एक-दूसरे के सामने बैठे थे।

बुद्धगुप्त ने चम्पा के पैर पकड़ लिये। उच्छ्वसित शब्दों में वह कहने लगा, "चम्पा! हम लोग जन्मभूमि—भारतवर्ष से कितनी दूर इन निरीह प्राणियों में इन्द्र और शची के समान पूजित हैं। पर न जाने कौन-सा अभिशाप हम लोगों को अभी तक अलग किये है! स्मरण होता है वह दार्शनिकों का देश! वह महिला की प्रतिमा! मुझे वह स्मृति नित्य आकर्षित करती है, परन्तु मैं क्यों नहीं जाता? जानती हो इतना महत्त्व प्राप्त करने पर भी मैं कंगाल हूँ। मेरा पत्थर-सा हृदय एक दिन सहसा तुम्हारे स्पर्श से चन्द्रकान्तमणि की तरह द्रवित हुआ।"

"चम्पा! मैं ईश्वर को नहीं मानता, मैं पाप को नहीं मानता, मैं दया को नहीं समझ सकता, मैं उस लोक में विश्वास नहीं करता; पर मुझे अपने हृदय के एक दुर्बल अंग पर श्रद्धा हो चली है। तुम न जाने कैसे एक बहकी हुई तारिका के समान मेरे शून्य में उदित हो गयी हो। आलोक की एक कोमल रेखा इस निविड़तम में मुस्कराने लगी। पशु-बल और धन के उपासक के मन में किसी शान्त और एकान्त कामना की हँसी खिलखिलाने लगी; पर मैं न हँस सका?"

"चलोगी चम्पा? पोतवाहिनी पर असंख्य धन-राशि लादकर राजरानी-सी जन्मभूमि के अंक में? आज हमारा परिणय हो, कल ही हम लोग भारत के लिए

प्रस्थान करें। महानाविक बुद्धगुप्त की आज्ञा सिन्धु की लहरें मानती हैं। वे स्वयं उस पोत-कुंज को दक्षिण पवन के समान भारत में पहुँचा देंगी। आह, चम्पा! चलो।"

चम्पा ने उसके हाथ पकड़ लिए। किसी आकस्मिक झटके ने पल भर के लिए दोनों के अधरों को मिला दिया। सहसा चैतन्य होकर चम्पा ने कहा—"बुद्धगुप्त! मेरे लिए सब भूमि मिट्टी है, सब जल तरल है, सब पवन शीतल है। कोई विशेष आकांक्षा हृदय में अग्नि के समान प्रज्वलित नहीं। सब मिलाकर मेरे लिए एक शून्य है। प्रिय नाविक! तुम स्वदेश लौट जाओ, विभवों का सुख भोगने के लिए, और मुझे छोड़ दो इन निरीह भोले-भाले प्राणियों के दुख की सहानुभूति और सेवा के लिए।"

"तब मैं अवश्य चला जाऊँगा, चम्पा! यहाँ रहकर मैं अपने हृदय पर अधिकार रख सकूँगा—इसमें सन्देह है। आह! किन लहरों से मेरा विनाश हो जाये!"—महानाविक के उच्छ्वास में विकलता थी। फिर उसने पूछा, "तुम अकेली यहाँ क्या करोगी?"

"पहले विचार था कि कभी-कभी इस दीप-स्तम्भ पर से आलोक जलाकर अपने पिता की समाधि का इस जल में अन्वेषण करूँगी। किन्तु देखती हूँ, मुझे भी इसी में जलना होगा, जैसे आकाशदीप।"

(7)

एक दिन स्वर्ण-रहस्य के प्रभात में चम्पा ने अपने दीप-स्तम्भ पर से देखा—सामुद्रिक नावों की एक श्रेणी चम्पा का उपकूल छोड़कर पश्चिम-उत्तर की ओर महाजल-व्याल के समान सन्तरण कर रही है। उसकी आँखों से आँसू बहने लगे।

यह कितनी ही शताब्दियों पहले की कथा है। चम्पा आजीवन उस दीप-स्तम्भ में आलोक जलाती रही। किन्तु उसके बाद भी बहुत दिन, द्वीप-निवासी, उस माया-ममता और स्नेह-सेवा की देवी की समाधि-सदृश उसकी पूजा करते थे।

एक दिन काल के कठोर हाथों ने उसे भी अपनी चंचलता से गिरा दिया।

स्लीपिंग ब्यूटी

•

गाब्रिएल गार्सिया मार्खेज़

वह सुन्दरी तन्वी थी, मक्खन-सी मुलायम त्वचा, हरे बादामों जैसी आँखें और सीधे काले बाल जो उसके कन्धों पर लटक रहे थे, पुरातनता की एक गन्ध का आवरण फिर इंडिस पहाड़ों का भी। उसकी पोशाक सुरुचिपूर्ण थी—लिंक्स की जैकेट, बड़े नाज़ुक फूलों की डिजाइन वाला रॉ सिल्क का ब्लाउज, नैचुरल लिनेन का ट्राउजर और बोगनवेलिया के रंग के पतली धारियों वाले जूते। ''यह सबसे ख़ूबसूरत स्त्री है जो मैंने देखी है।'' मैंने सोचा, जब वह शिकारी शेरनी की चाल से मेरे पास से गुज़री। न्यूयॉर्क जाने वाले जहाज़ का इन्तज़ार करता हुआ मैं पेरिस के चार्ल्स डि गॉल एयरपोर्ट की चेक-इन लाइन में खड़ा था। वह अलौकिक आभास थी, जो क्षण मात्र को अस्तित्व में आकर टर्मिनल की भीड़ में अगले ही क्षण गुम हो गयी थी।

सुबह के नौ बजे थे। सारी रात बर्फ़ पड़ती रही थी। शहर की सड़कों पर सामान्य से ज़्यादा ट्रैफ़िक था जो हाइवे पर और भी धीमा हो गया था, जहाँ ट्रेलर ट्रक लाइन से ऊपर चढ़ आते थे और गाड़ियाँ बर्फ़ में भाप छोड़ रही थीं। हालाँकि एयरपोर्ट के टर्मिनल में अभी भी बसन्त था।

मैं एक बूढ़ी डच स्त्री के पीछे खड़ा था जो क़रीब एक घण्टे से अपने ग्यारह सूटकेसों के वज़न को लेकर बहस कर रही थी। मैं ऊब चला था तभी मैंने उस क्षणिक प्रेरणा को देखा, मेरी ऊपर की साँस ऊपर और नीचे की साँस नीचे रह गयी। अतः विवाद कैसे समाप्त हुआ मुझे कभी ज्ञात न हो सका। मेरी बेख़याली के लिए टिकट क्लर्क ने मुझे डाँटा। जिससे मैं पुनः ज़मीन पर आ गया। माफ़ी माँगते हुए मैंने उससे पूछा, ''क्या वह पहली नज़र में प्रेम पर विश्वास करती है।'' ''ऑफ़कोर्स,'' उसने कहा, ''दूसरा कोई प्रेम असम्भव है।'' अपनी आँखें कम्प्यूटर स्क्रीन पर जमाये उसने मुझसे पूछा, मैं धूम्रपान वाले हिस्से में सीट चाहूँगा या

धूम्रपान निषिद्ध हिस्से में। ''ख़ास फ़र्क़ नहीं पड़ता, जब तक मैं ग्यारह सूटकेसों की बगल में नहीं हूँ।'' मैंने जानबूझ कर शरारत से कहा। उसने व्यापारिक मुस्कान के साथ प्रशंसा व्यक्त की, पर नज़रें चमकती स्क्रीन से नहीं हटाईं।

''एक नम्बर चुनिए।'' उसने कहा, ''तीन, चार या सात।''

''चार।''

उसकी विजयी मुस्कान चमकी। उसने कहा, ''पन्द्रह साल मैंने यहाँ काम किया है, आप पहले व्यक्ति हैं, जिसने सात नहीं चुना।'' उसने मेरे बोर्डिंग पास पर सीट नम्बर लिखा और पहली बार अपनी अंगूरी आँखों से मेरी ओर देखते हुए बाक़ी के मेरे सारे काग़ज़ों के साथ पास मुझे सौंप दिया। जब तक सुन्दरी को मैं दोबारा न देख लूँ, मेरे लिए वे अंगूरी आँखें सान्त्वना थीं। तभी उसने मुझे सूचना दी कि एयरपोर्ट अभी-अभी बन्द हो गया है और सारी उड़ानें विलम्ब से होंगी।

''कितनी देर?''

''भगवान जाने।'' उसने अपनी मुस्कान के साथ कहा, ''आज सुबह रेडियो ने बताया है कि साल का सबसे बड़ा तूफ़ान है।''

वह ग़लत थी यह सदी का सबसे बड़ा तूफ़ान था। परन्तु श्रेणी के वेटिंग रूम में बसन्त इतना जीवन्त था जैसे गुलदानों में ताज़े गुलाब। और संगीत भी उतना ही मद्धिम और मदहोश करने वाला। अचानक मुझे लगा कि सुन्दरी के लिए यह उपयुक्त शरणस्थली थी। उसे वहाँ न पाकर मैंने अपने ही साहस से चकित होते हुए उसे अन्य प्रतीक्षालयों में भी खोजा। परन्तु वहाँ अधिकांश लोग यथार्थ जीवन के व्यक्ति थे जो इंग्लिश में अख़बार पढ़ रहे थे। जबकि उनकी पत्नियाँ विशाल खिड़कियों के बाहर बर्फ़ में मृत खड़े जहाज़, बर्फ़ ढँके कारखाने और रोइसी के विशाल सपाट मैदान देखती हुई किसी और के बारे में सोच रही थीं। दोपहर तक वहाँ बैठने की जगह भी न थी। गर्मी इतनी असहनीय हो गयी थी कि मैं साँस लेने के लिए वहाँ से बाहर निकला।

बाहर मैंने एक अजीब दृश्य देखा। सभी तरह के लोग वेटिंग रूम में जमा थे और दमघोंटू गलियारे में पड़े थे। यहाँ तक कि सीढ़ियों, फ़र्श पर भी अपने बच्चों, जानवरों और असबाब के साथ पसरे पड़े थे। शहर से सम्पर्क टूट गया था और पारदर्शी प्लास्टिक का महल तूफ़ान में फँसा हुआ स्पेस कैप्सूल लग रहा था। मैं ख़ुद को सोचने से रोक नहीं पा रहा था कि वह सुन्दरी इस भीड़-भड़क्के के बीच है। इस फैंटसी ने मुझे इन्तज़ार की नयी हिम्मत दी।

लंच के समय तक हम जान चुके थे कि हम फँस गये हैं। बाहर सातों रेस्तराँ के सामने अन्तहीन लाइन लगी थी। बार भरे हुए थे और तीन घण्टे के

अन्दर उन्हें सब बन्द कर देना पड़ा, क्योंकि खाने के लिए कुछ नहीं बचा था। क्षण भर में बच्चों ने जो सारे संसार के लग रहे थे, एक साथ रोना शुरू कर दिया और भीड़ से एक आदिम गन्ध गड़ाने लगी। यह स्वाभाविक था। इस अफरातफरी में मैं बच्चों के लिए मिलने वाली वनीला आइसक्रीम के केवल दो कप पा सका। जैसे-जैसे ग्राहक जा रहे थे, वैटरों ने टेबल पर कुर्सियाँ रखनी शुरू कर दीं। मैं सुन्दरी के विषय में सोचते हुए और शीशे में स्वयं को देखते हुए काउंटर पर खड़ा, गत्ते के अन्तिम छोटे कप में से गत्ते की अन्तिम चम्मच से बहुत धीरे-धीरे खाता रहा।

सुबह ग्यारह बजे न्यूयॉर्क जाने वाली फ्लाइट रात आठ बजे गयी। जब तक मैं चढ़ता, फर्स्ट क्लास के दूसरे यात्री अपनी सीट पर जम चुके थे। फ्लाइट अटेंडेंट मुझे मेरी सीट तक ले गया। मेरी हृदयगति रुक गयी—मेरी सीट की बाजू में खिड़की की ओर एक मँजे हुए यात्री की भाँति सुन्दरी अपना स्थान ग्रहण कर रही थी। मैंने सोचा, अगर मैंने कभी यह लिखा हकलाते हुए उसका अभिवादन किया जिसे उसने नहीं सुना।

वह वहाँ ऐसे जमी मानो कई वर्षों तक वहाँ रहने वाली हो। सारी चीज़ों को करीने से लगाती हुई जब तक कि उसकी सीट एक आदर्श घर की भाँति सज नहीं गयी, जहाँ सारी चीज़ें पहुँच के भीतर थीं। इसी बीच स्टुअर्ड ने हमें हमारी वेलकमिंग शैम्पेन दी, मैंने अपना गिलास उसे पेश करने की सोची पर अच्छा हुआ अन्त में इरादा बदल दिया, क्योंकि उसे मात्र एक गिलास पानी चाहिए था जिसे उसने स्टुअर्ड से माँगा। पहले न समझ में आने वाली फ्रेंच में और फिर एक ऐसी इंग्लिश में जिसमें ज़रा ज़्यादा प्रवाह था...उसकी ऊष्मापूर्ण, गम्भीर आवाज़ में पूरब की उदासी का पुट था।

उसने स्टुअर्ड से कहा कि किसी भी कारण से उसे फ्लाइट के दौरान न जगाया जाये। जब वह पानी लेकर आया उसने दादी माँ के ट्रंक जैसे ताँबे के कोनों वाला कॉस्मेटिक का एक डिब्बा निकालकर अपनी गोद में रखा उसके अन्दर एक और डिब्बा था जिसमें रंग-बिरंगी गोलियाँ थीं। उसमें से दो सुनहरी गोलियाँ निकालकर पानी के साथ निगल लीं। वह हर काम बड़े सलीके से करती, जिसमें एक भव्यता थी, मानो जनम से लेकर अभी तक उसके साथ कुछ भी अप्रत्याशित न घटा हो। अन्त में उसने खिड़की के परदे दिये, अपनी सीट का पुट्ठा जितना नीचे हो सकता था उतना नीचे किया। जूते उतारे बिना कमर तक कम्बल ओढ़ा और सोने वाला मास्क लगाकर पीठ मेरी ओर कर ली और क्षणांश

में सो गयी—और बिना साँस खींचे, बिना करवट बदले आठ अनन्त घण्टे तथा न्यूयॉर्क तक की फ्लाइट में लगे बारह अतिरिक्त मिनट सोयी रही।

यात्रा कठिन थी। मैं सदैव यक़ीन करता हूँ कि प्रकृति में एक सुन्दर स्त्री और कुछ नहीं है। अपने बगल में सोयी हुई परिकथा-पुस्तक के उस जीव के जादू से एक पल के लिए बच पाना मेरे लिए असम्भव था। हमारी उड़ान प्रारम्भ होते ही स्टुअर्ड अन्तर्धान हो गया और उसका स्थान एक कार्टेशियन अटेंडेंट ने ले लिया। उसने सुन्दरी को जगाकर एक प्रसाधन केस और संगीत सुनने के लिए ईयरफ़ोन का एक सेट देने की पेशकश की। स्टुअर्ड को दिये उसके निर्देश को मैंने दोहराया। परन्तु अटेंडेंट ने सुन्दरी के मुख से इनकार सुनने की ज़िद की। अन्त में स्टुअर्ड को आकर सुन्दरी के निर्देश की पुष्टि करनी पड़ी। उसके लिए उसने मेरी भर्त्सना की, क्योंकि सुन्दरी ने 'डू नॉट डिस्टर्ब' का छोटा कार्डबोर्ड अपने गले में नहीं लटकाया था।

रात का खाना मैंने एकाकी खाया। चुपचाप स्वयं से वह सब कहते हुए जो यदि वह जगी होती तो मैं उससे कहता। उसकी नींद इतनी गहरी थी कि एक बार तो मुझे ऐसा लगा मानो वे गोलियाँ जो उसने लीं, नींद की नहीं वरन मरने के लिए थीं। प्रत्येक ड्रिंक के साथ मैं अपना गिलास उठाता और उसे टोस्ट करता, तुम्हारी सेहत के लिए सुन्दरी।

जब खाना समाप्त हुआ रोशनी मद्धिम कर दी गयी और मूवी दिखाई गयी, जो किसी के लिए नहीं थी और उस अँधेरी दुनिया में हम दोनों अकेले थे। सदी का सबसे बड़ा तूफ़ान गुज़र चुका था और अटलांटिक की रात लम्बी और निर्मल थी। तारों के बीच जहाज़ स्थिर लग रहा था। कई घण्टे मैं इंच-दर-इंच उस पर चिन्तन करता रहा और जीवन का एकमात्र चिह्न जो मैं समझ सका वे थीं उसके माथे से पार होती स्वप्न की परछाइयाँ, जैसे पानी के ऊपर पार होते बादल। उसने गले में एक चेन पहनी हुई थी जो उसकी सुनहरी त्वचा में क़रीब-क़रीब अदृश्य थी। उसके सुडौल कान छिदे नहीं थे, उसके नाखून अच्छे स्वास्थ्य के कारण गुलाबी थे और उसके बायें हाथ पर एक सादा बैंड था। चूँकि वह बीस से ज़्यादा की नहीं लग रही थी अतः मैंने स्वयं को ढाढ़स दिया कि यह शादी की अँगूठी नहीं है, बल्कि क्षण-भंगुर सगाई की निशानी थी।

''जानना यह कि सो रही हो तुम
निश्चित, सुरक्षित
विश्वस्त रेखा त्याग की,
सन्निकट मेरी बँधी बाँहों के।''

शैम्पेन के झाग पर मैंने गेरार्डो डियेगो के प्रांजल सोनेट को दोहराते हुए सोचा।

तब मैंने उसकी सीट जितना ही अपनी सीट को पीछे झुकाया और हम साथ लेटे अगर हम सुहाग सेज पर होते तो उससे भी ज़्यादा निकट। उसकी श्वास का स्वरूप वही था जो उसके स्वर का था। उसकी त्वचा से एक नाज़ुक खुशबू निकल रही थी जो केवल उसके सौन्दर्य की सुगन्ध हो सकती थी।

यह सब कुछ अविश्वनीय लग रहा था। पिछले बसन्त में मैंने यासुनारी कावाबाता का एक सुन्दर उपन्यास पढ़ा था कियोटो के प्राचीन बुर्जुआओं के बारे में। जो शहर की अन्यतम सुन्दरियों को रात में नग्न एवं धुत्त देखने के लिए विशाल राशि लुटाते जबकि वे स्वयं उसी विस्तार पर रति-यन्त्रणा भोगते। वे उन्हें जमा नहीं सकते थे, स्पर्श नहीं कर सकते थे। यहाँ तक कि कोशिश भी नहीं करते क्योंकि उनकी प्रसन्नता का सार उन्हें सोते हुए देखने में था। उस रात जब मैं सोती हुई सुन्दरी को निहार रहा था, न केवल मैंने उस धीमी सुसंस्कृत प्रक्रिया को समझा वरन् उसे पूर्णयता जिया भी।

किसने सोचा था कि मैं इस ढलती उम्र में एक प्राचीन जापानी बन जाऊँगा। शैम्पेन से मेरा अहं उत्तेजित हो गया था।

मुझे लगता है कि शैम्पेन से पराजित और मूवी के नीरव विस्फोट की वजह से मैं कई घण्टे सोया और जब मैं जागा मेरा सिर दर्द से फट रहा था। मैं बाथरूम गया। मेरी सीट की दो सीट पीछे ग्यारह सूटकेसों वाली बुढ़िया बड़ी बेढब मुद्रा में पसरी पड़ी थी। मानो युद्ध क्षेत्र में कोई लावारिस लाश पड़ी हो। रंगीन मनकों की चेन वाला उसका चश्मा गलियारे के बीच में नीचे पड़ा था। एक क्षण को उसे न उठाने की शरारत का मैंने मज़ा लिया।

शैम्पेन से छुटकारा पाकर मैंने स्वयं को देखा। शीशे में मैं था, तिरस्कृत और कुरूप। मैं यह देखकर चकित था कि प्रेम की वीरानी इतनी भयंकर हो सकती है। उसी समय बिना चेतावनी के जहाज़ ऊँचाई खो बैठा। फिर स्थिर होकर पूरी रफ़्तार से सीधे उड़ता रहा। कृपया अपनी सीट पर लौटें—संकेत आया। मैं तत्परता से इस आशा के साथ बाहर निकला कि शायद ईश्वरीय विक्षुब्धता सुन्दरी को जगा दे और वह भयमुक्त होने के लिए मेरी बाँहों में शरण ढूँढ़े। अपनी जल्दीबाज़ी में मैंने डच स्त्री के चश्मे को क़रीब-क़रीब कुचल ही दिया था और अगर ऐसा होता तो मुझे ख़ुशी होती। परन्तु मैंने अपनी राह बदल दी। चश्मे को उठाया और उसकी गोद में रख दिया। मुझसे पहले चार नम्बर की सीट न चुनने की कृतज्ञता के लिए।

सुन्दरी की नींद अपराजेय थी। जब जहाज़ स्थिर हुआ उसे किसी बहाने जगाने की लालसा से मुझे स्वयं को रोकना पड़ा। मैं केवल इतना चाहता था कि उड़ान के अन्तिम घण्टे में उसे जगाकर देख लूँ। अगर वह क्रोधित होती तब भी। ताकि मैं अपनी मुक्ति पा सकूँ और अपनी जवानी से भी। मगर मैं ऐसा न कर सका।

"डैम इट," मैंने स्वयं को बड़ी हिकारत से कहा, "मैं वृषभ राशि में क्यूँ न पैदा हुआ।"

जहाज़ उतरने की बत्तियाँ जलते वह स्वयं जगी और वह इतनी सुन्दर और तरोताजा लग रही थी मानो गुलाब के बागीचे में सोयी थी। जब उसने गुडमॉर्निंग न की तब मैंने यह जाना कि पुराने शादीशुदा लोगों की भाँति अगल-बगल की सीट पर बैठे हवाई जहाज़ के यात्री जागने पर एक-दूसरे को गुडमॉर्निंग नहीं करते। उसने अपना मास्क उतारा। अपनी चमकती आँखें खोलीं। सीट का पिछवाड़ा सीधा किया। कम्बल किनारे सरकाया। बाल झटके जो अपने ही भार से पुनः अपनी जगह पर आ गये। अपने घुटनों पर प्रसाधन केस वापस रखा और तेज़ी से बेमतलब मेकअप लगाया, जिसमें ठीक उतना ही वक़्त लगा जितने में जहाज़ का दरवाज़ा खुला। अतः उसने मेरी ओर नहीं देखा। फिर उसने अपनी लिंक्स की जैकेट पहनी और तकरीबन मेरे ऊपर से होती हुई निकली। शुद्ध लैटिन अमेरिकन में परम्परागत माफ़ी माँगती हुई। और बिना विदा लिए तथा रात भर की हमारी संगत को प्रसन्न बनाये रखने के लिए मैंने जो कुछ भी किया था, उसके लिए धन्यवाद दिये बगैर चली गयी, और न्यूयॉर्क के अमेजॉन जंगल के भीतर आज की चकाचौंध में खो गयी।

तीस साल बाद

•

रवीन्द्र कालिया

कपिल चाय की चुस्कियाँ लेते हुए अख़बार पढ़ रहा था तभी गोपाल ने सूचना दी कि दो महिलाएँ मिलने आयी हैं। कपिल टॉयलेट से फ़ारिग होकर ही किसी आगन्तुक से मिलना पसन्द करता है। उसने खिन्न होते हुए कहा, ''इतनी सुबह? मुवक्किल होगी। दफ़्तर में श्रीवास्तव आ गया हो, तो उससे मिलवा दो।''

''वे आपसे ही मिलना चाहती हैं। शायद कहीं बाहर से आयी हैं।''

''अच्छा! ड्राइंगरूम में बैठाओ, मैं आता हूँ।''

कपिल टॉयलेट में घुस गया। इतमीनान से हाथ–मुँह धोकर जब वह नीचे आया, तो उसने देखा–सोफ़े पर बैठी दोनों महिलाएँ चाय पी रही थीं। एक सत्तर के आसपास होगी और दूसरी पचास के। एक का कोई बाल काला नहीं था और दूसरी का कोई बाल सफ़ेद नहीं था, मगर दोनों चश्मा पहने थीं। कपिल को आश्चर्य हुआ, कोई भी महिला उसे देखकर अभिवादन के लिए खड़ी नहीं हुई। बुज़ुर्ग महिला ने अपने पर्स से एक काग़ज़ निकाला और कपिल के हाथ में थमा दिया।

''यह ख़त आपने लिखा था?'' उसने कड़े स्वर में पूछा।

कपिल ने काग़ज़ ले लिया और चश्मा पहनकर पढ़ने लगा। भावुकता और शेर-ओ-शायरी से भरा एक बचकाना मजमून था। उस काग़ज़ को पढ़ते हुए सहसा कपिल के चेहरे पर खिसियाहट भरी मुस्कान फैल गयी। बोला, ''यह आपको कहाँ से मिल गया? बहुत पुराना ख़त है। तीस बरस पहले लिखा गया था।''

''पहले मेरी बात का जवाब दीजिए, क्या यह ख़त आपने लिखा था?'' बुज़ुर्ग महिला ने उसी सख़्त लहजे में पूछा।

''हैंडराइटिंग तो मेरी ही है। लगता है, मैंने ही लिखा होगा।''

''अजीब आदमी हैं आप। कितना कैजुअली ले रहे हैं आप इस बात को।'' बुज़ुर्ग महिला ने लगभग पत्र छीनते हुए कहा।

कपिल ने दूसरी महिला की ओर देखा, जो अब तक निर्द्वन्द्व बैठी थी, पत्थर की तरह। कपिल को यों, अस्त-व्यस्त देखकर वह मुस्करायी। उसके सफ़ेद संगमरमरी दाँत पलभर में सारी कहानी कह गये।

''अरे सरोज, तुम!'' कपिल जैसे उछल पड़ा, ''इतने वर्ष कहाँ थीं? मैं विश्वास नहीं कर पा रहा हूँ, तीस साल बाद तुम अचानक मेरे यहाँ आ सकती हो, कहाँ गये बीच के साल?''

''कहो कैसे हो, कैसे बीते इतने साल?''

''तुम तो ऐसे कह रही हो, जैसे साल नहीं, दिन बीते हों। तीस साल एक उम्र होती है। मैंने तो सपने में भी नहीं सोचा था कि तुमसे इस ज़िन्दगी में कभी भेंट होगी।''

''क्या अगले जन्म में मिलने की सोच रहे थे?''

''यही समझ लो।''

''इस एक काग़ज़ के टुकड़े के कारण तुम मेरे बहुत क़रीब रहे, हमेशा, मगर इसे कभी ग़लत मत समझना।''

इतने में कपिल की पत्नी भी नीचे उतर आयी। वह जानती थी, नाश्ते के बाद ही कपिल नीचे उतरता है, चाहे कितना बड़ा मुवक्किल क्यों न आया हो।

''यह मेरी पत्नी है, मंजुला। देश के चोटी के कलाकारों में इसका नाम है। अब तक बीसियों रिकॉर्ड आ चुके हैं।''

''जानती हूँ।'' सरोज बोली, ''नमस्कार।''

''नमस्कार।'' मंजुला ने कहा और ''एक्सक्यूज मी'' कहकर दुबारा सीढ़ियाँ चढ़ गयी। उसने सोचा होगा, कोई नयी मुवक्किल आयी है। मंजुला की उदासीनता का कोई असर दोनों महिलाओं पर नहीं हुआ।

''बच्चे कितने बड़े हो गये हैं?'' सरोज ने पूछा।

''उसी उम्र में हैं जिस उम्र में मैंने यह ख़त लिखा था।''

''शादी हो गयी या अभी ख़त ही लिख रहे हैं?'' सरोज ने ठहाका लगाया, कपिल ने साथ दिया।

''बड़े की शादी हो चुकी है, दूसरे के लिए लड़की की तलाश है।''

''क्या करते हैं?'' बुज़ुर्ग महिला ने पूछा।

''बड़ा बेटा ज़िलाधिकारी है बहराइच में और छोटा मेरे साथ वकालत कर रहा है, मगर वह भी कॉम्पीटीशन में बैठना चाहता है।'' सरोज की माँग में सिन्दूर देखकर कपिल ने पूछा, ''तुम्हारे बच्चे कितने बड़े हैं?''

''दो बेटियाँ हैं। एक डॉक्टर है, दूसरी डॉक्टरी पढ़ रही है।''

"क्या किसी डॉक्टर से शादी हो गयी थी?" कपिल ने पूछा।

"बड़े होशियार हो।" सरोज ने संक्षिप्त-सा उत्तर दिया।

"तुम भी कम होशियार नहीं थीं," कपिल ने कहा। कपिल के दिमाग़ में वह दृश्य कौंध गया, जब कक्षा की पिकनिक के दौरान नौकाविहार करते हुए सरोज ने एक फ़िल्मी गीत गाया था—तुमसे आया न गया, हमसे बुलाया न गया।

"तुमने इनका परिचय नहीं दिया।" कपिल ने बुज़ुर्ग महिला की ओर संकेत करते हुए कहा।

'इन्हें नहीं जानते? मेरी माँ हैं।"

कपिल ने हाथ जोड़कर अभिवादन किया।

"अब भी सिगरेट पीते हो?"

"पहले की तरह नहीं, कभी-कभी।"

सरोज़ ने एक विदेशी सिगरेट का पैकेट और एक लाइटर उसे भेंट किया, "तुम्हारे लिए ख़रीदा था यह लाइटर, कोई दस साल पहले। इस बार भारत आयी, तो तुम्हारे लिए लेती आयी।"

"क्या विदेश में रहती हो?" कपिल ने लाइटर को उलट-पुलट कर देखते हुए पूछा।

"हाँ, मॉन्ट्रियाल में। मेरे पति भी तुम्हारे ही पेशे में हैं।"

"कनाडा के लीडिंग लॉयर।" सरोज की माँ ने जोड़ा। कपिल ने लाइटर से सिगरेट सुलगायी। जब तक लाइटर जला, उससे संगीत भी सुनने को मिला।

"लगता है, तुम्हारी ज़िन्दगी में वकील ही लिखा था।" कपिल के मुँह से अनायास निकल गया। अक्सर वह नपे-तुले शब्दों में ही बोला करता था। उसे लगा, उससे कोई ग़लती हो गयी है।

"मतलब?"

"तुम्हारी तार्किक क्षमता को देखकर कह रहा हूँ।" कपिल ने किसी तरह भूल सुधार की। सरोज उसकी बात का निहितार्थ समझ गयी थी और उसकी भूल का मज़ा ले रही थी।

"तुम्हारे दाँत अभी तक उतने ही उजले हैं।"

"मेरे पति को भी मेरे दाँत बहुत प्रिय हैं।"

"मुझे उनसे ईर्ष्या हो रही है।"

सरोज ने अपने पति की तस्वीर दिखायी। एक ख़ूबसूरत शख़्स की तस्वीर थी। तेजस्वी चेहरा। राजकपूर स्टाइल की मूँछें और दिलीप कुमार का हेयर स्टाइल। चेहरे से लगता था कि कोई वकील है या न्यायमूर्ति । कपिल भी कम सुदर्शन नहीं था, मगर उसे लगा, वह उसके पति से उन्नीस ही है।

कपिल कहना चाहता था कि क्या तुम्हारे पति राज कपूर के दीवाने रहे हैं, मगर उसने फ़ोटो लौटाते हुए कहा, ''लकी हो। कब हुई थी, तुम्हारी शादी?''

''एक युग बीत गया।'' सरोज ने सिर झटकते हुए कहा।

''तुम्हारे पति भी आये हैं?''

''नहीं, उन्हें फुर्सत कहाँ?'' सरोज बोली, ''बाल की खाल न उतारने लगो, इसलिए बताना ज़रूरी है कि मैं उनके साथ बहुत खुश हूँ। आई ऐम हैप्पिली मैरिड।''

''दो बार अकेले विश्वभ्रमण कर आयी है। अबकी बार मुझे साथ ले जाना चाहती है, मगर इसके भाई तैयार ही नहीं हो रहे।'' सरोज की माँ ने बताया।

तभी कपिल का पोता आँखें मलता हुआ नमूदार हुआ और सीधा उसकी गोद में आ बैठा।

''मेरा पोता है, आजकल बहू आयी हुई है।'' कपिल ने बताया

''बहुत प्यारा बच्चा है, क्या नाम है?''

''बंटू।'' बंटू ने नाम बता कर अपना चेहरा छिपा लिया।

''बंटू बेटे, हमारे पास आओ, चॉकलेट खाओगे?''

''खायेंगे।'' उसने कहा और चॉकलेट का पैक मिलते ही अपनी माँ को दिखाने दौड़ गया।

''कोर्ट कब जाते हो?'' उसने पूछा।

''तुम इतने साल बाद मिली हो। आज नहीं जाऊँगा।'' कपिल बोला, ''आज तुम्हारा कोर्ट मार्शल होगा।''

''मैंने क्या गुनाह किया है?'' सरोज ने कहा, ''गुनाहों के देवता तो तुम्हीं पढ़ा करते थे, तुम्हीं जानो। अच्छा, यह बताओ, जब मेरी दीदी की शादी हो रही थी, तो तुम दूर खड़े रो क्यों रहे थे?''

कपिल सहसा इस हमले के लिए तैयार नहीं था, वह अचकचाकर रह गया, ''अरे, कहाँ से कुरेद लायी हो इतनी सारी सूचनाएँ और वह भी इतने वर्षों बाद। तुम्हारी स्मृति की दाद देता हूँ—तीस साल पहले की घटना ऐसे बयान कर रही हो, जैसे कल की बात हो।''

''यह याद करके तो आज भी गुदगुदी हो जाती है कि तुम रोते हुए कह रहे थे कि एक दिन सरोज की भी डोली उठ जायेगी और तुम हाथ मलते रह जाओगे। अच्छा, यह बताओ, तुम कहाँ थे, जब मेरी डोली उठी थी?''

''कम ऑन सरोज।'' कपिल सिर्फ़ इतना कह पाया। कपिल को याद आया, जिस दिन सरोज की दीदी की शादी थी, उसने उर्दू के एक हमउम्र शायर

के साथ पहली बार शराब पी थी। आज कपिल देश का जितना बड़ा वकील है, वह शायर भी देश का उतना बड़ा शायर है। इसे संयोग ही कहा जायेगा कि उस शायर से भी कपिल की तीस बरसों से भेंट नहीं हुई। मंजुला भी उसकी दो-एक ग़ज़लें गा चुकी है।

"मुझे निशा से तुम्हारी ख़बरें बराबर मिल जाया करती थीं, उसका भाई सुरेश तुम्हारा दोस्त था।"

कपिल ने दिमाग़ पर बहुत ज़ोर डाला, मगर न वह सुरेश को स्मृति में ला पाया, न निशा को, मगर यह सच था, सरोज की दीदी की शादी में वह जी भर कर रोया था।

"यह बताओ बेटे कि सरोज को इतना ही चाहते थे, तो कभी बताया क्यों नहीं उसे?" सरोज की माँ ने चुटकी ली।

"ख़त लिखा तो था।" कपिल ने ठहाका लगाया, "इसने जवाब ही नहीं दिया।"

"ख़त तो इसने उसी दिन मेरे हवाले कर दिया था।" सरोज की माँ ने बताया, "जब तक रिश्ता तय नहीं हुआ था, बीच-बीच में मुझसे माँग कर तुम्हारा ख़त पढ़ा करती थी।"

"मेरे लिए बहुत स्पेशल है यह ख़त। ज़िन्दगी का पहला और आख़िरी प्रेम-पत्र। शादी को इतने बरस हो गये, मेरे पति ने कभी पत्र नहीं लिखा, प्रेम-पत्र क्या लिखेंगे। वह सेल्यूलर कल्चर के आदमी हैं। हमारे घर में सभी ने पढ़ा है यह प्रेम-पत्र। यहाँ तक कि मेरे पति, मेरी बेटियों को भी पढ़कर सुना चुके हैं यह पत्र। मेरे पति ने कहा था, इस बार अपने ब्वॉयफ्रेंड से मिलकर आना।"

"इसका मतलब है, पिछले तीस बरस से तुम सपरिवार मेरी मुहब्बत का मज़ाक़ उड़ाती रही हो।"

"यह भाव होता, तो मैं क्यों आती तीस बरस बाद तुमसे मिलने! इन तीस बरसों में तुमने मुझे कितनी बार याद किया?"

सच तो यह था, पिछले तीस बरसों में कपिल को सरोज की याद आयी ही नहीं थी। वह अपने पत्र का उत्तर न पाकर कुछ दिन दारू के नशे में शायद मित्रों के संग गुनगुनाता रहा था कि 'जब छोड़ दिया रिश्ता तेरी ज़ुल्फे स्याह का, अब सैकड़ों बल खाया करे, मेरी बला से' और देखते-देखते इस प्रसंग के प्रति उदासीन हो गया था।

"तुम्हारा सामान कहाँ है?" कपिल ने अचानक चुप्पी तोड़ते हुए पूछा।

"बाहर टैक्सी में। सोचा था, नहीं पहचानोगे, तो इसी में चण्डीगढ़ लौट जायेंगे।"

"आज दिल्ली में ही रुको। शाम को कमानी में मंजुला का कॉन्सर्ट है। आज तुम लोगों के बहाने मैं भी सुन लूँगा। दोपहर को पिकनिक का कार्यक्रम रखते हैं। सूरजकुण्ड चलेंगे और बहू को भी घुमा लायेंगे और फिर मुझे तुम्हारी आवाज़ में वह भी तो सुनना है—तुमसे आया न गया, हमसे बुलाया न गया। याद है या भूल गयी हो?"

सरोज मुस्करायी, "कमबख़्त यादगार ही तो कमज़ोर नहीं है।"

कपिल ने गोपाल से सरोज का सामान नीचे वाले बेडरूम में लगाने को कहा। बाहर कोयल कूक रही थी।

"क्या कोयल को भी अपने साथ लायी हो?"

"कोयल तो तुम्हारे ही पेड़ की है।"

"यक़ीन मानो, मैंने तीस साल बाद यह कूक सुनी है।" कपिल शर्मिन्दा होते हुए फिलॉसफाना अन्दाज़ में फुसफुसाया, "यक़ीन नहीं होता, मैं ही वह कपिल हूँ, जिससे तुम मिलने आयी हो और मुद्दत से जानती हो। कुछ देर पहले तक तुमसे मिलकर लग रहा था, वह कपिल कोई दूसरा था, जिसने तुम्हें ख़त लिखा था..."

"टेक इट ईज़ी मैन।" सरोज उठते हुए बोली, "ज़्यादा फिलॉसफ़ी मत बघारो, यह बताओ टॉयलेट किधर है?"

कोयल ने आसमान सर पर उठा लिया था।

यही सच है

•

मन्नू भण्डारी

कानपुर

सामने आँगन में फैली धूप सिमटकर दीवारों पर चढ़ गयी और कन्धे पर बस्ता लटकाये नन्हे-नन्हे बच्चों के झुण्ड-के-झुण्ड दिखायी दिये, तो एकाएक ही मुझे समय का आभास हुआ।...घण्टा-भर हो गया यहाँ खड़े-खड़े और संजय का अभी तक पता नहीं! झुँझलाती-सी मैं कमरे में आती हूँ। कोने में रखी मेज़ पर किताबें बिखरी पड़ी हैं, कुछ खुली, कुछ बन्द। एक क्षण मैं उन्हें ही देखती रहती हूँ, फिर निरुद्देश्य-सी कपड़ों की अलमारी खोलकर सरसरी-सी नज़र से कपड़े देखती हूँ। सब बिखरे पड़े हैं। इतनी देर यों ही व्यर्थ खड़ी रही; इन्हें ही ठीक कर लेती।...पर मन नहीं करता और फिर बन्द कर देती हूँ।

नहीं आना था तो व्यर्थ ही मुझे समय क्यों दिया? फिर यह कोई आज ही की बात है! हमेशा संजय अपने बताये हुए समय से घण्टे-दो घण्टे देरी करके आता है, और मैं हूँ कि उसी क्षण से प्रतीक्षा करने लगती हूँ। उसके बाद लाख कोशिश करके भी तो किसी काम में अपना मन नहीं लगा पाती। वह क्यों नहीं समझता कि मेरा समय बहुत अमूल्य है; थीसिस पूरी करने के लिए अब मुझे अपना सारा समय पढ़ाई में ही लगाना चाहिए, पर यह बात उसे कैसे समझाऊँ?

मेज़ पर बैठकर मैं फिर पढ़ने का उपक्रम करने लगती हूँ, पर मन है कि लगता ही नहीं। पर्दे के जरा-से हिलने से दिल की धड़कन बढ़ जाती है और बार-बार नजर घड़ी के सरकते हुए काँटों पर दौड़ जाती है। हर समय यही लगता है, वह आया!...वह आया!...

तभी मेहता साहब की पाँच साल की छोटी बच्ची झिझकती-सी कमरे में आती है, "आंटी, हमें कहानी सुनाओगी?"

"नहीं, अभी नहीं, पीछे आना!" मैं रुखाई से जवाब देती हूँ। वह भाग जाती है।

ये मिसेज़ मेहता भी एक ही हैं! यों तो महीनों शायद मेरी सूरत नहीं देखतीं, पर बच्ची को जब-तब मेरा सिर खाने को भेज देती हैं। मेहता साहब तो फिर कभी-कभी आठ-दस दिन में खैरियत पूछ ही लेते हैं, पर वे तो बेहद अकड़ई मालूम होती हैं। अच्छा ही है, ज़्यादा दिलचस्पी दिखातीं तो क्या मैं इतनी आज़ादी से घूम-फिर सकती थी?

खट्-खट्-खट्...वही परिचित पद-ध्वनि! तो आ गया संजय। मैं बरबस ही अपना सारा ध्यान पुस्तक में केन्द्रित कर लेती हूँ। रजनीगन्धा के ढेर-सारे फूल लिए संजय मुस्कराता-सा दरवाज़े पर खड़ा है। मैं देखती हूँ, पर मुस्कराकर स्वागत नहीं करती। हँसता हुआ वह आगे बढ़ता है, और फूलों को मेज पर पटककर, पीछे से मेरे दोनों कन्धे दबाता हुआ पूछता है, "बहुत नाराज हो?"

रजनीगन्धा की महक से जैसे सारा कमरा महकने लगता है।

"मुझे क्या करना है नाराज़ होकर?" रुखाई से मैं कहती हूँ।

वह कुर्सी सहित मुझे घुमाकर अपने सामने कर लेता है, और बड़े दुलार के साथ ठोढ़ी उठाकर कहता है, "तुम्हीं बताओ, क्या करता? क्वालिटी में दोस्तों के बीच फँसा था। बहुत कोशिश करके भी उठ नहीं पाया। सबको नाराज़ करके आना अच्छा भी नहीं लगता।"

इच्छा होती है, कह दूँ, ''तुम्हें दोस्तों का ख़याल है, उनके बुरा मानने की चिन्ता है, बस मेरी ही नहीं!'' पर कह कुछ नहीं पाती। एकटक उसके चेहरे की ओर देखती रहती हूँ...उसके साँवले चेहरे पर पसीने की बूँदें चमक रही हैं। कोई और समय होता तो मैंने अपने आँचल से इन्हें पोंछ दिया होता, पर आज नहीं। वह मन्द-मन्द मुस्करा रहा है, उसकी आँखें क्षमायाचना कर रही हैं, पर मैं क्या करूँ...तभी वह अपनी आदत के अनुसार कुर्सी के हत्थे पर बैठकर मेरे गाल सहलाने लगता है। मुझे उसकी इसी बात पर ग़ुस्सा आता है। हमेशा इसी तरह करेगा और फिर दुनिया-भर का लाड़-दुलार दिखलायेगा। वह जानता जो है कि इसके आगे मेरा क्रोध टिक नहीं पाता।...फिर उठकर वह फूलदान के पुराने फूल फेंक देता है, और नये फूल लगाता है। फूल सजाने में वह कितना कुशल है! एक बार मैंने यों ही कह दिया था कि मुझे रजनीगन्धा के फूल बड़े पसन्द हैं, तो उसने नियम ही बना लिया कि हर चौथे दिन ढेर सारे फूल लाकर मेरे कमरे में लगा देता है। और अब तो मुझे भी ऐसी आदत हो गयी है कि एक दिन भी

कमरे में फूल न रहें तो न पढ़ने में मन लगता है, न सोने में। ये फूल जैसे संजय की उपस्थिति का आभास देते रहते हैं।

थोड़ी देर बाद हम घूमने निकल जाते हैं। एकाएक ही मुझे इरा के पत्र की बात याद आती है। जो बात सुनाने के लिए मैं सबेरे से ही आतुर थी, इस ग़ुस्सेबाजी में जाने कैसे उसे ही भूल गयी थी।

"सुनो, इरा ने लिखा है कि किसी दिन भी मेरे पास इण्टरव्यू का बुलावा आ सकता है, मुझे तैयार रहना चाहिए।"

"कहाँ, कलकत्ता से?" कुछ याद करते हुए संजय पूछता है, और फिर एकाएक ही उछल पड़ता है, "यदि तुम्हें वह जॉब मिल जाये तो मज़ा आ जाये, दीपा, मज़ा आ जाये!"

हम सड़क पर हैं, नहीं तो अवश्य ही उसने आवेश में आकर कोई हरकत कर डाली होती। जाने क्यों, मुझे उसका इस प्रकार प्रसन्न होना अच्छा नहीं लगता। क्या वह चाहता है कि मैं कलकत्ता चली जाऊँ, उससे दूर?...

तभी सुनाई देता है, "तुम्हें यह जॉब मिल जाये तो सच मैं भी अपना तबादला कलकत्ता ही करवा लूँ, हेड ऑफ़िस में। यहाँ की रोज़ की किच-किच से तो मेरा मन ऊब गया है। कितनी ही बार सोचा कि तबादले की कोशिश करूँ, पर तुम्हारे ख़याल ने हमेशा मुझे बाँध लिया। ऑफ़िस में शान्ति हो जायेगी, पर मेरी शामें कितनी वीरान हो जायेंगी?"

उसके स्वर की आर्द्रता ने मुझे छू लिया। एकाएक ही मुझे लगने लगा कि रात बड़ी सुहावनी हो चली है।

हम दूर निकलकर अपनी प्रिय टेकरी पर जाकर बैठ जाते हैं। दूर-दूर तक हल्की-सी चाँदनी फैली हुई है और शहर की तरह यहाँ का वातावरण धुएँ से भरा हुआ नहीं है। वह दोनों पैर फैलाकर बैठ जाता है और घण्टों मुझे अपने ऑफ़िस के झगड़े की बातें सुनाता है और फिर कलकत्ता जाकर साथ जीवन बिताने की योजनाएँ बनाता है। मैं कुछ नहीं बोलती। बस, एकटक उसे देखती हूँ, देखती रहती हूँ।

जब वह चुप हो जाता है तो बोलती हूँ, "मुझे तो इंटरव्यू में जाते हुए बड़ा डर लगता है। पता नहीं, कैसे-क्या पूछते होंगे! मेरे लिए तो यह पहला ही मौक़ा है।"

वह खिलखिलाकर हँस पड़ता है।

"तुम भी एक ही मूर्ख हो! घर से दूर, यहाँ कमरा लेकर अकेली रहती हो, रिसर्च कर रही हो, दुनिया-भर में घूमती-फिरती हो और इंटरव्यू के नाम से डर लगता है। क्यों?" और गाल पर हल्की-सी चपत जमा देता है। फिर समझाता

हुआ कहता है, "और देखो, आजकल ये इंटरव्यू आदि तो सब दिखावा-मात्र होते हैं। वहाँ किसी जान-पहचानवाले से इन्फ्लुएंस डलवाना जाकर!"

"पर कलकत्ता तो मेरे लिए एकदम नयी जगह है। वहाँ इसको छोड़कर मैं किसी को जानती भी नहीं। अब उन लोगों की कोई जान-पहचान हो तो बात दूसरी है।" असहाय-सी मैं कहती हूँ।

"और किसी को नहीं जानतीं?" फिर मेरे चेहरे पर नजरें गड़ाकर पूछता है, "निशीथ भी तो वहीं है?"

"होगा, मुझे क्या करना है उससे?" मैं एकदम ही भन्नाकर जवाब देती हूँ। पता नहीं क्यों, मुझे लग ही रहा था कि अब वह यही बात कहेगा।

"कुछ नहीं करना?" वह छेड़ने के लहजे में कहता है।

और मैं भभक पड़ती हूँ, "देखो संजय, मैं हज़ार बार तुमसे कह चुकी हूँ कि उसे लेकर मुझसे मज़ाक़ मत किया करो! मुझे इस तरह का मज़ाक़ जरा भी पसन्द नहीं है!"

वह खिलखिलाकर हँस पड़ता है, पर मेरा तो मूड ही ख़राब हो जाता है।

हम लौट पड़ते हैं। वह मुझे ख़ुश करने के इरादे से मेरे कन्धे पर हाथ रख देता है। मैं झटककर हाथ हटा देती हूँ, "क्या कर रहे हो? कोई देख लेगा तो क्या कहेगा?"

"कौन है यहाँ जो देख लेगा? और देख लेगा तो देख ले, आप ही कुढ़ेगा।"

"नहीं, हमें पसन्द नहीं है यह बेशर्मी!" और सच ही मुझे रास्ते में ऐसी हरकतें पसन्द नहीं हैं। चाहे रास्ता निर्जन ही क्यों न हो, पर है तो रास्ता ही; फिर कानपुर जैसी जगह।

कमरे में लौटकर मैं उसे बैठने को कहती हूँ, पर वह बैठता नहीं; बस, बाँहों में भरकर एक बार चूम लेता है। यह भी जैसे उसका रोज़ का नियम है।

वह चला जाता है। मैं बाहर बालकनी में निकलकर उसे देखती रहती हूँ।...उसका आकार छोटा होते-होते सड़क के मोड़ पर जाकर लुप्त हो जाता है। मैं उधर ही देखती रहती हूँ—निरुद्देश्य-सी, खोयी-खोयी-सी। फिर आकर पढ़ने बैठ जाती हूँ।

रात में सोती हूँ तो देर तक मेरी आँखें मेज़ पर लगे रजनीगन्धा के फूलों को ही निहारती रहती हैं। जाने क्यों, अक्सर मुझे भ्रम हो जाता है कि ये फूल नहीं हैं, मानो संजय की अनेकानेक आँखें हैं, जो मुझे देख रही हैं, सहला रही हैं, दुलरा रही हैं। और अपने को यों असंख्य आँखों से निरन्तर देखे जाने की कल्पना से ही मैं लजा जाती हूँ।

मैंने संजय को भी एक बार यह बात बतायी थी, तो वह खूब हँसा था और फिर मेरे गालों को सहलाते हुए उसने कहा था कि मैं पागल हूँ, निरी मूर्ख हूँ।

कौन जाने, शायद उसका कहना ही ठीक हो, शायद मैं पागल ही होऊँ!

कानपुर

मैं जानती हूँ, संजय का मन निशीथ को लेकर जब-तब सशंकित हो उठता है, पर मैं उसे कैसे विश्वास दिलाऊँ कि मैं निशीथ से नफ़रत करती हूँ, उसकी याद-मात्र से मेरा मन घृणा से भर उठता है।...फिर अठारह वर्ष की आयु में किया हुआ प्यार भी कोई प्यार होता है भला! निरा बचपन होता है, महज पागलपन! उसमें आवेश रहता है पर स्थायित्व नहीं, गति रहती है पर गहराई नहीं। जिस वेग से वह आरम्भ होता है, ज़रा-सा झटका लगने पर उसी वेग से टूट भी जाता है।...और उसके बाद आहों, आँसुओं और सिसकियों का एक दौर, सारी दुनिया की निस्सारता और आत्महत्या करने के अनेकानेक संकल्प और फिर एक तीखी घृणा। जैसे ही जीवन को दूसरा आधार मिल जाता है, उन सबको भूलने में एक दिन भी नहीं लगता। फिर तो वह सब ऐसी बेवकूफी लगती है, जिस पर बैठकर घण्टों हँसने की तबीयत होती है। तब एकाएक ही इस बात का एहसास होता है कि ये सारे आँसू, ये सारी आहें उस प्रेमी के लिए नहीं थीं वरन् जीवन की उस रिक्तता और शून्यता के लिए थीं, जिसने जीवन को नीरस बनाकर बोझिल कर दिया था।

तभी तो संजय को पाते ही मैं निशीथ को भूल गयी। मेरे आँसू हँसी में बदल गये और आहों की जगह किलकारियाँ गूँजने लगीं, पर संजय है कि जब-तब निशीथ की बात को लेकर व्यर्थ ही खिन्न-सा हो उठता है। मेरे कुछ कहने पर वह खिलखिला अवश्य पड़ता है; पर मैं जानती हूँ, वह पूर्ण रूप से आश्वस्त नहीं है।

उसे कैसे बताऊँ कि मेरे प्यार का, मेरी कोमल भावनाओं का, भविष्य की मेरी अनेकानेक योजनाओं का एकमात्र केन्द्र संजय ही है। यह बात दूसरी है कि चाँदनी रात में, किसी निर्जन स्थान में, पेड़-तले बैठकर भी अपनी थीसिस की बात करती हूँ या वह अपने ऑफ़िस की, मित्रों की बातें करता है, या हम किसी और विषय पर बात करने लगते हैं...पर इस सबका यह मतलब तो नहीं कि हम प्रेम नहीं करते! वह क्यों नहीं समझता कि आज हमारी भावुकता यथार्थ में बदल गयी है, सपनों की जगह हम वास्तविकता में जीते हैं! हमारे प्रेम को परिपक्वता मिल गयी है, जिसका आधार पाकर वह अधिक गहरा हो गया है, स्थायी हो गया है।

पर संजय को कैसे समझाऊँ यह सब? कैसे उसे समझाऊँ कि निशीथ ने मेरा अपमान किया है, ऐसा अपमान, जिसकी कचोट से मैं आज भी तिलमिला जाती हूँ। सम्बन्ध तोड़ने से पहले एक बार तो उसने मुझे बताया होता कि आख़िर मैंने ऐसा कौन-सा अपराध कर डाला था, जिसके कारण उसने मुझे इतना कठोर दण्ड दे डाला? सारी दुनिया की भर्त्सना, तिरस्कार, परिहास और दया का विष मुझे पीना पड़ा।...विश्वासघाती! नीच कहीं का!...और संजय सोचता है कि आज भी मेरे मन में उसके लिए कोई कोमल स्थान है! छिः! मैं उससे नफ़रत करती हूँ! और सच पूछो तो अपने को भाग्यशालिनी समझती हूँ कि मैं एक ऐसे व्यक्ति के चंगुल में फँसने से बच गयी, जिसके लिए प्रेम महज़ एक खिलवाड़ है।

संजय, यह तो सोचो कि यदि ऐसी कोई भी बात होती, तो क्या मैं तुम्हारे आगे, तुम्हारी हर उचित-अनुचित चेष्टा के आगे, यों आत्मसमर्पण करती? तुम्हारे चुम्बनों और आलिंगनों में अपने को यों बिखरने देती? जानते हो, विवाह से पहले कोई भी लड़की किसी को इन सबका अधिकार नहीं देती, पर मैंने दिया। क्या केवल इसीलिए नहीं कि मैं तुम्हें प्यार करती हूँ, बहुत-बहुत प्यार करती हूँ? विश्वास करो संजय, तुम्हारा-मेरा प्यार ही सच है, निशीथ का प्यार तो मात्र छल था, भ्रम था, झूठ था।

कानपुर

परसों मुझे कलकत्ता जाना है। बड़ा डर लग रहा है! कैसे क्या होगा? मान लो, इंटरव्यू में बहुत नर्वस हो गयी, तो? संजय को कह रही हूँ कि वह भी साथ चले; पर उसे ऑफिस से छुट्टी नहीं मिल सकती। एक तो नया शहर, फिर इंटरव्यू! अपना कोई साथ होता तो बड़ा सहारा मिल जाता। मैं कमरा लेकर अकेली रहती हूँ, यों अकेली घूम-फिर भी लेती हूँ तो संजय सोचता है, मुझमें बड़ी हिम्मत है, पर सच, बड़ा डर लग रहा है।

बार-बार मैं यह मान लेती हूँ कि मुझे नौकरी मिल गयी है और मैं संजय के साथ वहाँ रहने लगी हूँ। कितनी सुन्दर कल्पना है, कितनी मादक! पर इंटरव्यू का भय मादकता से भरे इस स्वप्नजाल को छिन्न-भिन्न कर देता है।...

काश, संजय किसी तरह मेरे साथ चल पाता!

कलकत्ता

गाड़ी जब हावड़ा स्टेशन के प्लेटफॉर्म पर प्रवेश करती है तो जाने कैसी विचित्र आशंका, विचित्र-से भय से मेरा मन भर जाता है। प्लेटफॉर्म पर खड़े असंख्य नर-नारियों में मैं इरा को ढूँढ़ती हूँ। वह कहीं दिखायी नहीं देती। नीचे उतरने के

बजाय खिड़की में से ही दूर-दूर तक नज़रें दौड़ाती हूँ।...आख़िर एक कुली को बुला कर, अपना छोटा-सा सूटकेस और बिस्तर उतारने का आदेश दे, मैं नीचे उतर पड़ती हूँ। उस भीड़ को देखकर मेरी दहशत जैसे और बढ़ जाती है। तभी किसी के हाथ के स्पर्श से मैं बुरी तरह चौंक जाती हूँ। पीछे देखती हूँ तो इरा खड़ी है।

रूमाल से चेहरे का पसीना पोंछते हुए कहती हूँ, "ओफ़! तुझे न देखकर मैं घबरा रही थी कि तुम्हारे घर भी कैसे पहुँचूँगी!"

बाहर आकर हम टैक्सी में बैठते हैं। अभी तक मैं स्वस्थ नहीं हो पायी हूँ। जैसे ही हावड़ा-पुल पर गाड़ी पहुँचती है, हुगली के जल को स्पर्श करती हुई ठण्डी हवाएँ तन-मन को एक ताज़गी से भर देती हैं। इरा मुझे इस पुल की विशेषता बताती है और मैं विस्मित-सी उस पुल को देखती हूँ, दूर-दूर तक फैले हुगली के विस्तार को देखती हूँ, उसकी छाती पर खड़ी और विहार करती अनेक नौकाओं को देखती हूँ, बड़े-बड़े जहाज़ों को देखती हूँ...

उसके बाद बहुत ही भीड़ भरी सड़कों पर हमारी टैक्सी रुकती-रुकती चलती है। ऊँची-ऊँची इमारतों और चारों ओर के वातावरण से कुछ विचित्र-सी विराटता का आभास होता है, और इस सबके बीच जैसे मैं अपने को बड़ा खोया-खोया-सा महसूस करती हूँ। कहाँ पटना और कानपुर और कहाँ यह कलकत्ता! सच, मैंने बहुत बड़े शहर देखे ही नहीं!

सारी भीड़ को चीर कर हम रैड-रोड पर आ जाते हैं। चौड़ी, शान्त सड़क। मेरे दोनों ओर लम्बे-चौड़े खुले मैदान।

"क्यों इरा, कौन-कौन लोग होंगे इंटरव्यू में? मुझे तो बड़ा डर लग रहा है।"

"अरे, सब ठीक हो जायेगा! तू और डर? हम जैसे डरें तो कोई बात भी है। जिसने अपना सारा कैरियर अपने-आप बनाया, वह भला इंटरव्यू में डरे!" फिर कुछ देर ठहरकर कहती है—"अच्छा, भैया-भाभी तो पटना ही होंगे? जाती है कभी उनके पास भी या नहीं?"

"कानपुर आने के बाद एक बार गयी थी। कभी-कभी यों ही पत्र लिख देती हूँ।"

"भई, कमाल के लोग हैं! बहन को भी नहीं निभा सके!"

मुझे यह प्रसंग कतई पसन्द नहीं। मैं नहीं चाहती कि कोई इस विषय पर बात करे। मैं मौन ही रहती हूँ।

इरा का छोटा-सा घर है, सुन्दर ढंग से सजाया हुआ। उसके पति के दौरे पर जाने की बात सुनकर पहले मुझे अफ़सोस हुआ था; वे होते तो कुछ मदद ही करते! पर फिर एकाएक लगा कि उनकी अनुपस्थिति में शायद अधिक स्वतन्त्रता का अनुभव कर सकूँ। उनका बच्चा भी बड़ा प्यारा है।

शाम को इरा मुझे कॉफ़ी हाउस ले जाती है। अचानक मुझे वहाँ निशीथ दिखायी देता है। मैं सकपकाकर नज़र घुमा लेती हूँ, पर वह हमारी मेज पर ही आ पहुँचता है। विवश होकर मुझे उधर देखना पड़ता है, नमस्कार भी करना पड़ता है, इरा का परिचय भी करवाना पड़ता है। इरा पास की कुर्सी पर बैठने का निमन्त्रण दे देती है। मुझे लगता है, मेरी साँस रुक जायेगी।

"कब आयीं?"

"आज सवेरे ही।"

"अभी ठहरोगी? ठहरी कहाँ हो?"

जवाब इरा देती है। मैं देख रही हूँ, निशीथ बहुत बदल गया है। उसने कवियों की तरह बाल बढ़ा लिए हैं। यह क्या शौक चर्राया? उसका रंग स्याह पड़ गया है। वह दुबला भी हो गया है।

विशेष बातचीत नहीं होती और हम लोग उठ पड़ते हैं। इरा को मुन्नू की चिन्ता सता रही थी, और मैं स्वयं भी घर पहुँचने को उतावली हो रही थी। कॉफ़ी हाउस से धर्मतल्ला तक वह पैदल चलता हुआ हमारे साथ आता है। इरा उससे बात कर रही है, मानो वह इरा का ही मित्र हो। इरा अपना पता समझा देती है और वह दूसरे दिन नौ बजे आने का वायदा करके चला जाता है।

पूरे तीन साल बाद निशीथ का यों मिलना! न चाह कर भी जैसे सारा अतीत आँखों के सामने खुल जाता है। बहुत दुबला हो गया है निशीथ!...लगता है, जैसे मन में कहीं कोई गहरी पीड़ा छिपाये बैठा है।

मुझसे अलग होने का दुःख तो नहीं साल रहा है इसे?

कल्पना चाहे कितनी मधुर क्यों न हो, एक तृप्ति-युक्त आनन्द देने वाली क्यों न हो, पर मैं जानती हूँ यह झूठ है। यदि ऐसा ही था तो कौन उसे कहने गया था कि तुम इस सम्बन्ध को तोड़ दो? उसने अपनी इच्छा से ही तो यह सब किया था।

एकाएक ही मेरा मन कटु हो उठता है। यही तो है वह व्यक्ति, जिसने मुझे अपमानित करके सारी दुनिया के सामने छोड़ दिया था, महज़ उपहास का पात्र बनाकर! ओह, क्यों नहीं मैंने उसे पहचानने से इनकार कर दिया? जब वह मेज़ के पास आकर खड़ा हुआ, तो क्यों नहीं मैंने कह दिया कि माफ़ कीजिए, मैं आपको पहचानती नहीं। ज़रा उसका खिसियाना तो देखती! वह कल भी आयेगा। सच, मुझे उसे साफ़-साफ़ मना कर देना चाहिए था कि मैं उसकी सूरत भी नहीं देखना चाहती, मैं उससे नफ़रत करती हूँ...

अच्छा है, आये कल! मैं उसे बता दूँगी कि जल्दी ही मैं संजय से विवाह करने वाली हूँ। यह भी बता दूँगी कि मैं पिछला सब कुछ भूल चुकी हूँ। यह भी बता दूँगी कि मैं उससे घृणा करती हूँ और उसे ज़िन्दगी में कभी माफ़ नहीं कर सकती...

यह सब सोचने के साथ-साथ जाने क्यों, मेरे मन में यह बात भी उठ रही थी कि तीन साल हो गये, अभी तक निशीथ ने विवाह क्यों नहीं किया? करे न करे, मुझे क्या?...

क्या वह आज भी मुझसे कुछ उम्मीद रखता है? हूँ! मूर्ख कहीं का।

संजय! मैंने तुमसे कितना कहा था कि तुम मेरे साथ चलो, पर तुम नहीं आये।...इस समय जब कि मुझे तुम्हारी इतनी याद आ रही है, बताओ, मैं क्या करूँ?

कलकत्ता

नौकरी पाना इतना मुश्किल है, इसका मुझे गुमान तक नहीं था। इरा कहती है कि डेढ़ सौ की नौकरी के लिए खुद मिनिस्टर तक सिफ़ारिश करने पहुँच जाते हैं, फिर यह तो तीन सौ का जॉब है।...निशीथ सवेरे से शाम तक इसी चक्कर में भटका है, यहाँ तक कि उसने अपने ऑफिस से भी छुट्टी ले ली है। वह क्यों मेरे काम में इतनी दिलचस्पी ले रहा है? उसका परिचय बड़े-बड़े लोगों से है और वह कहता है कि जैसे भी होगा, वह यह काम मुझे दिलाकर ही मानेगा, पर आखिर क्यों?

कल मैंने सोचा था कि अपने व्यवहार की रुखाई से मैं स्पष्ट कर दूँगी कि अब वह मेरे पास न आये। पौने नौ बजे के क़रीब, जब मैं अपने टूटे हुए बाल फेंकने खिड़की पर गयी तो देखा, घर से थोड़ी दूर पर निशीथ टहल रहा है। वही लम्बे बाल, कुरता-पाजामा। तो वह समय के पहले ही आ गया! संजय होता तो ग्यारह के पहले नहीं पहुँचता, समय पर पहुँचना तो वह जानता ही नहीं।

उसे यों चक्कर काटते देख मेरा मन जाने कैसा हो आया!...और जब वह आया तो मैं चाह कर भी कटु नहीं हो सकी। मैंने उसे कलकत्ता आने का मकसद बताया, तो लगा कि वह बड़ा प्रसन्न हुआ। वहीं बैठे-बैठे फ़ोन करके उसने इस नौकरी के सम्बन्ध में सारी जानकारी प्राप्त कर ली, कैसे क्या करना होगा, उसकी योजना भी बना डाली; बैठे-बैठे फ़ोन से ऑफ़िस में सूचना भी दे दी कि आज वह ऑफ़िस नहीं आयेगा।

विचित्र स्थिति मेरी हो रही थी। उसके इस अपनत्व भरे व्यवहार को मैं स्वीकार भी नहीं कर पाती थी, नकार भी नहीं पाती थी। सारा दिन मैं उसके

साथ घूमती रही, पर काम की बात के अतिरिक्त उसने एक भी बात नहीं की। मैंने कई बार चाहा कि संजय को बात बता दूँ; पर बता नहीं सकी। सोचा, कहीं यह सुनकर वह दिलचस्पी लेना कम न कर दे। उसके आज-भर के प्रयत्नों से ही मुझे काफ़ी उम्मीद हो चली थी। यह नौकरी मेरे लिए कितनी आवश्यक है, मिल जाये तो संजय कितना प्रसन्न होगा, हमारे विवाहित जीवन के आरम्भिक दिन कितने सुख में बीतेंगे।

शाम को हम घर लौटते हैं। मैं उसे बैठने को कहती हूँ; पर वह बैठता नहीं, बस खड़ा ही रहता है। उसके चौड़े ललाट पर पसीने की बूँदें चमक रही हैं। एकाएक ही मुझे लगता है, इस समय संजय होता तो? मैं अपने आँचल से उसका पसीना पोंछ देती, और वह...वह क्या बिना बाँहों में भरे, बिना प्यार किये यों ही चला जाता?

"अच्छा, तो चलता हूँ।"

यन्त्रचलित-से मेरे हाथ जुड़ जाते हैं, वह लौट पड़ता है और मैं ठगी-सी देखती रहती हूँ।

सोते समय मेरी आदत है कि मैं संजय के लाये हुए फूलों को निहारती रहती हूँ। यहाँ वे फूल नहीं हैं तो बड़ा सूना-सूना-सा लग रहा है।

पता नहीं संजय, तुम इस समय क्या कर रहे हो? तीन दिन हो गये, किसी ने बाँहों में भरकर प्यार तक नहीं किया...

कलकत्ता

आज सवेरे मेरा इंटरव्यू हो गया। मैं शायद बहुत नर्वस हो गयी थी और जैसे उत्तर मुझे देने चाहिए, वैसे नहीं दे पायी। पर निशीथ ने आकर बताया कि मेरा चुना जाना क़रीब-क़रीब तय हो गया है। मैं जानती हूँ, यह सब निशीथ की वजह से ही हुआ।

ढलते सूरज की धूप निशीथ के बायें गाल पर पड़ रही थी, और सामने बैठा निशीथ इतने दिन बाद एक बार फिर मुझे बड़ा प्यारा-सा लगा।

मैंने देखा, मुझसे ज़्यादा वह प्रसन्न है। वह कभी किसी का एहसान नहीं लेता, पर मेरी ख़ातिर उसने न जाने कितने लोगों का एहसान लिया। आख़िर क्यों? क्या वह चाहता है कि मैं कलकत्ता आकर रहूँ उसके साथ, उसके पास? एक अजीब-सी पुलक से मेरा तन-मन सिहर उठता है। वह ऐसा क्यों चाहता है? उसका ऐसा चाहना बहुत ग़लत है, बहुत अनुचित है! ...मैं अपने मन को समझाती हूँ, ऐसी कोई बात नहीं है, शायद वह केवल मेरे प्रति किये गये अन्याय

का प्रतिकार करने के लिए यह सब कर रहा है! पर क्या वह समझता है कि उसकी मदद से नौकरी पाकर मैं उसे क्षमा कर दूँगी, या जो कुछ उसने किया है, उसे भूल जाऊँगी? असम्भव! मैं कल ही उसे संजय की बात बता दूँगी।

"आज तो इस खुशी में पार्टी हो जाये!"

काम की बात के अलावा यह पहला वाक्य मैं उसके मुँह से सुनती हूँ, मैं इरा की ओर देखती हूँ। वह प्रस्ताव का समर्थन करके भी मुन्नू की तबीयत का बहाना लेकर अपने को काट लेती है। अकेले जाना मुझे कुछ अटपटा-सा लगता है। अभी तक तो काम का बहाना लेकर घूम रही थी, पर अब? फिर भी मैं मना नहीं कर पाती। अन्दर जाकर तैयार होती हूँ। मुझे याद आता है, निशीथ को नीला रंग बहुत पसन्द था, मैं नीली साड़ी ही पहनती हूँ। बड़े चाव और सतर्कता से अपना प्रसाधन करती हूँ, और बार-बार अपने को टोकती जाती हूँ—किसको रिझाने के लिए यह सब हो रहा है? क्या यह निरा पागलपन नहीं है?

सीढ़ियों पर निशीथ हल्की-सी मुस्कराहट के साथ कहता है, "इस साड़ी में तुम बहुत सुन्दर लग रही हो।"

मेरा चेहरा तमतमा जाता है; कनपटियाँ सुर्ख हो जाती हैं। मैं सचमुच ही इस वाक्य के लिए तैयार नहीं थी। यह सदा चुप रहने वाला निशीथ बोला भी तो ऐसी बात।

मुझे ऐसी बातें सुनने की ज़रा भी आदत नहीं है। संजय न कभी मेरे कपड़ों पर ध्यान देता है, न ऐसी बातें करता है, जबकि उसे पूरा अधिकार है। और यह बिना अधिकार ऐसी बातें करे?...

पर जाने क्या है कि मैं उस पर नाराज़ नहीं हो पाती हूँ; बल्कि एक पुलकमय सिहरन महसूस करती हूँ। सच, संजय के मुँह से ऐसा वाक्य सुनने को मेरा मन तरसता रहता है, पर उसने कभी ऐसी बात नहीं की। पिछले ढाई साल से मैं संजय के साथ रह रही हूँ। रोज़ ही शाम को हम घूमने जाते हैं। कितनी ही बार मैंने शृंगार किया, अच्छे कपड़े पहने, पर प्रशंसा का एक शब्द भी उसके मुँह से नहीं सुना। इन बातों पर उसका ध्यान ही नहीं जाता; वह देखकर भी जैसे यह सब नहीं देख पाता। इस वाक्य को सुनने के लिए तरसता हुआ मेरा मन जैसे रस से नहा जाता है। पर निशीथ ने यह बात क्यों कही? उसे क्या अधिकार है?

क्या सचमुच ही उसे अधिकार नहीं है?...नहीं है?

जाने कैसी मजबूरी है, कैसी विवशता है कि मैं इस बात का जवाब नहीं दे पाती हूँ। निश्चयात्मक दृढ़ता से नहीं कह पाती कि साथ चलते इस व्यक्ति को सचमुच ही मेरे विषय में ऐसी अवांछित बात कहने का कोई अधिकार नहीं है।

हम दोनों टैक्सी में बैठते हैं। मैं सोचती हूँ, आज मैं इसे संजय की बात बता दूँगी।

"स्काई रूम!" निशीथ टैक्सी वाले को आदेश देता है।

'टुन' की घण्टी के साथ मीटर डाउन होता है और टैक्सी हवा से बात करने लगती है। निशीथ बहुत सतर्कता से कोने में बैठा है, बीच में इतनी जगह छोड़कर कि यदि हिचकोला खाकर भी टैक्सी रुके, तो हमारा स्पर्श न हो। हवा के झोंके से मेरी रेशमी साड़ी का पल्लू उसके समूचे बदन को स्पर्श करता हुआ उसकी गोदी में पड़कर फरफराता है। वह उसे हटाता नहीं है। मुझे लगता है, यह रेशमी, सुवासित पल्लू उसके तन-मन को रस में भिगो रहा है, यह स्पर्श उसे पुलकित कर रहा है, मैं विजय के अकथनीय आह्लाद से भर जाती हूँ!

आज भी मैं संजय की बात नहीं कह पाती। चाहकर भी नहीं कर पाती। अपनी इस विवशता पर मुझे खीज भी आती है, पर मेरा मुँह है कि खुलता नहीं। मुझे लगता है कि मैं जैसे कोई बहुत बड़ा अपराध कर रही होऊँ; पर फिर भी मैं कुछ नहीं कह पाती!

यह निशीथ कुछ बोलता क्यों नहीं? उसका यों कोने में दुबककर निर्विकार भाव से बैठे रहना मुझे कतई अच्छा नहीं लगता। एकाएक ही मुझे संजय की याद आने लगती है। इस समय वह यहाँ होता तो उसका हाथ मेरी कमर में लिपटा होता! यों सड़क पर ऐसी हरकतें मुझे स्वयं पसन्द नहीं; पर जाने क्यों, किसी की बाँहों की लपेट के लिए मेरा मन ललक उठता है। मैं जानती हूँ कि जब निशीथ बग़ल में बैठा हो, उस समय ऐसी इच्छा करना या ऐसी बात सोचना भी कितना अनुचित है। पर मैं क्या करूँ? जितनी द्रुतगति से टैक्सी चली जा रही है, मुझे लगता है, उतनी ही द्रुतगति से मैं भी बही जा रही हूँ, अनुचित, अवांछित दिशाओं की ओर।

टैक्सी झटका खाकर रुकती है तो मेरी चेतना लौटती है। मैं जल्दी से दाहिनी ओर का फाटक खोलकर कुछ इस हड़बड़ी से उतर पड़ती हूँ; मानो अन्दर निशीथ मेरे साथ कोई बदतमीजी कर रहा हो।

"अजी, इधर से उतरना चाहिए कभी।" टैक्सीवाला कहता है तो मुझे अपनी गलती का भान होता है। उधर निशीथ खड़ा है, इधर मैं, बीच में टैक्सी!

पैसे लेकर टैक्सी चली जाती है तो हम दोनों एक-दूसरे के आमने-सामने हो जाते हैं। एकाएक ही मुझे ख़याल आता है कि टैक्सी के पैसे आज तो मुझे ही देने चाहिए थे, पर अब क्या हो सकता था? चुपचाप हम दोनों अन्दर जाते हैं। आसपास बहुत कुछ है, चहल-पहल, रोशनी, रौनक। पर मेरे लिए जैसे सबका

अस्तित्व ही मिट जाता है। मैं अपने को सबकी नज़रों से ऐसे बचाकर चलती हूँ, मानो मैंने कोई अपराध कर डाला हो, और कोई मुझे पकड़ न ले।

क्या सचमुच ही मुझसे कोई अपराध हो गया है?

हम दोनों आमने-सामने बैठ जाते हैं। मैं होस्ट हूँ, फिर भी उसका पार्ट वही अदा कर रहा है। वही ऑर्डर देता है। बाहर की हलचल और उससे अधिक मन की हलचल में मैं अपने को खोया-खोया-सा महसूस करती हूँ।

हम दोनों के सामने बैरा कोल्ड कॉफ़ी के गिलास और खाने का कुछ सामान रख जाता है। मुझे बार-बार लगता है कि निशीथ कुछ कहना चाह रहा है। मैं उसके होठों की धड़कन तक महसूस करती हूँ। वह जल्दी से कॉफ़ी का स्ट्रॉ मुँह से लगा लेता है।

मूर्ख कहीं का! वह सोचता है, मैं बेवकूफ़ हूँ। मैं अच्छी तरह जानती हूँ कि इस समय वह क्या सोच रहा है?

तीन दिन साथ रहकर भी हमने उस प्रसंग को नहीं छेड़ा। शायद नौकरी की बात ही हमारे दिमाग़ों पर छायी हुई थी। पर आज...आज अवश्य ही वह बात आयेगी! न आये, यह कितना अस्वाभाविक है! पर नहीं, स्वाभाविक शायद यही है! तीन साल पहले जो अध्याय सदा के लिए बन्द हो गया, उसे उलटकर देखने का साहस शायद हम दोनों में से किसी में नहीं है? जो सम्बन्ध टूट गये, टूट गये। अब उन पर कौन बात करे? मैं तो कभी नहीं करूँगी, पर उसे तो करनी चाहिए। तोड़ा उसने था, बात भी वही आरम्भ करे। मैं क्यों करूँ, और मुझे क्या पड़ी है? मैं तो जल्दी ही संजय से विवाह करने वाली हूँ। क्यों नहीं मैं इसे अभी संजय की बात बता देती? पर जाने कैसी विवशता है, जाने कैसा मोह है कि मैं मुँह नहीं खोल पाती। एकाएक मुझे लगता है जैसे उसने कुछ कहा...

"आपने कुछ कहा?"

"नहीं तो!"

मैं खिसिया जाती हूँ।

फिर वही मौन! खाने में मेरा ज़रा भी मन नहीं लग रहा है; पर यन्त्रचलित-सी मैं खा रही हूँ। शायद वह भी ऐसे ही खा रहा है। मुझे फिर लगता है कि उसके होंठ फड़क रहे हैं, और स्ट्रॉ पकड़े हुए उँगलियाँ काँप रही हैं। मैं जानती हूँ, वह पूछना चाहता है—दीपा, तुमने मुझे माफ़ तो कर दिया न?

वह पूछ ही क्यों नहीं लेता? मान लो, यदि पूछ ही ले, तो क्या मैं कह सकूँगी कि मैं तुम्हें ज़िन्दगी-भर माफ़ नहीं कर सकती, मैं तुमसे नफ़रत करती हूँ,

मैं तुम्हारे साथ घूम-फिर ली, या कॉफ़ी पी ली, तो यह मत समझो कि मैं तुम्हारे विश्वासघात की बात को भूल गयी हूँ?

और एकाएक ही पिछला सब कुछ मेरी आँखों के आगे तैरने लगता है। पर यह क्या? असह्य अपमानजनित पीड़ा, क्रोध और कटुता क्यों नहीं याद आती? मेरे सामने तो पटना में गुजारी सुहानी सन्ध्याओं और चाँदनी रातों के वे चित्र उभर आते हैं, जब घण्टों समीप बैठे, मौन-भाव से हम एक-दूसरे को निहारा करते थे। बिना स्पर्श किये भी जाने कैसी मादकता तन-मन को विभोर किये रहती थी, जाने कैसी तन्मयता में हम डूबे रहते थे...एक विचित्र-सी, स्वप्निल दुनिया में!...मैं कुछ बोलना भी चाहती तो वह मेरे मुँह पर उँगली रख कर कहता, ''आत्मीयता के ये क्षण अनकहे ही रहने दो, दीपा!''

आज भी तो हम मौन ही हैं, एक-दूसरे के निकट ही हैं। क्या आज भी आत्मीयता के उन्हीं क्षणों में गुज़र रहे हैं? मैं अपनी सारी शक्ति लगाकर चीख पड़ना चाहती हूँ, नहीं!...नहीं!...नहीं!...पर कॉफ़ी सिप करने के अतिरिक्त मैं कुछ नहीं कर पाती। मेरा यह विरोध हृदय की न जाने कौन-सी अतल गहराइयों में डूब जाता है!

निशीथ मुझे बिल नहीं देने देता। एक विचित्र-सी भावना मेरे मन में उठती है कि छीना-झपटी में किसी तरह मेरा हाथ इसके हाथ से छू जाये! मैं अपने स्पर्श से उसके मन के तारों को झनझना देना चाहती हूँ, पर वैसा अवसर नहीं आता। बिल वही देता है, मुझसे तो विरोध भी नहीं किया जाता।

मन में प्रचण्ड तूफ़ान! पर फिर भी निर्विकार भाव से मैं टैक्सी में आकर बैठती हूँ...फिर वही मौन, वही दूरी। पर जाने क्या है कि मुझे लगता है कि निशीथ मेरे बहुत निकट आ गया है, बहुत ही निकट! बार-बार मेरा मन करता है कि क्यों नहीं निशीथ मेरा हाथ पकड़ लेता, क्यों नहीं मेरे कन्धे पर हाथ रख देता? मैं ज़रा भी बुरा नहीं मानूँगी, ज़रा भी नहीं! पर वह कुछ भी नहीं करता।

सोते समय रोज़ की तरह मैं आज भी संजय का ध्यान करते हुए ही सोना चाहती हूँ, पर निशीथ है कि बार-बार संजय की आकृति को हटाकर स्वयं आ खड़ा होता है...

कलकत्ता

अपनी मजबूरी पर खीज-खीज जाती हूँ। आज कितना अच्छा मौक़ा था सारी बात बता देने का! पर मैं जाने कहाँ भटकी थी कि कुछ भी नहीं बता पायी।

शाम को मुझे निशीथ अपने साथ 'लेक' ले गया। पानी के किनारे हम घास पर बैठ गये। कुछ दूर पर काफ़ी भीड़-भाड़ और चहल-पहल थी, पर यह स्थान

अपेक्षाकृत शान्त था। सामने लेक के पानी में छोटी लहरें उठ रही हैं। चारों ओर के वातावरण का कुछ विचित्र-सा भाव मन पर पड़ रहा था।

"अब तो तुम यहाँ आ जाओगी!" मेरी ओर देखकर उसने कहा।

"हाँ!"

"नौकरी के बाद क्या इरादा है?"

मैंने देखा, उसकी आँखों में कुछ जानने की आतुरता फैलती जा रही है, शायद कुछ कहने को भी। मुझसे कुछ जानकर वह अपनी बात कहेगा।

"कुछ नहीं!" जाने क्यों मैं यह कह गयी? कोई है जो मुझे कचोटे डाल रहा है। क्यों नहीं मैं बता देती कि नौकरी के बाद मैं संजय से विवाह करूँगी, मैं संजय से प्रेम करती हूँ, वह भी मुझसे प्रेम करता है? वह बहुत अच्छा है, बहुत ही! वह मुझे तुम्हारी तरह धोखा नहीं देगा; पर मैं कुछ भी तो नहीं कह पाती। अपनी इस बेबसी पर मेरी आँखें छलछला आती हैं। मैं दूसरी ओर मुँह फेर लेती हूँ।

"तुम्हारे यहाँ आने से मैं बहुत ख़ुश हूँ!"

मेरी साँस जहाँ-की-तहाँ रुक जाती है आगे के शब्द सुनने के लिए; पर शब्द नहीं आते। बड़ी कातर, करुण और याचना-भरी दृष्टि से मैं उसे देखती हूँ, मानो कह रही होऊँ कि तुम कह क्यों नहीं देते, निशीथ, कि आज भी तुम मुझे प्यार करते हो, तुम मुझे सदा अपने पास रखना चाहते हो, जो कुछ हो गया है, उसे भूल कर तुम मुझसे विवाह करना चाहते हो! कह दो निशीथ, कह दो!...यह सुनने के लिए मेरा मन अकुला रहा है, छटपटा रहा है! मैं बुरा नहीं मानूँगी, ज़रा भी बुरा नहीं मानूँगी। मान ही कैसे सकती हूँ, निशीथ! इतना सब हो जाने के बाद भी शायद मैं तुम्हें प्यार करती हूँ—शायद नहीं, सचमुच ही मैं तुम्हें प्यार करती हूँ!

मैं जानती हूँ—तुम कुछ नहीं कहोगे, सदा के ही मितभाषी जो हो। फिर भी कुछ सुनने की आतुरता लिये मैं तुम्हारी तरफ़ देखती रहती हूँ। पर तुम्हारी नज़र तो लेक के पानी पर जमी हुई है...शान्त, मौन!

आत्मीयता के ये क्षण अनकहे भले ही रह जायें, पर अनबूझे नहीं रह सकते। तुम चाहे न कहो, पर मैं जानती हूँ, तुम आज भी मुझे प्यार करते हो, बहुत प्यार करते हो! मेरे कलकत्ता आ जाने के बाद इस टूटे सम्बन्ध को फिर से जोड़ने की बात ही तुम इस समय सोच रहे हो। तुम आज भी मुझे अपना ही समझते हो, तुम जानते हो, आज भी दीपा तुम्हारी है!...और मैं?

लगता है, इस प्रश्न का उत्तर देने का साहस मुझमें नहीं है। मुझे डर है कि जिस आधार पर मैं तुमसे नफ़रत करती थी, उसी आधार पर कहीं मुझे अपने से नफ़रत न करनी पड़े।

लगता है, रात आधी से भी अधिक ढल गयी है।

कानपुर

मन में उत्कट अभिलाषा होते हुए भी निशीथ की आवश्यक मीटिंग की बात सुन कर मैंने कह दिया था कि तुम स्टेशन मत आना। इरा आयी थी; पर गाड़ी पर बिठाकर ही चली गयी, या कहूँ कि मैंने जबर्दस्ती ही उसे भेज दिया। मैं जानती थी कि लाख मना करने पर भी निशीथ आयेगा और विदा के उन अन्तिम क्षणों में मैं उसके साथ अकेली ही रहना चाहती थी। मन में एक दबी-सी आशा थी कि चलते समय ही शायद वह कुछ कह दे।

गाड़ी चलने में जब दस मिनट रह गये तो देखा, बड़ी व्यग्रता से डिब्बों में झाँकता-झाँकता निशीथ आ रहा था।...पागल! उसे इतना तो समझना चाहिए कि उसकी प्रतीक्षा में मैं यहाँ बाहर खड़ी हूँ!

मैं दौड़कर उसके पास जाती हूँ—"आप क्यों आये?" पर मुझे उसका आना बड़ा अच्छा लगता है! वह बहुत थका हुआ लग रहा है। शायद सारा दिन बहुत व्यस्त रहा और दौड़ता-दौड़ता मुझे सी-ऑफ करने यहाँ आ पहुँचा। मन करता है कुछ ऐसा करूँ, जिससे इसकी सारी थकान दूर हो जाये, पर क्या करूँ? हम डिब्बे के पास आ जाते हैं।

"जगह अच्छी मिल गयी?" वह अन्दर झाँकते हुए पूछता है।

"हाँ!"

"पानी-वानी तो है?"

"है।"

"बिस्तर फैला लिया?"

मैं खीज पड़ती हूँ। वह शायद समझ जाता है, सो चुप हो जाता है। हम दोनों एक क्षण को एक-दूसरे की ओर देखते हैं। मैं उसकी आँखों में विचित्र-सी छायाएँ देखती हूँ। मानो कुछ है, जो उसके मन में घुट रहा है, उसे मथ रहा है, पर वह कह नहीं पा रहा है। वह क्यों नहीं कह देता? क्यों नहीं अपने मन की इस घुटन को हल्का कर लेता?

"आज भीड़ विशेष नहीं है"? चारों ओर नजर डालकर वह कहता है।

मैं भी एक बार चारों ओर देख लेती हूँ, पर नज़र मेरी बार-बार घड़ी पर ही जा रही है। जैसे-जैसे समय सरक रहा है, मेरा मन किसी गहरे अवसाद में डूब रहा है। मुझे कभी उस पर दया आती है तो कभी खीज। गाड़ी चलने में केवल तीन मिनट बाकी रह गये हैं। एक बार फिर हमारी नज़रें मिलती हैं।

"ऊपर चढ़ जाओ, अब गाड़ी चलने वाली है।"

बड़ी असहाय-सी नज़र से मैं उसे देखती हूँ; मानो कह रही होऊँ, तुम्हीं चढ़ा दो। ...और फिर धीरे-धीरे चढ़ जाती हूँ। दरवाज़े पर मैं खड़ी हूँ और वह नीचे प्लेटफॉर्म पर।

"जाकर पहुँच ने की ख़बर देना। जैसे ही मुझे इधर कुछ निश्चित रूप से मालूम होगा, तुम्हें सूचना दूँगा।"

मैं कुछ बोलती नहीं। बस, उसे देखती रहती हूँ...

सीटी...हरी झण्डी...फिर सीटी। मेरी आँखें छलछला आती हैं।

गाड़ी एक हल्के-से झटके के साथ सरकने लगती है। वह गाड़ी के साथ क़दम आगे बढ़ाता है और मेरे हाथ पर धीरे-से अपना हाथ रख देता है। मेरा रोम-रोम सिहर उठता है। मन करता है चिल्ला पड़ँई—मैं सब समझ गयी, निशीथ। सब समझ गयी! जो कुछ तुम इन चार दिनों में नहीं कह पाये, वह तुम्हारे इस क्षणिक स्पर्श ने कह दिया। विश्वास करो, यदि तुम मेरे हो तो मैं भी तुम्हारी हूँ; केवल तुम्हारी, एकमात्र तुम्हारी!...पर मैं कुछ कह नहीं पाती। बस, साथ चलते निशीथ को देखती भर रहती हूँ। गाड़ी के गति पकड़ते ही वह हाथ को ज़रा-सा दबाकर छोड़ देता है। मेरी छलछलाई आँखें मुँद जाती हैं। मुझे लगता है, यह स्पर्श, यह सुख, यह क्षण ही सत्य है, बाकी सब झूठ है; अपने को भूलने का, भरमाने का, छलने का असफल प्रयास है।

आँसू-भरी आँखों से मैं प्लेटफॉर्म को पीछे छूटता हुआ देखती हूँ। सारी आकृतियाँ धुँधली-सी दिखाई देती हैं। असंख्य हिलते हुए हाथों के बीच निशीथ के हाथ को, उस हाथ को, जिसने मेरा हाथ पकड़ा था, ढूँढ़ने का असफल-सा प्रयास करती हूँ। गाड़ी प्लेटफॉर्म को पार कर जाती है, और दूर-दूर तक कलकत्ता की जगमगाती बत्तियाँ दिखाई देती हैं। धीरे-धीरे वे सब भी दूर हो जाती हैं, पीछे छूटती जाती हैं। मुझे लगता है, यह दैत्याकार ट्रेन मुझे मेरे घर से कहीं दूर ले जा रही है—अनदेखी, अनजानी राहों में गुमराह करने के लिए, भटकाने के लिए!

बोझिल मन से मैं अपने फैलाये हुए बिस्तर पर लेट जाती हूँ। आँखें बन्द करते ही सबसे पहले मेरे सामने संजय का चित्र उभरता है...कानपुर जाकर मैं उसे क्या कहूँगी? इतने दिनों तक उसे छलती आयी, अपने को छलती आयी, पर अब नहीं।...मैं उसे सारी बात समझा दूँगी। कहूँगी, संजय, जिस सम्बन्ध को टूटा हुआ जानकर मैं भूल चुकी थी, उसकी जड़ें हृदय की किन अतल गहराइयों में जमी हुई थीं, इसका एहसास कलकत्ता में निशीथ से मिलकर हुआ। याद आता है, तुम निशीथ को लेकर सदैव ही संदिग्ध रहते थे, पर तब मैं ईर्ष्यालु समझती थी; आज स्वीकार करती हूँ कि तुम जीते, मैं हारी!

सच मानना संजय, ढाई साल मैं स्वयं भ्रम में थी और तुम्हें भी भ्रम में डाल रखा था; पर आज भ्रम के, छलना के सारे ही जाल छिन्न-भिन्न हो गये हैं। मैं आज भी निशीथ को प्यार करती हूँ। और यह जानने के बाद, एक दिन भी तुम्हारे साथ और छल करने का दुस्साहस कैसे करूँ? आज पहली बार मैंने अपने सम्बन्धों का विश्लेषण किया, तो जैसे सब कुछ ही स्पष्ट हो गया और जब मेरे सामने सब कुछ स्पष्ट हो गया, तो तुमसे कुछ भी नहीं छिपाऊँगी, तुम्हारे सामने मैं चाहूँ तो भी झूठ नहीं बोल सकती।

आज लग रहा है, तुम्हारे प्रति मेरे मन में जो भी भावना है वह प्यार की नहीं, केवल कृतज्ञता की है। तुमने मुझे उस समय सहारा दिया था, जब अपने पिता और निशीथ को खोकर मैं चूर-चूर हो चुकी थी। सारा संसार मुझे वीरान नज़र आने लगा था, उस समय तुमने अपने स्नेहिल स्पर्श से मुझे जिला दिया; मेरा मुरझाया, मरा मन हरा हो उठा; मैं कृतकृत्य हो उठी और समझने लगी कि मैं तुमसे प्यार करती हूँ। पर प्यार की बेसुध घड़ियाँ, वे विभोर क्षण, तन्मयता के वे पल, जहाँ शब्द चुक जाते हैं, हमारे जीवन में कभी नहीं आये। तुम्हीं बताओ, आये कभी? तुम्हारे असंख्य आलिंगनों और चुम्बनों के बीच भी, एक क्षण के लिए भी तो मैंने कभी तन-मन की सुध बिसरा देने वाली पुलक या मादकता का अनुभव नहीं किया।

सोचती हूँ, निशीथ के चले जाने के बाद मेरे जीवन में एक विराट् शून्यता आ गयी थी, एक खोखलापन आ गया था, तुमने उसकी पूर्ति की। तुम पूरक थे, मैं ग़लती से तुम्हें प्रियतम समझ बैठी।

मुझे क्षमा कर दो संजय और लौट जाओ। तुम्हें मुझ जैसी अनेक दीपाएँ मिल जायेंगी, जो सचमुच ही तुम्हें प्रियतम की तरह प्यार करेंगी। आज एक बात अच्छी तरह जान गयी हूँ कि प्रथम प्रेम ही सच्चा प्रेम होता है; बाद में किया हुआ प्रेम तो अपने को भूलने का, भरमाने का प्रयास मात्र होता है...

इसी तरह की असंख्य बातें मेरे दिमाग़ में आती हैं, जो मैं संजय से कहूँगी। कह सकूँगी यह सब? लेकिन कहना तो होगा ही। उसके साथ अब एक दिन भी छल नहीं कर सकती। मन से किसी और की आराधना करके तन से उसकी होने का अभिनय करती रहूँ? छीः। नहीं जानती, यही सब सोचते-सोचते मुझे कब नींद आ गयी। लौटकर अपना कमरा खोलती हूँ, तो देखती हूँ, सब कुछ ज्यों-का-त्यों है, सिर्फ़ फूलदान के रजनीगन्धा मुरझा गये हैं। कुछ फूल झर कर ज़मीन पर इधर-उधर भी बिखर गये हैं।

आगे बढ़ती हूँ तो ज़मीन पर पड़ा एक लिफ़ाफ़ा दिखाई देता है। संजय की लिखाई है, खोला तो छोटा-सा पत्र था :

दीपा,

तुमने तो कलकत्ता जाकर कोई सूचना ही नहीं दी। मैं आज ऑफ़िस के काम से कटक जा रहा हूँ। पाँच-छह दिन में लौट आऊँगा। तब तक तुम आ ही जाओगी। जानने को उत्सुक हूँ कि कलकत्ता में क्या हुआ?

तुम्हारा, संजय।

एक लम्बा निःश्वास निकल जाता है। लगता है, एक बड़ा बोझ हट गया। इस अवधि में तो मैं अपने को अच्छी तरह तैयार कर लूँगी।

नहा-धोकर सबसे पहले मैं निशीथ को पत्र लिखती हूँ। उसकी उपस्थिति से जो हिचक मेरे होंठ बन्द किये हुए थी, दूर रहकर वह अपने-आप ही टूट जाती है। मैं स्पष्ट शब्दों में लिख देती हूँ कि चाहे उसने कुछ नहीं कहा, फिर भी सब कुछ समझ गयी हूँ। साथ ही, यह भी लिख देती हूँ कि मैं उसकी उस हरकत से बहुत दुःखी थी, बहुत नाराज़ भी; पर उसे देखते ही जैसे सारा क्रोध बह गया। इस अपनत्व में क्रोध भला टिक भी कैसे पाता? लौटी हूँ, तब से न जाने कैसी रंगीनी और मादकता मेरी आँखों के आगे छायी है...!

एक ख़ूबसूरत से लिफ़ाफ़े में उसे बन्द करके मैं स्वयं पोस्ट करने जाती हूँ।

रात में सोती हूँ तो अनायास ही मेरी नज़र सूने फूलदान पर जाती है। मैं करवट बदलकर सो जाती हूँ।

कानपुर

आज निशीथ को पत्र लिखे चौथा दिन है। मैं तो कल ही उसके पत्र की राह देख रही थी, पर आज की भी दोनों डाकें निकल गयीं। जाने कैसा सूना-सूना, अनमना-अनमना लगता रहा सारा दिन! किसी भी काम में जी नहीं लगता। क्यों नहीं लौटती डाक से ही उत्तर दे दिया उसने? समझ में नहीं आता, कैसे समय गुज़ारूँ!

मैं बाहर बालकनी में जाकर खड़ी हो जाती हूँ। एकाएक ख़याल आता है, पिछले ढाई सालों से क़रीब इसी समय, यहीं खड़े होकर मैंने संजय की प्रतीक्षा की है। क्या आज मैं संजय की प्रतीक्षा कर रही हूँ? या मैं निशीथ के पत्र की प्रतीक्षा कर रही हूँ? शायद किसी की नहीं, क्योंकि जानती हूँ कि दोनों में से कोई भी नहीं आयेगा। फिर?

निरुद्देश्य-सी कमरे में लौट पड़ती हूँ। शाम का समय मुझसे घर में नहीं काटा जाता। रोज़ ही तो संजय के साथ घूमने निकल जाया करती थी। लगता है; यहीं बैठी रही तो दम ही घुट जायेगा। कमरा बन्द करके मैं अपने को धकेलती-सी सड़क पर ले आती हूँ!...शाम का धुँधलका मन के बोझ को और भी बढ़ा देता है। कहाँ जाऊँ? लगता है, जैसे मेरी राहें भटक गयी हैं, मंज़िल खो गयी है। मैं स्वयं नहीं जानती, आख़िर मुझे जाना कहाँ है। फिर भी निरुद्देश्य-सी चलती रहती हूँ। पर आख़िर कब तक यों भटकती रहूँ? हारकर लौट पड़ती हूँ।

आते ही मेहता साहब की बच्ची तार का एक लिफ़ाफ़ा देती है।

धड़कते दिल से मैं उसे खोलती हूँ। इरा का तार था।

'नियुक्ति हो गयी है। बधाई!'

इतनी बड़ी ख़ुशख़बरी पाकर भी जाने क्या है कि ख़ुश नहीं हो पाती। यह ख़बर तो निशीथ भेजने वाला था। एकाएक ही एक विचार मन में आता है; क्या जो कुछ मैं सोच गयी, वह निरा भ्रम ही था, मात्र मेरी कल्पना, मेरा अनुमान? नहीं-नहीं! उस स्पर्श को मैं भ्रम कैसे मान लूँ, जिसने मेरे तन-मन को डुबो दिया था, जिसके द्वारा उसके हृदय की एक-एक परत मेरे सामने खुल गयी थी?...लेक पर बिताये उन मधुर क्षणों को कैसे भ्रम मान लूँ, जहाँ उसका मौन ही मुखरित होकर सब कुछ कह गया था? आत्मीयता के वे अनकहे-क्षण! तो फिर उसने पत्र क्यों नहीं लिखा? क्या कल उसका पत्र आयेगा? क्या आज भी उसे वही हिचक रोके हुए है?

तभी सामने की घड़ी टन्-टन् करके नौ बजाती है। मैं उसे देखती हूँ। यह संजय की लायी हुई है।...लगता है, जैसे यह घड़ी घंटे सुना-सुना कर मुझे संजय की याद दिला रही है। फहराते ये हरे पर्दे, यह हरी बुक-रैक, यह टेबल, यह फूलदान, सभी तो संजय के ही लाये हुए हैं। मेज़ पर रखा यह पेन उसने मुझे सालगिरह पर लाकर दिया था।

अपनी चेतना के इन बिखरे सूत्रों को समेटकर मैं फिर पढ़ने का प्रयास करती हूँ, पर पढ़ नहीं पाती। हारकर मैं पलंग पर लेट जाती हूँ।

सामने के फूलदान का सूनापन मेरे मन के सूनेपन को और अधिक बढ़ा देता है। मैं कसकर आँखें मूँद लेती हूँ।...एक बार फिर मेरी आँखों के आगे लेक का स्वच्छ, नीला जल उभर आता है, जिसमें छोटी-छोटी लहरें उठ रही थीं। उस जल की ओर देखते हुए निशीथ की आकृति उभरकर आती है। वह लाख जल की ओर देखे; पर चेहरे पर अंकित उसके मन की हलचल को मैं आज भी, इतनी दूर रहकर भी महसूस करती हूँ। कुछ न कह पाने की मजबूरी, उसकी विवशता,

उसकी घुटन आज भी मेरे सामने साकार हो उठती है। धीरे-धीरे लेक के पानी का विस्तार सिमटता जाता है, और एक छोटी-सी राइटिंग टेबल में बदल जाता है, और मैं देखती हूँ कि एक हाथ में पेन लिये और दूसरे हाथ की उँगलियों को बालों में उलझाये निशीथ बैठा है...वही मजबूरी, वही विवशता, वही घुटन लिये।...वह चाहता है; पर जैसे लिख नहीं पाता। वह कोशिश करता है, पर उसका हाथ बस काँपकर रह जाता है।...ओह! लगता है, उसकी घुटन मेरा दम घोंट कर रख देगी।...मैं एकाएक ही आँखें खोल देती हूँ। वही फूलदान, पर्दे, मेज़, घड़ी...!

कानपुर

आख़िर आज निशीथ का पत्र आ गया। धड़कते दिल से मैंने उसे खोला। इतना छोटा-सा पत्र!

प्रिय दीपा,

तुम अच्छी तरह पहुँच गयीं, यह जानकर प्रसन्नता हुई।

तुम्हें अपनी नियुक्ति का तार तो मिल ही गया होगा। मैंने कल ही इरा जी को फ़ोन करके सूचना दे दी थी, और उन्होंने बताया था कि वे तार दे देंगी। ऑफ़िस की ओर से भी सूचना मिल जायेगी।

इस सफलता के लिए मेरी ओर से हार्दिक बधाई स्वीकार करना। सच, मैं बहुत ख़ुश हूँ कि तुम्हें यह काम मिल गया! मेहनत सफल हो गयी।

शेष फिर।

शुभेच्छु,
निशीथ

बस? धीरे-धीरे पत्र के सारे शब्द आँखों के आगे लुप्त हो जाते हैं, रह जाता है केवल—'शेष फिर!'

तो अभी उसके पास 'कुछ' लिखने को शेष है? क्यों नहीं लिख दिया उसने अभी? क्या लिखेगा वह?

"दीप!"

मैं मुड़कर दरवाज़े की ओर देखती हूँ। रजनीगन्धा के ढेर सारे फूल लिये मुस्कराता-सा संजय खड़ा है। एक क्षण मैं संज्ञाशून्य-सी उसे इस तरह देखती हूँ, मानो पहचानने की कोशिश कर रही होऊँ। वह आगे बढ़ता है, तो मेरी खोयी हुई चेतना लौटती है, और विक्षिप्त-सी दौड़कर मैं उससे लिपट जाती हूँ।

"क्या हो गया है तुम्हें, पागल हो गयी हो क्या?"

"तुम कहाँ चले गये थे, संजय?" और मेरा स्वर टूट जाता है। अनायास ही आँखों से आँसू बह चलते हैं।

"क्या हो गया? कलकत्ता का काम नहीं मिला क्या?...मारो भी गोली काम को। तुम इतनी परेशान क्यों हो रही हो उसके लिए?"

पर मुझसे कुछ नहीं बोला जाता। बस, मेरी बाँहों की जकड़ कसती जाती है, कसती जाती है। रजनीगन्धा की महक धीरे-धीरे मेरे तन-मन पर छा जाती है। तभी मैं अपने भाल पर संजय के अधरों का स्पर्श महसूस करती हूँ, और मुझे लगता है, यह स्पर्श, यह सुख, यह क्षण ही सत्य है, वह सब झूठ था, मिथ्या था, भ्रम था...।

और हम दोनों एक-दूसरे के आलिंगन में बँधे रहते हैं—चुम्बित, प्रति-चुम्बित!

मकर छुद्रक

•

मैक्सिम गोर्की

चारों तरफ़ फैले हुए लम्बे-चौड़े मैदान में शीतकालीन पवन, दूर समुद्र-तट पर टकराने वाली लहरों की नीरस मर्मर ध्वनि अपने साथ लिए हुए, बह रहा था। पवन मुरझाई हुई पीली पत्तियों का ढेर जब-तब अपने साथ बटोर लाकर डेरे में जलती हुई आग में झोंक देता था, जिससे लपट तेज हो उठती थी। चारों तरफ़ फैले हुए अन्धकार में एक कँपकँपी दौड़ जाती थी। उस क्षणिक प्रकाश में दाहिनी ओर क्षितिज तक फैले हुए मैदान और दायीं तरफ़ हरहराते सीमाहीन समुद्र के बीच हमें अपनी एकान्त निर्जनता का अच्छी तरह भास हो जाता था, साथ ही हमारी आँखों के सामने उस बुड्ढे जिप्सी मकर छुद्रक का चेहरा भी चमक उठता था, जिसे डेरे के साथ आये हुए घोड़ों की देखभाल करने की ज़िम्मेदारी सौंपी गयी थी।

मालूम पड़ता था, उस बुड्ढे जिप्सी का ध्यान इस ठिठुरा देने वाले पवन की ओर नहीं था, जो उसके लबादे को झकझोरता हुआ उसकी घने बालों वाली कठोर छाती से टकरा रहा था। वह मुझसे बिना रुके एक प्रवाह में बातें करने लगा।

"तुम हम लोगों के दल में शामिल हो रहे हो! बहुत अच्छा किया। होता वही है जो हमारी तकदीर में लिखा होता है। फिर भी हमें चाहिए कि हम आँखें खोलकर घूमें, दुनिया देखें और दुनिया देखने के बाद चादर तानकर लेट जायें और मर जायें। बस, यही सब कुछ है!"

"आदमी भी क्या तमाशे के हैं!" उसने बलिष्ठ भुजाएँ लम्बे-चौड़े मैदान की ओर फैला दीं, "दुनिया में इतनी जगह पड़ी है, फिर भी एक ही जगह इकट्ठा होकर ज़रा-सी ज़मीन के लिए मरने-मारने के लिए तैयार हो जायेंगे। अधिक-से-अधिक मेहनत करेंगे, लेकिन किस वास्ते, किसके लिए—यह कोई नहीं जानता। तुम ख़ुद हल चलाने वाले किसान की ओर देखो, तुम्हें सब कुछ समझ में आ जायेगा। पहले तो वह धरती जोतने में अपनी शक्ति गँवाता है और अन्त में मरने पर

उसी खेत में सो जाता है, सड़ जाता है। उसका कुछ भी अवशेष नहीं बचता। वह अपनी पसीने की कमाई का उपभोग नहीं कर पाता। जैसे जन्मा था, वैसे ही मर जाता है—मूर्ख कहीं का!''

''क्या वह इसीलिए जन्मा था कि पहले तो ज़मीन खोदता रहे और फिर अपनी क़ब्र तैयार करने से भी पहले टाँग पसार दे? क्या उसने कभी आज़ादी का अनुभव किया? क्या उसने कभी इस लम्बे-चौड़े मैदान को पहचाना? इस विशालकाय समुद्र की मर्मर ध्वनि को सुना? क्या सुनकर कभी उसका हृदय प्रसन्न हुआ? हिः! पैदा होने के समय भी ग़ुलाम था और ज़िन्दगी-भर ग़ुलाम बना रहा। बस, यही ग़ुलामी का पट्टा उसके लिए सब कुछ है! वह कभी अपने लिए कुछ नहीं कर पाता।''

''और मुझे देखो! मेरे इन पके बालों ने ज़िन्दगी के पचास वसन्त देखे हैं। अगर तुम मेरी जीवन-कथा लिखने बैठो तो पोथी रंग जायेगी और फिर भी कुछ-न-कुछ बचा ही रहेगा। तुम मुझे ऐसे किसी नगर का नाम बताओ, जो मैंने न देखा हो? तुमने तो उन नगरों का नाम भी न सुना होगा जो मैंने देखे हैं। बस, ज़िन्दगी में ऐसे ही रहना चाहिए—सदा घूमते रहो, प्रत्येक स्थान पर थोड़ी देर के लिए ठहरो, बस। जिस प्रकार रात और दिन का क्रम सदा चला करता है, उसी प्रकार तुम भी चलते रहो। ज़िन्दगी के बारे में कभी कुछ मत सोचो, अगर तुम अपना दिमाग़ नहीं ख़राब करना चाहते हो। यही मेरी सलाह है। तुम ज़िन्दगी के बारे में जितना विचार करोगे, तुम उससे उतनी ही घृणा करने लगोगे। यही होता है। मैं स्वयं अनुभव कर चुका हूँ। सच, मैं ज़िन्दगी देख चुका हूँ।''

मैं जेल में रह चुका हूँ। वहाँ सोचने-विचारने का बहुत समय मिलता था : इस दुनिया में मैं क्यों पैदा हुआ? मैं अपने से प्रश्न किया करता। मैं ये सब बातें सिर्फ़ वहाँ वक़्त काटने के लिए सोचा करता था; क्योंकि वहाँ वक़्त नहीं कटता था। इन बातों पर विचार करने से मेरा हृदय और भारी हो जाता था।... सच, हम दुनिया में इसीलिए रहते हैं कि रहते आये हैं, बस! क्यों रहते हैं—कौन जानता है? कोई नहीं! और प्रश्न करना व्यर्थ है। अपनी ज़िन्दगी को पूरी तौर से जियो, सदा यहाँ से वहाँ घूमते रहो, अपने चारों ओर आँखें खोलकर देखो! और तब तुम्हें कभी उस वस्तु की इच्छा नहीं होगी जो तुम्हारे पास नहीं है। मैं सच कहता हूँ, मैं यह सब अनुभव कर चुका हूँ।

''हिः! एक बार मेरी एक आदमी से बातचीत हुई....वह भी तुम्हारी ही तरह हट्टा-कट्टा था। वह रूसी था। उसने कहा—तुम्हें अपनी मर्ज़ी के अनुसार नहीं रहना चाहिए, बल्कि उस तरह रहना चाहिए, जिस तरह रहने के लिए ईश्वर

ने आज्ञा दी है। बस, तुम उसके चरणों में अपने आप को अर्पित कर दो और फिर जिस चीज़ की प्रार्थना करोगे, तुम्हें प्राप्त हो जायेगी। और मज़े की बात यह कि उस बेचारे के बदन पर फटा हुआ चीथड़े जैसा लबादा था। मैंने उससे कहा कि तुम प्रार्थना कर अपने लिए नये कपड़े क्यों नहीं प्राप्त कर लेते? इस पर वह मुझसे नाराज़ होकर, गालियाँ देने लगा और अपने रास्ते चला गया। इससे कुछ ही देर पहले वह क्षमा और प्रेम की बात कर रहा था। उसे चाहिए था कि जब मैंने अपनी बात से उसके अहंकार को चोट पहुँचाई तब मुझे क्षमा कर देता! बस, ऐसे ही शिक्षक होते हैं! वे तुम्हें शिक्षा देंगे—'थोड़ा खाओ' और खुद दिन में दस बार खायेंगे...।''

वह आग में थूककर चुप हो गया और अपने पाइप में तम्बाकू भरने लगा। पवन का वेग शान्त होकर अब कराह रहा था। घोड़े अँधेरे में हिनहिना रहे थे। डेरे से, जो हम लोगों से पचास क़दम की दूरी पर था, एक वेदनापूर्ण कण्ठ से आलाप भरने की आवाज़ आ रही थी। वह छुद्रक की सुन्दर बेटी नानका थी, जो गा रही थी। मैं उसकी आवाज़ पहचानता हूँ, जो बड़ी कोमल और कसक-भरी है। व्यथा और अभाव की साकार मूर्ति है। गा क्या रही थी, मानो वह अपने हृदय की पीड़ा उँड़ेल रही थी! अभिमान से छलकती अपनी ख़ूबसूरती में वह कोई रानी मालूम पड़ती है। उसकी गहरी भूरी आँखों में, जिनमें सदैव वेदना की लकीरें छायी रहती हैं, साफ़ झलकता है कि वह अपने अनुपम सौन्दर्य के आकर्षण से भली-भाँति परिचित है, साथ ही उसमें उन लोगों के प्रति घृणा भी है जो उसके समान सुन्दर नहीं हैं।

छुद्रक ने तम्बाकू पीने के लिए पाइप मुझे दिया।

''लो, तमाखू पियो! यह लड़की बहुत अच्छा गाती है! क्यों, तुम्हारा क्या विचार है? अच्छा, इस लड़की के समान कोई सुन्दर लड़की तुम्हें प्यार करे तो तुम पसन्द करोगे? नहीं? ठीक है, ठीक है, तुम सही हो! कभी भी स्त्रियों पर विश्वास मत करना, सदा उनसे दूर रहना। हालाँकि यह बात सही है कि तम्बाकू पीने की अपेक्षा किसी लड़की को चूमना अधिक अच्छा लगता है...लेकिन जहाँ एक बार किसी स्त्री के होंठों को तुमने चूमा, तुम्हारी स्वतन्त्रता छिन जाती है। स्त्री तुम्हें ऐसे पाश में बाँध लेती है जो तुम्हें दिखाई भी नहीं पड़ता और जिससे तुम मुक्त भी नहीं हो पाते। तुम अपनी आत्मा तक उसे भेंट चढ़ा देते हो और बदले में कुछ नहीं मिलता। मेरी यह सलाह गाँठ में बाँध लो। स्त्रियों से सदैव सावधान रहना—वे नागिनें होती हैं, नागिन। 'मैं तुम्हें संसार में सबसे अधिक प्रेम करती हूँ,' वह कहेगी, लेकिन तुम चाहे अनजाने में ही उसके पिन चुभो दो तो

वह तुम्हें फाड़ खाने को तैयार हो जायेगी। मैं अच्छी तरह यह जानता हूँ, ख़ूब अच्छी तरह जानता हूँ! अगर तुम सुनना चाहो तो तुम्हें एक कहानी सुना सकता हूँ। लेकिन मेरी यह बात गाँठ में बाँध लो कि सदा सावधान रहना, किसी के शिकार मत होना, सदा पक्षी की भाँति स्वतन्त्र रहना।

''बहुत समय पहले की बात है। एक नौजवान जिप्सी था। उसका नाम जोबर था। हंगरी, बोहेमिया, स्लावोनिया और समुद्र तट के सभी देश उससे परिचित थे; क्योंकि वह एक बहादुर जवान था। ऐसा कोई गाँव न था, जहाँ के कम-से-कम एक दर्जन लोगों ने यह शपथ न खायी हो कि वे जोबर का ख़ून करेंगे, फिर भी वह ज़िन्दा था। अगर उसे कोई घोड़ा पसन्द आ जाता था तो फिर वह उसे लेकर ही रहता था–चाहे एक पूरी फ़ौजी टुकड़ी ही उसकी निगरानी के लिए नियुक्त क्यों न हो! उसे न ईश्वर का डर था, न मनुष्य का। अगर शैतान भी अपनी पूरी सेना लेकर उसका सामना करता तब भी वह अकेले ही उससे लोहा लेता और मुझे पूरा विश्वास है, शैतान के जबड़े भी जोबर की मज़बूत कलाइयों का स्वाद चख लेते।

''जिप्सियों के सभी दल या तो उससे परिचित थे या उन्होंने उसका नाम सुन रखा था। उसे केवल घोड़े का शौक़ था, और वह भी केवल दो-चार घड़ी के लिए। एक बार सवारी करने के बाद उस घोड़े से उसका मन इस तरह उचाट हो जाता था कि घोड़े के बेचने पर उसे जो पैसा मिलता था, वह उससे कोई भी माँग सकता था। उसके पास ऐसी कोई भी वस्तु न थी जो वह दूसरों को नहीं दे सकता था। अगर तुम उसका हृदय भी माँगते तो वह अपना सीना चीरकर तुम्हारे हाथों पर रख देता, सिर्फ़ इसी सन्तोष के वास्ते कि उसने तुम्हारा मान रखा।

''हमारा दल उस समय बुकोनिया में था। यह दस वर्ष पहले की बात है। लेकिन मुझे ऐसा मालूम पड़ता है, जैसे वह कल की ही घटना हो! वसन्त ऋतु थी। हम लोग एक जगह डेरा डाले थे। मैं था, सिपाही दानिला था जो कितनी ही लड़ाइयाँ लड़ चुका था। बूढ़ा नूर था, और भी कई आदमी थे। हमारे साथ दानिला की लड़की राद्दा भी थी।

''तुमने तो नानका को देखा ही है। क्या वह कोई रानी नहीं मालूम पड़ती? लेकिन राद्दा की तुलना उससे नहीं की जा सकती; नानका तो उसके पैरों की धूल भी नहीं है। उसके सौन्दर्य का वर्णन शब्दों में नहीं हो सकता। हाँ, बेला से तुलना की जा सकती है, लेकिन ऐसा वही कर सकता है जो बेला की आत्मा से वाक़िफ़ हो।

''कितने ही बहादुर नौजवान उसके पीछे अपना दिल खो बैठे थे। एक बार एक अमीर आदमी की उस पर नज़र पड़ गयी। वह अपनी जगह पर बस खड़ा ही रह गया, जैसे उसके शरीर पर फालिज़ गिर पड़ा हो! वह अपने घोड़े पर बैठा हुआ इस तरह काँप रहा था, जैसे बुख़ार से कँपकँपा रहा हो। वह अमीर आदमी बेहद ख़ूबसूरत था। उसकी पोशाक पर ज़री का काम था। जब उसका घोड़ा अपनी टाप पटकता था, उसकी पोशाक बिजली की तरह चमक उठती थी। उसकी नीली टोपी में हीरे जड़े थे। वह राद्‌दा की ओर देखता रहा, फिर उसने सहसा उससे कहा—'तुम मुझे एक प्यार दो और मैं तुम्हें उसके बदले में रुपयों से भरी थैली दूँगा।' राद्‌दा ने उत्तर में मुँह फेर लिया...'माफ़ करो! अगर मेरी बात से नाराज़ हो गयी हो तो इतनी ही कृपा करो कि एक बार केवल मुस्करा दो—बस, केवल एक बार!' वह उसके सामने इस प्रकार दीन बन गया कि रुपयों से भरी एक बड़ी थैली उसके पैरों पर फेंक दी! लेकिन जानते हो, राद्‌दा ने क्या किया? उसने रुपयों की थैली पैरों से ठुकरा दी, बस!...'अच्छा, तुम दूसरे प्रकार की लड़की हो!' उस अमीर आदमी ने बुदबुदाकर कहा, और घोड़े को ऐड़ लगायी। उसके पीछे केवल गर्द का बादल रह गया।

''दूसरे रोज़ वह अमीर फिर आया। 'इस लड़की का बाप कौन है?' उसकी आवाज़ डेरे-भर में गूँज उठी। दानिला सामने आया। 'इस लड़की को मेरे हाथ बेच दो। तुम जितना रुपया चाहो, मुझसे ले लो।' लेकिन दानिला ने उत्तर दिया—'यह रिवाज केवल रईसज़ादों में है; वे सब कुछ बेच सकते हैं—साधारण वस्तु से लेकर अपनी आत्मा तक; लेकिन मैं फ़ौज में लड़ चुका हूँ, मैं कोई चीज़ बेच नहीं सकता!' वह अमीर आदमी ग़ुस्से से लाल-पीला हो उठा, अपना हंटर फटकारने लगा लेकिन हमने उसी समय उसके घोड़े के कानों के निकट दियासलाई की तीली जलाकर दिखा दी, जिससे वह घोड़ा अपने सवार को लेकर छू-मन्तर हो गया।

''हम लोगों ने अपना डेरा समेट लिया और आगे बढ़े। हम लोग दो दिन से यात्रा कर रहे थे, फिर भी उसने हम लोगों को पकड़ लिया। 'सुनो जी!' उसने चिल्लाकर कहा—'मैं ईश्वर की शपथ खाकर कहता हूँ कि मेरे दिल में कोई मैल नहीं है। मुझे इस लड़की से शादी करवा दो, मैं तुम लोगों के साथ रहूँगा। मेरे पास बहुत दौलत है!' वह बड़े आवेश में था और अपने घोड़े पर बैठा हुआ थर-थर काँप रहा था, जैसे तेज़ हवा में घास का तिनका काँपता है। 'बोलो, बेटी!' दानिला अपनी दाढ़ी के भीतर गुर्राया। 'अगर एक सिंह की लड़की किसी सियार के साथ चली जाये तो लोग उसे क्या कहेंगे?' राद्‌दा ने पूछा। दानिला हँस पड़ा और हम लोग भी उसके साथ हँसने लगे— 'ख़ूब कही बेटी! महाशय, आपने सुन लिया?

यह हो नहीं सकता। अच्छा होगा, आप किसी सियार की लड़की तलाश करें। बहुत-सी मिल जायेंगी।'

''हम लोग आगे बढ़े। उस अमीर आदमी ने अपनी टोपी ग़ुस्से में ज़मीन पर पटक दी और इतनी तेज़ी से घोड़ा दौड़ाया कि पृथ्वी काँपने लगी। ऐसी लड़की थी राद्दा!'

'एक दिन हम लोग बैठे हुए संगीत सुन रहे थे। मैदान में संगीत की धारा प्रवाहित हो रही थी। बड़ा मधुर संगीत था। वह हमारी नसों के ख़ून को उछाल रहा था। ऐसा मालूम पड़ता था, जैसे किसी दूर देश की पुकार हो! उस संगीत ने हममें एक अभिलाषा जाग्रत कर दी थी कि हममें से प्रत्येक आदमी को ऐसा अनुभव हो रहा था कि या तो हम मर जायें या फिर सारी दुनिया के शासक होकर जियें! ऐसा था वह संगीत।

''वह संगीत प्रतिपल हमारे निकट आता जा रहा था। सहसा हमारे सामने अँधेरे में एक घोड़ा प्रकट होता है और उस घोड़े पर हम एक आदमी बैठा देखते हैं, जिसके हाथ में एक बेला है। 'जोबर, तुम हो!' —दानिला ने हर्ष प्रकट किया।

''तो वह जोबर था! उसकी मूँछें कन्धों तक लटकती हुई उसके लम्बे-लम्बे बालों के गुच्छों से उलझ रही थीं। उसकी आँखें तारों जैसी चमक रही थीं। जब हँसता था, तो ऐसा लगता था, जैसे सूरज चमक रहा हो! दूर से वह ऐसा मालूम पड़ता था, जैसे घोड़े के ऊपर एक पत्थर की मूर्ति अंकित हो। हमारे डेरे में जलती हुई आग उस पर लाल प्रकाश फेंक रही थी। दुनिया में ऐसा कौन आदमी होगा जो उसे देखते ही उस पर मोहित न हो जाये! मैं सच कहता हूँ।

''सच, दुनिया में ऐसे कुछ लोग होते हैं। उन्होंने तुम्हारी ओर नज़र उठायी कि तुम्हारा दिल बेकाबू हुआ। और इसके लिए तुम लज्जित नहीं होते, बल्कि एक प्रकार का गर्व होता है। लेकिन दोस्त! दुनिया में ऐसे बहुत-से आदमी नहीं हैं, और यह अच्छा ही है। अगर दुनिया में अच्छाइयाँ ही अच्छाइयाँ होतीं तो लोग उन्हें अच्छाइयाँ मानने से इनकार कर देते हैं। दुनिया का यही रिवाज है। ख़ैर, आगे की कथा सुनो।

''राद्दा ने उससे कहा—'जोबर, तुम बेला खूब बजाते हो। बेला तुम्हारे हाथों का स्पर्श पाकर जैसे अपना हृदय खोलकर रख देता है।'

''जोबर हँसने लगा। उसने कहा—''मैंने इसे अपने हाथों बनाया—लकड़ी से नहीं, एक नवयुवती के हृदय से, जिसे मैं बहुत प्यार करता था। इसमें मेरी हृत्तिन्द्रियाँ लगी हुई हैं। यह बेला तो मात्र दिखाने का है। मैं जानता हूँ, मेरे हाथों को कौन चलाता है। समझ गयी न?'

''हम जिप्सी लोग आरम्भ से ही स्त्रियों की दृष्टि की उपेक्षा करते आये हैं, जिससे वे हमारे हृदयों में आग न लगा सकें, हम चाहते हैं, उन्हीं के हृदयों में पहले आग लगे! जोबर भी ऐसी ही चाल चल रहा था, पर राद्दा दूसरे प्रकार की युवती थी। उसने मुँह फेरकर जम्हाई लेते हुए कहा—'लोग जो कहते हैं कि जोबर बड़ा बुद्धिमान और चतुर है, वे झूठे हैं।' राद्दा दूसरी ओर चली गयी।...'आह, निष्ठुर सौन्दर्य!' जोबर की आँखें चमकने लगीं। वह घोड़े पर से कूद पड़ा। ''दोस्तों, मैं भी आता हूँ।' '...आओ, स्वागत!' दानिला ने कहा। उसे गले मिलने के बाद हम लोग थोड़ी देर तक तो बातचीत करते रहे, फिर सोने चले गये...हम लोग ख़ूब निश्चिन्तता से सोये...। दूसरे रोज़ सुबह हमने देखा कि जोबर के माथे पर पट्टी बँधी है। 'क्या बात हुई?' '...कुछ नहीं, घोड़े ने लात मार दी,' उसने कहा।

''हा-हा! हम लोग जानते हैं, किस घोड़े ने लात मारी है। हम लोग की दाढ़ियाँ चमक उठीं। दानिला भी मुस्कराने लगा।—'क्या जोबर भी राद्दा को पसन्द नहीं आया?' अवश्य ही नहीं ! स्त्री चाहे जितनी सुन्दर हो, उसका हृदय कमीना होता है। तुम उसके गले में सोने की थैली लटका दो, फिर भी वह वही-की-वही बनी रहेगी। मैं ठीक कहता हूँ।

''इस प्रकार हम लोगों के दिन कटते रहे। उस स्थान पर व्यापार अच्छा था। जोबर भी हमारे साथ रहा। वह बड़ा स्मार्ट साथी था। बूढ़ों की तरह बुद्धिमान, सब कामों में चतुर। वह रूसी और हंगेरियन भाषा पढ़ और लिख सकता था। जब वह बोलने लगता था तब बस यही इच्छा होती थी कि नींद को सदा के लिए विदा दे दी जाये और उसकी बातें बैठा सुनता रहूँ। वह बेला तो इतना सुन्दर बजाता था कि मुझसे कसम ले लो कि मैंने दुनिया में और किसी को इतना सुन्दर बेला बजाते देखा हो। वह जैसे ही कमानी अपने हाथ में लेता था, हृदय उछलने लगता था। तारों के झंकृत होते ही हृदय की धड़कन रुक जाती थी। वह बजाता ही जाता था और हमारी ओर देख-देखकर मुस्कराता जाता था। हमारा दिल एक साथ ही हँसने और रोने को चाहता था। उसकी करुण तान हृदय को बींध देती थी और जब वह सहसा दूसरी मधुर रागिनी छेड़ देता था, तो हृदय आनन्द से झूम उठता था। ऐसा मालूम पड़ता था, जैसे आसमान, चाँद और तारे भी उसकी ताल पर नाच रहे हों! ऐसा सुन्दर बेला बजाता था वह।

''उस संगीत की एक ध्वनि पर शरीर की एक-एक नस उमड़कर उसका गुलाम हो जाती थी, और अगर ऐसे वक़्त जोबर हम लोगों को आज्ञा देता—'दोस्तो, हथियार सँभालो,' तो हम एक साथ ही, जिस किसी की ओर वह संकेत करता, उसके सीने में खंजर भोंक देते। वह हम लोगों से सब कुछ करवा सकता था।

हम उसे बहुत प्यार करते थे। केवल राद्दा उसकी ओर ध्यान देती थी। अगर इतना ही होता तब भी गनीमत थी, पर वह तो उसकी हँसी भी उड़ाती थी। वह उसके हृदय को बन्दी बनाये थी। जोबर दाँत किटकिटाता, मूँछें टेढ़ी करता। उसकी आँखें अँधेरी रात की तरह काली थीं, फिर भी कभी-कभी इतनी तेज़ी से चमक उठती थीं कि हम लोगों को डर लगने लगता था। रात को वह दूर मैदान में चला जाता और सुबह होने तक बेला बजाता रहता। बेला करुण स्वर में चीत्कार करता, क्योंकि उसकी स्वतन्त्रता छिन चुकी थी। हम लोग अपने डेरे में आँखें खोले हुए पड़े रहते और सोचते—क्या होगा? हम जानते थे कि दो चट्टानों के बीच अपने को डालना मौत को निमन्त्रण देना है।

''एक दिन हम लोग बैठे अपने व्यवसाय के बारे में बातचीत कर रहे थे। हमारी बातचीत नीरस होती जा रही थी, इसलिए दानिला ने कहा—'जोबर, एक गाना सुनाओ। हमारे हृदयों को अपनी मधुर तान से सरस कर दो।' जोबर ने एक दृष्टि राद्दा पर डाली। वह हमसे थोड़ी दूर पर पीठ के बल लेटी हुई आसमान की ओर ताक रही थी। जोबर ने अपना बेला उठा लिया। बेला वाचाल हो उठा—किसी नवयुवती की तरह। जोबर गाने लगा—'हो! लम्बे-चौड़े मैदान में मैं घोड़े पर चढ़कर भागा जा रहा हूँ। मेरे हृदय में आग लगी है। मेरा घोड़ा तीर की तरह भाग रहा है।'

''राद्दा ने अपना सिर घुमाया, कुहनी के बल बैठ गयी और जोबर की आँखों में मुस्कराने लगी। जोबर के मुख पर सूर्योदय हो आया। वह गाता गया—'हो! चलो, हम लोग भाग चलें। चलो, हम रात से भागकर दिन के निकट चलें। चलो, हम कोहरे के परदे को चीरकर सूर्य को पहाड़ियों के सिर का चुम्बन लेते हुए देखें। हम लोग सूर्य के साथ रात्रि होने तक आसमान में प्रकाश बिखेरते हुए यात्रा करेंगे। हम दोपहर से अर्द्धरात्रि तक घोड़ा दौड़ायेंगे, और फिर चन्द्रमा की शीतल गोद में सो जायेंगे।'

''बस, वह ऐसे ही गाता था। अब उसकी तरह कोई नहीं गा पाता। राद्दा ने जैसे ठण्डे पानी का छींटा देते हुए कहा—'जोबर, मैं तो कभी इतना ऊँचे उड़कर चन्द्रमा की गोद में सोने न जाऊँ, क्योंकि तब गिरने का भी तो ख़तरा रहता है और गिरने पर तुम्हारी नाक पिचक जायेगी, मूँछों में कीचड़ लग जायेगी। इसलिए ज़रा सावधान रहना।' जोबर पलभर तक उसकी ओर एकटक देखता रहा, उसने कोई उत्तर नहीं दिया। अपने क्रोध को वश में करके वह गाता रहा—'और जब दूसरा दिन आसमान से झाँकेगा तब वह हमें गहरी नींद में सोता हुए पायेगा। हम लोग सूर्य के लाल प्रकाश में सदा के लिए सो जायेंगे।'

" 'बस, इसे कहते हैं गीत!' दानिला ने कहा—"मैंने अपने जीवन में ऐसा सुन्दर गीत कभी नहीं सुना। मैं अगर सच न बोलता होऊँ तो शैतान मुझे इसी वक़्त पत्थर बना दे!" बूढ़े नूर ने भी अपनी मूँछें उमेठीं और कन्धे हिलाये। जोबर का यह गीत हम सब लोगों के हृदय में प्रतिध्वनित हो उठा। लेकिन राद्दा इस गीत से भी प्रसन्न नहीं हुई। 'गीत क्या है? मिमियाना है!' उसने कहा। हम सब लोगों को यह बहुत बुरा लगा।

" 'राद्दा, शायद तुम्हें कोड़ा खाने की इच्छा है!' उसके पिता ने कहा। लेकिन बीच में जोबर ने टोपी ज़मीन पर पटककर, आँखें निकालते हुए कहा—"नहीं दानिला। बिगड़ैल घोड़े के लिए ज़रा नोकदार लोहे के बूटों की आवश्यकता होती है। मैं तुम्हारी लड़की से विवाह करने के लिए तुम्हारी अनुमति चाहता हूँ।'...'ठीक कहा!' दानिला मुस्कराया—'और तुममें इच्छा और शक्ति हो तो इसे अपनी बना लो।'... 'बहुत अच्छा!' जोबर ने उत्तर दिया और राद्दा की ओर मुड़ पड़ा—'... ओ ख़ूबसूरत लड़की, मेरी बात सुन, इतनी हठीली न बन! मैंने तेरी जैसी कितनी ही लड़कियाँ देखी हैं...हाँ, न मालूम कितनी! लेकिन किसी ने भी मेरे दिल में इस प्रकार आग नहीं लगायी। आह, राद्दा, तूने मेरी आत्मा को अपना बन्दी बना लिया है—तो अब मैं क्या करूँ? जो होना होगा, होगा—मैं तुझसे ईश्वर के सामने, तेरे पिता के सामने, इन सब लोगों के सामने कहता हूँ कि मुझसे शादी कर ले। लेकिन यह बात सदा याद रखना, मेरी स्वतन्त्रता में कभी बाधा डालने का प्रयत्न न करना; क्योंकि मैं एक स्वतन्त्र आदमी हूँ और जिस तरह मन आये, उस तरह रहना चाहता हूँ।' इसके बाद होंठ चबाता हुआ वह राद्दा की ओर बढ़ा, उसे घोड़े पर बिठाकर ले भागने के लिए। '...आह!' हम लोगों ने आपस में एक—दूसरे से कहा—'अब राद्दा को सेर का सवा सेर मिला है।' लेकिन सहसा हमने जोबर को हवा में हाथ नचाते और पीठ के बल ज़मीन पर गिरते देखा!'

"वह गोली खाये मनुष्य की भाँति ज़मीन पर गिर पड़ा। यह घटना कैसे हुई? हुई यों कि राद्दा ने अपने कोड़े में उसके पैरों को लपेटकर उसे अपनी ओर खींचा था, जिससे वह ज़मीन पर गिर पड़ा।

"इसके बाद राद्दा फिर धरती पर लेटकर मुस्कराती हुई आसमान निहारने लगी। हम लोग साँसें बाँधकर प्रतीक्षा कर रहे थे कि देखें, जोबर अब क्या करता है। लेकिन जोबर तो ज़मीन पर बैठकर दोनों हाथों से अपना माथा दबा रहा था। वह इस प्रकार मुँह बना रहा था जैसे उसका माथा अभी फट जायेगा। इसके बाद वह शान्तिपूर्वक उठा और हम लोगों की ओर दृष्टि डाले बगैर मैदान की ओर

चल दिया। बूढ़े नूर ने मुझसे फुसफुसाकर कहा—'देखो, वह जा रहा है।' मैं भी उस अँधेरी रात में जोबर के पीछे-पीछे चल पड़ा।''

छुद्रक ने अपने पाइप की राख झाड़ी और फिर उसमें तम्बाकू भरने लगा। मैं अपने लबादे के अन्दर काँपता हुआ छुद्रक के चेहरे की ओर देखने लगा, जो हवा और धूप के थपेड़े सहते-सहते काला पड़ गया था। वह अपना भारी सिर हिलाकर कुछ बड़बड़ाने लगा, जो मैं सुन न सका। उसकी बड़ी-बड़ी मूँछें भी उसके लम्बे-लम्बे बालों की भाँति हवा में हिल रही थीं। वह किसी पुराने पेड़ की भाँति मालूम पड़ता था, जिस पर बिजली गिरती है, फिर भी वह अभिमान के साथ सिर ऊँचा उठाये खड़ा रहता है। समुद्रतट पर लहरें शोर मचा रही थीं और पवन उनकी मर्मर-ध्वनि अपने साथ लिए मैदान पर दौड़ रहा था। नानका ने गाना बन्द कर दिया था। आसमान में बादल छा आये थे, जिससे रात और अँधेरी हो गयी थी।

''जोबर सिर झुकाए, हाथ लटकाए, क़दम नापता हुआ चल पड़ा। नदी के निकट आकर वह एक चट्टान पर बैठ गया और कराहने लगा। वह इतने करुण स्वर से कराह रहा था कि मेरा हृदय सहानुभूति से द्रवित हो गया। फिर भी मैं उसके निकट नहीं गया। क्या केवल शब्दों से मनुष्य की पीड़ा को सान्त्वना मिल सकती है? नहीं!...वह चट्टान पर पत्थर की भाँति अचल होकर एक घण्टे, दो घण्टे, तीन घण्टे—न मालूम कितने समय तक बैठा रहा।'

''मैं थोड़ी ही दूर पर ज़मीन पर लेटा था। उजियाली रात थी। चन्द्रमा के प्रकाश में सारा मैदान चाँदी के समान चमक रहा था। सब चीज़ें साफ़-साफ़ दिखाई पड़ रही थीं।

''सहसा मैंने राद्दा को जिप्सियों के डेरे से जोबर की ओर जाते देखा। मुझे बड़ी प्रसन्नता हुई। राद्दा बड़ी विचित्र लड़की थी। राद्दा जोबर के निकट जाकर कुछ कहने लगी, जोबर ने सुना ही नहीं। राद्दा ने उसके कन्धे पर हाथ रखा, जोबर ने चौंककर अपना हाथ मुँह पर से हटाया। वह उछलकर खड़ा हो गया। उसके हाथों ने कसकर कटारी की मूठ पकड़ ली। 'वह इस लड़की का ख़ून कर डालेगा!' मैंने मन-ही-मन कहा। मैं सहायता के लिए डेरे की ओर दौड़ने ही वाला था कि मैंने ये शब्द सुने—'उसे फेंक दो, नहीं तो मैं तुम्हारी खोपड़ी उड़ा दूँगी, इसे देखते हो?' राद्दा जोबर के सिर पर पिस्तौल ताने थी। ऐसी औरत थी राद्दा! मैंने सोचा—अच्छी जोड़ी मिली है। अब आगे क्या होगा?

''राद्दा ने पिस्तौल पेटी में रखते हुए कहा—'मैं तुम्हारी जान लेने के लिए नहीं, बल्कि तुमसे सुलह करने आयी हूँ! अपनी कटार फेंक दो।' उसने कटार

फेंक दी और उसकी ओर आँखें तरेरकर देखने लगा। बड़ा विचित्र दृश्य था। दोनों एक-दूसरे की ओर इस प्रकार देख रहे थे जैसे कोई हिंसक पशु हों, फिर दोनों ही बहादुर और दिलेर थे। केवल चन्द्रमा उन्हें देख रहा था, और...बस, और कोई नहीं।'

" 'जोबर, मेरी बात सुनो! मैं तुम्हें प्यार करती हूँ!'

जोबर ने केवल अपने कन्धे हिलाये, जैसे उसके हाथ और पैर बँधे हों!

" 'मैंने बहुत-से जवान देखे हैं, पर तुम सबसे बहादुर और ख़ूबसूरत हो। और कोई होता तो मेरे आँखें तरेरते ही मूँछ मुड़ा डालता, मेरे संकेत करते ही अपना सिर मेरे पैरों पर रख देता, लेकिन इससे फायदा क्या होता? वह मुझे प्रसन्न नहीं रख सकता था और मैं उसे भेड़ बनाकर रखती। जोबर, दुनिया में बहुत थोड़े जिप्सी हैं। मैंने तुमसे पहले किसी को प्यार नहीं किया, अब तुम्हें प्यार करती हूँ। मुझे अपनी स्वतन्त्रता प्यारी है, लेकिन उससे भी अधिक तुम प्यारे हो। मैं भी अब तुम्हारे बगैर नहीं रह सकती, जिस प्रकार तुम मेरे बगैर नहीं रह सकते, इसलिए अब मैं चाहती हूँ, तुम मेरे हो जाओ—सम्पूर्ण रूप से मेरे! सुना जोबर?'

"जोबर मुस्कराया—'मुझे तुम्हारी बातें सुनकर बहुत प्रसन्नता हुई। हाँ, कहती जाओ, रुको मत!'

" 'मैं बस इतना ही और कहूँगी जोबर, तुम चाहे जितना भागो, मैं तुम्हें अपना बनाकर छोड़ूगी। इसलिए मैं तुमसे कहती हूँ कि अब समय मत गँवाओ, मेरे गर्म चुम्बन और आलिंगन तुम्हारी प्रतीक्षा कर रहे हैं—वे बहुत गर्म हैं। मेरी बाँहों की गर्मी में तुम अपना सारा साहसी जीवन भूल जाओगे, अपने सुन्दर गीत भी भूल जाओगे, जो इस मैदान में गूँजा करते हैं...तब तुम अपने प्रणय-गीत मुझे ही सुनाओगे—अपनी राद्दा को! ...इसीलिए मैं कहती हूँ, समय मत गँवाओ। जैसे किसी अफ़सर की आज्ञा का पालन किया जाता है, उसी तरह कल से तुम्हें मेरी आज्ञा का पालन करना होगा। कल तुम्हें सारे डेरे के लोगों के सामने मेरे पैरों पर गिरकर मेरा दाहिना हाथ चूमना होगा—और तब मैं तुम्हारी बीवी बन जाऊँगी।'

"तो इस शैतान लड़की की यह इच्छा थी! ऐसी बातें पुराने ज़माने में हुआ करती थीं, वह भी जिप्सियों में कभी नहीं। औरत के पैर पड़ना!—क्या इससे भी अधिक अपमान की बात और कुछ हो सकती है? क्यों, तुम तो ऐसा सात जनम भी न करो। कभी नहीं।

"जोबर उछल पड़ा और उसने इस प्रकार दारुण आह भरी, जैसे उसके सीने से गोली पार कर गयी हो! उसकी वह दारुण आह सारे मैदान में गूँज उठी। राद्दा भी काँप उठी, फिर भी डिगी नहीं।

"'अच्छा जोबर, कल तक के लिए विदा! तो कल तुम मेरी आज्ञा का पालन करोगे? सुन लिया न?'

"'सुन लिया। मैं पालन करूँगा!" जोबर ने व्यथित कण्ठ से कहा और उसकी ओर हाथ बढ़ा दिया। लेकिन वह उससे दूर चली गयी। वह कटे हुए वृक्ष के समान ज़मीन पर गिर पड़ा और पागलों की भाँति कभी हँसने तो कभी रोने लगा।

"सुन्दर नागिनें इसी प्रकार पुरुषों को डस लेती हैं। मैंने बड़ी मुश्किल से जोबर को सँभाला।

"मुझे आश्चर्य होता है, शैतान को इस प्रकार मनुष्य के शोक में डूबकर कौन-सा सुख मिलता है? उसे इस प्रकार स्त्रियों और पुरुषों की भयानक आहें सुनकर कैसी ख़ुशी मिलती है? क्या दार्शनिकों के पास इसका कोई उत्तर है? मुझे सन्देह है...।

"मैंने डेरे पर लौटकर सब बातें लोगों को बता दीं। उन्होंने आपस में सलाह करने के बाद यह निश्चय किया कि कल तक की प्रतीक्षा की जाये। दूसरे रोज़ हम लोग शाम को जब डेरे के निकट बैठे हुए थे तब जोबर आया। वह विचारमग्न दिखाई पड़ रहा था। उसका चेहरा उतरा हुआ था। आँखों के नीचे काली लकीरें खिंची हुई थीं। वह धरती की ओर एकटक निहारता रहा। हम लोगों की ओर देखे बगैर ही उसने कहा—'दोस्तो, मैंने सारी रात अपने हृदय को टटोला और मैंने पाया कि अब उसमें पुरानी स्वतन्त्रता नहीं है। उसमें अब केवल राद्दा का निवास है। ख़ूबसूरत राद्दा खड़ी हुई मुस्कुरा रही है—किसी रानी की तरह! वह अब भी मुझसे अधिक अपनी स्वतन्त्रता को प्यार करती है। और मैं? मैं अपनी स्वतन्त्रता से अधिक उसे प्यार करता हूँ, इसलिए मैंने उसके पैरों पर सिर झुकाने का निश्चय कर लिया है। उसने मुझे यही आज्ञा दी है, जिससे आप सब लोग अपनी आँखों से देख लें कि किस प्रकार ख़ूबसूरत राद्दा ने बहादुर जोबर को अपना ग़ुलाम बना लिया है। उस बहादुर जोबर को, जो राद्दा से मिलने से पहले स्त्रियों को उसी प्रकार खिलाया करता था, जिस प्रकार सिंह अपने शिकार को खिलाता है। पैरों पर पड़ने के बाद राद्दा मेरी बीवी हो जायेगी और अपने चुम्बनों और आलिंगनों से मेरा दुलार करेगी। इसके बाद मुझे तुम सब लोगों को अपना गीत सुनाने की ज़रा भी इच्छा न रह जायेगी, न अपनी स्वतन्त्रता के खोने ही का पश्चात्ताप होगा! क्यों, मैं ठीक कहता हूँ न, राद्दा?' आँखें उठाकर जोबर ने उदास नेत्रों से उसकी ओर देखा। राद्दा ने उत्तर में कुछ कहा नहीं, केवल अपना सिर हिलाया और अपने पैरों की ओर संकेत किया। हम लोग दुख और आश्चर्य से सब कुछ देख रहे थे। समझ में कुछ न आ रहा था। हमारी इच्छा हो

रही थी कि हम किसी दूर देश में चले जायें, जिससे जोबर को किसी औरत के पैरों पर–चाहे वह राद्दा ही क्यों न हो–सिर नवाते न देखें। इस दुखद दृश्य के कारण हम लोगों के हृदय में लज्जा, शोक और दया का समुद्र उमड़ रहा था।

" 'तो फिर?' राद्दा ने जोबर से कहा।

" 'आह, इतनी जल्दी मत करो! अभी बहुत समय है। आज तुम महिमामयी बनोगी!' जोबर हँसने लगा। उसकी हँसी बिजली की कड़क जैसी थी। '...तो दोस्तो, यह सारी कथा है। अब मेरे लिए और क्या रास्ता है? अब मुझे देखना है कि मेरी राद्दा उतनी ही कठोर-हृदया है कि नहीं, जितनी ऊपर से दीखती है! अब मैं यही जानने के लिए उत्सुक हूँ...दोस्तो, मुझे क्षमा करना!'

"इससे पहले कि हम लोग समझ सकें कि जोबर क्या करने जा रहा है, राद्दा ज़मीन पर तड़प रही थी, उसकी छाती में जोबर की कटार पूरी घुस गयी थी। हम लोग चित्रलिखित-से खड़े रहे।

"राद्दा ने अपने हाथ से सीने में से कटार निकालकर एक ओर फेंक दी। घाव को अपने बालों के एक गुच्छे से दबा लिया और मुस्कराने लगी। उसने बहुत ही स्पष्ट और तेज स्वर में कहा–'जोबर, विदा! मैं जानती थी, तुम ऐसा ही करोगे!...' और इन शब्दों के साथ उसकी पलकें मूँद गयीं।

"अब तुम समझ गये होगे कि राद्दा किस प्रकार की लड़की थी। विचित्र लड़की थी!

" 'मेरी हठीली रानी, मैं अब तुम्हारे पैरों पर गिरूँगा!' जोबर ने चीखकर कहा। उसकी हृदयविदारक चीख़ सारे मैदान में गूँज उठी। उसने ज़मीन पर गिरकर मृत राद्दा के पैरों को चूमा, फिर निर्जीव के समान वहीं लुढ़क गया। हम लोगों ने आदर-भाव से टोपी उतार ली और चुपचाप दोनों की ओर देखने लगे।

"अन्त में बूढ़े नूर ने चाहा, उसे बाँध दिया जाये, पर हम लोगों में से कोई भी जोबर को बाँधने के लिए हाथ न बढ़ायेगा, यह नूर अच्छी तरह जानता था। दानिला ने राद्दा के ख़ून से डूबी हुई कटार उठा ली। यह कटार राद्दा ने अपने हाथों से अपने सीने से निकालकर एक ओर फेंक दी थी। दानिला बड़ी देर तक एकटक उस कटार को निहारता रहा। उसके होंठ काँपने लगे। कटार पर अब भी राद्दा का गर्म ख़ून लिपटा था। दानिला ने तेज़ी से बढ़कर वह कटार जोबर के हृदय में भोंक दी। आख़िर दानिला भी एक सिपाही था, राद्दा का पिता था।

" 'शाबाश!' जोबर ने दानिला की ओर घूमते हुए तेज़ स्वर में कहा। उसका शरीर राद्दा के निकट ढेर हो गया और उसकी आत्मा भी राद्दा से मिलने दूसरे लोक चली गयी।

"और हमारी आँखों के सामने राद्दा पड़ी थी। उसका एक हाथ बालों के गुच्छे के साथ छाती के घाव को दबाये था, खुली आँखें आसमान की ओर निहार रही थीं। उसके पैरों के पास जोबर पड़ा था। उसके लम्बे-लम्बे केश उसके मुख पर बिखरे हुए थे, जिससे उसके चेहरे का भाव हम लोग नहीं देख सकते थे।

"हम लोग विचारमग्न खड़े रहे। बूढ़े दानिला की मूँछें काँप रही थीं। आँखों में एक भयानक अन्धकार था। वह आसमान की ओर निहार रहा था। मुँह से उसके एक शब्द भी नहीं निकला, लेकिन बूढ़ा नूर बालकों की भाँति ज़मीन पर लोटता हुआ रो रहा था।

"और रोता क्यों नहीं, रोने की ही बात थी!

"दोस्त, मेरी यही कामना है, ईश्वर सदा तुम्हारा भला करे। तुम सदा आगे देखते हुए चलो, पीछे सिर मत फेरो; क्योंकि अगर तुम किसी जगह रुक गये तो फिर तुम्हारी मौत है। बस, यही मेरी कहानी है!"

छुद्रक मौन हो गया। उसने अपना पाइप बटुए में रखा और अपना लबादा ठीक से ओढ़ लिया। पानी बरसने लगा था, हवा भी तेज़ हो गयी थी और समुद्रतट पर लहरें चीख़ रही थीं। घोड़े हमारे चारों ओर आकर खड़े हो गये और अपनी बड़ी-बड़ी आँखों से हमें देखने लगे।

छुद्रक ने प्यार से उन्हें पुचकारा, उनकी गर्दन थपथपायी, फिर मेरी ओर घूमकर कहा, "अब जाने का समय हो गया!" लबादे से अपना मुँह ढँककर वह ज़मीन पर लेट गया और शीघ्र ही गहरी नींद सो गया। लेकिन मेरी सोने की इच्छा नहीं हो रही थी। मैं मैदान में छाये हुए अन्धकार और दूर गरजते हुए समुद्र की ओर टकटकी बाँधे निहार रहा था। मेरी आँखों के सामने राद्दा का रानियों के समान अभिमान से ऊँचा सिर चित्रित था। वह अपने हाथ में बालों के एक गुच्छे से हृदय के घाव को दबाये थी और उसकी कोमल उँगलियों से अग्निकणों की भाँति बूँद-बूँद ख़ून पृथ्वी पर टपक रहा था।

राद्दा के पीछे बहादुर जोबर पड़ा था। उसके मुख पर लम्बे-लम्बे बाल छितराये थे और उन बालों की ओट में से आँसुओं की लम्बी-लम्बी धारा बह रही थी...।

पानी और तेज़ हो गया। हवा किसी व्यथित हृदय की भाँति चीखने लगी। मालूम पड़ता था, जैसे वह जोबर और राद्दा की स्मृति में शोक प्रकट कर रही हो! रात के अँधेरे में दो छायाएँ एक-दूसरे के निकट नाचती रहीं, फिर भी वह मनमोहक गायक जोबर अपनी उस अभिमानिनी प्रिया राद्दा को अपना नहीं सका।

पूनो की रात

•

गाइ द मोपासां

पादरी का शरीर तो दुबला-पतला था, पर क़द लम्बा था और वह एक फ़ौजी अफ़सर की भाँति तन कर चलता था। वह बहुत ही भावुक और सहज ही उत्तेजित हो जाने वाला था। उसके अपने निश्चित विश्वास थे और उनमें कभी परिवर्तन नहीं होता था। वह अपने अन्तर से विश्वास करता था कि वह अपने ईश्वर को भलीभाँति जानता है और इच्छाओं को समझता है।

अपने गाँव के बगीचे में लम्बे-लम्बे डग रखकर टहलते हुए, वह बहुधा अपने से प्रश्न किया करता था, 'ईश्वर ने ऐसा क्यों किया है?' और वह अपने को ईश्वर के स्थान पर रखकर उस प्रश्न पर गम्भीरता से विचार करता था और सदा उत्तर पा जाता था। उसके मुँह से दीनता में यह तो शायद कभी निकल ही नहीं सकता था, 'हे ईश्वर, तेरी माया तो समझ में नहीं आती।'

वह अपने मन में कहता था, 'मैं तो प्रभु का सेवक हूँ। मुझे तो उसके प्रत्येक कार्य का कारण जानने का अधिकार है और यदि मैं नहीं जानता हूँ तो मुझे कल्पना कर लेनी चाहिए।'

उसके निकट प्रकृति की सारी वस्तुएँ एक निश्चित नियम के अनुसार रची गयी थीं। 'क्यों' और 'किसलिए' का वह सदा सामंजस्य स्थापित कर लेता था। प्रातःकाल की रचना हमारे जागरण को सुखद बनाने के लिए हुई है, दिन की रचना फ़सल को पकाने के लिए हुई है, वर्षा की सृष्टि खेतों को पानी देने के लिए हुई है और अँधेरी रात की रचना हमें सुलाने के लिए हुई है।

चारों ऋतुएँ कृषि की आवश्यकता के अनुसार बनी हैं और पादरी के मन में कभी यह सन्देह भी नहीं उठा था कि प्रकृति की कोई इच्छा नहीं होती, इसके विपरीत दुनिया की जितनी भी चीज़ें हैं उन्हें ऋतु, जलवायु और प्रकृति के अनुकूल होना पड़ता है।

वह स्त्रियों से घृणा करता था—अनजाने में ही उनसे घृणा करता था, और यह घृणा जैसे उसके रोम-रोम में बस गयी थी। वह बहुधा ईशु के यह शब्द दुहराया करता था, 'हे स्त्री, मुझे तुझसे क्या सरोकार है?' और अपनी ओर से इतना और जोड़ लेता था, 'मालूम पड़ता है जैसे ईश्वर स्वयं अपनी इस सृष्टि से असन्तुष्ट है।' स्त्री मोहनी है, उसने प्रथम मानव को पथभ्रष्ट किया और वह तब से ही अपना यह दुष्ट कार्य करती आ रही हैं और स्त्रियों के पापमय शरीर से अधिक वह उनके प्रेमपूर्ण हृदय से घृणा करता था।

वह अपने जीवन में कई बार स्त्रियों के इस कोमल हृदय को अपनी ओर ढलते अनुभव कर चुका था। वह जानता था कि मैं अडिग हूँ, फिर भी उसे उन पर बड़ा क्रोध आता था कि क्यों उनके अन्तर में प्रेम के तार सदा झनझनाया ही करते हैं।

उसके विश्वास के अनुसार, ईश्वर ने स्त्री की सृष्टि पुरुष को पथ विचलित करने तथा उसकी परीक्षा लेने के उद्देश्य से ही की है, पुरुष को अपने बचाव का प्रबन्ध किये बिना उसके निकट न जाना चाहिए, और उसके नागपाश से सदा भयभीत रहना चाहिए, खुले अधरों तथा फैली हुई बाहुओं से पुरुष को आमन्त्रण देती हुई स्त्री, सचमुच ही, नागपाश के समान है।

वह स्त्रियों को प्रश्रय नहीं देता था। केवल संन्यासिनियाँ अपवाद थीं, क्योंकि अपनी प्रतिज्ञाओं के कारण वे अहानिकारक हो चुकी थीं। फिर भी वह उनके साथ कठोर व्यवहार करता था, क्योंकि वह अनुभव करता था कि उनके बन्धनों से जकड़े हुए विनम्र हृदय के भीतर भी कोमलता का शाश्वत स्रोत बहता रहता है, वही कोमलता जो कभी-कभी उसके प्रति, एक पादरी के प्रति भी प्रगट हो जाया करती थी।

वह उनकी विनयशीलता में, अपने से बातचीत करते समय उनकी कोमल आवाज़ में, उनकी नमित दृष्टि में और उन्हें भला-बुरा कहते समय उनके कपोलों पर बहते हुए आँसुओं में भी घृणित कोमलता अनुभव किया करता था। और इसलिए मठ से बाहर निकलने पर वह अपने कपड़े झाड़ लिया करता था और लम्बे-लम्बे डग रखता हुआ चल पड़ता था, जैसे वह किसी भयानक वस्तु से दूर भाग रहा हो।

उसकी एक भांजी थी, वह अपनी माँ के साथ उसके पड़ोस के मकान में रहती थी। उसने उसे मठवासिनी बनाने का निश्चय कर लिया था।

वह एक सुन्दर, अल्हड़, अविवेकशील युवती थी। पादरी जब उसे उपदेश देता था तो वह हँसती थी और जब वह उस पर नाराज़ होता था, वह उसके गले

से झूल जाती थी। वह अनजाने ही उसके आलिंगन से अपने को मुक्त करने की चेष्टा करता था, फिर भी उसका आलिंगन उसे एक मधुर आनन्द से भर देता था, उसमें पिता का वात्सल्य जाग्रत कर देता था, जो हर मनुष्य में सुप्त रहता है।

बहुधा गाँव की सड़क पर उसके साथ टहलते हुए वह उससे ईश्वर की, अपने ईश्वर की चर्चा करता था। वह उसकी बातों पर कान न देती थी, कभी आकाश की ओर देखती थी, कभी हरी-हरी घास की ओर और कभी फूलों की ओर। उसकी आँखों में जीवन का आह्लाद छलकता था। कभी-कभी वह जुगनू पकड़ने के लिए दौड़ पड़ती और उसे अपने हाथों में बन्द करके कहती, ''मामा, देखो कैसा सुन्दर लगता है। जी चाहता है इसे कलेजे में छिपा लूँ।'' और जुगनुओं को, फूलों को कलेजे में छिपा लेने की उसकी इस लालसा पर पादरी अशान्त, क्षुब्ध तथा क्रुद्ध हो जाता था। वह उसकी इन छोटी-छोटी बातों में स्त्रियों के हृदय की अमिट कोमलता देखता था, जो उनके अन्तर में फलती-फूलती रहती है।

और एक दिन ऐसा आया, जब घर की नौकरानी ने उसे बड़ी सावधानी से बताया कि आपकी भांजी ने एक प्रेमी पाल लिया है।

इस समाचार से उसके अन्दर एक तूफ़ान उठ खड़ हुआ। वह उस समय दाढ़ी बना रहा था वह क्षण भर तक अपना साबुन से पुता हुआ चेहरा लिए अपने स्थान पर पत्थर की भाँति अचल खड़ा रहा।

जब उसमें विचार करने और बोलने की शक्ति आयी तो उसने चिल्लाकर कहा, ''यह सच नहीं है। तू झूठ बोलती है।''

पर किसान की उस सरल स्त्री ने अपने हृदय पर हाथ रखकर कहा, ''मैं ईश्वर की सौगन्ध खाकर कहती हूँ, महाराज! मैं सच कहती हूँ, जब रात में आपकी बहिन सो जाती है तो वह रोज़ उससे मिलने जाती है। वे दोनों नदी के किनारे मिलते हैं। आप दस बजे और आधी रात के बीच वहाँ जाकर अपनी आँखों से उन्हें देख आइए।''

वह अपनी दाढ़ी बनाना छोड़कर तेज़ी से कमरे में इधर से उधर टहलने लगा। जब कभी वह गम्भीर विचारों में मग्न होता था तब ऐसा ही किया करता था। इसके बाद उसने जब दुबारा दाढ़ी बनानी शुरू की तो उसने तीन बार अपने गाल उस्तरे से काट लिए।

वह दिन भर मौन रहा! उसका मन क्रोध और क्षोभ से भरा था। एक पादरी होने के नाते उसे इस अविजयी प्रेम से घृणा तो थी ही, पर उसका धर्मपिता, उसका सरंक्षक होने के नाते वह बहुत ही कुपित भी था कि एक बालिका ने उसे धोखा दिया, चकमा दिया और उस बालिका के माता-पिता ने भी यह बतलाकर

कि उनकी लड़की ने उनकी सलाह के बिना, उनकी इच्छा के बिना, पति चुन लिया है, अपनी स्वार्थपरता का परिचय दिया।

रात में भोजन करने के बाद उसने कुछ पढ़ने की चेष्टा की, पर पढ़ नहीं सका। उसके क्रोध का पारा चढ़ता ही गया। जब घड़ी ने दस बजाये तो वह एक सोंटा लेकर खड़ा हो गया। रात में जब कभी रोगियों को देखने के लिए निकलता था तो यह सोंटा अपने साथ रखता था। वह सोंटा देखकर मुस्कराया और उसे अपनी मज़बूत मुट्ठी में पकड़कर उसने उसे ताड़न के भाव से हवा में घुमाया। इसके बाद उसने दाँत पीसकर सोंटा एक कुर्सी पर दे मारा, जिससे कुर्सी की पीठ टूटकर ज़मीन पर बिखर गयी।

उसने बाहर जाने के लिए दरवाज़ा खोला, पर बाहर छिटकी हुई चाँदनी से चकित होकर ज़ीने पर ठिठक गया। ऐसी धवल चाँदनी बहुत कम देखने में आती है।

वह भावुक तो था ही—सभी पादरी स्वप्नद्रष्टा हुआ करते हैं, इसलिए वह सहसा इस सुनहली रात के इस महान और गम्भीर सौन्दर्य को निहारकर मुग्ध हो गया।

उसका छोटा-सा बगीचा मृदुल चाँदनी से नहाया हुआ था। एक कतार में खड़े हुए फलों के वृक्षों ने अपनी कोमल शाखाओं की मधुर छाया पृथ्वी पर बिछा दी थी। उसके मकान की दीवाल से लिपटी हुई मधुलता चारों ओर एक मधुर गन्ध फैला रही थी। मालूम पड़ता था उस चाँदनी से उज्ज्वल वातावरण में एक सुगन्धपूर्ण आत्मा विराजमान है।

वह लम्बी-लम्बी साँसें लेने लगा, सुगन्ध से भरे हुए पवन में इस प्रकार श्वास लेने लगा जैसे शराबी शराब पीता है। वह इस मधुर पूनो की रात पर आश्चर्य करता हुआ मुग्ध मन से बहुत ही धीरे-धीरे क़दम उठाता हुआ चलने लगा और अपनी भांजी की बात लगभग भूल गया।

बगीचे से बाहर आकर वह क्षण भर के लिए विस्तृत मैदान में लोटती हुई कोमल चाँदनी को निहारने के लिए रुक गया। रात की अनूठी छवि चारों ओर बिखरी थी। पल-पल पर झींगुर की मधुर झंकार सुनाई पड़ती थी। जब-तब कोयल पुकार उठती थी। उसकी सुरीली आवाज़ सुनकर मनुष्य का मन विचार किये बिना, स्वप्नों की दुनिया में भटकने लगता है। उसका संगीत मनुष्य को जैसे प्रेम के राज्य में निमन्त्रण देता है।

पादरी फिर चलने लगा। उसका हृदय बैठा जा रहा था, पर वह समझ नहीं पा रहा था कि क्यों बैठा जा रहा है। मालूम पड़ता है जैसे वह अशक्त हो गया

है। वह वहीं बैठ जाना चाहता था और बैठकर विश्राम करना चाहता था, ईश्वर की कृति की प्रशंसा करना, उस पर विचार करना चाहता था।

दूर, नदी के किनारे-किनारे वृक्षों की एक पंक्ति खड़ी थी। पहाड़ों पर चारों ओर एक हल्का-सा चन्द्रकिरणों से बुना हुआ चाँदी का कोहरा छाया था, जिसने रुई के पहल की भाँति प्रकृति की सारी कठोरता ढँक ली थी।

पादरी दुबारा ठिठक गया, उसके हृदय में एक अदमनीय कोमलता का संचार हो रहा था।

पादरी के मन में एक सन्देह, एक अशान्ति की लहर उठ खड़ी हुई। वह अपने से प्रश्न कर रहा था, 'ईश्वर ने क्यों इस चाँदनी रात की रचना की?' रात तो सोने के लिए, विश्राम करने के लिए, सबकुछ भूल जाने के लिए बनी है। तब फिर वह दिन से अधिक मधुर और उषाकाल अथवा सन्ध्याकाल से अधिक मृदुल क्यों बनाई गयी है? और सूर्य की अपेक्षा कोमल यह मधुर चाँद क्यों इतना अविवेकी है, जो दिन की सभी चीज़ों को मृदुल और रहस्यपूर्ण कर देता है तथा अन्धकार को इतना पारदर्शी बना देता है।

'और यह मधुर गायिका कोयल सबकी भाँति रात में सोती क्यों नहीं? यह क्यों इस रहस्यपूर्ण रात्रि में अपना संगीत बिखेरती है?'

''दुनिया के ऊपर यह झीना परदा क्यों पड़ जाता है? हृदय में कम्पन क्यों होता है, भावनाएँ क्यों कण्ठ अवरोध कर लेती हैं, शरीर में दुर्बलता क्यों आ जाती है? इस मोहिनी छवि का प्रदर्शन क्यों होता है, मनुष्यों को तो इसका दर्शन होता नहीं है, क्योंकि वे अपने बिस्तरों पर पड़े सोते रहते हैं? यह मनोमुग्धकारी दृश्य किसके लिए बनाया गया है, आकाश से उतारकर पृथ्वी पर काव्यलोक की यह रचना किसके लिए होती है?

और पादरी कुछ समझ नहीं सका।

लेकिन, उधर खुले मैदान के छोर पर, चाँदनी से नहाये हुए वृक्षों के नीचे दो मूर्तियाँ साथ-साथ विहार कर रही थीं। मालूम पड़ता था जैसे किसी दैवी शक्ति ने उन्हें इस दृश्यपटी के चौखटे में जड़ दिया था। वे दोनों मिलकर एक ही शरीर मालूम पड़ते थे, यह शान्त, स्निग्ध रात जैसे उन्हीं के लिए थी। वे एक सजीव उत्तर की भाँति पादरी की ओर आ रहे थे, जैसे ईश्वर ने उसके प्रश्नों के जवाब में उन्हें भेजा हो।

वह अचल खड़ा हो गया। उसका हृदय धड़क रहा था। सब कुछ जैसे अस्त-व्यस्त हो गया था। उसे मालूम पड़ा जैसे वह अपनी बाइबिल में वर्णित

कोई दृश्य देख रहा है। उसके कानों में बाइबिल के कुछ प्रेममय गीत गूँजने लगे, उस कविता की सारी कोमलता उसके प्राणों को छूने लगी।

और उसने स्वगत कहा, 'शायद ईश्वर ने इस प्रकार की रातें मनुष्य के प्रेम का आदर्श उपस्थित करने के लिए बनाई हैं।'

वह संकुचित हो उठा। वे दोनों प्रेमी हाथ में हाथ डाले अब भी उसी ओर बढ़े आ रहे थे। वह उसी की भांजी थी। पर अब वह अपने से पूछ रहा था कि क्या मैं ईश्वराज्ञा का उल्लंघन नहीं कर रहा था। क्या ईश्वर प्रेम करने की अनुमति नहीं देता? इसीलिए तो वह उसे इस प्रकार के दृश्यमान सौन्दर्य से घेर देता है।

और वह गुनगुनाता हुआ वापस लौट पड़ा। उसे अपने ऊपर लज्जा आ रही थी, जैसे किसी मन्दिर में, जहाँ उसका प्रवेश निषिद्ध था, उसने पैर रख दिया हो।

गुलाब और बुलबुल

•

ऑस्कर वाइल्ड

''उसने कहा है कि अगर मैं उसे लाल गुलाब का फूल ला दूँ, तो वह मेरे साथ नाचेगी।'' नवयुवक विद्यार्थी बड़बड़ाया, ''लेकिन मेरे सारे बाग़ में एक भी लाल गुलाब का फूल नहीं है।''

सदाबहार के अपने घोंसले में से बुलबुल ने यह सुना। वह पत्तों में से झाँकती और विस्मित-सी एकटक देखती रही।

''मेरे बाग़ में लाल गुलाब का एक भी फूल नहीं है।'' विद्यार्थी रो रहा था, ''ओह, कितनी मामूली-सी बात पर मेरा सुख आश्रित है। जो कुछ बुद्धिमानों ने लिखा है वह सब मैंने पढ़ लिया है, दर्शनशास्त्र के सभी रहस्य मेरे कण्ठ में हैं, लेकिन फिर भी एक लाल गुलाब के फूल के बिना मेरी ज़िन्दगी में सुख नहीं है।''

''आख़िर आज मुझे एक सच्चे प्रेमी के दर्शन हो ही गये,'' बुलबुल ने कहा, ''रात-रातभर'' जागकर मैंने इसके गीत गाये हैं, हालाँकि आज से पहले मैंने इसे देखा भी नहीं था, रात-रातभर जागकर मैंने इसकी कहानी सितारों को गाकर सुनाई है, लेकिन आज पहली बार मैंने इसे देखा है। भौंरे की तरह काले इसके केश हैं और मनवांछित गुलाब के लाल फूल की तरह लाल होंठ, लेकिन प्रेम में इसका मुँह हाथीदाँत की तरह सफ़ेद हो गया है, और दुख और निराशा ने इसकी भौं पर अपनी मोहर लगा दी है।''

''राजकुमार ने कल रात अपने यहाँ नाच का आयोजन किया है।'' नवयुवक विद्यार्थी बड़बड़ाया, ''और मेरी प्रमिका भी वहाँ आयेगी। अगर मैं उसके लिए लाल गुलाब का एक फूल ले आऊँ, तो वह मेरे साथ नाचेगी। तब उसका शरीर मेरी बाँहों में होगा, उसका सिर मेरे कन्धों पर झुका होगा, और उसके हाथ मेरे हाथों में होंगे, लेकिन मेरे बाग़ में एक भी लाल गुलाब का फूल नहीं है। इसलिए

मुझे अकेले ही कल बैठना होगा, वह मेरे पास से इठलाती हुई गुज़र जायेगी, मेरी तरफ़ देखेगी भी नहीं, तब क्या मेरा दिल टूक-टूक नहीं हो जायेगा!"

"सचमुच यह कोई सच्चा प्रेमी है।" बुलबुल ने कहा, "जिस वेदना के गीत मैं गाती हूँ, यह उसका शिकार है। जो मेरे लिए हर्ष का विषय है, वही इसके लिए व्यथा का कारण है। यह हीरे-जवाहरात से भी ज़्यादा बेशक़ीमती और मणियों से भी ज़्यादा प्रिय है। न तो मोती और पन्ने इसे ख़रीद ही सकते हैं, और न ही यह दुकानों पर बिकता है। न तो सौदागर लोग इसका व्यापार ही करते हैं और न सोने-चाँदी के काँटे पर यह तोला ही जा सकता है।"

"गायक गैलरी में बैठकर साज बजायेंगे।" नवयुवक विद्यार्थी फिर कहने लगा, "और मेरी प्रेमिका सितार और वीणा की धुन के साथ अपने क़दम मिलाकर नाचेगी। वह इतना शानदार नाचेगी कि उसके पैर फ़र्श पर भी नहीं पड़ेंगे, और चमकीली पोशाकों में सजे हुए सारे मुसाहिब उसे चारों ओर से घेरकर खड़े हो जायेंगे। लेकिन मेरे साथ वह नाचेगी नहीं, क्योंकि मेरे पास उसे देने के लिए लाल गुलाब का फूल जो नहीं है।" आख़िर बहुत दुखी होकर विद्यार्थी वहीं घास पर पड़ गया और अपने दोनों हाथों में अपना चेहरा छिपाकर फूट-फूटकर रोने लगा।

एक छोटे-से गिरगिट ने, जो उधर ही पास से गुज़र रहा था, अपनी दुम उठाकर पूछा, "यह क्यों रो रहा है?"

"क्या कारण है, भाई?" सूरज की किरणों में नाचती हुई एक तितली ने जानना चाहा।

"आख़िर बात क्या है?" गुलबहार की एक कली अपनी धीमी आवाज़ में फुसफुसायी।

"वह लाल गुलाब के लिए रो रहा है।" बुलबुल ने ठण्डी साँस खींचकर कहा।

"लाल गुलाब के लिए!" विस्मित-से सब प्रश्नकर्ता बोल पड़े और छोटा हरा गिरगिट तो जो कुछ सनकी था, यह सुनकर खिलखिला पड़ा—"अजीब बेवकूफ़ है!"

पर बुलबुल छात्र की व्यथा समझ रही थी। वह सदाबहार के पेड़ पर शान्त बैठी प्रेम के रहस्य पर विचार करती रही।

यकायक ही उसने अपने भूरे पंख फड़फड़ाये और एक छाया की तरह हवा में तैरती हुई बाग़ के दूसरे छोर पर जा पहुँची।

एक क्यारी के बीचोबीच गुलाब का एक सुन्दर पौधा खड़ा हुआ था। बुलबुल की जो उस पर नज़र पड़ी, वह धीमे-से उसकी डाल पर उतर गयी।

"मुझे लाल गुलाब का एक फूल दे दो।" उसने कहा, "मैं तुम्हें अपना सबसे प्यारा गीत सुनाऊँगी।"

उत्तर में पौधे ने अपना सिर हिला दिया।

''मेरे फूल सफ़ेद हैं।'' वह बोला, ''समुद्र के झाग के समान सफ़ेद, पहाड़ों पर जमी हुई बर्फ़ की तरह सफ़ेद। लेकिन तुम उस पुरानी धूपघड़ी के पास उगे मेरे भाई के पास चली जाओ, सम्भव है वह तुम्हारी इच्छा पूरी कर सके।''

बस, अब तो बुलबुल झपटकर धूपघड़ी के पास उगे गुलाब के पौधे के पास जा पहुँची और बोली–''मुझे लाल गुलाब का एक फूल दे दो, मैं तुम्हें अपना सबसे प्यारा गीत सुनाऊँगी।'' किन्तु इस पौधे ने भी अपना सिर हिला दिया।

वह बोला, ''मेरे फूल पीले हैं, सोने के सिंहासन पर बैठने वाली परी के कोमल बालों की तरह, झाड़ियों और घास में उगे हुए नर्गिस के पीले फूल की तरह। लेकिन तुम निराश मत हो और विद्यार्थी की खिड़की के नीचे उगे मेरे भाई के पास चली जाओ। सम्भव है वह तुम्हारी इच्छा पूरी कर सके।''

इस प्रकार वह बुलबुल उस पौधे के पास जा पहुँची, जो उस विद्यार्थी की खिड़की के नीचे उगा था और बोली–

''मुझे लाल गुलाब का एक फूल दे दो, मैं तुम्हें अपना सबसे प्यारा गीत सुनाऊँगी।''

पर पौधे ने असमर्थता प्रकट करते हुए कहा–

''मेरे फूल लाल हैं, बत्तखों के कोमल पैरों की तरह, सुन्दरी के लाल होंठों की तरह, लेकिन शीत से मेरी नसों में रक्त जम गया है, पाले ने मेरी कलियों को मुरझा दिया है और तूफ़ान ने मेरी टहनियों को छिन्न-भिन्न कर दिया है। इस कारण इस पूरे साल मुझ पर फूल नहीं खिलेंगे।''

बुलबुल की आँखें भर आयीं।

''लेकिन मुझे तो लाल गुलाब का सिर्फ़ एक ही फूल चाहिए। हाँ, सिर्फ़ एक फूल! क्या किसी तरह भी लाल गुलाब का एक फूल नहीं मिल सकता?''

''सिर्फ़ एक तरकीब है,'' पौधे ने उत्तर दिया, ''पर वह इतनी भयानक है कि मुझे बताते हुए डर लगता है।''

बुलबुल की कुछ जान-में-जान आयी।

''क्या है वह तरकीब?'' उसने पूछा, ''तुम बताओ तो सही, मुझे डर नहीं लगता।''

''ठीक है,'' पौधा बोला, ''अगर तुम्हें सचमुच ही गुलाब के फूल की इतनी सख्त ज़रूरत है, तो वह तुम्हें रात की चाँदनी में अपने संगीत से बनाना होगा और अपने दिल के ख़ून से रँगना होगा। तुम्हें पूरी रात अपनी छाती मेरे काँटे

में गड़ाकर गाना होगा, मेरे काँटे से अपने दिल को छेदना होगा। जब तुम्हारा ख़ून बह-बहकर मेरी रगों में समा जायेगा तब जाकर कहीं गुलाब का एक फूल बन सकेगा।''

''एक लाल गुलाब के लिए मौत का सौदा बहुत महँगा है।'' बुलबुल चीख़ उठी, ''और फिर अपनी ज़िन्दगी किसे प्यारी नहीं होती? हरे-भरे बाग़ों में बैठकर गाने गाना, सूरज को अपने सुनहरे रथ में और चाँद को अपने मोतियों के रथ में आते-जाते देखना किसे नहीं अच्छा लगता? नागफनी की खुशबू कितनी मधुर होती है, घाटियों में छिपे आसमानी रंग के फूल कितने सुन्दर होते हैं और पहाड़ों पर झूमती हुई झाड़ियाँ भी कितनी प्यारी होती हैं, लेकिन प्रेम ज़िन्दगी से कहीं बढ़कर है, और फिर एक मनुष्य के दिल के सामने चिड़िया के दिल की क्या गिनती?''

सो उसने अपने भूरे पंख फैलाये और हवा में उड़ चली। वह बाग़ के ऊपर छाया की तरह उड़ी और उसने झुरमुट को पार किया।

नवयुवक विद्यार्थी अभी तक घास पर लेटा हुआ था जैसा कि वह छोड़ गयी थी। उसकी ख़ूबसूरत आँखों के आँसू अभी तक सूखे नहीं थे।

''खुशियाँ मनाओ,'' बुलबुल चिल्लायी, ''तुम्हारा लाल गुलाब का फूल मिल जायेगा। आज रात चाँदनी में मैं उसे अपने संगीत से बनाऊँगी और अपने दिल के ख़ून से रँगूँगी। उसके बदले में मैं तुमसे इतना ही चाहती हूँ कि तुम एक सच्चे प्रेमी बनो, क्योंकि प्रेम दर्शनशास्त्र से भी ज़्यादा बुद्धिमान और शक्ति से भी ज़्यादा शक्तिशाली है। उसके पंख लपटों के रंग के हैं और यही उसके शरीर का रंग है। उसके होंठ मधु से भी मधुर हैं, और उसकी साँसों में केवड़े की सुगन्ध है।''

बुलबुल की आवाज़ सुनकर विद्यार्थी ने ऊपर की ओर देखा, लेकिन उसकी समझ में नहीं आया कि बुलबुल उससे क्या कह रही है, क्योंकि वह तो सिर्फ़ वही बातें समझ सकता था जो किताबों में लिखी थीं।

लेकिन सदाबहार के पेड़ ने बुलबुल की बात समझी और उस पर उदासी छा गयी। कारण कि जिस बुलबुल ने उसके प्रांगण में नीड़ बना रखा था, उससे उसे प्यार हो गया था।

''ओ बुलबुल! जाने से पहले मुझे अपना अन्तिम गीत सुना जाओ,'' सदाबहार के पेड़ ने बुलबुल से कहा, ''क्योंकि तुम्हारे चले जाने के बाद मैं सिर्फ़ एक वीरान खँडहर मात्र रह जाऊँगा।''

पेड़ की प्रार्थना मानकर बुलबुल ने एक गीत गाया। उसकी आवाज़ इस समय ऐसी थी, जैसी पानी को एक बर्तन से दूसरे बर्तन में डालते समय होती है।

जैसे ही बुलबुल का यह गीत समाप्त हुआ, विद्यार्थी उठ खड़ा हुआ। उसने घास के ऊपर से अपनी डायरी उठायी और जेब से अपनी पेंसिल निकाली।

"बुलबुल रूपवती है," झुण्ड में जाता हुआ विद्यार्थी आत्मविस्मृत-सा सोच रहा था, "इससे इनकार नहीं किया जा सकता। लेकिन क्या उसका हृदय भी है? शायद नहीं। असल में वह भी दूसरे सभी कलाकारों की तरह है जिनमें कला का सौन्दर्य तो होता है लेकिन संजीदगी नहीं। वह सिर्फ़ संगीत की ही सोचती है। सभी जानते हैं कि कलाएँ स्वार्थी होती हैं। फिर भी यह तो मानना ही पड़ेगा कि उसके गीत में कुछ स्वर तो बहुत ही आकर्षक हैं। मगर कितने दुख की बात है कि उसके गीत का कुछ भी अर्थ नहीं है और न ही उससे किसी का कुछ लाभ ही होता है।"

और यह सोचता हुआ विद्यार्थी अपने कमरे में घुस गया। फिर बिस्तर में पड़कर अपनी प्रेयसी को याद करता-करता सो गया।

और जब चाँद आकाश में उगा, बुलबुल उड़कर गुलाब के पौधे के पास जा पहुँची और अपनी छाती उसके काँटे से सटाकर बैठ गयी। कांटे को अपने वक्ष में गड़ाये उस पूरी रात वह गाती रही और शीतल चन्द्रमा नीचे झुककर उसका गीत सुनता रहा। पूरी रात वह गाती रही। काँटा उसके वक्ष में गड़ता रहा, गहरा और भी गहरा। उसका जीवन-रक्त निकलता, रिसता, खिंचता गया।

सबसे पहले उसने एक किशोर और किशोरी का प्रेमालाप अलापा और जैसे-जैसे वह गीत के बाद गीत गाती गयी, गुलाब के पौधे की सबसे ऊँची डाल पर गुलाब का एक शानदार फूल पंखुड़ी के बाद पंखुड़ी बनता रहा। शुरू-शुरू में यह फूल कुछ पीला था, नदी के ऊपर छाये धुन्ध की तरह पीला, प्रातः के आगमन की तरह पीला और उषा के स्वर्णिम प्रभात की तरह पीला! जैसे चाँदी के दर्पण में गुलाब का प्रतिबिम्ब हो अथवा जैसे पोखर के पानी में जलज की छाया हो, वैसा ही था वह गुलाब, जो उस पौधे की सबसे ऊँची डाल पर उगा था।

तभी पौधे ने बुलबुल से कहा, "ऐसे नहीं निभेगी, छोटी बुलबुल! हाँ, ज़रा और ज़ोर से गड़ाओ अपने दिल को मेरे काँटे में। कहीं ऐसा न हो कि गुलाब पूरा होने से पहले ही दिन निकल आये।"

बुलबुल ने और भी ज़ोर से अपना वक्ष गुलाब के काँटे पर गड़ा दिया, गहरा और भी गहरा, साथ ही उसका गाना भी तेज़ होता गया, तेज़ और भी तेज़, क्योंकि अब वह एक युवक और एक युवती का प्रेमालाप अलाप रही थी।

और गुलाब की पंखुड़ियों में लज्जा की लालिमा छा गयी, ठीक जैसी कि बधू के होंठों को प्रथम बार चूमते समय वर के मुख पर छा जाती है। किन्तु

काँटा अभी तक बुलबुल के दिल तक नहीं पहुँचा था, इसलिए गुलाब का दिल भी अभी तक सफ़ेद था। क्योंकि केवल बुलबुल के हृदय के रक्त से ही गुलाब के फूल का हृदय लाल हो सकता था।

एक बार फिर गुलाब के पौधे ने बुलबुल से प्रार्थना की, ''ज़रा और ज़ोर से, प्यारी बुलबुल! मुझे डर है कि कहीं गुलाब पूरा होने से पहले दिन न निकल आये।''

बुलबुल अपनी छाती काँटे के और पास ले गयी। काँटे ने उसके दिल को छुआ और उसके अन्दर दर्द की एक तीखी टीस दौड़ गयी—तेज़, और भी तेज़ उसकी पीड़ा थी। प्रचण्ड, और भी प्रचण्ड उसके गीत का उन्माद था। क्योंकि अब वह उस प्रेम का गीत गा रही थी जो मृत्यु से सम्पन्न होता है, लेकिन जो समाधि में समाप्त नहीं होता।

और अचानक ही वह शानदार गुलाब का फूल प्राची के फूल की तरह लाल हो गया। पंखुड़ियाँ लाल थीं और माणिक्य के समान लाल उसका दिल था। लेकिन बुलबुल की आवाज़ अब धीमी होती गयी और उसके छोटे पंख फड़फड़ाने लगे।

उसकी आँखों के आगे अँधेरा-सा छाता गया। गीत धीमा, और भी धीमा होता गया और उसे लगा जैसे कोई उसका गला घोंट रहा हो।

तब उसके होंठों पर एक आख़िरी गीत तड़प उठा। श्वेत चाँद ने इसे सुना, सुनकर भूल गया कि सुबह हो गयी है और आकाश में ही टिका रहा। लाल गुलाब ने इसे सुना, हर्षोन्माद में काँप उठा, और प्रातः की शीतल पवन में अपनी पंखुड़ियाँ खोल दीं। पहाड़ी गुफाओं में यह स्वर गूँजा और चरवाहे अपने स्वप्नों से जाग खड़े हुए। यह संगीत नदी किनारे उगी बेंत की झाड़ियों में तैरा जो उसका सन्देश सागर तक ले गया।

''देखो, देखो,'' पौधा चिल्लाया, ''गुलाब बन चुका है!''

लेकिन बुलबुल ने कोई जवाब नहीं दिया, वह घास पर मरी पड़ी थी, काँटा उसके दिल को छेद चुका था।

और अगले दिन दोपहर को विद्यार्थी ने खिड़की खोलकर बाहर की ओर झाँका :

''ओह! मैं कितना भाग्यशाली हूँ!'' वह खुशी से नाच उठा, ''लाल गुलाब का फूल! ऐसा सुन्दर गुलाब मैंने अपनी ज़िन्दगी में कभी नहीं देखा। अवश्य ही लैटिन भाषा में इसका लम्बा-चौड़ा नाम होगा।''

और फौरन ही उसने बाहर झुककर वह फूल तोड़ लिया।

उसने सिर पर टोप डाला और हाथ में गुलाब लिये प्रोफ़ेसर के घर की ओर भागा।

प्रोफ़ेसर की बेटी दरवाज़े पर बैठी हुई रील पर नीला रेशम लपेट रही थी। पास ही उसका छोटा कुत्ता बैठा उसके पैर चाट रहा था।

''तुमने कहा था कि अगर मैं तुम्हें लाल गुलाब का फूल ला दूँ, तो तुम मेरे साथ नाचोगी।'' विद्यार्थी उसके पास जाकर बोला, ''लो, यह है दुनिया का सबसे ख़ूबसूरत लाल गुलाब। आज रात तुम इसे हृदय से लगाना और शाम को जब हम एक साथ नाचेंगे तो यह तुम्हें बतायेगा कि मैं तुम्हें कितना अधिक प्यार करता हूँ।''

सुनकर लड़की की त्योरियाँ चढ़ गयी–

''नहीं, यह फूल मेरी पोशाक के साथ नहीं खिलेगा।'' उसने कहा, ''और फिर चैम्बरलेन के भतीजे ने मेरे लिए सच्चे जवाहरात भेजे हैं, सभी जानते हैं कि जवाहरात फूलों से कहीं ज़्यादा कीमती होते हैं।''

''बेवफ़ा!'' ग़ुस्से से विद्यार्थी का चेहरा तमतमा उठा। उसने फूल को पास ही एक नाली में फेंक दिया, जहाँ एक ठेले का पहिया उसे कुचल गया।

''बेवफ़ा!'' लड़की ने कहा, ''मैं कहती हूँ तुम निरे गँवार हो और फिर तुम्हारी हैसियत ही क्या है? सिर्फ़ विद्यार्थी ही न! तुम्हारे बूट में चैम्बरलेन के भतीजे के बूट के जैसे चाँदी वाले बक्सुए भी तो नहीं हैं।'' कहते-कहते वह कुर्सी से उठकर घर के अन्दर चली गयी।

''प्रेम भी क्या मूर्खता है!'' विद्यार्थी जाते-जाते सोच रहा था, ''यह तर्कशास्त्र से आधा भी तो उपादेय नहीं है, क्योंकि इससे कोई बात सिद्ध नहीं की जा सकती और फिर यह सदा लोगों को ऐसी ऊलजलूल बातें समझाता रहता है, जो हो ही नहीं सकतीं और ऐसी बातों में विश्वास दिलाता है जो सच्ची नहीं हैं। वास्तव में प्रेम बिल्कुल अव्यावहारिक है और इस ज़माने में व्यवहारज्ञ होना ही सब कुछ है। मेरे लिए तो दर्शनशास्त्र ही ठीक है, अब चलकर मैं अध्यात्मशास्त्र के सिद्धान्त पढ़ूँगा।''

इस तरह वह अपने कमरे में लौट आया और उसने धूल-धूसरित एक किताब उठायी और पढ़ना शुरू कर दिया।

मोहभंग

•

टॉमस मॉन

मैं मानता हूँ कि इस असाधारण आदमी की बातें सुनकर मैं बेहद घबरा-सा गया था। उसकी बातों ने मुझे विचलित कर दिया था। मानसिक रूप से मैं अब भी पूरी तरह उससे उबर नहीं पाया हूँ। अब भी मैं शायद आपको ये सब बातें उस ढंग से बताने की हालत में नहीं हूँ कि उनका आप पर भी वैसा ही असर पड़े जैसा मुझ पर पड़ा था। उसकी बातों के इतने गहरे असर की वजह शायद यह भी थी कि एक बिल्कुल अजनबी आदमी ने इतने बेतकल्लुफ और दोस्ताना अन्दाज़ में अपनी ज़िन्दगी की किताब खोलकर रख दी थी।

क़रीब दो माह पहले की बात है। शरद ऋतु की दोपहर थी। जब मैंने पहली बार पियाज़ा डि सेन मार्को में इस अजनबी को देखा था। ठीक प्रवेशद्वार के पास एक नन्ही बच्ची ढेर सारे कबूतरों को मक्के के दाने खिला रही थी और भी कई कबूतर बादलों में से उड़ते हुए चारों तरफ़ से नीचे आ रहे थे। एक अतुलनीय, सुन्दर और मनोरम दृश्य था।

उससे मेरी मुलाक़ात स्क्वेयर पर हुई थी और यह सब लिखते हुए उसकी स्पष्ट छवि मेरी आँखों के सामने है। वह औसत क़द का था और थोड़ा झुककर फुर्ती से चलता था। उसने पीठ पीछे अपने हाथों में छड़ी थाम रखी थी और वह कलफ़ लगी काली टोपी, हल्का सूती ओवरकोट और गहरे रंग की धारियों वाला पैंट पहने हुए था। जाने क्या वजह थी कि मुझे भ्रम हुआ था कि वह अंग्रेज़ है। वह तीस वर्ष का रहा होगा या शायद पचास का। उसका चेहरा साफ़ और चिकना था, चौड़ी-सी नाक और थकी-थकी सी भूरी आँखें, उसके चेहरे पर लगातार एक अस्पष्ट और कुछ मासूम-सी मुस्कान बनी रहती। पर थोड़ी-थोड़ी देर बाद वह कुछ ढूँढ़ने-सा लगता। फिर ज़मीन को घूरता, मन ही मन बुदबुदाता, सिर को झटका देता और फिर मुस्कराने लगता। इसी तरह हमेशा वह स्क्वेयर

के एक सिरे से दूसरे सिरे तक लगातार चहलकदमी करता रहता। हमेशा अकेला और सदैव उसकी वही असाधारण भावभंगिमा बनी रहती।

जिस शाम का मैं ज़िक्र कर रहा हूँ उस शाम वहाँ मिलिटरी बैंड का एक संगीत कार्यक्रम था। मैं एक छोटी-सी मेज़ के पास बैठा था। फ्लोरियन कैफ़े में पियाज़ा तक टेबल लगे हुए थे। कार्यक्रम समाप्त होने पर लोगों की भीड़ बिखरने लगी। तभी मेरा वह अनजाना अजनबी अपनी उसी चिरपरिचित मुस्कान के साथ मेरे बगल में रखी एक खाली कुर्सी पर आ बैठा।

शाम घिरने लगी। जैसे-जैसे शाम का वक़्त क़रीब आने लगा, चारों ओर शान्ति और नीरवता छाने लगी थी। जल्दी ही सभी मेज़ें खाली हो गयीं। सैर करने आये लोग भी जा चुके थे। मैजेस्टिक स्क्वेयर पर निस्तब्धता छा गयी। चारों ओर तारों भरा विशाल आकाश था और एक बड़ा-सा अर्द्ध-चन्द्रमा भव्य और शानदार सेन मार्को के समक्ष लटका हुआ था।

मैं अख़बार पढ़ रहा था और मेरी पीठ उस अजनबी की तरफ़ थी। मैं उठकर जाने ही वाला था कि उसने मुझे पुकारा। अब तक मैंने उसकी आवाज़ भी न सुनी थी और अब वह अचानक बातें करने लगा।

"जनाब, क्या आप वेनिस में पहली बार आये हैं?" उसने टूटी-फूटी फ्रेंच में पूछा। मैं अंग्रेज़ी में जवाब देने की कोशिश कर ही रहा था कि वह बहुत अच्छी जर्मन में बोलता चला गया। उसकी आवाज़ धीमी और भारी थी। वह बार-बार गला साफ़ करने के लिए खाँसने लगता।

"तुम यह सब पहली बार देख रहे हो? क्या यह वैसा ही है जैसा तुमने सोचा था? या तुम्हारी उम्मीद से कहीं अधिक? क्यों? शायद तुमने वास्तविकता से कहीं अधिक की कल्पना नहीं की थी। तुम यही कहना चाहते हो न? पर तुम ऐसा नहीं कहोगे, ताकि तुम ख़ुश हो सको और ईर्ष्या का पात्र बन सको।" ऐ! वह पीछे झुका और मेरी तरफ़ देखने लगा, तेज़ी से आँखें झपकाते हुए। उनमें कुछ अस्पष्ट-सा भाव था। उसके बाद उसने जो विराम दिया वह कुछ देर तक बना रहा। मुझे समझ नहीं आ रहा था कि इस एकतरफ़ा बातचीत को किस तरह लूँ? मैं एक बार फिर चलने को तत्पर हुआ ही था कि वह तेज़ी से मेरी ओर झुका।

"माई डियर, क्या तुम जानते हो मोहभंग क्या है?" उसने बेहद धीमे और तत्पर स्वर में पूछा, उसके दोनों हाथ छड़ी पर टिके हुए थे। "छोटी-छोटी, मामूली, ग़ैर-ज़रूरी चीज़ों में ही विफलता नहीं है, पर क्या एक विशाल और सामान्य क़िस्म की निराशा हर जगह, पूरे जीवन में व्याप्त नहीं है? नहीं, शायद आप नहीं

जानते। पर बचपन से मैंने इसे अपने साथ ढोया है। इसने मुझे तन्हा, दुखी और कुछ हद तक सनकी भी बनाया है। ऐसा कहने में मुझे कोई संकोच नहीं है।''

''हाँ, शायद मैं जो कुछ कह रहा हूँ उसका आशय तुम तत्काल समझ न सको, पर मेरी तुमसे गुज़ारिश है कि कुछ देर मेरी बात सुनो क्योंकि यदि यह सब कहा जा सकता है तो यह बहुत सारे शब्दों के बगैर भी कहा जा सकता है।''

''मैं इस तरह शुरू करना चाहूँगा कि मेरा पालन-पोषण एक पादरी के घर एक छोटे-से क़स्बे में हुआ था। हमारे घर में अनावश्यक साफ़-सफ़ाई और बहुत ज़िद्दी क़िस्म की उम्मीद से भरा हुआ पाण्डित्यपूर्ण वातावरण था। हम एक बेहद विचित्र वातावरण में साँस लेते थे। उपदेशात्मक, शब्दाडम्बरपूर्ण वातावरण, अच्छाई और बुराई, सुन्दर और असुन्दर—सभी के लिए बड़े-बड़े शब्द, जिनसे मुझे तीखी नफ़रत है, क्योंकि शायद मेरे सारे दुखों के लिए यही ज़िम्मेदार है।''

''मेरे लिए जीवन सर्वथा इन्हीं बड़े-बड़े शब्दों का नाम था, क्योंकि मैंने जीवन के बारे में और कुछ नहीं जाना, सिवाय उन अनन्त भावनाओं के जो मुझमें भर दी गयी थीं। हर व्यक्ति से मैं या तो दिव्य गुणों अथवा दुर्दम्य बुराई की उम्मीद करता था। जीवन से या तो सम्मोहित कर देने वाली रमणीयता की कामना रखता या फिर अत्यधिक भय और त्रासदी की, और इन सबके प्रति मुझमें उत्सुकता भरी रहती और यथार्थता को बड़े सन्दर्भ में जानने के लिए मैं लालायित रहता—चाहे वह चमत्कार से भरा मदमस्त कर देने वाला परमानन्द हो अथवा अवर्णनीय, कल्पनातीत कोई वेदना।''

''मुझे आज भी स्पष्ट रूप से याद है अपने जीवन की वह पहली तकलीफ़देह हताशा, मैं तुमसे प्रार्थना करता हूँ कि तुम यह समझने की कोशिश करो कि मेरी उस हताशा का कारण किसी सँजोये हुए स्वप्न का विफल होना नहीं था। इसके पीछे एक दुर्भाग्यपूर्ण घटना थी। मेरे माता-पिता के घर एक बार रात को भीषण आग लग गयी थी। उस वक़्त मैं बस एक बालक ही था। आग इतनी तेज़ी से फैली कि हमारे मक़ान की पूरी ऊपरी मंज़िल आग की लपटों में थी और वह मेरे कमरे के दरवाज़े तक आ गयी। सीढ़ियों पर भी आग तेज़ी से फैलने वाली थी। सबसे पहले मुझे ही इसका पता चला और मुझे याद है कि मैं पूरे घर में बदहवास सा चीख़ रहा था, 'आग, आग! मुझे अच्छी तरह याद है मैं क्या कह रहा था और हर शब्द के पीछे मेरी वह कैसी अनुभूति थी? हालाँकि उस समय वह मुश्किल से मेरी चेतना की सतह पर आ रही थी।' अच्छा तो यह आग है मैंने सोचा। तो क्या घर में आग लगना ऐसा ही होता है। बस इतना भर?''

“ईश्वर जानता है कि वह सब वास्तव में कितना भयानक था। पूरा घर राख हो गया था। परिवार को बड़ी मुश्किल से बचाया गया और मैं भी थोड़ा जल गया था। यह कहना ग़लत होगा कि मैं यदि कल्पना करता तो कल्पना का वह दृश्य मेरे माता-पिता के घर में वास्तव में लगी आग के दृश्य से .ज्यादा भयानक होता। फिर भी इस घटना का एक अस्पष्ट, आकारहीन-सा खाका क़हीं मेरे भीतर मौजूद रहा था जो यथार्थ से बहुत अधिक डरावना था और उससे तुलना करने पर यह यथार्थ से बहुत ही सतही लगा, यह आग मेरे जीवन की पहली महत्त्वपूर्ण घटना थी। इसने मुझे भयावहता की कल्पना से प्रवंचित कर दिया।”

“इस आशंका से मत डरो कि मैं अपनी हताशाओं के क़िस्से तफसील से बताता चला जाऊँगा। तुम्हें इतना बताना काफ़ी होगा कि मैंने ईर्ष्यावश जीवन की तमाम अपेक्षाओं को अनगिनत किताबों और कविताओं की रचनाओं से पूरा करना चाहा। ओह! तुम्हें कैसे बताऊँ मुझे उनसे कितनी नफ़रत हो गयी है। वे सभी कवि जिन्होंने जीवन की हर दीवार पर महज़ बड़े-बड़े कोरे शब्दों को पोत रखा है—क्योंकि उनमें कलम से आकाश में लिखने की ताकत नहीं है। मैं अब यह सोचने लगा हूँ कि हर बड़ा शब्द महज एक झूठ-सा एक मज़ाक़ है।”

“उन्मादी कवियों ने कहा कि वाणी व्यर्थ है—ओह! शब्द कितने निरर्थक हैं, ऐसा वे गाते हैं। पर नहीं जनाब, मेरे ख़याल से वाणी बहुत मूल्यवान है, अत्यधिक मूल्यवान, जीवन की निर्धनता और सीमाओं से कहीं अधिक इसका मोल है। वेदना की अपनी सीमाएँ हैं, अचेतन अवस्था में शारीरिक तकलीफ़ और जड़ता से मानसिक, यह आनन्द से कुछ अलग नहीं है। ख़ुद को अभिव्यक्त करने की ज़रूरत ने मुझको तमाम तरह की आवाज़ें निर्मित करने के लिए प्रेरित किया जो इन सीमाओं से कहीं परे की चीज़ है।”

“क्या यह मेरी गलती है? क्या मेरे भीतर ही ऐसा कुछ मौजूद है कि कुछ शब्द मेरे भीतर संवेदनाओं की एक अन्तःस्फूर्त जगा देते हैं जिनका वास्तव में कोई अस्तित्व नहीं है।”

“मैंने इस ख़ूबसूरत से लगने वाले जीवन को जीना चाहा। मैं केवल एक, सिर्फ़ एक ऐसे अनुभव के लिए तरसता रहा जो मेरी अपेक्षाओं के अनुरूप हो। ईश्वर तू मेरी सहायता कर, क्योंकि मुझे ऐसा कोई अनुभव नहीं मिला। मैं दुनिया भर में निरुद्देश्य भटकता रहा। दुनिया की तमाम प्रसिद्ध, प्रशंसित जगहें देख डालीं, कला की उन सभी महान कृतियों के दर्शन कर लिए जिनकी तारीफ़ में बहुत अधिक शब्दों का इस्तेमाल किया गया है। मैं इन सबके सामने खड़ा रहा

और मैंने अपने आप से यह कहा—ये चीज़ें ख़ूबसूरत हैं पर क्या इतना भर ही? क्या इनसे अधिक ख़ूबसूरत और कोई चीज़ नहीं हैं।''

''मुझमें वास्तविकता की कोई पहचान नहीं है। शायद यही समस्या है, एक बार, दुनिया की किसी जगह पर मैं पहाड़ों के बीच गहरी, सँकरी, तंग घाटी में खड़ा था। वृक्षहीन चट्टानें दोनों तरफ़ खड़ी थीं और नीचे पानी हिलोरें ले रहा था। मैंने नीचे देखा और मन-ही-मन सोचा। क्या होगा यदि मैं यहाँ से गिर जाऊँ? पर मैं अच्छी तरह जानता था इसका जवाब! मैं जानता था यदि ऐसा हो तो गिरने पर मैं अपने आप से कहता—'अब तुम गिर रहे हो। तुम वास्तव में गिर रहे हो। उससे क्या होगा'?''

''तुम मेरी बात का यक़ीन मानो। मैं जीवन के अनुभव के बगैर नहीं बोल रहा हूँ। वर्षों पहले मैं एक लड़की को चाहने लगा था, ख़ूबसूरत, नाज़ुक-सी वह लड़की जिसे सहेजना, सँवारना मेरी ख़ुशकिस्मती होती। पर वह मुझे नहीं चाहती थी, जो कि बिल्कुल आश्चर्यजनक नहीं था और उसने कहीं और ब्याह कर लिया। इससे अधिक पीड़ा का और कौन-सा अनुभव हो सकता है? निष्फल मोह की शुष्क मानसिक-पीड़ा से बड़ी और कौन-सी यातना हो सकती है? कई-कई रातों तक मैं सो नहीं सका। रात-रात भर आँखें खुली रहतीं। फिर भी मेरी सबसे बड़ी यातना मेरे विचार में ही थी—तो यही सबसे बड़ी पीड़ा है जो हम झेलते हैं। ठीक है, इससे क्या होता है? क्या यही सब कुछ है?''

''मैं आपको अपनी ख़ुशी के बारे में बताऊँ? मुझे ख़ुशियाँ भी मिली हैं और वह भी निराशाजनक ही रही हैं। नहीं, मैं बोलता ही नहीं रहूँगा, क्योंकि इस तरह कोरे उदाहरण जमा करते चले जाने से भी मैं यह स्पष्ट नहीं कर पाऊँगा कि पूरा जीवन बेहद उबाने वाला है, जीवन की नीरसता, अरुचि व उदासीनता ने मुझे हताश किया है, बेहद हताश।''

''आदमी क्या है? एक युवा वरथर ने पूछा—क्या एक सशस्वी अर्थ देवता? क्या ऐसा नहीं होता कि उसकी सारी शक्तियाँ ऐसे समय व्यर्थ हो जाती हैं जब उनकी उसे सबसे अधिक ज़रूरत होती है? चाहे आनन्द में वह उछलने लगे या फिर वेदना में पूरी तरह डूब जाये, हर ऐसे वक़्त क्या उसे जीवन की कठोर, नग्न सच्चाई में वापस नहीं लाया जाता। ख़ासकर जब वह अनन्त, असीम की गहराइयों में ख़ुद को डुबो देना चाहता है?''

''अक्सर मैं उस दिन की याद करता हूँ जब मैंने पहली बार समुद्र को निहारा था। समुद्र विशाल है, समुद्र खुला है, स्वच्छन्द है। मेरी आँखें दूर-दूर तक

भटकती रहीं और मुक्त होने के लिए आकुल थीं पर वहीं क्षितिज आ जाता था। यह क्षितिज क्यों, जबकि मैं तो जीवन से अनन्त की चाहना रखता था?''

''हो सकता है मेरा क्षितिज औरों की तुलना में संकुचित हो। मैंने कहा है कि मुझमें यथार्थवाद की बेहद कमी है—शायद यह भी सम्भव है कि मुझमें यह भावना बहुत गहरी है। शायद मैं बहुत जल्द उकता जाता हूँ, या फिर बहुत जल्द चीज़ों से मेरा मन भर जाता है। मुझे लगता है आनन्द और अवसाद दोनों से मेरा बेहद कृत्रिम सम्बन्ध है।''

''मेरा इसमें विश्वास नहीं है, और मेरा उन सब पर भी कोई विश्वास नहीं है जिनकी पूरी जीवन-दृष्टि कवियों के महान शब्दों पर आधारित होती है—यह सब मिथ्या और कायरता से भरा है, ऐ मेरे दोस्त! तुमने देखा भी होगा कई लोग होते हैं जो व्यर्थ ही दूसरों की ईर्ष्या का केन्द्र बनना चाहते हैं। वे ऐसा जताते हैं मानो उन्होंने आनन्द की परम अनुभूति का अनुभव कर लिया है और दुख उन्हें छू भी नहीं सका है?''

''अँधेरा हो गया है और तुमने शायद मुझे सुनना बन्द कर दिया है, इसलिए मैं आसानी से कह सकता हूँ कि मैं भी इन लोगों की तरह जीते-जीते थक गया हूँ; मैं खुद अपने सामने और दूसरों की आँखों के सामने ख़ुश दिखने का ढोंग करते-करते थक गया हूँ। पर कुछ वर्ष हुए जब इस खोखलेपन का एहसास मेरे भीतर उतरा था। अब मैं अकेला, तन्हा, उदास और शायद कुछ-कुछ सनकी भी हूँ। इससे मुझे कोई इनकार नहीं।''

''रात में तारों भरे स्वर्ग को निहारना मेरा सबसे प्रिय काम है। इस समूची धरती और ज़िन्दगी से आँखें हटा लेने का यह सबसे बेहतरीन तरीक़ा है और शायद मुझे इसके लिए क्षमा भी किया जा सकता है कि मैं अब भी कुछ धुँधली उम्मीदों से चिपका हुआ हूँ कि मैं अब भी एक मुक्त जीवन का स्वप्न देखता हूँ जहाँ कोई क्षितिज न हो?''

''इसलिए मैं मृत्यु का स्वप्न देखता हूँ और मृत्यु की कामना करता हूँ। ओह, मैं मृत्यु के बारे में पहले से ही कितनी अच्छी तरह जानता हूँ—मृत्यु अन्तिम निराशा! अन्तिम क्षण में मैं ख़ुद से कह रहा होऊँगा—'तो क्या यही वह महान अनुभव है—ठीक है, क्या है आख़िर यह'?''

''पर यहाँ पियाज़ा में ठण्ड बढ़ गयी है। मैं इसे अब भी महसूस कर सकता हूँ— हा! हा! तुम्हें शुभरात्रि कहने का मुझे सुख मिला है। शुभरात्रि!''

कर्मनाशा की हार

•

शिवप्रसाद सिंह

काले साँप का काटा आदमी बच सकता है, हलाहल ज़हर पीने वाले की मौत रुक सकती है, किन्तु जिस पौधे को एक बार कर्मनाशा का पानी छू ले, वह फिर हरा नहीं हो सकता। कर्मनाशा के बारे में किनारे के लोगों में एक और विश्वास प्रचलित था कि यदि एक बार नदी बढ़ आये तो बिना मानुस की बलि लिए लौटती नहीं। हालाँकि थोड़ी ऊँचाई पर बसे हुए नईडीह वालों को इसका कोई ख़ौफ़ न था, इसी से वे बाढ़ के दिनों में, गेरू की तरह फैले हुए अपार जल को देखकर खुशियाँ मनाते, दो-चार दिन की ये बाढ़ उनके लिए तब्दीली बनकर आती, मुखियाजी के द्वार पर लोगबाग इकट्ठे होते और कजली-सावनी की ताल पर ढोलकें ठनकने लगतीं। गाँव के दुधमुँहे तक 'ई बाढ़ी न दिया जिया लेके माने' का गीत गाते, क्योंकि बाढ़ उनके किसी आदमी का जिया नहीं लेती थी। किन्तु पिछले साल अचानक जब नदी का पानी समुद्र के ज्वार की तरह उमड़ता हुआ, नईडीह से जा टकराया, तो ढोलकें बह चलीं, गीत की कड़ियाँ मुरझाकर होंठों में पपड़ी की तरह छा गयीं। सोखा ने जान के बदले जान देकर पूजा की, पाँच बकरों की दौरी भेंट हुई, किन्तु बढ़ी नदी का हौसला कम न हुआ। एक अन्धी लड़की, एक अपाहिज बुढ़िया बाढ़ की भेंट रहीं। नईडीह वाले कर्मनाशा के इस उग्र रूप से काँप उठे, बूढ़ी औरतों ने कुछ सुराग मिलाया। पूजा-पाठ कराकर लोगों ने पाप-शान्ति की।

एक बाढ़ बीती, बरस बीता। पिछले घाव सूखे न थे कि भादों के दिनों में फिर पानी उमड़ा। बादलों की छाँव में सोया गाँव भोर की किरण देखकर उठा तो सारा सिवान रक्त की तरह लाल पानी से घिरा था। नईडीह के वातावरण में हौलदिली छा गयी। गाँव ऊँचे अरार पर बसा था, जिस पर नदी की धारा अनवरत टक्कर मार रही थी, बड़े-बड़े पेड़ जड़मूल के साथ उलटकर नदी के पेट में समा

रहे थे। यह बाढ़ न थी, प्रलय का सन्देश था। नईडीह के लोग चूहेदानी में फँसे चूहे की तरह भय से दौड़-धूप कर रहे थे, सब के चेहरे पर मुर्दनी छा गयी थी।

"कल दीनापुर में कड़ाह चढ़ा था, पाण्डेजी!" ईसुर भूत हकलाते हुए बोला। कुएँ की जगत में बाल्टी का पानी लिये जगेसर पाण्डे उतर रहे थे। घबराकर बाल्टी सहित ऊपर से कूद पड़े।

"क्या कह रहे थे भगत, कड़ाह चढ़ा था, क्या कहा सोखा ने?" चौराहे पर छोटी-सी भीड़ इकट्ठी हो गयी। भगत अपने शब्दों को चुभलाते हुए बोले, "काशीनाथ की सरन, भाई लोगों, सोया ने कहा कि इतना पानी गिरेगा कि तीन घडे भर जायेंगे, आदमी-मवेशी की छय होगी, चारों ओर हाहाकार मच जायेगा, परलय होगी।"

"परलय न होगी, तब क्या बरक्कत होगी? हे भगवान, जिस गाँव में ऐसा पाप करम होगा वह बहेगा नहीं, तब क्या बचेगा?" माथे से लुग्गे को ठीक करती हुई धनसेरा चाची बोलीं, "मैं तो कहूँ कि फुलमतिया ऐसी चुप काहे है। राम रे राम, कुतिया ने पाप किया, गाँव के सिर बीता। उसकी माई कैसी सतवन्ती बनती थी। आग लाने गयी तो घर में जाने नहीं दिया, मैं तो तभी छनकी कि हो न हो दाल में कुछ काला है। आग लगे ऐसी कोख में! तीन दिन की बिटिया और पेट में ऐसी घनघोर दाढ़ी!"

"कुछ साफ़ भी कहोगी, भौजी!" बची में जगेसर पाण्डे बोले, "क्या हुआ आख़िर...?"

"हुआ क्या, फुलमतिया राँड मेमना लेके बैठी है। विधवा लड़की बेटा बियाकर सुहागिन बनी है।"

"ऐं, कब हुआ?...." सबकी आँखों में उत्सुकता के फफोले उभर आये। आगत भय से सबकी साँसें टँगी रह गयीं। तभी मिर्चे की तरह तीखी आवाज़ में चाची बोलीं, "कोई आज की बात है? तीन दिन से सौरी में बैठी है डायन। पाप को छाती से चिपकाये है। यह भी न हुआ कि गर्दन मरोड़कर गड़हे-गुच्ची में डाल दे।"

लोगों को परलय की सूचना देकर, हवा में उड़ते हुए आँचल को बरजोरी वश में करती चाची दूसरे चौराहे की ओर बढ़ चलीं, गाँव का सारा आतंक, भय, पाप उनके पीछे कुत्ते की तरह दुम दबाये जा रहे थे। सबकी आँखों में नईडीह का भविष्य था, रक्त की तरह लाल पानी में चूहे की तरह ऊभ-चूभ करते हुए लोग चिल्ला रहे थे, मौत का ऐसा भयंकर स्वप्न भी शायद ही किसी ने देखा था।

भैरो पाण्डे बैसाखी के सहारे अपनी बखरी के दरवाज़े में खड़े बाढ़ के पानी का ज़ोर देख रहे थे, अपार जल में बहते हुए साँप-बिच्छू चले जा रहे थे। मरे हुए जानवर की पीठ पर बैठा कौवा लहर के धक्के से बिछल जाता, भीगे चूहे पानी से बाहर निकलते तो चील झपट पड़ते। विचित्र दृश्य है—पाण्डे न जाने क्यों बुदबुदाये। फिर मिट्टी की बनी पुरानी बखरी की ओर देखा। पाण्डे के दादा देस-दिहात के नामी-गिरामी पण्डित थे, उनका ऐसा इकबाल था कि कोई किसी को कभी सताने की हिम्मत नहीं करता था। उनकी बनवाई है यह बखरी। भाग की लेख कौन टारे। दो पुश्त के अन्दर ही सभी-कुछ खो गया, मुट्ठी में बन्द जुगनू हाथ के बाहर निकल गया और किसी ने जाना भी नहीं। आज से सोलह साल पहले माँ-बाप एक नन्हा लड़का हाथ में सौंपकर चले गये, पैर से पंगु भैरो पाण्डे अपने दो बरस के छोटे भाई को कन्धे से चिपकाये असहाय, निरवलम्ब खड़े रह गये—धन के नाम पर बाप का कर्ज़ मिला, काम-धाम के लिए दुधमुँहें भाई की देख-रेख, रहने के लिए बखरी जिसे पिछली बाढ़ के धक्कों ने एकदम जर्जर कर दिया है।

"अब यह भी न बचेगी"—पाण्डे के मुँह से भवितव्य फूट रहा था जिसकी भयंकरता पर उन्होंने ज़रा भी ख़याल करना ज़रूरी नहीं समझा। दरारों से भरी दीवारें उनके खुरदरे हाथों के स्पर्श से पिघल गयीं, वर्षा का पानी पसीजकर हाथों से आँसू की तरह चिपक गया।

सनसनाती हवा गाँव के इस छोर से उस छोर तक चक्कर लगा रही थी। विधवा फुलमतिया को बेटा हुआ है, बेटा-कुतिया के पाप से गाँव तबाह हो रहा है....राम-राम! ऐसा पाप...भैरो पाण्डे के कानों में आवाज़ के स्पर्श से ही भयंकर पीड़ा पैदा हो गयी। बैसाखी उनके शरीर के भार को सँभाल न सकी और वे धम्म से चौकठ पर बैठ गये। बाजू के धक्के से कुहनी छिल गयी, चिनचिनाती कुहनी का दर्द उनके रोयें-रोयें में बिंध रहा था, और पाण्डे इस पीड़ा को होंठों के बीच दबाने का प्रयत्न कर रहे थे!

"सब कुछ गया"—वे बुदबुदाये। कर्मनाशा की बाढ़ उनकी इस जर्जर बखरी को हड़पने नहीं, उनके पितामह की उस अमूल्य प्रतिष्ठा को हड़पने आयी है जिसे अपनी इस विपन्न अवस्था में भी पाण्डे ने धरती पर नहीं रखा। दुलार से पली वह प्रतिष्ठा सदा उनके कन्धे पर चढ़ी रही। "मैं जानता था कि यह छोकरा इस खानदान का नाश करने आया है"—पाण्डे की आँखों में उनके छोटे भाई की तस्वीर नाच उठी। अठारह वर्ष का छरहरा पानीदार कुलदीप जिसकी आँखों में भैरो को माँ की छाया तैरती नज़र आती, उसके काले काकुल को देखकर मुखियाजी

कहते कि इस पर भैरो पाण्डे के दादा की लौछार पड़ी है। पाण्डे हो-हो कर हँस पड़ते। ''जा रे कुलदीप, बरामदे में बैठकर पढ़।'' भैरो पाण्डे मन में बुदबुदाते– ''तेरे आँख में सौ कुण्ड बालू, हरामी कहीं का, लड़के पर नज़र गड़ाता है! कुछ भी हुआ इसे तो भगवान कसम तेरा गला घोंट दूँगा, बड़ा आया मुखियाजी!'' फिर ज़रा बढ़कर बोलते–''क्या लौछार पड़ेगी मुखियाजी, दादा के पास तो पाँच पछाही गायें थीं, एक से एक, दो थान दुह लें तो पंचसेरी बाल्टी भर जाती थी। यहाँ तो इस लौंडे को दूध पचता ही नहीं। फिर साल-बारह महीने हमेशा मिलता भी कहाँ है हम ग़रीबों को?''

''अब वह पुराने ज़माने की बात कहाँ रही, पाण्डेजी!'' मुखिया कहता और अपने संकेतों से शब्दों में मिर्चे की तिताई भरकर चला जाता। काले-काले काकुलों वाला नौजवान कुलदीप उसे फूटी आँखों नहीं सुहाता, किन्तु भैरो पाण्डे के डर से वह कुछ कह न पाता।

भैरो पाण्डे दिनभर बरामदे में बैठकर रुई से बिनौले निकालते, तूमते, सूत तैयार करते और अपनी तकली नचा-नचाकर जनेऊ बनाते, जजमानी चलाते, पत्रा देख देते, सत्यनारायण की कथा बाँच देते, और इससे जो कुछ मिलता, कुलदीप की पढ़ाई और उसके कपड़े-लत्ते आदि में ख़र्च हो जाता।

यह सब-कुछ मर-मरकर किया था इसी दिन को–पाण्डे की आँखों में प्यास छा गयी, लड़के ने उन्हें किसी ओर का नहीं रखा। आज यहाँ आफत मची है, अपने पता नहीं कहाँ भागकर छिपा है।

''राम जाने कैसे होगा'' –सूखी आँखों से दो बूँदें गिर पड़ीं, ''अपने से तो कौर भी नहीं उठा पाता था, भूखा बैठा होगा कहीं। बैठे-मरे, हम क्या करें।'' पाण्डे ने बैसाखी उठायी। बगल की चारपाई तक गये और धम्म से बैठ गये। दोनों हाथों में मुँह छिपा लिया और चुप लेटे रहे।

पृथ्वी आकाश पर सूरज दो लट्ठे ऊपर चढ़ आया था। काले-काले बादलों की दौड़-धूप जारी थी, कभी-कभी हल्की हवा के साथ बूँदें बिखर जातीं। दूर किनारों पर बाढ़ के पानी की टकराहट हवा में गूँज उठती। भैरो पाण्डे उसी तरह चारपाई पर लेटे आँगन की ओर देख रहे थे। बीचोबीच आँगन के तुलसी-चौरा था जो बरसात के पानी से कटकर खुरदरा हो गया था। पुराने पौधे के नीचे कई मासूम मरकती पत्तियों वाले छोटे-छोटे पौधे लहराने लगे थे। वर्षा की बूँदें पुराने पौधे की सख़्त पत्तियों पर टकराकर बिखर जातीं, टूटी हुई बूँदों की फुहार धीरे से मासूम पौधों पर फिसल जाती। कितने आनन्द-मग्न थे वे मासूम पौधे! पाण्डे की आँखों के सामने कातिक की वह शाम भी नाच उठी। दो बरस पहले

की बात होगी। शाम के समय जब वे बरामदे में लेटे थे, फुलमत आयी, अपनी बाल्टी माँगने, सुबह भैरो पाण्डे ले आये थे किसी काम से।

"कुलदीप, ज़रा भीतर से बाल्टी दे देना," कहा था पाण्डे ने। सफ़ेद साड़ी में लिपटी-लिपटाई गुड़िया की तरह फुलमत आँगन में इसी चौरे के पास आकर खड़ी हो गयी थी। और बाल्टी उठाने के लिए जब कुलदीप झुका था तो फुलमत भी अपने दोनों हाथों से आँचल का खूँट पकड़कर तुलसीजी की वन्दना करने के लिए झुकी थी। कुलदीप के झटके से उठने पर वह उसकी पीठ से टकरा गयी थी अचानक। तब न जाने क्यों दोनों मुस्करा उठे थे। भैरो पाण्डे क्रोध से तिलमिला गये थे। वे ग़ुस्से के मारे चारपाई से उठे तो देखा कि कुलदीप बाल्टी लिये खड़ा था और फुलमत तुलसी-चौरे पर सिर रखकर प्रार्थना कर रही थी। न जाने क्यों पाण्डे की आँखे भर आयी। बरसात के दिनों के बाद इस खुरदरे चौरे को उनकी माँ पीली मिट्टी के लेवन से सँवार देतीं, फिर श्वेत बलुई माटी से पोतकर सफ़ेद कर देतीं। शाम को सूखे हुए चबूतरे पर घी के दीपक जलाकर माथा टेककर वे लड़कों के मंगल के लिए विनय करतीं। तब वे भी ऐसे ही झुककर आशीर्वाद माँगतीं और पाण्डे बगल में चुपचाप खड़े दीयों को जलता देखा करते थे।

पाण्डे को सामने खड़ा देख कुलदीप हड़बड़ाया और फुलमत बाल्टी लेकर चुपचाप बाहर चली गयी। पाण्डे के चेहरे पर एक विचित्र भाव था, जिसे सँभाल सकने की ताक़त उन दोनों के मन में न थी, और दोनों ही भय का कम्पन किये इधर-उधर भाग खड़े हुए।

बहुत दिनों तक पाण्डे के चेहरे पर अवसाद का यह भाव बना रहा। कलदीप डर के मारे उनकी ओर देख नहीं पाता—न तो पहले जैसी ज़िद कर सकने की हिम्मत होती, न तो हँसी के कलरव से घर के कोने-कोने को गुंजान बनाने का साहस। पाण्डे ने अपने दिल को समझाया, इसे लड़कों का क्षणिक खिलवाड़ समझा। सोचा—धरती की छाती बड़ी कड़ी है। ठेस लगते ही सारी गुलाबी पंखुड़ियाँ बिखर जायेंगी, दोनों को दुनिया का भाव-ताव मालूम हो जायेगा।

पाण्डे के रुख से फुलमत भी सशंक हो गयी थी, वह इधर कम आती। कुलदीप के उठने-बैठने, पढ़ने-लिखने पर पाण्डे की कड़ी नज़र थी। वह किताब खोलकर बैठता तो दीये की टेम में श्वेत वस्त्रों में लिपटी फुलमत खड़ी हो जाती, पुस्तक के पन्ने खुले रह जाते और वह एकटक दीये की लौ की ओर देखता रह जाता। पाण्डे को उसकी यह दशा देखकर बड़ा क्रोध आता, पर कुछ कहते नहीं।

"कुलदीप!" एक बार टोक भी दिया था—"क्या देखते रहते हो इस तरह, तबीयत तो ठीक है न?"

"जी!" इतना ही कहा था कुलदीप ने, और फिर पढ़ने लग गया था। दीये की टेम कुलदीप के चेहरे पर पड़ रही थी, जिसके पीछे घने अन्धकार में लेटे पाण्डे क्रोध, मोह और न जाने कितने प्रकार के भावों के चक्कर में झूल रहे थे। उन्हें फुलमत पर बेहद ग़ुस्सा आता। टीमल मल्लाह की यह विधवा लड़की मेरा घर चौपट करने पर क्यों लगी है, पता नहीं कहाँ से बह-दहकर यहाँ आकर बस गये। कुलच्छनी, अब क्या चाहती है! बाप मरा, पति मरा, अब न जाने क्या करेगी। जाने कौन-सा मन्त्र पढ़ दिया। यह कबूतर की तरह मुँह फुलाये बैठा रहता है। न पढ़ता है, न लिखता है। हँसना, खेलना, खाना—सब भूल गया। पाण्डे चारपाई से उतरकर इधर-उधर चक्कर लगाते रहे, पर कुछ निर्णय न कर सके।

समय बीतता गया। कुलदीप भी खुश नज़र आता। हँसता-खेलता पाण्डे की छाती से चिन्ता का भारी पत्थर खिसक गया। एक बार फिर उनके चेहरे पर हँसी की आभा लौटने लगी। रुई-सूत का काम फिर शुरू हुआ। गाँव के दो-चार उठल्ले-निठल्ले आकर बैठ जाते, दिन गपास्टक में बीत जाता। सुरती मलमल ताल ठोंकते, और पिच से थूककर किसी को गाली देते या निन्दा करते। इन सब चीज़ों से वास्ता न रखते हुए भी पाण्डे सुनते जाते। उनका मन तो चक्कर खाती तकली के साथ ही घूमता रहता, हूँ-हाँ करते जाते और निठल्लों की बातों में सन्नाटे को किसी तरह झेल ले जाते।

पाण्डे उसी चारपाई पर लेटे थे। अन्तर इतना ही था कि दिन थोड़ा और ऊपर चढ़ आया था। लहरों की टकराहट थोड़ी और तेज़ हो गयी थी। रक्त की तरह खौलता हुआ लाल पानी गाँव के थोड़ा और निकट आ गया था। उनकी नसें किसी तीव्र व्यथा से जल रही थीं। "पाण्डे के वंश में कभी ऐसा नहीं हुआ था।"—वे फुसफुसाये। बगल की दीवार में ताखे पर रामायण की गुटका रखी थी, उन्होंने उठायी, एक जगह लाल निशान लगा था। पिछले दिनों कुलदीप रात में रामायण पढ़ा करता था। जब से वह गया है आज तक गुटका खुली नहीं। पाण्डे के हाथ काँपे, गुटका उलटकर उनकी छाती पर गिर पड़ी। उठाकर खोला, वही लाल निशान—

कह सीता विधि भा प्रतिकूला।
मिलइ न पावक मिटइ न सूला।
सुनहु विनय मम विटप असोका।।
सत्य नाम करू हरू मम सोका।।

पाण्डे की आँखें भरभरा आयीं। झर-झर आँसू गिरने लगे। हिचकी लेकर वे टूट पड़े। "यह चुड़ैल मेरा घर खा गयी"—शब्द फूटे, किन्तु भीतर घुमड़कर रह

गये। गाली देने से ही क्या होगा अब, इतने तक रहता तो कोई बात थी, आज उसे बच्चा हुआ है, कहीं कह दे कि लड़का कुलदीप का है तो...नहीं-नहीं, ऐसा नहीं हो सकता—पाण्डे बड़बड़ाये। उन्होंने अपने बालों को मुट्ठियों से कसकर खींचा जैसे इनकी जड़ में पीड़ा जम गयी है, खींचने से थोड़ी राहत मिलेगी। वे उठना चाहते थे, किन्तु उठ न सके। आँखों के सामने चिनगारियाँ टूटने लगीं। उन्हें आज मालूम हुआ कि वे इतने कमज़ोर हो गये हैं। कुलदीप के जाने के बाद से आज तक उनका जीवन अव्यवस्था की एक कहानी बनकर रह गया है। चार-पाँच महीने से कुलदीप भागा है, पहले कई दिनों तक वे ज़रूर बहुत बेचैन थे, किन्तु समय ने उस दुख को भुलाने में मदद की थी। आज फिर कुलदीप उनकी आँखों के सामने आकर खड़ा हो गया। बीती घटनाएँ एक-एक कर आँखों के सामने नाचने लगीं।

फागुन का आरम्भ था। मुखियाजी की लड़की की शादी थी। गाँव-भर में खुशी छायी रहती, जैसे सबके घर शादी होने वाली हो। शादी के दिन तो गाँववालों में बनने-सँवरने की होड़ लग गयी। सब लोग पट्टी कटा रहे थे। शौक़ीनों की पट्टी चार-चार अंगुल चौड़ी, छुरे से बनी थी। कुएँ की जगत पर दोपहर के दो घण्टे पहले से भीड़ लगी थी और अब दो बजने को आये, साबुन लग रही थी, पैरों पर जमी मैल सिकड़े से रगड़-रगड़कर छुड़ाई जा रही थी।

बारात आयी। द्वार-पूजा की शोभा का क्या कहना? बनारस की रंडी नाचने आयी थी। छैल-छबीलों की भीड़ जम गयी थी। शाम को महफ़िल जमी। मुखियाजी का दरवाज़ा आदमियों से खचाखच भरा था। एक ओर गली में सिमटकर औरतें बैठी हुई थीं। गाँव की लड़कियाँ, बूढ़ियाँ और कुछ मनचली बहुएँ। बाईजी आयीं। अपना ताम-झाम फैलाकर बैठ गयीं। सारंगी लेकर बड़े मियाँ ने किन-किन किया, बाईजी ने अलाप के बाद गाया—

नीच-ऊँच कुछ बूझत नाहिं, मैं हारी समझाय।
ये दोनों नैना बड़े बेदरदी दिल में गड़ि गये हाय।

महफ़िल से बहुत दूर, गाँव के छोर पर आमों के पेड़ों पर फागुन के पीले चाँद की छाया फैली थी जिसके नीचे चितकबरे के चाम की तरह फैली चाँदनी में एक प्रश्न उठा, "मुखियाजी की महफ़िल में पतुरिया ने जो गीत गाया था, कितना सही था।"

"कौन-सा गीत?"

"ये दोनों नैना बड़े बेदरदी..."

"धत्!"

“उस दिन मैं बड़ी देर तक इन्तज़ार करता रहा।”

“मेरी माँ के सिर में दर्द था।”

“कौन है?” ज़ोर की आवाज़ गूँज उठी थी।

पास की गली में एक छाया खो गयी थी।

“कौन है?” फिर आवाज़ आयी थी।

“मैं हूँ कुलदीप!”

“यहाँ क्या कर रहे हो?”

“नदी की ओर चला गया था।”

“इस समय?”

“पेट में दर्द था।”

क्रोध की हालत में भी भैरो पाण्डे मुस्करा उठे थे—झूठे, पेट में दर्द था कि आँख में। कुलदीप का सिर लज्जा से झुक गया था। उसे लगा जैसे एक क्षण का यह भयप्रद जीवन उसकी आत्मा पर सदा के लिए छा जायेगा। एक क्षण के लिए बोला हुआ यह झूठ उसके सारे जीवन को झूठा साबित कर देगा। एक क्षण के लिए झुका यह माथा फिर कभी न उठ सकेगा। वह झूठ के इस पर्दे को फाड़ डालना चाहता था, किन्तु...“कुलदीप!” भैरो पाण्डे ने आहिस्ते-आहिस्ते कहा—“तुम ग़लत रास्ते पर पाँव रख रहे हो, बेटा! तुमने कभी अपने बाप-दादों की इज़्ज़त के बारे में सोचा है? बड़े पुण्य के बाद इस घर में जन्म मिला है भाई, इसे कभी मत भूलना कि अच्छे घर में जन्म लेने से कोई बहुत बड़ा नहीं हो जाता, किन्तु इस अवसर को ग़लत कहकर नीचे गिरने से बड़ा पाप और कोई नहीं है।” कुलदीप को लगा कि तीखे काँटों वाली कोई जीवित मछली उसके गले में फँस गयी है, गर्दन को चीरती हुई यदि वह निकल जाये तो भी गनीमत, किन्तु यह असह्य पीड़ा तो नहीं सही जाती और न जाने क्यों वह हिचकियों में फूट-फूटकर रो उठा था। भाई के मन की पीड़ा की कल्पना भी उसके लिए कष्टकर थी, किन्तु उसकी आत्मा अपने सम्पूर्ण भाव से जिस वस्तु को वरेण्य समझती है, उसे वह एकदम ही व्यर्थ कैसे कह दे! जिस छाया में न जाने क्यों उसे एक अनजाने आनन्द का अनुभव होता है, उसे कालिख कह सकना उसके वश की बात नहीं थी और इस कष्ट के भार को उसकी आँखें सँभाल न सकीं। भैरो पाण्डे भी भाई से लिपट गये थे। उसकी पीठ सहला रहे थे और बार-बार चुप हो जाने को कह रहे थे, “यदि कोई देख ले तो?” उनके मन में आया और वे कुलदीप को जल्दी-जल्दी खींचते हुए एक ओर चले गये।

आँसुओं में जो पश्चात्ताप उमड़ता है, वह दिल की कलौंज को माँज डालता है। पाण्डे ने सोचा था कि कुलदीप अब ठीक रास्ते पर आ जायेगा। उनके वंश की मर्यादा अपमान के तराज़ू पर चढ़ने से बच जायेगी, भूखों रहकर भी पाण्डे ने इज़्ज़त के इस बिरवे को ख़ून से सींचकर तरोताज़ा रखा है उस पर किसी के व्यंग्य-कुठार नहीं चलेंगे। किन्तु एक महीना भी नहीं बीता कि कुलदीप फिर उसी रास्ते पर चल पड़ा। छोटे भाई के इस कार्य को छिपकर देखने की पापाग्नि में भैरो पाण्डे अपनी आत्मा को जलते हुए देखते, किन्तु वे विवश थे।

चैत के दिनों में गर्मी से जली-तपी कर्मनाशा किनारे के नीचे से मिट गयी थी। नदी के पेट में दूर तक फैले हुए लाल बालू के मैदान, चाँदनी में सीपियों के चमकते हुए टुकड़े, सामने के ऊँचे अरार पर घन-पलास के पेड़ों की आरक्त पाँतें, बीच में घूग्घू, चाहों और जलविहार करने वाले पक्षियों का स्वर...कगार से नदी तीर तक बने हुए छोटे-बड़े पैरों के निशानों की दो पंक्तियाँ...सिर्फ़ दो।

"तुम मुझे मझधार में लाकर छोड़ तो नहीं दोगे?" घुटन और शंका में खोये हुए धीमे स्वर में श्यामा की चीरती दर्द भरी आवाज़!

एक चुप्पी, फिर हकलाती आवाज़, "मैं अपने प्राण दे सकता हूँ, किन्तु... तुमको...कभी नहीं..."

चाँदनी की झीनी परतें सघन होती जा रही थीं, सुनसान किनारे पर भटकी हवा की सनसनाहट में आवाज़ों का अर्थ खो जाता, कभी हल्के हास्य की नर्म ध्वनि, कभी आक्रोश के बुलबुले, कभी उल्लास तरंग, कभी सिसकियों की सरसराहट...

भैरो पाण्डे एक बार चाँदनी के इस पवित्र आलोक में अपनी क्रूरता और निर्ममता पर विचार करने के लिए रुक गये, तो क्या आज तक का उनका सारा प्रयत्न निष्फल था? क्या वे असाध्य को सम्भव बनाने का ही प्रयत्न करते रहे? एक क्षण के लिए भैरों पाण्डे ने सोचा—काश, फुलमत अपनी ही जाति की होती, कितना अच्छा होता वह विधवा न होती! ...तुलसी चौरे की वन्दना पाण्डे के मस्तिष्क में चन्दन की सुगन्ध की तरह छा गयी। उसका रूप, चाल-चलन, संकोच—सब-कुछ किसी को भी शोभा देने लायक था। एक क्षण के लिए उनकी आँखों के सामने सफ़ेद साड़ी में लिपटी फुलमत की पतली-दुबली काया हाथ जोड़कर खड़ी हो गयी, जैसे वह आँचल फैलाकर आशीर्वाद माँग रही हो। भैरों पाण्डे विजड़ित खड़े थे, विमूढ़।

"यह असम्भव है!" पाण्डे ने बैसाखी सँभाली और नीचे की ओर लपके।

"कुलदीप!" बड़ी कर्कश आवाज़ थी पाण्डे की।

दोनों सिर झुकाये सामने खड़े थे, आज पहली बार पाप की साक्षी में दोनों समवेत दिखायी पड़े थे। पाण्डे फिर एक क्षण के लिए चुप हो गये।

"मैं पूछता हूँ, यह सब क्या है?" पाण्डे चिल्लाये, "इतने निर्लज्ज हो तुम दोनों!" पाण्डे बढ़कर सामने आये, फुलमत की ओर मुँह फेरकर बोले, "तू इसकी ज़िन्दगी क्यों बिगाड़ना चाहती है? क्या तू नहीं जानती कि तू जो चाहती है वह स्वप्न में भी नहीं हो सकता, कभी नहीं, कभी नहीं!"

फुलमत चुप थी, पाण्डे दूने क्रोध से बोले, "चुप क्यों है चुड़ैल, बोलती क्यों नहीं?"

"मैं क्यों इनकी ज़िन्दगी बिगाड़ूँगी, दादा?" वह सहसा एकदम निचुड़ गयी, "मैंने तो इन्हें कई बार मना किया..."

"कुलदीप!" पाण्डे दहाड़े, "सीधे रास्ते पर आ जाओ, अच्छा होगा। तुमने भैरो का प्यार देखा है, क्रोध नहीं। जिन हाथों से मैंने पाल-पोसकर बड़ा किया है, उसी से तुम्हारा गला घोंटते मुझे देर न लगेगी।"

"दादा!" कुलदीप हकलाया, "हम दोनों..."

"पापी, नीच..." भैरो पाण्डे के हाथ की पाँचों अँगुलियाँ कुलदीप के चेहरे पर उभर आयीं, "मैं सोचता था तू ठीक हो जायेगा।" पाण्डे क्रोध से काँप रहे थे, "लेकिन नहीं, तू मेरी हत्या करने पर तुल ही गया है।" वे फुलमत की ओर घूमकर चिल्लाये—"क्या खड़ी है डायन, भाग नहीं तो तेरा गला घोंटकर इसी पानी में फेंक दूँगा!"

अन्धड़ को पीते हुए तृषित साँप जैसा स्वर—यह सब मैंने किया था। पाण्डे चारपाई पर घायल साँप की तरह तड़फड़ाते हुए बुदबुदाये। उनकी छाती से सरककर रामायण की गुटका ज़मीन पर गिर पड़ी और उस पवित्र आराध्य वस्तु को उठाने का उन्हें ध्यान न रहा। कुलदीप दूसरे ही दिन लापता हो गया। पाण्डे अपनी बैसाखी के सहारे दिन-भर गाँव-गिराँव की खाक छानते फिरे। तीन दिन, तीन रात बिना अन्न-जल के वे पागल की तरह कुलदीप को ढूँढ़ते फिरे, किन्तु वह नहीं मिला। थककर, हारकर पाण्डे वापस आ गये। बाप-दादों की इज़्ज़त की प्रतीक इतनी लम्बी विशाल बखरी, जिसकी दीवारें मुँह दबाये शान्त, पुजारी के तप की तरह अडिग खड़ी थीं, किन्तु कितनी सुनसान, डरावनी, निष्प्राण पिंजर की तरह लगती थी यह बखरी। चौकठ पर पैर रखते हुए पाण्डे की आत्मा कराह उठी—"चला गया!" बैसाखी रखकर पाण्डे आँगन के कोने में बैठ गये—अब वह कभी नहीं लौटेगा।

रात में उन्हें बड़ी देर तक नींद नहीं आयी। कुलदीप को बचपन से लेकर आज तक उन्होंने कभी अपनी आँख की ओट नहीं होने दिया। छुटपन से लेकर

आज तक खिलाया, पिलाया, पाला-पोसा और आज लड़का दगा देकर निकल गया। पाण्डे अधरों की मेंड़ के पीछे बिथा के सैलाब को रोकने का असफल प्रयत्न करते रहे।

भोर होने में देर थी, उनींदी आँखें करुआ रही थीं, किन्तु मन की जलन के आगे उस दर्द का क्या मोल। पाण्डे उठकर टहलने लगे। सामने की बंसवार के भीतर से पूरबी क्षितिज पर ललछौंहां उजास फूटने लगा था। गली के मोड़ के कच्चे मकान के भीतर से जाँत की घर्र-घर्र गूँज रही थी। एक घुमड़ता गरगराहट का स्वर, जिसके पीछे जाँतवाली के कण्ठ की व्यथा की एक सुरीली तान टूट-टूटकर कौंध उठती थी—

मोहे जोगिनी बना के कहाँ गइले रे जोगिया

पाण्डे एक क्षण अवाक् होकर इस दर्दीले गीत को सुनते रहे। पियासे, भूले-भटके, थके हुए स्वर, पाण्डे की आत्मा में जैसे समान वेदना को पहचानकर उतरते चले जा रहे हों।

''अब रोने चली है चुड़ैल!'' पाण्डे पागल की तरह बड़बड़ाते रहे—''रो-रोकर मर, मैं क्या करूँ।''

बाढ़ के लाल पानी में सूरज डूब रहा था, पाण्डे बैसाखी के सहारे आकर दरवाज़े पर खड़े हुए। नदी की ओर आदमियों की भीड़ खड़ी थी। वे धीरे-धीरे उधर ही बढ़े। सामने तीन-चार लड़के अरहर की खूटियाँ गाड़कर पानी का बढ़ाव नाप रहे थे।

''क्या कर रहा है रे, छबीला?'' पाण्डे बलात् चेहरे पर मुस्कराहट का भाव लाकर बोले।

''देखता नहीं लँगड़ा, बाढ़ रोक रहे हैं।''

पाण्डे मुसकराये—''जैसा बाप वैसा बेटा। तेरा बाप भी खूटियाँ गाड़कर कर्मनाशा की बाढ़ रोकना चाहता है।''

''वह भीड़ कैसी है रे, छबीले?''

''नहीं जानते, फुलमत को नदी में फेंक रहे हैं, उसके बच्चे को भी। उसने पाप किया है।'' छबीला फिर गम्भीर खड़े पाण्डे से सटकर बोला, ''क्यों पाण्डे चाचा, जान लेकर बाढ़ उतर जाती है न?''

''हाँ, हाँ।'' पाण्डे आगे बढ़े। बोतल की टीप खुल गयी थी। पाण्डे के मन में भयानक प्रेत खड़ा हो गया। ''चलो, न रहेगा बाँस, न बाजेगी बाँसुरी। हूँ, चली थी पाण्डे के वंश में कालिख पोतने! अच्छा ही हुआ कि वह छोकरा भी आज नहीं है।''

फुलमत अपने बच्चे को छाती से चिपकाये टूटते हुए अरार पर एक नीम के तने से सटकर खड़ी थी। उसकी बूढ़ी माँ जार-बेज़ार रो रही थी, किन्तु आज जैसे मनुष्य ने पसीजना छोड़ दिया था। अपने-अपने प्राणों का मोह इन्हें पशु से भी नीचे उतार चुका था, कोई अन्याय के विरुद्ध बोलने की हिम्मत नहीं करता था। कर्मनाशा को प्राणों की बलि चाहिए। बिना प्राणों की बलि लिए बाढ़ नहीं उतरेगी...फिर उसी की बलि क्यों न दी जाये जिसने पाप किया, परसाल जान के बदले जान दी गयी, पर कर्मनाशा दो बलि लेकर ही मानी...त्रिशंकु के पाप की लहरें किनारों पर साँप की तरह फुफकार रही थीं। आज मुखिया का विरोध करने का किसी में साहस न था। उसके नीचता के कार्यों का ऐसा समर्थन कभी न हुआ था। पता नहीं किस बैर का बदला ले रहा है बेचारी से।' भीड़ में कई इस तरह सोचते, ऐसा तो कभी नहीं हुआ था, किन्तु कौन बोले, सब मुँह सिये खड़े थे।

"तुम्हारी क्या राय है, भैरो पाण्डे?" मुखिया बोला, "सारे गाँव ने फैसला कर दिया—एक के पाप के लिए सारे गाँव को मौत के मुँह में नहीं झोंक सकते। जिसने पाप किया है, उसका दण्ड भी वही भोगे।"

एक वीभत्स सन्नाटा। पाण्डे ने आकाश की ओर देखा, आगे बढ़े, फुलमत भय से चिल्ला उठी। पाण्डे ने बच्चे को उसकी गोद से छीन लिया। "मेरी राय पूछते हो, मुखियाजी? तो सुनो, कर्मनाशा की बाढ़ दुधमुँहे बच्चे और एक अबला की बलि देने से नहीं रुकेगी, उसके लिए तुम्हें पसीना बहाकर बाँधों को ठीक करना होगा...कुलदीप कायर हो सकता है, वह अपने बहू-बच्चे को छोड़कर भाग सकता है, किन्तु मैं कायर नहीं हूँ मेरे जीते-जी बच्चे और उसकी माँ का कोई बाल भी बाँका नहीं कर सकता...समझे!"

"तो यह है बूढ़े पाण्डेजी की बहू!" मुखिया व्यंग्य से बोला, "पाप का फल तो भोगना ही होगा, पाण्डेजी, समाज का दण्ड तो झेलना ही होगा।"

"ज़रूर भोगना होगा, मुखियाजी!...मैं आपके समाज को कर्मनाशा से कम नहीं समझता, किन्तु, मैं एक-एक के पाप गिनाने लगूँ तो यहाँ खड़े सारे लोगों को परिवार समेत कर्मनाशा के पेट में जाना पड़ेगा...है कोई तैयार जाने को?"

लोग अवाक् पाण्डे की ओर देख रहे थे जो अपने कन्धे से छोटे बच्चे को चिपकाये अपनी बैसाखी के सहारे खड़े थे, पत्थर की विशाल मूर्ति की तरह उन्नत, प्रशस्त, अटल... कर्मनाशा के लाल पानी में सूरज डूब रहा था।

जिन उद्धत लहरों की चपेट से बड़े-बड़े विशाल पीपल के पेड़ धराशायी हो गये थे, वे एक टूटे नीम के पेड़ से टकरा रही थीं, सूखी जड़ें जैसे सख्त चट्टान की तरह अडिग थीं, लहरें टूट-टूटकर पछाड़ खाकर गिर रही थीं। शिथिल...थकी...पराजित...!

❑❑❑